周易研究卮言

冒建华 王钱林◎著

黄河出版传媒集团
宁夏人民出版社

图书在版编目(CIP)数据

周易研究卮言 / 冒建华，王钱林著. — 银川：宁夏人民出版社，2013.11

ISBN 978-7-227-05546-4

Ⅰ.①周… Ⅱ.①冒… ②王… Ⅲ.①《周易》-研究 Ⅳ.①B221.5

中国版本图书馆 CIP 数据核字（2013）第 272733 号

周易研究卮言 冒建华 王钱林 著

责任编辑 康景堂 陈 浪
封面设计 静 璇
责任印制 杨海军

黄河出版传媒集团
宁夏人民出版社 出版发行

地 址 银川市北京东路 139 号出版大厦(750001)
网 址 http://www.yrpubm.com
网上书店 http://www.hh-book.com
电子信箱 renminshe@yrpubm.com
邮购电话 0951-5044614
经 销 全国新华书店
印刷装订 宁夏书宏印刷有限公司
印刷委托书号 (宁)0014024

开本 880mm×1230mm 1/32 印张 9.5
字数 320 千 印数 500 册
版次 2013 年 11 月第 1 版 印次 2013 年 11 月第 1 次印刷
书号 ISBN 978-7-227-05546-4/B·179

定价 38.00 元

目　录

第一章　易经导论

《周易》自古以来就被称为“六经之首”(《易》《诗》《书》《礼》《乐》《春秋》),也被称为“三玄之冠”,是中华文明的源头活水,是中华民族“经典中之经典,哲学中之哲学,智慧中之智慧”。物理学家杨振宁先生认为易经对中华文化的影响主要集中于三点:

> 第一,《易经》影响了中华文化的思维方式,而这个影响是近代科学没有在中国萌芽的重要原因之一。……第二,《易经》是汉语成为单音语言的原因之一。第三,《易经》影响了中华文化的审美观念。①

杨振宁先生认为中国传统里面没有推演法,《易经》都是归纳法,如“圣人立象以尽意”“取象比类”“观物取象”等,而科学需要归纳法和推演法两种。

其实,易经对中国传统文化的影响涉及多方面,有环境学、生命科学、信息科学、中医学、天文学、管理学、数学、美学、建筑学、政治学、伦理学、艺术、文学等很多学科。

有几个例子可以证明。一个典型事例就是和牛顿同时发明微积分的莱布尼茨,他的名言就是:“世界上没有两片完全相同的树叶。”胡阳、李长铎先生的著作《莱布尼茨——二进制与伏羲八卦图考》表明莱布尼茨的二进制受到了八卦图的启发。英国人 E·J·爱顿的论文《莱布尼茨、中国与二进制》也证明了这种说法。莱布尼茨把阴爻看作 0,把阳爻看作 1,所有的卦象就变成 0 和 1 的组合。另

---

①杨振宁:《〈易经〉对中华文化的影响》,载《自然杂志》2004 年第 27 卷第 1 期。

一个实例就是1939年刘子华先生的博士论文《八卦宇宙论与现代天文——一颗新行星的预测——日月之胎时地位》，运用太极八卦图，以八卦配星球，预测出太阳系存在的第十大行星：木王星。刘子华博士论文发表后的第65年，美国加州理工学院天文学教授迈克·布朗等3人于2005年7月29日借助巨型天文望远镜才发现了第十颗行星，并命名为2003UB313。本来《易经》就博大精深，言近旨远，古奥玄参，神神秘秘，加之人们众说纷纭，神乎其神，很多人对《易经》敬而远之。

《易经》对音乐创作还产生重大影响。1951年美国作曲家凯奇创作了一首名为《易的音乐》的钢琴曲。据说，“他打破常规，一改传统钢琴曲的创作方法，率先采用《易经》‘取象思维’方式进行创作。他通过投掷硬币和抽签的方式，把硬币和木签（具体事物）作为音乐创作的载体，并通过想象来推知音乐（抽象事理）旋律与和声的进行。这种创作方法与传统的音乐创作可说是大相径庭，不仅少见，而且开创了一种崭新的音乐创作途径，因此，这首作品一经出现，便在当时的乐坛引起不小的反响，是世界乐坛第一首有影响的机遇音乐作品。”①

还有学者认为《易经》所使用的程序化方法同计算机一样是建立在二进制数码的基础上，遗传密码的表示方法与此有着惊人的相似之处，“首幅大型人类基因图谱的发表绘出了1.6万个基因染色体所在的位置，它说明人的一生的确定性和它们的遗传性程序，是由4个碱基中任取3个，构成64个密码子的基因所控制。《易经》（周易），它也有一个由64个符号组成的系统，每个符号也是由4个可能的‘字母’中的3个组成，它依赖于阴阳极性的基本规律，揭示人的生命和发展受控于一个包含64种可能的状态，每一种状态又有6种可能的变化，使之成为另一个状态的系统所确定的程序。……介绍如何由二进制表示“卦”的顺序，并以太阴、少阴、少阳、太阳分别表示尿嘧啶（U）、胞嘧啶（C）、鸟嘌呤（G）、腺嘌呤（A）4个碱基的遗传密码表，发现竟似同一个密码系统。”②

由以上几个例子，我想到子贡说的一句话。鲁国大夫叔孙武叔在朝廷上对大夫们说：“子贡比孔子更贤能。”这句话传到了子贡的耳朵里。子贡就说：

---

①王秀萍：《论〈易经〉对当代作曲家音乐创作的影响》，载《星海音乐学院学报》2009年第4期。

②王文清、周成、刘枫等《遗传密码表与〈易经〉》，载《北京大学学报（自然科学版）》1998年第34卷第4期。

譬之宫墙，赐之墙也及肩，窥见室家之好。夫子之墙数仞，不得其门而入，不见宗庙之美，百官之富。得其门者或寡矣。夫子之云，不亦宜乎！

子贡是用房屋的围墙打了个比方，说我的围墙只够到肩膀那么高，人们都能看见我房屋的美不美，而我老师的围墙却很高，找不到门就无法进去，看不到宗庙多么美丽与富华，而能找到这个门进去的人很少。《易经》也是这样，我们要打开这扇神秘殿堂的门，进入里面去看看它的美好。

一、《周易》之名从何而降

《周易》最早见于《左传》，是一本占筮的书。《左传·昭公七年》载：

孔成子以《周易》筮之，曰：元尚享卫国主其社稷。

卫襄公嬖人周始生了个儿子叫元，孔成子借助《周易》替元算了一卦，得卦为屯卦三次，说："元可享卫国，并能主卫国社稷。"并且把这个结果拿给史朝看，史朝看了以后说："最为亨通，利于立君建侯。"根据两卦，都要立元可为卫君。这个故事至少可以说明在春秋战国时代就有"周易"这个名了，但是仅有这些事例仍不能佐证此"周易"就是彼"周易"，争论还在继续。

先说说"周易"中的"周"。这里有两种代表性观点。

第一种代表性观点把"周"解释为"周普"。

姚配中《周易姚氏学》中说："周密也，遍也，言《易》道周普，所谓周流六虚者也。《系辞》云：'《易》与天地准，故能弥纶天地之道。'又云：'知周乎万物。'又云：'周流六虚。'盖《易》之为书，始终本末，上下四旁，无所不周，故云周也。"

《周易正义·论三代易名》谓："郑玄又释'云《连山》者，象山之出云，连连不绝；《归藏》者，万物莫不归藏于其中；《周易》者，言易道周普，无所不备。'"

陆德明《经典释文》说："周，代名也；周，至也，遍也，备也，今名书义取周普。"

行唐尚先生《周易尚氏学》（莲池讲学院铅印本）说："按《三易》之名，皆缘首卦，《连山》以艮为首，上艮下艮，故曰《连山》。《归藏》以坤为首，万物皆归藏于地，故曰《归藏》。《周易》以乾为首，乾元亨利贞，即春夏秋冬，周而复始，无有穷期，故曰《周易》。""周者周之理：十二消息卦，周也，元亨利贞，周也；大明终始，六位时成，周也；象传分释元亨利贞既毕，又日首出庶物，即贞下启元也，周也；古圣人之卦气图，起中孚终颐，周也；此其理唯扬子云识之最深，《太玄》以《中》拟《中孚》，以《周》拟《复》，终以《养》拟《颐》，其次序与卦气图丝毫不紊，而于玄首，则释其所以然，其周直蒙酋冥，即元亨利贞，故以中羡从为始，更吟廓为中，减沈成为终，循环往来，无不非周之理。”

周，遍也，无所不包，广大完美之意。

第二种代表性观点把“周”解释为“周代”。

还是根据《周易正义》孔颖达《论三代易名》的这篇论文：“《周易》称周，取岐阳地名。《毛诗》云‘周原膴膴’是也。又文王作《易》之时，正在羑里，周德未兴，故题周别于殷，以此文王所演故谓之《周易》。其犹《周书》《周礼》。题周以别余代。故《易纬》云‘因代以题周’是也。”朱熹《周易本义·周易上经》注：“周，代名也。《易》，书名也。”

周文王当年推演《周易》的时候，被囚禁在河南汤阴的羑里。羑里是商纣时代的最高监狱，也就是关押高级人物那个监狱。商纣王怀疑周文王姬昌要造反，遂将姬昌囚禁，故意把姬昌儿子姬考杀了做成肉酱，派人把肉饼送给关在羑里的姬昌吃，周文王吃肉饼的时候预测到这是自己儿子的肉，但是为了逃脱纣王，强迫自己吃下去了。纣王认为他连自己儿子的肉都吃就不是什么圣人了，就放他回去，周文王回到家一病不起，总是呕吐，终于有一天把吃的肉全部吐了出来，这时病也就好了，而伯邑考化成三只小白兔往西岐跑去了，这样周文王到底还是没吃自己儿子的肉，仍然是圣人。

文王演重卦写了卦辞，他的儿子周公写了爻辞，父子二人共同完成了《周易》。这个故事在《封神演义》和《史记》中都有。但是那时周朝还没有建立，处在殷代，叫周易是为了与殷易区别。

为什么要区别殷易呢？因为易经不只是《周易》一种，易经是古时候众多圣人不断修改而成的。《周礼·春官宗伯·大卜》中说：

> “(大卜)掌三《易》之法：一曰《连山》，二曰《归藏》，三曰《周易》。其经卦皆八，其别皆六十有四。”其《筮人》又云：“筮人掌三《易》，以辨九筮之名：一曰《连山》，二曰《归藏》，三曰《周易》。”

这三者开始的卦是不同的，《连山易》是从艮卦开始的，《归藏易》是从坤卦开始的，而《周易》是从乾卦开始的。时代也不一样，《连山易》是神农时代的，《归藏易》是黄帝时代的，《周易》是周代的。但是每个时代对《周易》的贡献不一样，《史记》对他们对易经的贡献做了梳理，分清了各自的“版权”，《史记》卷127《日者列传》中记载：

自伏羲作八卦，周文王演三百八十四爻而天下治。越王勾践放文王八卦以破敌国，霸天下。

《史记》卷130太史公自序：“余闻之先人曰：伏羲至纯厚作易八卦，尧舜之盛，尚书载之，礼乐作焉。汤武之隆，诗人歌之，春秋采善贬恶，推三代之德褒周室，非独刺讥而已也。”

司马迁鉴定了他们三个人的知识产权，免得后来人有知识产权纠纷，伏羲拥有“八卦”的发明专利，周文王是在伏羲基础上得到六十四卦和三百八十六爻的，并且《卦辞》和《爻辞》归周文王，这是终审判决，不得上诉。而孔子只是把《周易》韦编三绝，揭示爻辞、爻象意义的。

据此，我认为，“周易”的“周”指朝代是有据可考的，是可信的。

下面再说说“周易”的“易”。这就更复杂了。

许慎《说文解字》中说：“易，蜥蜴、蝘蜓、守宫也。象形。”蜥蜴就是变色龙，易就是变化，取的是变色龙善变之意。《说文解字》又说：“秘书说‘日月为易，象阴阳也’。”“易”这个字，从日从月，日是阳，月是阴，日月为易，刚柔相当，“易”这个字阴阳都具备了。“易”究竟是什么含义？

《易纬·乾凿度》中说：

易者易也，变易也，不易也。管三成为道德包。易者言其德也。通情无门，藏神无内。光明四通，效易立节。大地烂明，日月星辰布设；八卦错序，律历调列，五纬顺轨，四时和粟孽结，四渎通情，优游信洁，根著浮流，气更相实，虚无感动，清净照明，移物致耀，至诚

> 专密也。不烦不扰，淡泊不失，此其易也。变易也者，其气也。天地不变，不能通气。五行迭终，四时更替，君臣取象，变节相和，能消者息，必专者败。君臣不变不能成朝，纣行酷虐，天地反。文王下吕，九尾见。夫妇不变，不能成家，妲己擅宠，殷以之破。大任顺季，享国七百。此其变易也。不易也者，其位也。天在上，地在下，君南面，臣北面，父坐子伏，此其不易也。故易者，天地之道也，乾坤之德，万物之宝。至哉易，一元以为纲纪！

东汉郑玄《易论》对《凿》注曰：

> 易一名而含三义，易简一也，变易二也。不易三也。故《系辞》云："乾坤其易之缊邪？"又云："易之门户邪？"又云："夫乾坤然示人易矣，易则易知，简则易从。"此言其易之法则也。又云："为道也屡迁，变动不居，周流六虚，刚柔相易，不可为典要，唯变所适。"此言顺时变易，出入移动者也。又云："天尊地，乾坤定矣。高以陈，贵贱位矣。动静有常，刚柔断矣。"此言其张设布列，不易者也。

就是说易一名而含三义，一是易简，二是变易，三是不易。这种说法流传比较广泛。我们一起来看这三种含义所包含的意思。

第一种含义："易简"。

宋元李道纯之《注<读〈周易参同契〉>》说：

"达者惟简惟易。（乾，生物之道易；坤，成物之道简。达者推而行之，易简之理得矣）"

孔子在《易经·系辞》解释说："乾以易知，坤以简能。易则易知，简则易从。易知则有亲，易从则有功。有亲则可久，有功则可大。可久则贤人之德，可大则贤人之业。简易，则天下之理得矣；天下之理得，而成位乎其中矣。"孔子所谓的易则易知，简则易从，是对"乾、坤"的"易简"的推演，与老子所讲的"大道自然"是同样的道理，也就是一切要简化，简化了，人们就容易理解，容易接受，也容易去做，才会有理想的结果，有了理想的结果了，你的才会有丰功伟绩。

第二种含义："变易"。

朱熹在《周易参同契考异》说："乾坤以宇内言之，则乾天在上，坤地在下，而阴阳变化在其间；以人身言之，则乾阳在上，坤阴在下，而一身变化在其间。此乾坤为易之门户，众卦之父母也。凡言易者，皆指阴阳变化而言，在人身为金丹大药者也。"

易经的基本理论就是“变易”之理。《周易·系辞上》:“易穷则变,变则通,通则久。”

宇宙中万事万物都处在不断变化之中,比如阴阳、有无、生死、现象与本质等等,这种对立面在一定的条件下可以相互转化,事物就是在这种转化得到发展,实现事物的突变的。

第三种含义:“不易”。

《易·乾》中写道:“不易乎世,不成乎名。”王弼注:“不为世俗所移易。”事物的发展是从变化的极点,即至变,到不变的。也就是阴阳消长,比如在南北极点上,有极昼期间,太阳高度在一天中是不变化的,达到了极点就会处于不变。

“易”的含义远不止这些,《四库全书总目·经部·易类》中说“易兼五类”,哪五类呢?

一是变易,二是交易,三是互易,四是对易,五是移易。比如六十四卦之间的联系和变化,这里举泰卦和否卦的例子予以说明。泰卦,《彖传》曰“小往大来”。小指坤阴,大指乾阳。否卦颠倒过来,则为泰卦,否卦为上乾下坤,泰卦则上坤下乾,故曰“小往大来”。泰卦颠倒过来则为否卦,泰卦为上坤下乾,否卦则上乾下坤,故《彖传》曰“大往小来”。

总之,“周易”这个名称的来源清楚了,“周”就是周代,“易”就是变易。此外,刘大钧先生认为《周易》的古义和今义是不同的。“《周易》‘今义’凸显的是一种德性优先的人文关怀,而‘古义’突出的则是阴阳灾变思想。《易》之‘古义’由来已久,至汉武帝独尊儒术后,由于‘今义’被定为官学正统,‘古义’便逐渐衰微,而鲜为世人所知。”①

但是“易”除了“变易”之意外,作为一个整体,《易》包括两个部分,《经》和《传》两大部分。易经原名就是《易》,因为自汉代以后特别尊重儒学,将其列入六经,因此称为《易经》。《易经》包括六十四卦卦符、卦名、卦辞、爻题、爻辞、三百八十六爻辞(乾、坤二卦分别多出用九、用六爻辞)。而《传》也称为《易大传》、《十翼》,是对《易经》作注,一共有十篇文章:《彖》上下、《象》上下、《系辞》上下、《文言》、《序卦》、《说卦》、《杂卦》。《彖》解释卦义、卦名、卦象、卦辞,但是不涉及爻辞;《象》解释三百八十六爻辞;《文言》解释乾文言、坤文言两条;《系辞》论易的

①刘大钧:《〈周易〉古义考》,载《中国社会科学》2002年第5期。

原理;《说卦》解释八卦性质、方位和象征意义;《序卦》解释六十四卦排列次序的;《杂卦》解释各卦之间错综关系及各卦的卦义的。司马迁《史记·孔子世家》中写道:

> 孔子晚而喜《易》,序《彖》、《系》、《象》、《说卦》、《文言》。读《易》,韦编三绝,曰:假我数年,若是,我于易则彬彬矣。

目前市场上主要有两种版本通行,一种是通行本,一种是湖南长沙马王堆三号汉墓出土的帛书《周易》。最流行的通行本是魏王弼注本、唐孔颖达疏本,即《周易正义》、宋朱熹《周易本义》。《周易》注本影响较大的有唐李鼎祚《周易集解》、孔颖达《周易正义》,宋程颐《程氏易传》、朱熹《周易本义》,今闻一多《周易义证类纂》、高亨《周易古经今注》等等。

二、阴阳爻符号如何产生

翻开《周易》,首先映入眼帘的就是阴阳爻符号。《易经》六十四卦的两个基本符号:一个是"—",另一个是"– –"。二爻的本义究竟是什么?

阴阳是天地运动之道。葛瑞汉指出:"进入《吕氏春秋》和《周易》的'十翼',便会发现我们迈入了一个庞大系统的门径。在这个系统中,社会与宇宙在并置和谐与分隔冲突的秩序中关联起来;这一秩序由与阴阳相关的对立成分构成的链条开始,又可分解为与五行相关的四与五(四季、四方、五色、五声、五觉、五味……),再往下是与八卦和六十四爻相关的依次分解。"①阴阳刚开始是用来表示阳光的向背,向日为阳,背日为阴,后来引申为各个方面:天为阳,地为阴;日为阳,月为阴;昼为阳,夜为阴;火为阳,水为阴。凡是运动的、无形的、外向的、热的、亮的、积极的属于阳;凡是静止的、有形的、内向的、冷的、暗的、消极的属于阴。阴阳是一个对立统一体,阴阳之间的关系有四个方面:阴阳对立、阴阳转化、阴阳消长、阴阳互根。

---

①艾兰、汪涛、范毓周:《中国古代思维模式与阴阳五行说探源》,江苏古籍出版社 1998 年版第 1~2 页。

阴阳对立，阴极则阳生，阳极则阴生。《周易》中用“—”(阳)和“--”(阴)两种基本符号组成八种图形即八卦：乾、坤、巽、震、坎、离、艮、兑。这八卦中的阴阳就是相互斗争、相互排斥而取得一种动态的平衡。乾代表天，坤代表地，坎代表水，离代表火，震代表雷，艮(gèn)代表山，巽(xùn)代表风，兑代表泽。其中天与地、水与火、山与泽、雷与风是对立的，同时它所代表的方位是对立的，乾南，坤北，离东，坎西，兑东南，震东北，巽西南，艮西北；八卦所属的五行也是对立的，乾、兑(金)，震、巽(木)，坤、艮(土)，离(火)，坎(水)，他们之间相克的，乾、兑(金)克震、巽(木)，震、巽(木)克坤、艮(土)，坤、艮(土)克坎(水)，坎(水)克离(火)，离(火)克乾、兑(金)。八卦分阴阳，乾、坎、艮、震四卦是阳卦，乾为父，艮为少男，坎为中男，震为长男，坤、兑、离、巽四卦是阴卦，坤为母，兑为少女，离为中女，巽为长女。自然界中的一切事物都存在两面性，即阴与阳的对立统一，阴阳转化，重阴必阳，重阳必阴。相互对立的阴阳双方，在一定主客观条件下会向其对立面转化，阴转为阳，阳转为阴。《灵枢·论疾诊尺》中说：

> 四时之变，寒暑之胜，重阴必阳，重阳必阴，故阴主寒，阳主热，故寒甚则热，热甚则寒。

中医基本理论有一条就是热极生寒，寒极生热，这就是阴阳转化。中医治疗病人的手段就是促进阴阳相互转化，即寒者热之，热者寒之，从而达到阴阳平衡，正所谓“阴平阳秘，精神乃治”。物极必反。大家都有经验，有的小孩有时候持续高烧，接近40度，但是小孩总是喊：“爸爸，我冷。”高烧到了一定程度就会出现体温下降，四肢厥冷等症状，这就是由阳转化为阴的表现。

阴阳消长，阳生阴长，阳杀阴藏。阴阳双方的量和比例不断地增长或消减。《灵枢·顺气一日分为四时》中说：

> 春生夏长，秋收冬藏，是气之常也。人亦应之，以一日分为四时，朝则为春，日中为夏，日入为秋，夜半为冬。朝则人气生，病气衰，故慧。日中人气长，长而胜邪，故安；夕则人气始衰，邪气始生，故加；夜半人气入藏，邪气独居于身，故甚也。

人一天之内的阴阳二气的盛衰与一年四季的消长是类似的。比如中医常讲的气血，实际上气为阳，血为阴。气能生血，如果气虚时间长了得不到恢复的话，就会导致化血功能衰退，结果是气血两虚。治疗的方法就是补气，补气可以生血，养血可以益气。

阴阳互根，阴根于阳，阳根于阴。离阴则无阳，离阳则无阴。阴阳相成，相互滋生。《素问次注·四气调神大论》中说：

> 阳气根于阴，阴气根于阳。无阴则阳无以生，无阳则阴无以化。

《素灵微蕴·藏象解》中说：

> "盖阴以吸阳，故神不上脱；阳以煦阴，故精不下流。阳盛之处而一阴已生，阴盛之处而一阳已化。故阳自至阴之位而升之，使阴不下走；阴自至阳之位而降之，使阳不上越。上下相包，阴平阳秘，是以难老。"精为阴，神为阳，阴能吸引阳，阳能吸引阴，以达到阴阳平衡，永葆健康。一切事物都是孤阴不生，独阳不长，相互以对方的存在而存在。

最高范畴的易理就是阴阳，阴阳对立、阴阳转化、阴阳消长、阴阳互根是天地万物变化的根本原因。

那么，易经中阴爻阳爻又是什么呢？

"—"和"--"这两个符号，对于它的来源有多种说法。

第一种说法是源于结绳时代的"有结"和"无结"的形态。《易·系辞下》："上古结绳而治，后世圣人易之以书契。"孔颖达疏："结绳者，郑康成注云，事大大结其绳，事小小结其绳，义或然也。"《易九家言》：

> 事大，大结其绳；事小，小结其绳，之多少，随物众寡。

结绳记事是在文字发明前，中国、埃及、波斯、秘鲁印第安人等地的人使用的一种记事方法。古代的人为了要记住一件事，就在绳子上打一个结，以后看到自己打的结就会想起一件事。如果要记住两件事，就打两个结。记三件事，就打三个结等等。据说波斯王大流士给他的指挥官们一根绳子，绳子上打了 60 个结，并且叮嘱这些指挥官们说："从我开始出征塞西亚人那天起，你们每天要解开绳子上的一个结，到解完最后一个结的那一天，如果我没有回来，就要收拾好你们的东西，自己回去。”结也成了回忆过去的线索，诗人席慕蓉曾经写了一首诗歌就叫《结绳记事》：

> 有些心情，一如那远古的初民
> 绳结一个又一个的好好系起
> 这样　就可以
> 独自在暗夜的洞穴里
> 反复触摸　回溯
> 那些对我曾经非常重要的线索
>
> 落日之前　才忽然发现
> 我与初民之间的相同
> 清晨时为你打上的那一个结
> 到了此刻　仍然
> 温柔地横梗在
> 因为生活而逐渐粗糙了的心中

第二种说法是指蓍草。《说文解字》中说：“蓍，蒿属。生十岁，百茎。”蓍草是多年生直立菊科草本植物，据说以前河南汤阴羑里城有蓍草园。“—”是指一根较长的蓍草，“--”是指两根较短的蓍草。传说用蓍草占卜非常灵验。《周易·系辞上传》中记载：

> 大衍之数五十，其用四十有九。分而为二以象两，挂一以象三，揲之以四以象四时，归奇于扐以象闰，五岁再闰，故再扐而后挂。天一地二，天三地四，天五地六，天七地八，天九地十。天数五，地数五，五位相得而各有合。天数二十有五，地数三十，凡天地之数五十有五。此所以成变化而行鬼神也。

这段文字说蓍草占筮的方法是这样的：选50根蓍草茎，首先取出一根，然后把剩下的49根任意一分为二，从右手蓍草中任取一根，置于左手小指间，留下四十九茎，也称为四十九策，用来揲蓍。这就叫“大衍之数五十，其用四十有九”。

“分而为二以象两”，就是随手将四十九策一分为二，不需计数。分开后，就放在左右两边，以象两仪。

“挂一以象三”就是两仪在左边的象天，在右边的象地，即在左边的策数中分出一策象人，挂在右手的小指间，以象天地人三才。

以四根为一组，先用右手分数左手中的蓍草，再用左手分数右手中的蓍草，一组一组地分数。一数就是四策，以象一年的春夏秋冬。数到最后，我们可以看到所余的策数，余数不外乎四、三、二、一，把左手所余的蓍草放在左手中指与无名指间，右手所余蓍草放在左手食指与中指间。这样，左手指缝间的蓍草余数非五即九，去除余数后的蓍草数必为四十四或四十。这就是蓍草演易的第一变。

又将左右两边已经数过的蓍草合起来，检查数目，可能是四十四策（49-1-4=44），也可能是四十策（49-1-8=40），再度分二、挂一、揲四、归扐，跟第一变一样的。最后看左右所余的策，这是第二变。

再将左右过揲之蓍合起来，检查数目，可能是四十策，可能是三十六策，可能是三十二策，与第二变那样分二、挂一、揲四、归扐。最后看左右所余的策，这是第三变。再余下的可能是三十六、三十二、二十八和二十四。这四个数字各除以四，得到九、八、七、六几个数字。九、七是奇数，属阳性，九是老阳，七是少阳；八和六为偶数，属阴性，八为少阴，六为老阴。

三变而成一爻，计算三变所得挂扐与过揲之策，便知所得何爻。

简单地说，它占筮的方法实际上任意分成上下两部分，代表天、地，再移出一根到中间，代表人。把蓍草分为四组，代表四季，把剩余的蓍草放到左边，代表闰月。对下面的蓍草也进行同样的处理，剩余的蓍草放到右边。这样就完成了第一次卜筮，得到一个“爻”，阴爻或者阳爻。也就是蓍草占筮，是得出奇偶的数理，然后再由阴阳的变化确立卦象。

第三种说法“—”和“--”是指男女的生殖器符号。历史学家周予同先生认为，《周易》中的阴爻和阳爻是“生殖器崇拜时代的符号，—表示男性的性器官，--表示女性的性器官”。郭沫若先生在《中国古代社会研究》中对八卦与性文化之间关系阐述说：

> 八卦的根柢我们很鲜明地可以看出是古代生殖器崇拜的孑遗。画一以像男根，分而为二以像女阴，所以由此而演出男女、父母、阴阳、刚柔、天地的观念。古人数字的观念，以三为最多，三为最神秘。由一阴一阳的一画错综重叠而成三，刚好可以得出八种不同形式。

其实,《易经》中也有类似观点的论述。《系辞下》说:

> 乾坤其《易》之门邪!乾,阳物也;坤,阴物也。阴阳合德而刚柔有体,以体天地之撰,以通神明之德。

但是,这里的阳物、阴物并不是指男女生殖器官,“乾道成男,坤道成女”(《系辞上》)。

第四种说法就是高亨先生的一说。高亨认为“—”和“--”是占筮使用的工具。他在《周易杂论》中说:

> 我认为八卦原来也是供占筮用的,占筮用竹棍,所以卜筮用的字从竹;—是一节,用来象征阳性;--是两节,用来象征阴性。这和奇数为阳,偶数为阴的概念是分不开的。三根竹棍摆成一个经卦,六根竹棍摆成一个别卦,爻和卦都是像竹棍之行。

第五种说法是土圭测影。3000多年前,周武王与姜太公商议决定把王都定在洛邑,当时周公参与了商定,要建都城,必须事先让召公占卜,周公复卜,周公在全国设置了白马(河南滑县)、浚仪(河南开封)、扶沟、上蔡、登封五处观测点,以颍川阳城为中表,开始筑土圭、立木表,测量日影,今天周公测影台遗址,周公测得夏至的午时,周围景物是没有影子的,他认为这是大地的中心,选都城就选在大地的中央,因此,周朝称之为中国。《史记·周本纪》中记载:

> 成王在丰,使召公复营洛邑,如武王之意。周公复卜,申视,卒营筑,居九鼎焉。曰“此天下之中,四方入贡道里均”。

用土圭测影的方法来测土深,确立日影长短,寻求地中。最后在周公的帮助下,定都洛邑,正好符合周武王的意愿。“卦”这个字,从圭从卜。圭是用土做的圭尺,古人将它立于地面,通过圭影测出天体日月运动规律,我们在天安门广场前的华表,就是古代圭卜的纪念品。后来,人们用八尺竹竿代替土圭,也就是“立竿见影”之说。

当然这阴阳爻符号的争论还在继续。

“五行”观念的最早记载是《尚书·甘誓》与《尚书·洪范》。《甘誓》中说:“有扈氏威侮五行，怠弃三正。"《洪范》说："我闻在昔，鲧堙洪水，汩陈其'五行'""一曰水，二曰火，三曰木，四曰金，五曰土。水曰润下，火曰炎上，木曰曲直，金曰从革，土爰稼穑。润下作咸，炎上作苦，曲直作酸，从革作辛，稼穑作甘。"

《春秋繁露》中言"金木水火，各奉其所主以从阴阳，相与一力而并功"，"天地之气，合而为一，分为阴阳，判为四时，列为五行"，"天意难见也，其道难理，是故明阳阴、入出、实虚之处，所以观天之志；辨五行之本末顺逆、小大广狭，所以观天道也。"《朱子语类》言："阳变阴合，而生水火木金土。阴阳气也，而生五行之质……五行阴阳滚合，便是生物的材料。"戴震言："举阴阳赅五行，阴阳各具五行也，举五行即赅阴阳，五行各有阴阳也……阴阳五行，道之实体也。"①从此阴阳五行之合。

参考文献：

[1]孙熙国.《易经》的宇宙观与阴阳五行家思想之渊源[J].周易研究，2006(01):56-62.

[2]孙开泰.阴阳家邹衍的"天人合一"思想——"阴阳"是开启"五行"的钥匙[J].管子学刊，2006(02):22-26.

[3]吴述霏.《周易》阴阳论的层级结构性质[J].周易研究，2006(04):67-72.

[4]刘长林.阴阳的认识论意义[J].中国社会科学院研究生院学报，2006(05):25-32.

[5]包巨太，苏晶.哲学阴阳与医学阴阳的辨析[J].中医药管理杂志，2006(10):23-25.

[6]李致重.科学地认识阴阳五行[J].安徽中医学院学报，2007(02):1-4.

[7]何泉达.阴阳五行说之我见[J].史林，2007(02):95-105，188，190.

[8]李英灿，元永浩.儒家的社会规范与阴阳五行秩序[J].太原师范学院学报：社会科学版，2007(05):22-27.

[9]郇焜.中国古代阴阳五行说呈现的整体统一论思想[J].长安大学学报：社会科学版，2007，(04):13-15.

[10]董草原.阴阳五行挑战进化论——阴阳五行原理[J].医疗保健器具，2008(01):50-54.

[11]许树安."阴阳五行"是宝贵的文化遗产[J].中国文化研究，2008(01):62-65.

[12]包巨太，吴范武，齐峰等.论"阴阳球"是阴阳学说的原型——从"天球"到"阴阳球"的演化[J].华北煤炭医学院学报，2008(01):27-29.

[13]李义民，刘礼聪.阴阳八卦起源新论——"阴阳"作为中国哲学起点的证明[J].九江学院学报，2008(02):36-38.

[14]李宝玉.《易经》阴阳和谐思想及其评价[J].求索，2008(06):57-59.

[15]金晟焕.阴阳五行说与中国古代天命观的演变——兼论阴阳五行说对易学发展的影响[J].周易研究，1999(03):37-48.

①戴震：《戴震全书》(六)，黄山书社1995年版，第175页。

[16]刘力.董仲舒阴阳五行说的“天”[J].重庆师院学报:哲学社会科学版,2002(03):29-32,61.

[17]刘玉平.《周易》的阴阳和谐思维[J].济南大学学报:社会科学版,2002(03):5-10,91.

[18]徐克谦.阴阳五行学说:中国古代的宇宙解释系统[J].南京理工大学学报:社会科学版,1999(04):1-6.

[19]张强.阴阳五行说的历史与宇宙生成模式[J].湖北大学学报:哲学社会科学版,2001(05):77-83.

[20]张毅.阴阳五行与天地之美——董仲舒的天人合一思想及其审美理念[J].南开学报,2001(04):13-19,27.

[21]施炎平.《周易》和中国古代阴阳矛盾学说[J].周易研究,2001(03):46-56.

[22]边家珍.汉代经学吸纳阴阳五行说的原因及其历史意义[J].孔子研究,2002(06):19-25.

[23]王继训.先秦秦汉阴阳五行思想之探析[J].管子学刊,2003(01):47-51.

[24]武占江.四时与阴阳五行——先秦思想史的另一条线索[J].河北师范大学学报:哲学社会科学版,2003(02):101-106.

[25]葛志毅.重论阴阳五行之学的形成[J].中华文化论坛,2003(01):62-68.

[26]翁银陶.略论先秦两汉的阴阳五行学说[J].内蒙古社会科学(汉文版),2003(S1):74-77.

[27]张宗明.论阴阳五行学说对中医理论发展的影响[J].科学技术与辩证法,2004(01):76-79,83.

[28]邢玉瑞.阴阳五行学说与原始思维[J].南京中医药大学学报:社会科学版,2004(01):1-3.

[29]刘玉平.论《周易》的阴阳和谐思维[J].周易研究,2004(05):65-71.

[30]何丽野.阴阳思想与五行思想的结合过程及其意义[J].中共浙江省委党校学报,2005(01):62-66.

[31]于广涛,富萍萍,刘军等.阴阳调和:中国人的价值取向与价值观结构[J].南大商学评论,2007(04):1-34.

[32]庞朴.阴阳五行探源[J].中国社会科学,1984(03):75-98.

[33]黎子耀.阴阳五行思想与《周易》[J].杭州大学学报:哲学社会科学版,1979(Z1):49-56.

[34]陈久金.阴阳五行八卦起源新说[J].自然科学史研究,1986(02):97-112.

[35]潘俊杰.阴阳五行合流新探[J].西北大学学报:哲学社会科学版,2009(05):15-18.

[36]徐刚.阴阳五行哲学观念对中国传统饮食文化的影响[J].新西部:下半月,2009(09):135,117.

[37]汪晓云.“阴阳五行”的来历与变迁[J].民族艺术,2009(01):33-37,12.

[38]宋金英,刘国联.“阴阳五行”对先秦服饰色彩的影响[J].管子学刊,2010(01):88-91.

[39]赵文.论阴阳五行学说及其产生的时间[J].宗教学研究,2010(S1):140-144.

[40]郑万耕.易学中的阴阳五行观[J].周易研究,1994(04):24-32.

[41]陈炎.阴阳:中国传统的思维结构[J].孔子研究,1996(04):108-117.

[42]赵士孝.《易传》阴阳思想的来源[J].哲学研究,1996(08):70-78.

[43]范立舟.阴阳五行与中国传统历史观念[J].管子学刊,1997(02):48-53.

[44]刘邦凡,李包庚.试论阴阳五行说与中国古代科技哲学[J].开封教育学院学报,1998(04):1-6.

三、八卦是什么

《系辞》云:“是故,易有太极,是生两仪,两仪生四象,四象生八卦,八卦生吉凶,吉凶生大业。”

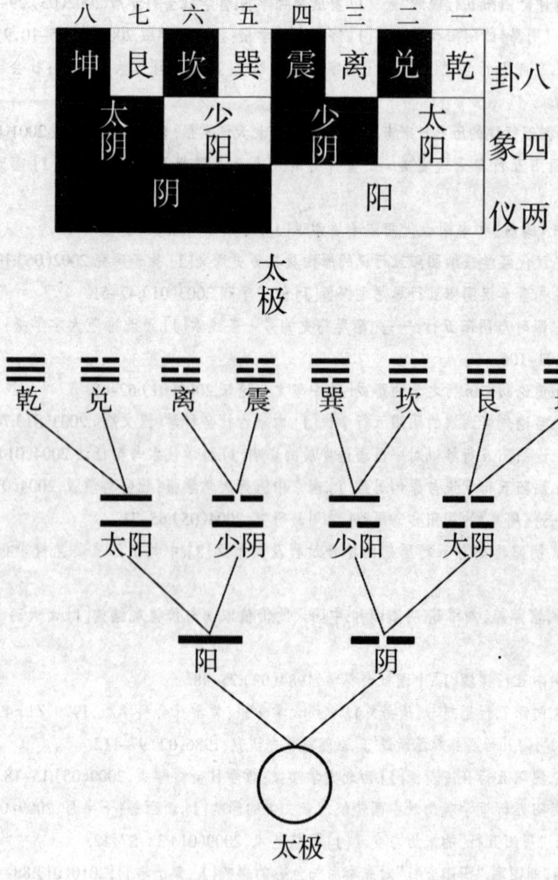

八卦衍生分解图

太极是什么？“太”是“大”的意思，“极”是“远”的意思，也就是在很远的时期，整个宇宙是一个混沌的世界，《易纬》说：“有太易，有太初，有太始，有太素”这四个阶段。“太易”是连人们生存呼吸的气体也没有的阶段，“太初”是气体刚开始散发的阶段，“太始”是物有形的阶段，“太素”是形成了物质的阶段，“气形质而未离，故曰浑沦”。这个混沌世界就是“太极”。

两仪就是天与地被一分为二了，古时候的人用符号“—”和“--”来表示天和地，也就是阴爻和阳爻。

四象就是四时,春夏秋冬。阴阳组合构成了少阳、老阳、少阴、老阴四个方面。四象数字方面代表七、九、八、六;方位方面就是东、南、西、北;季节方面指春、夏、秋、冬;动物方面指青龙、玄武、白虎、朱雀。这些都是四象。

用三个爻重叠错综组合成八个各不相同的符号,就是八卦。即坤(地)、艮(山)、坎(水)、巽(风)、震(雷)、离(火)、兑(泽)、乾(天)。

八卦代表了八种物质,“雷以动之,风以散之,雨以润之,日以恒之,艮以止之,兑以说之,乾以君之,坤以藏之”,《说卦传》将其进行了归类,基本象征的事物如下表:

八卦	乾	兑	离	震	巽	坎	艮	坤
物象	天	泽	火	雷	风	水	山	地
方位	西北	西	南	东	东南	北	东北	西南
人物	父	少女	中女	长男	长女	中男	少男	母
人体	首	口	目	足	股	耳	手	腹
季节	秋冬	秋	夏	春	春夏	冬	冬春	夏秋

我们将上面所说的八卦的生成可以用下面的图来表示:

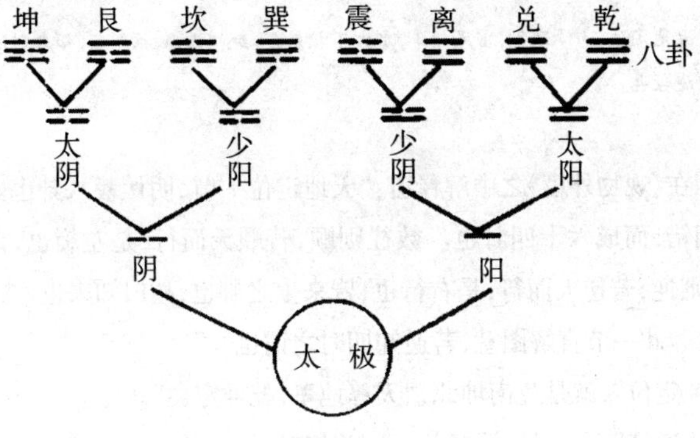

为了帮助人们记住八卦,宋代朱熹在《周易本义》中写了一首《八卦取象歌》:

乾三连，坤六断；

震仰盂，艮覆碗；

离中虚，坎中满；

兑上缺，巽下断。

下面我们说说先天八卦方位图。

翻开朱熹《周易本义》卷首，就可以见到先天八卦方位图，图中根据《说卦传》"天地定位"一节，将八卦排成"乾南坤北，离东坎西，震东北兑东南，巽西南艮西北"的方位。

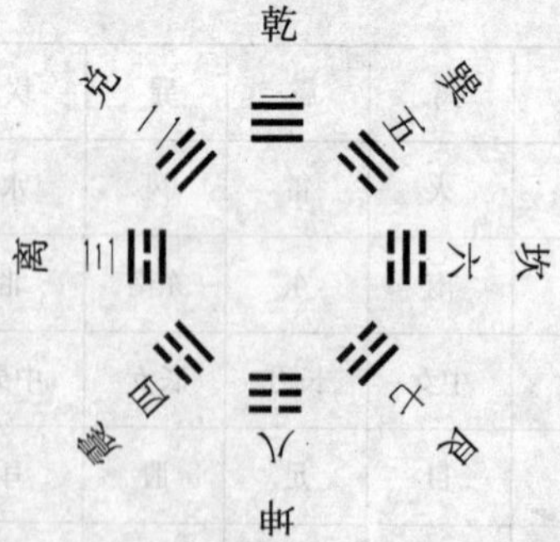

什么是先天？宇宙没有形成前，就是所谓的先天，有了宇宙，那成了后天了。这个图又称《伏羲八卦方位图》，是伏羲画八卦的依据，有人也许要问：伏羲的八卦方位怎么被标识出来的？其实，这个方位是源于《易传·说卦传》：

天地定位，山泽通气，雷风相薄，水火不相射，八卦相错，数往则顺，知来则逆，是故《易》逆数也。

邵雍在《观物外篇》之中解释道："天地定位一节，明伏羲八卦也。八卦相错也明交相错，而成六十四卦也。数往则顺，若顺天而行，是左旋也，皆已生之卦也。知来则逆，若逆天而行，是右行也，皆来生之卦也，故曰知来也。夫易之数，由逆而成矣。此一节直解图意，若逆知四时之谓也。"

"天地定位"，就是乾南坤北，"天尊地卑，乾坤定矣"。

"山泽通气"，山为艮，泽是兑，艮、兑相对，山高泽低。

"雷风相薄"，震为雷，巽为风，风传雷声。

"水火不相射"，坎为水，离为火，水火不相容。

这样八卦的方位就标识出来了：乾南坤北，离东坎西，兑东南，震东北，巽西南，艮西北。

有先天，就有后天，下面我们再来看后天八卦图。

后天八卦图又称文王八卦方位图。

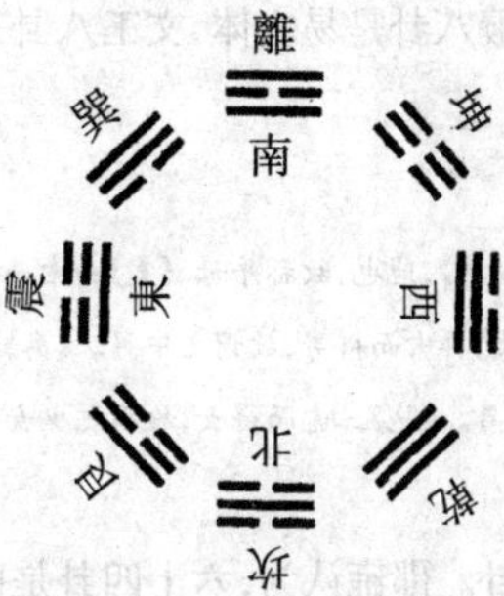

后天八卦图

《周易·易传·说卦传》记载：

帝出乎震，齐乎巽，相见乎离，致役乎坤，说言乎兑，战乎乾，劳乎坎，成言于艮。万物出乎震，震，东方也。齐乎巽，巽，东南也；齐也者，言万物之洁齐也。离也者，明也，万物皆相见，南方之卦也；圣人南面而听天下，向明而治，盖取诸此也。坤也者，地也，万物皆致养焉，故曰致役乎坤。兑，正秋也，万物之所说也，故曰说言乎兑。战乎乾，乾，西北之卦也，言阴阳相薄也。坎者，水也，正北方之卦也，劳卦也，万物之所归也，故曰劳乎坎。艮东北之卦也，万物之所成终而所成始也，故曰成言乎艮。

朱熹在《周易本义》中有《文王八卦次序》。

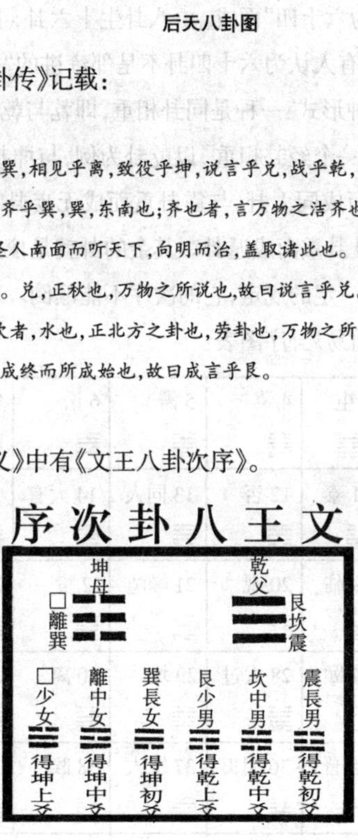

北宋邵雍在《观物外篇》中说："起震终艮一节，明文王八卦也……文王之作《易》也，其得天地之用乎？故乾坤变为泰，坎离交而为济既。乾生于子，坤生于午，离终于申，坎终于寅，以应天之时也。置乾于西北，退坤于西南，长子用事，而长女带母，坎离得位而兑艮为隅，以应地之方也。"

现在学界普遍认为伏羲八卦是易之体，文王八卦是易之用。《说卦传》分析文王八卦次序说：

> 《乾》，天也，故称乎父；《坤》，地也，故称乎母。《震》一索而得男，故谓之长男。《巽》一索而得女，故谓之长女。《坎》再索而得男，故谓之中男。《离》再索而得女，故谓之中女。《艮》三索而得男，故谓之少男。《兑》三索而得女，故谓之少女。

八卦相重合成六十四卦。邵雍认为，六十四卦是由八卦"八分为十六，十六分为三十二，三十二分为六十四"而成。由八卦生十六卦，十六卦生三十二卦，三十二卦生六十四卦。也有人认为六十四卦不是邵雍讲的"分"成的，二是"合"成的。六十四卦形成有两种形式：一种是同卦相重，即乾与乾重、坤与坤重等形成。第二种是一个经卦与另一个经卦相重。以乾卦为例，与坤卦重而成否卦，与兑卦重而成履卦，与离卦重而成同人卦，与震卦重而成无妄卦，与巽卦重而成姤卦，与坎卦重而成讼卦，与艮卦重而成遁卦。其余的卦就是依此类推。

六十四卦的编次有一定的规定，它的次序不能颠倒。

首先我们看文王《周易》卦序图表：

1 乾 ䷀	2 坤 ䷁	3 屯 ䷂	4 蒙 ䷃	5 需 ䷄	6 讼 ䷅	7 师 ䷆	8 比 ䷇
9 小畜 ䷈	10 履 ䷉	11 泰 ䷊	12 否 ䷋	13 同人 ䷌	14 大有 ䷍	15 谦 ䷎	16 豫 ䷏
17 随 ䷐	18 蛊 ䷑	19 临 ䷒	20 观 ䷓	21 噬嗑 ䷔	22 贲 ䷕	23 剥 ䷖	24 复 ䷗
25 无妄 ䷘	26 大畜 ䷙	27 颐 ䷚	28 大过 ䷛	29 坎 ䷜	30 离 ䷝	31 咸 ䷞	32 恒 ䷟
33 遁 ䷠	34 大壮 ䷡	35 晋 ䷢	36 明夷 ䷣	37 家人 ䷤	38 睽 ䷥	39 蹇 ䷦	40 解 ䷧

41 损	42 益	43 夬	44 姤	45 萃	46 升	47 困	47 井
49 革	50 鼎	51 震	52 艮	53 渐	54 归妹	55 丰	56 旅
59 巽	58 兑	59 涣	60 节	61 中孚	62 小过	63 既济	64 末济

这是目前《周易》的卦序，也是文王重新排列的六十四卦次序。把《乾》作为首卦，从《乾》至《离》三十个卦是《上经》，从《咸》至《未济》三十四个卦是《下经》。乾为父、坤为母，《上经》说的是父辈的事，《下经》说的是下一辈的事。这表中的卦的排列基本是一颠一倒而成的。《帛书》六十四卦的次序与目前流行本的《周易》次序不同。但是其内卦是按“乾一、坤二、艮三、兑四、坎五、离六、震七、巽八”排列的。

为了帮助人们记住这六十四卦的次序，朱熹《周易本义》里写了《卦名次序歌》：

乾坤屯蒙需讼师，比小畜兮履泰否；
同人大有谦豫随，蛊临观兮噬嗑贲；
剥复无妄大畜颐，大过坎离三十备。
咸恒遁兮及大壮，晋与明夷家人睽；
蹇解损益夬姤萃，升困井革鼎震继；
艮渐归妹丰旅巽，兑涣节兮中孚至；
小过既济兼未济，是为下经三十四。

关于这个卦名序卦歌，分为上经、下经。

上经：1.乾 2.坤 3.屯 4.蒙 5.需 6.讼 7.师 8.比 9.小畜 10.履 11.泰 12.否 13.同人 14.大有 15.谦 16.豫 17.随 18.蛊 19.临 20.观 21.噬嗑 22.贲 23.剥 24.复 25.无妄 26.大畜 27.颐 28.大过 29.坎 30.离。

下经：31.咸 32.恒 33.遁 34.大壮 35.晋 36.明夷 37.家人 38.睽 39.蹇 40.解 41.损 42.益 43.夬 44.姤 45.萃 46.升 47.困 48.井 49.革 50.鼎 51.震 52.艮 53.渐 54.归妹 55.丰 56.旅 57.巽 58.兑 59.涣 60.节 61.中孚 62.小过 63.既济 64.未济。

下面我们再介绍一下《分宫卦象次序图》。

乾为天；天风垢；天山遁；天地否；风地观；山地剥；火地晋；火天大有。

坎为水；水泽节；水雷屯；水火既济；泽火革；雷火风；地火明夷；地水师。

艮为山；山火贲；山天大畜；山泽损；火泽睽；天泽履；风泽中浮；风山渐。

震为雷；雷地豫；雷水解；雷风恒；地风升；水风井；泽风大过；泽雷随。

巽为风；风天小畜；风火家人；风雷益；天雷无妄；火雷噬嗑；山雷颐；山风蛊。

雷为火；火山旅；火风鼎；火水未既；山水蒙；风水涣；天水颂；天火同人。

坤为地；地雷复；地泽临；地天泰；雷天大壮；泽天决；水天需；水地比。

兑为泽；泽水困；泽地翠；泽山咸；水山蹇；地三谦；雷山小过；雷泽归妹。

乾，坎，艮，震为阳四宫；巽，离，坤，兑为阴宫；乾兑为金；离为火；震巽为木；坎为水；坤艮为土。

分宫卦象次序的变化如下：

1. 本体卦。

2. 初爻变：内卦方面，天风、水泽、火山、雷地对调。

3. 第二爻变：内卦方面，风山、雷泽、天火、地水对调。

4. 第三爻变：内卦方面，山地、天泽、雷火、风水对调。

5. 第四爻变：外卦方面，天风、水泽、火山、雷地对调。

6. 第五爻变：外卦方面，风山、雷泽、天火、地水对调。

7. 第四爻变回原爻（游魂卦）：外卦方面，天风、水泽、火山、雷地对调。

8. 内卦变回本体卦（归魂卦）：内卦方面，天地、山泽、火水、风雷对调。

分析分宫卦象次序表如下图：

1. 上下为天–乾卦 ䷀【万物之父】

43. 天上有泽–央卦 ䷪【猛追穷寇】

10. 天下有泽–履卦 ䷉【礼仪规范】

14. 天上有火–大有 ䷍【万物所归】

13. 天下有火–同人 ䷌【分久必合】

34. 天上有雷–大壮 ䷡【阳气大盛】

25. 天下有雷-无妄 ䷘【无妄之灾】

9. 天上有风--小畜 ䷈【原始积累】

44. 天下有风-姤卦 ䷫【见微知著】

5. 天上有水--需卦 ䷄【摄取营养】

6. 天下有水-讼卦 ䷅【生存竞争】

26. 天上有山-大畜 ䷙【富甲天下】

33. 天下有山-退卦 ䷠【急流勇退】

11. 天上有地-泰卦 ䷊【阴阳和谐】

12. 天下有地-否卦 ䷋【天地不通】

58. 上下为泽-兑卦 ䷹【言谈喜悦】

38. 泽上有火-睽卦 ䷥【分背异化】

49. 泽下火-革卦 ䷰【破除陈旧】

54. 泽上有雷-归妹 ䷵【少女婚配】

17. 泽下雷-随卦 ䷐【从宜适变】

61. 泽上有风-中乎 ䷼【如合符契】

28. 泽下风-大过 ䷛【过中不当】

60. 泽上有水-节卦 ䷻【信约节止】

47. 泽下水-困卦 ䷮【身处逆境】

41. 泽上有山-损卦 ䷨【锦上添花】

31. 泽下山-咸卦 ䷞【男女感应】

19. 泽上有地-临卦 ䷒【力量增长】

45. 泽下地-萃卦 ䷬【众心聚合】

30. 上下为火-离卦 ䷝【火炎向上】

55. 火上有雷-丰卦 ䷶【羽毛丰满】

21. 火下雷-噬嗑 ䷔【刑狱啮咬】

37. 火上有风-家人 ䷤【家庭秩序】

50. 火下风-鼎卦 ䷱【鼎立新风】

63. 火上有水-既济 ䷾【圆满成功】

64. 火下水-未济 ䷿【新的起点】

22. 火上有山-贲卦 ䷕【绘事后素】

56. 火下山-旅卦 ䷷【平踪浪迹】

36. 火上有地-明夷 ䷣【黑暗无光】

35. 火下有地-晋卦 ䷢【青天白日】

51. 上下为雷-震卦 ䷲【雷震而起】

42. 雷上有风-益卦 ䷩【雪中送炭】

32. 雷下有风-恒卦 ䷟【白头偕老】

3. 雷上有水--屯卦 ䷂【万事起头难】

40. 雷下有水解卦 ䷧【解脱宽松】

27. 雷上有山-颐卦 ䷚【颐养天和】

62. 雷下有山-小过 ䷽【矫枉过正】

24. 雷上有地-复卦 ䷗【返初复始】

16. 雷下有地-豫卦 ䷏【心情怡悦】

57. 上下为风-巽卦 ䷸【风伏而入】

48. 风上有水-井卦 ䷯【坚定不移】

59. 风下有水-涣卦 ䷺【坚冰消融】

18. 风上有山-蛊卦 ䷑【整饬修治】

53. 风下有山-渐卦 ䷴【循序渐进】

46. 风上有地-升卦 ䷭【积聚升进】

20. 风下有地-观卦 ䷓【蔚为大观】

29. 上下为水-坎卦 ䷜【水流就下】

4. 水上有山--蒙卦 ䷃【蒙昧蛮荒】

39. 水下有山-蹇卦 ䷦【前进之难】

7. 水上有地--师卦 ䷆【聚伍纷战】

8. 水下有地-比卦 ䷇【亲合相依】

52. 上下为山-艮卦 ䷳【山止不动】

15. 山上有地-谦卦 ䷎【三才之谦】

23. 山下有地-剥卦 ䷖【剥烂朽蚀】

2. 上下为地-坤卦 ䷁【万物之母】

此外,我们还要了解上下经的变卦情况。为了帮助学易的人记住经的变卦情况,朱熹《周易本义》里编写了《上下经卦变歌》。

讼自遁变泰归妹,否从渐来随三位。

首困噬嗑未济兼,蛊三变贲井既济。

噬嗑六五本益生,贲原于损既济会。

无妄讼来大畜需,咸旅恒丰皆疑似。

晋从观更睽有三,离与中孚家人系。

蹇利西南小过来,解升二卦相为赘。

鼎由巽变渐涣旅,涣自渐来终于是。

朱熹《周易本义》里还画了《卦变图》。从《周易本义》卷首的《卦变图》可知,其下卦的排列顺序,是乾、兑、离、震、巽、坎、艮、坤。邵雍曰《观物外篇》:

“一变而二,二变而四,三变而八卦成,四变而十有六,五变而三十有二,六变而六十四卦备矣。”

我们可以看到邵雍逆爻序的卦变法如下:

“一变而二”就是一变乾上爻得夬;

“二变而四”就是二变乾、夬五爻得大有、大壮;

“三变而八卦成”就是三变乾至大壮之四爻得小畜、需、大畜、泰;

“四变而十有六”就是四变乾至泰之三爻得履至临;

“五变而三十有二”就是五变乾至临之二爻得同人至复;

“六变而六十四卦备”就是六变乾至复之初爻得姤至坤。

参考文献：

[1]李妍，孙继国.浅谈《周易》的八卦图式对中国传统建筑模式的影响[J].大舞台，2011(06):127-128.

[2]史宁中.从八卦到六十四卦：试论《周易》的思维逻辑[J].哲学研究，2011(08):42-49，127.

[3]田进文，张波."太极生八卦"中的阴阳逻辑规律探析[J].世界中西医结合杂志，2012(04):279-282.

[4]王俊龙.论八卦是八个逻辑范式[J].周易研究，2012(03):90-96.

[5]黄怀信.八卦名义说[J].齐鲁学刊，2012(05):5-8.

[6]刘保贞.五行、九宫与八卦——胡渭《易图明辨》"五行、九宫"说述评[J].周易研究，2005(02):46-51.

[7]吴海文.八卦与汉字起源研究的几点思考[J].湖南科技学院学报，2005(04):132-134.

[8]陈腊娇，冯利华，沈红等.古村落旅游开发模式的比较——金华市诸葛八卦村和郭洞村实证研究[J].国土与自然资源研究，2005(04):58-59.

[9]陈守富.《河图》八卦关系论——兼与北京大学易学课题组商榷[J].韶关学院学报：社会科学版，2003(07):69-78.

[10]李兴民，彭立中.伏羲八卦与八元数[J].华南师范大学学报：自然科学版，2004(02):1-6.

[11]刘彬.《易纬》八卦卦气思想初探[J].周易研究，2004(06):22-27.

[12]苏永利.关于八卦与五行结合的根据[J].周易研究，2006(02):83-86.

[13]夏桂成，殷燕云.从太极八卦时辰钟结合图探析生殖节律[J].南京中医药大学学报，2006(04):250-251.

[14]夏桂成.从太极八卦时辰钟结合图探析生殖节律(续1)[J].南京中医药大学学报，2006(05):277-281.

[15]曹东义.五行、八卦与四元素学说探析[J].中华医史杂志，2006(04):239-242.

[16]吴亮.释"八卦"新义[J].重庆工学院学报(社会科学版)，2007(03):147-149.

[17]史善刚.论河图洛书与八卦起源[J].史学月刊，2007(08):79-88.

[18]况国高.先天、后天八卦图方位并行时期的史料见证——《山海经》叙述方位混乱浅析[J].陇东学院学报(社会科学版)，2006(03):40-44.

[19]老槐.八卦的文化，文化的八卦[J].新世纪图书馆，2008(06):93-94.

[20]李义民，刘礼聪.阴阳八卦起源新论——"阴阳"作为中国哲学起点的证明[J].九江学院学报，2008(02):36-38.

[21]殷守艳.八卦名义考[J].图书馆杂志，2008(05):76-79.

[22]李思涯.大众窥视、规则建构与模写真实——从"八卦"的角度看《莺莺传》[J].中国文化研究，2008(02):79-90.

[23]赵铁峰，于超.八卦掌理论内涵初探——阴阳、八卦及易学思想在八卦掌中的指导作用[J].搏击.武术科学，2008(06):24-25，28.

[24]孙继忠.易八卦与文字考[J].汉字文化，2008(05):88-90.

[25]邹学熹.易学十讲第五讲八卦二、八卦的应用[J].成都中医学院学报，1983(03):80-84.

[26]官哲兵."伏羲作八卦"辨——论阴阳八卦源于苗蛮[J].中南民族学院学报：社会科学版，1987

(01):81-84.

[27]王兴业,翟静媛.谈式占、八卦与洛书——《灵枢经·九宫八风篇》读后记[J].周易研究,1990(02):21-30.

[28]逄振镐.论原始八卦的起源[J].北方文物,1991(01):22-24.

[29]陈久金.阴阳五行八卦起源新说[J].自然科学史研究,1986(02):97-112.

[30]谢增虎,胡政平.伏羲画八卦:中国根文化的产生到文化形态的定型[J].甘肃社会科学,2009(03):150-155.

[31]王俊龙.论八卦是数码文字[J].天津师范大学学报:社会科学版,2009(05):72-76.

[32]李玉亭.八卦符号起源新说[J].华夏考古,2009,(04):63-65.

[33]乔宗方.试论江永河洛变先后天八卦图式思想[J].周易研究,2010(01):34-41.

[34]吴忠礼.伏羲发祥地与"八卦"文化议[J].宁夏师范学院学报,2010(04):75-78.

[35]陈应时.阴阳八卦附会律吕的尴尬[J].音乐艺术(上海音乐学院学报),2010(02):32-38,4.

[36]辛轩.试论伏羲先天八卦的现实意义[J].天水行政学院学报,2010(05):126-128.

[37]王俊龙.论"后天八卦"中的数理内涵——兼论《禹贡》和《太玄》对称三进制[J].周易研究,2010(06):91-96.

[38]张一方.太极图的宇宙演化基础和九宫八卦五行图[J].安阳大学学报,2002(03):11-13.

[39]梁韦弦."八风"与五行、八卦[J].古籍整理研究学刊,2002(04):28-30.

[40]施怀德.八卦村的八卦之谜[J].观察与思考,1999(02):17-20.

[41]廖名春.坤卦卦名探原——兼论八卦卦气说产生的时代[J].东南学术,2000(01):13-18.

[42]汪宁生.八卦起源[J].考古,1976(04):242-245.

[43]苏开华.千古之谜"八卦"破解[J].南京社会科学,1995(12):23-27.

[44]张晓林.八卦起源说综述[J].社科纵横,1995(04):34-39.

[45]詹石窗.八卦起源新探[J].福建师范大学学报:哲学社会科学版,1996(01):53-59.

[46]刘正英.解河图、洛书与八卦图[J].内蒙古社会科学:文史哲版,1996(04):62-67.

[47]杜亚雄.八卦中的数字及中国音乐中的数字观念[J].音乐研究,1997(03):69-73.

[48]龚平.伏羲始作八卦考[J].东南文化,1997(04):73-76.

[49]杨炳昆.八卦起源新说——《周易》本义之一[J].郭沫若学刊,1997(03):16-23.

四、阴阳爻的关系怎样

三条爻的卦叫经卦,两个经卦组成别卦。别卦下部的经卦是主卦,代表主方;上部的是客卦,代表客方。《说文解字》中写道:"爻,交也。象《易》六爻头交也。"

在上下经中,阳爻称为"九",阴爻称为"六",一挂的阳爻自下而上为初九、九二、九三、九四、九五、上九,一挂的阴爻自下而上为初六、六二、六三、六四、六五、上六,此外,《乾》卦里有"用九",《坤卦》里有"用六"。

比如:鼎卦

每一卦中的六爻都有自己的象征义。如下表:

鼎卦

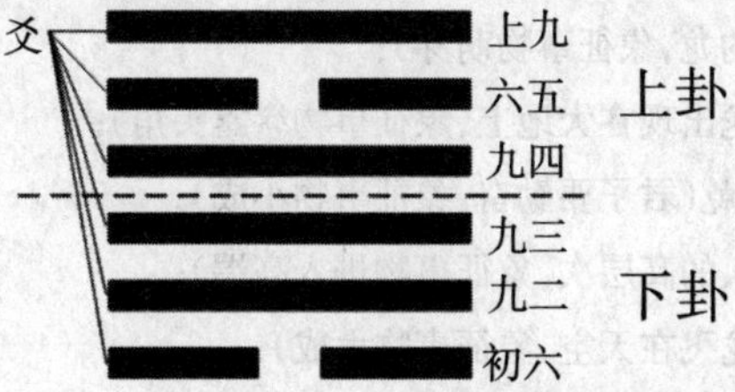

鼎,元吉,亨。

初六,鼎颠趾,利出否。得妾以其子,无咎。

九二,鼎有实。有仇有疾,不我能即,吉。

九三,鼎耳革,其行塞,雉膏不食。方雨亏悔,终吉。

九四,鼎折足,覆公(食束),其形渥,凶。

六五,鼎黄耳,金铉,利贞。

上九,鼎玉铉,大吉,无不利。

爻	象征天地人	象征人	象征人体	象征事物的发展规律与阶段
初爻	地	百姓	趾	事物起始萌芽,积蓄才能
二爻	地	君子	腿	事物初出发展,崭露头角
三爻	人	诸侯	腰	事物曲折前进,功业小成
四爻	人	近臣	胸、脖	事物进阶高端,不进则退
五爻	天	天子	脸	事物达到高潮,功德圆满
六爻	天	太上皇	头	事物发展终结,物极必反

从这个表格可以看出:

第一,爻含有三才之道,天地人即"三才",下爻代表地,中爻代表人,上爻代表天。

第二,象征事物的发展不同阶段。

初爻:象征事物萌芽;

二爻:象征事物崭露头角;

三爻:象征事物小成;

四爻:象征事物进入高端;

五爻:象征事物大成;

上爻:象征事物终结。

如乾卦型：

初九：潜龙（潜藏的龙，象征事物萌芽）；

九二：见龙在田（龙出现在大地上，象征事物崭露头角）；

九三：君子终日乾乾（君子要勤奋，象征事物小成）；

九四：或跃在渊（人的高层次，象征事物进入高端）；

九五：飞龙在天（龙飞在天空，象征事物大成）；

上九：亢龙有悔（龙飞得很高，被架空，象征事物终结）。

第三，爻所处位置代表人的身体不同的部位。

初爻：代表脚趾（人身体的最下端）；

二爻：代表小腿；

三爻：代表腰（三爻居中，人身体的中端，腰居其中）；

四爻：代表胸、脖；

五爻：代表脸；

上爻：代表头（人身体的最上端）。

如艮卦：

初六：艮其趾；

六二：艮其腓（小腿肚子）；

九三：艮其限（腰）；

六四：艮其身；

六五：艮其辅（面颊）

上九：敦艮（敦，头）。

第四，爻所处位置代表不同等级的社会地位。

按照汉人对《周易》的注释如下：

初爻在下，代表民；

二爻居中，代表君子；

三爻在二爻之上，代表诸侯；

四爻，代表近臣；

五爻在上居中，代表天子；

上爻，代表太上皇。

下面我们说说爻位。

爻位就是卦爻所居的位次。六十四个卦，每个卦都有六个爻，因此有六个爻位。《说卦》中论述道：

立天之道曰阴曰阳，立地之道曰柔曰刚，立人之道曰仁曰义。兼三才而立之，故《易》六画而成卦，分阴分阳，用刚柔，故《易》六位而成章。

如果六爻分为三位，即天、人、地三位，五爻、上爻在天位，三爻、四爻在人位，初爻、二爻在为地位；

如果六爻分为上、中、下三位，则上爻在上位，二三四五爻在中位，初爻在下位。

其中初爻、四爻是同位爻，二爻、五爻是同位爻，三爻、上爻同位爻。五爻位最好，二爻位最贱。

爻初、三爻、五爻在阳位，二爻、四爻上爻在阴位。初爻、三爻、五爻阳位有阳爻就叫得位，或者二爻、四爻、上爻阴位有阴爻叫当位，反之称不得位和不当位。

阴爻与阳爻之间的位置关系有以下几种：

承

“承”是“承上”的意思。就是指阴爻上承阳爻，象征柔弱者顺承刚强者，或者贤臣辅助明君。凡是阴爻在下，阳爻位居其上时，就称为“承”象。

譬如天水讼卦，初爻为阴，二爻为阳，初爻承负着二爻，就叫“初承二”。三爻承负着四爻，就是“三承四”。 再如谦卦，阴爻初六、六二都在阳爻九三之下，故初六、六二爻对九三爻来说，称为“承”，即初承三、二承三，故《象》曰：“劳谦君子，万民服也。”

据

“据”是“占据”的意思。就是阳爻居于阴爻之上。

比如山水蒙卦，《周易集解》里说二爻是“应五据初”。在这一卦体中，九二爻与六五爻相应，故曰“应五”；九二爻为阳爻，初六爻为阴爻，九二爻位阳爻，据于下面初六阴爻之上，也就是九二爻据初六爻了，故曰“据初”。

乘

“乘”是“居高临下”的意思。指阴爻凌驾于阳爻之上，也就是阴爻乘阳爻，称为“乘刚”，象征臣下欺辱君主，小人乘凌君子。

譬如《随》卦六二爻：“系小子，失丈夫。”虞翻注曰：“承四隔三，故失丈夫。”

(《周易集解·随卦》)在《随》卦中,六二爻是阴爻,位在下,九四爻是阳爻,位在上,六二爻承九四爻。

《谦》卦初六爻辞中“谦谦君子”一句,《周易集解》引荀爽注曰:“初在最下为谦,二阴承阳亦为谦,故曰‘谦谦’也。二阴一阳,相与成体,故曰‘君子’也。”在《谦》卦卦体中,初六爻为阴爻,位在下,有谦让之意。

地天泰卦,四爻为阴,三爻为阳,阴乘于阳之上,称为“四乘三”。上面的五爻、六爻都是阴爻,也可以乘三爻,分别叫“五乘三”“六乘三”。

《屯》卦中,六二、上六爻辞皆曰“乘马班如”,震初爻、坎五爻皆为马,六二乘初九,上六乘九五,故有“乘马”之说。以前的人“二乘初”“上乘五”。所以象曰:“六二之难,乘刚也。”也就是六二爻为阴爻,初九爻为阳爻,六二爻在初九爻之上,故曰“二乘初”。上六爻为阴爻,九五爻为阳爻,上六爻在九五爻之上,因此“乘五也”,指上六阴爻“乘”九五阳爻 。

比

“比”是“比邻”的意思。指两个爻相邻,初爻与二爻,二爻与三爻,三爻与四爻,四爻与五爻,五爻与六爻都称为“比”。梅花数里将两个五行属性相同的两个卦称为“比和卦”。《象》曰:“比于贤,以从上也。”

比有顺比、逆比或者正比、反比。譬如比卦,九五比六四,是顺比,也就是正比,上六比九五是反比,九五爻是得位的爻,得中,遇六四,吉。

应

“应”是呼应的意思。在六爻之中,初爻与四爻,二爻与五爻,三爻与六爻都是相互呼应的。因为这些爻是同位爻,初爻与四爻分别是上下卦的初位爻,二爻与五爻分别是上下卦的中位爻,三爻与六爻则分别是上下卦的上位爻。《易纬·乾凿度》写道:

“三画以下为地,四画以下为天”,“易气从下生,故动于地之下则应乎天之下,动于地之中则应乎天之中,动于地之上则应乎天之上”。

呼应关系要从“同性相斥,异性相吸”的易理去考量。如果阳爻在上阴爻在下,是顺应;阳爻在下,阴爻在上是逆应。譬如否卦,初六应九四,六二应九五,六三应上九,是顺应;泰卦,初九应六四,九二应六五,九三应上六,是逆应。

中

“中”的意思有“得中”“居中”“处中”。就是上卦(外卦)与下卦(内卦)的中间爻,一般是二爻与五爻。

《周易·系辞下》中讲“二多誉”“五多功”,如噬嗑卦,六五爻不当位,但居上卦,故《象》曰:“柔得中而上行,虽不当位,利用狱也。”未济,六爻不当位,《象》解释卦辞:“未济,亨,柔得中也。”六五爻居中位,故吉。《小象》解此卦九二爻辞:“九二,贞吉,中以行正也。”这体现了儒家的中庸思想。

“中”字在中国古代哲学中代表不偏不倚、中正。河南人问一件事行不行,河南人最喜欢说“中啊”“中”。临卦中九二爻“咸临吉,无不利”。《周易集解》引虞翻注曰:“得中多誉。”九二爻位置在内卦之中,故曰“得中多誉”。

六十四卦之中,言刚得中的卦有:讼、渐、节、中孚;言柔得中的卦有:噬嗑、旅、鼎、睽、同人、小过,既济、未济。

正

“正”的意思即“当位”“在位”“正位”“处正”“得正”等。因为阳为奇,阴为偶,所以阳爻处于一、三、五爻的位置,就是“得正”;阴爻处于二、四、六爻的位置,就是“得正”。反之,就是“不正”“不当位”“失位”等。

如解卦,一、三、五爻的位置上是阴爻,即为“不正”。五爻虽得中,但也不得正。二、四、六爻的位置上,只有上爻为阴爻,得正,其余的二、四两爻均为阳爻而失位不正。

讲完了卦内部之间的关系,我们再来说说卦与卦之间“错、综、复、杂”的关系。

错卦

错卦就是两个卦相对应的每一爻阴阳属都是相反的,这两卦就是错卦关系。

比如天地否变为地天泰,水地比交错成火天大有,天风姤交错成地雷复。六十四卦,每卦都有对错的卦。

综卦

综卦就是把一个卦完全颠倒过来所形成的新卦,这两卦就是综卦关系。

乾、坤、坎、离这四卦的综卦就是本身,它们没有综卦,因此称为八卦中的“四正卦”或叫先天四极。此外还有大过卦、小过卦、颐卦、中孚都是没有综卦的,除了这个八个卦以外,其他五十六个卦都有综卦。

如天风女后卦倒过来就成了泽天夬,风地观倒看就成地泽临,雷地豫变成地山谦等。

复卦

三爻的卦称单卦，由两个单卦组成的六爻卦称复卦。六十四卦都是复卦。复卦还有就是重复的关系，就是上下卦由同一个单卦组成的复卦。这样的卦也叫“纯卦”，这卦仅八个，因此叫“八纯”。

复卦是《易经》六十四卦的第二十四卦。地雷复。《象》曰：“马氏太公不相合，世人占之犹疑多，恩人无义反为怨，是非平地起风波。”这个卦下震上坤相叠。震为雷、为动；坤为地、为顺，动则顺，顺其自然。

杂卦

杂卦就是复卦的综错卦。晋韩康伯注：“杂卦者杂糅众卦，错综其义，或以同相类，或以异相明也。”

互卦

《易》卦上下两体交错取象而成新卦。如观卦为坤下巽上，取其二至四爻则为艮，三至五爻为坤。《日知录集释》东吴顾炎武之卷一记载：

> 凡卦爻二至四、三至五，两体交互，各成一卦，先儒谓之互体。其说已见于《左氏》庄公二十二年，陈侯筮遇观之否，曰“风为天于土上，山也。”注“自二至四有艮象，艮为山”是也。然夫子未尝及之，后人以杂物撰德之语当之，非也。其所论二与四、三与五同功而异位，特就两爻相较言之，初何尝有互体之说？《晋书》荀凯尝难钟会，《易》无互体见称于世，其文不传。新安王炎晦叔尝问张南轩曰：伊川令学者先看王辅嗣、胡翼之、王介甫固三家《易》，何也？南轩日：三家不论互体故尔。

此外，《周易》卦爻辞断语常用辞有：吉（善，福祥）、利（顺利，适合）、吝（很难）、厉（危险）、悔（悔恨，穷困）、咎（灾患）、凶（祸殃，大的灾难）等。

第二章 易经正解

易经由六十四卦组成。六十四卦是由八卦相迭演易而成。每卦都有卦象、卦名、卦辞、爻卦四部分组成。其实,卦象就是那个图案符号,卦名就是那个名字,如乾、坤等,卦辞就是对这一卦的解释。爻就是那个组成卦象的每条横道,爻辞就是对每条横道的解释。经上与经上,如同上下卷,是编排的分部目录。经上讲的是前三十卦,经下讲的是后三十四卦。

周易如果从天、地、人的角度考虑,周易应分为上经、中经和下经。

上经有十六卦,它们分别是:乾、离、艮、巽、姤 、同人、大有、旅、贲、蛊、渐、小畜、遁、家人、鼎、大畜。

中经有三十二卦,分别是:履、夬、无妄、大壮、需、讼、否、泰、噬嗑、丰、晋、明夷、睽、革、未济、既济、剥、谦、颐、小过、损、咸、蒙、蹇 、井、涣、中孚、大过、观、升、益、恒。

下经有十六卦,分别是:坎、兑、震、坤、豫、节、困、屯、解、归妹、随、复、比、师、临、萃。

一般人认为《周易》古经分为上经和下经,上经三十卦,下经三十四卦,共六十四卦,每一卦六爻,共三百八十四爻。

第一卦 乾·乾为天·乾上乾下

䷀

乾:元、亨、利、贞。

初九:潜龙,勿用。

九二:见龙在田,利见大人。

九三：君子终日乾乾，夕惕若，厉无咎。

九四：或跃在渊，无咎。

九五：飞龙在天，利见大人。

上九：亢龙有悔。

用九：见群龙无首，吉。

乾卦，卦体都是由相同的乾卦☰组成，六个爻都是为阳爻，乾天乾下，错卦是坤卦。卦象为天，卦德是健。乾卦包含四种德性：元、亨、利、贞。《文言》说："元者，善之长也；亨者，嘉之会也；利者，义之和也；贞者，事之干也。"[1]晚明来瞿唐说："元亨者，天道之本然，数也;利贞者，人事之当然，理也。"[2]程颐在《伊川易传》中说："元者万物之始，亨者万物之长，利者万物之遂，贞者万物之成。"[3]朱熹在《周易本义》中说："元，大也；亨，通也；利，宜也；贞，正而固也。"[4]尚秉和先生在《周易尚氏学》中说："总之，元亨利贞、春夏秋冬、东南西北、仁义礼智、一二三四，兹数者，合之一之，混之同之，融会贯通，遗貌御神，天人不分，陶冶既久然后知此四字。"[5]《子夏易传》解释说："元，始也。亨，通也。利，和也。贞，正也。"元表示万事万物的开始，亨是通达、畅通之意，利是祥和、有利的意思，贞是正、清正的意思。这一卦乾卦象征天，它告诉我们：元始，亨通，和谐，贞正。有学者认为"六龙"是一年中的六种龙象，就是说以龙星为准分一年为六个阶段。历代农谚"二月二，龙抬头"证明九二"见龙在田"是现代三月、汉代二月份的天象；九五"飞龙在天""为夏天之象"，当"形容六月（今六月，汉五月）的天象；上九"亢龙有悔"指秋天之象（汉立秋或秋分，约现在八月）。并说："到了季秋、孟冬之时（今九月、十月），龙体全部位于地平线以下"。[6]还有学者就此推演了六个龙态与后来的二十四节气的对应关系，关于这一点，可以看《乾卦六龙的天文科学含义新解》这篇论文。乾卦全是龙，其实龙是不存在的，它是比喻义。唐人李鼎祚《周易

①《周易上经·乾·文言日》，转引自晚明来瞿唐《易经来注图解》卷之一第 125 页，巴蜀书社影印本，1988 年。

②郑灿订正《易经来注图解》，巴蜀书社影印本 1988 年版，第 119 页。

③[宋]程颐《伊川易传》四库全书·经部(三)·易类第 9 册，第 157 页。

④[宋]朱熹《周易本义》，四书五经第五种，北京市中国书店 1985 年影印本，第 1 页。

⑤尚秉和:《周易尚氏学》，中华书局版，1980 年版，第 15—16 页。

⑥陈久金:《〈周易·乾卦〉六龙与季节的关系》，载《自然科学史研究》，1987 年第 3 期。

集解》曰:"子夏传曰:'龙,所以象阳也。'马融曰:'物莫大于龙,故借龙以喻天之阳气也。'沈磷士曰:'称龙者,假象也。'"该卦是用龙取象,以苍龙七宿在天空的位置取象。"苍龙七宿是分布在天体东方的七颗星宿,即二十八宿的一部分,它们的名称是:角、亢、氐、房、心、尾、箕。苍龙七宿约占四分之一的天体空间。角宿是苍龙七宿中的第一宿(第一组星,下面每宿都代表一组星),有星二颗,属于室女星座;亢宿是苍龙七宿中的第二宿,有星四颗,亦属于室女星座。氐宿也叫'天根',是苍龙七宿中的第三宿,有星四颗,属于天秤星座。房宿又称为'天龙',是苍龙七宿的第四宿,有星四颗,属于天蝎星座;心宿也叫'商星',又叫'鹑火',是苍龙七宿的第五宿,有星三颗,亦属于天蝎星座。尾宿也叫'天鸡',又称为'析木',是苍龙七宿的第六宿,有星九颗,属于天鸡星座。箕宿也叫'南其',又叫做'天汉',是苍龙七宿的第七宿,有星四颗,属于人马星座。"①

初九是爻位上来说,是下爻,是本卦中开始的第一爻,六是阴爻的名称,九是阳爻的名称,龙象征阳,阳好动,但是目前的形势需要静。为什么?因为潜龙是潜伏深渊的龙,居爻位的下位,不能动。潜在地下的龙不能用,不可以用,也就是说要保持安静,养精蓄锐,等待时机。易经非常重视"时",有位无时、有时无位都不能动。"凡画卦自下而上、故下爻为初。按、本义大全凡揲筮得三奇、则所余三十六策、合四九之数为老阳。得二偶一奇、则所余二十八策、合四七之数为少阳。老变而少不变、故阳爻称九。按、来注引系辞参天两地而倚数。谓参天者,天之三位,天一天三天五也。两地者,地之二位,地二地四也。倚者,依也。天一依天三,天三依天五而为九。所以阳皆言九。地二依地四而为六,所以阴皆言六。取生数不取成数,此说亦可参用。龙八十一鳞,九九之数。变化不测,纯阳之物。故诸爻皆取象于龙。初阳在下,故有潜龙之象。此时未可有为,故有勿用之象。勿用虽戒占者之辞,实卦爻中有此象也。"②

九二,见就是现,也就是现龙在田,表示龙已出现在地上。易经讲三才,初爻、二爻是地,三爻、四爻是人,五爻、上爻是天。按照三才之位,九二在地,田就是地,大人,《乾凿度》认为"圣明德备曰大人",这是内卦的中爻,九二是阳居阴

---

①吴国宁、居乃鹏:《〈周易·乾卦〉疏解——兼谈〈乾卦〉与天文学的关系》,载《河北学刊》1982年第3期。

②[清]陈梦雷:《周易浅述》,上海古籍出版社1982年版,第3页。

位，位不正。二爻、五爻相应，九五爻是得时、得位、中正、有德才的，这是大人，九二爻是臣，利见大人也就是要见九五的代表君的大人，君臣同心同德。这一爻叫人可以崭露头角，大显身手了。关于这里的“大人”，一般人认为是“德行完备之人”和“圣君”，而有学者有自己的看法：“在古代社会，个别英雄人物由于能受到良好的教育或者具有一般人所不可能具有的条件，往往能成为在关键时刻左右历史发展方向的‘大人’，这些人由于有历史功绩，所以一般在社会上都具有很高的社会地位，而现代社会，由于民主制度的广泛建立，一般民众已经成为社会发展的主体，所以也就应该称为所谓的‘大人’了。可以预见，随着人类文明的发展，民主制度将会越来越成为社会的最主要的政治制度，因此，易经中‘大人’所对应的内容就应该是大众或众人，这样才符合易经之‘易’的精神要领。”①

九三，阳爻居阳位，当位，同时九三位在上下乾卦之间，因而，“乾乾”。三才之位，三和四都是人位，九三是正位。但是刚中有刚，因此，君子固守刚健中正的德性，自强不息，这样才能逢凶化吉，否则，踌躇满志，骄傲自满，就会有危险。这一爻讲有咎转为无咎的做法，不敢有丝毫大意。“孔氏颖达曰，以阳居三位，故称九三。以居不得中，故不称‘大人’。阳而得位，故称‘君子’。在忧危之地，故‘终日乾乾’。言终竟此日，健健自强，不有止息。”②

九四，二爻、四爻、上爻为阴位，九为阳爻，阳居阴位，不得正位，或者腾跃而起，或者退居于深水区域，这样不会有危险。九四爻的爻位是外卦的初爻，二与四，同功异位，这一爻是人，因此，用了“或”，也表示人的疑惑。

九五，龙飞上了高空，是飞龙。五与上为天位，因而飞龙在天。阳爻居阳位，又是外卦的中位，在爻位上是至中至正。历史上称皇帝为“九五之尊”，九五就是至尊中正的。这一爻的利见大人的意思，也就是不仅可以见有德有才的君，而且要把握时机，一定有所作为。

上九，最上一爻是阳爻，称为上九，上九阳居阴位，不得正位，处在最高位置，又在天位，因此，称为亢龙。龙飞到了极点，既是最顶端，也是最低端，因为到了山的最高点，只有退才是唯一的出路，物极必反。

总之，乾卦是《周易》的首卦，其六爻是：“潜龙勿用”“见龙在田”“君子终日

---

①刘红旗：《浅议乾卦爻辞》，载《和田师范专科学校学报》(汉文综合版)2008 年第 28 卷第 1 期。

②[清]李光地著，刘大钧点校：《御纂周易折中》，巴蜀书社出版 1998 年版。

乾乾”“或跃在渊”“飞龙在天”“亢龙有悔”，这是事物的发展的过程，也蕴含了丰富的人生哲理，即“可对人生之变不惊不骇，以平常之心处之泰然。位在潜龙，要遁世而无闷，孜孜以进；位在九三，要克骄克躁，破除荣利关；位在九四，要善于捕捉机遇；位在九五，要知进退存亡而不失其正。人生的发展，无外乎这四大关口。把握住了这四大关口，审势而动，即使不取得显赫的功业，也会以宁静的心态品味出人生的乐趣。”①

研究本卦参考文献：

[1]黄琼英.《周易》乾卦卦辞英译再探[J].曲靖师范学院学报，2011(01):100-104.

[2]辛翀，姚琳焱.宋代易学视野下乾卦卦义考——乾卦之阴阳自然观[J].山西大学学报：哲学社会科学版，2011(02):18-23.

[3]董鸿磊.企业信息系统的战略规划探讨——以诺兰阶段模型与周易乾卦思想对比[J].企业导报，2011(03):207.

[4]钟祖荣.《易经》乾卦的过程思想与教师发展阶段理论[J].北京教育学院学报，2011(03):23-26.

[5]贺雨生.《乾卦》六爻与对应组卦的哲学管理意蕴[J].湖南科技学院学报，2012(01):6-7.

[6]辛翀.乾卦阴阳自然观思维模式探究[J].山西大学学报：哲学社会科学版，2012(02):4-8.

[7]孙景龙.自强不息，知进知退——《周易·乾卦》经传文字解读[J].河北民族师范学院学报，2012(01):52-57.

[8]郭展豪，阙萍，潘菲.从周易乾卦视角看大学生生活规划[J].现代商贸工业，2012(12):138-139.

[9]王琼.《周易·乾卦》爻辞札记[J].语文知识，2012(03):39-40.

[10]柯资能.《乾卦》爻辞中星宿信息钩沉[J].周易研究，2007(02):24-27,72.

[11]刘红旗.浅议乾卦爻辞[J].和田师范专科学校学报，2008(01):114.

[12]范爱理.忧患人生的指路明灯——乾卦的人生哲理解读[J].传承，2008(08):90-91.

[13]李春林.浅谈《周易》中乾卦对当代大学生人生发展的启示[J].聊城大学学报：社会科学版，2009(02):196-197.

[14]王国增.从乾卦视角看企业战略管理原则[J].商丘职业技术学院学报，2009(03):34-35.

[15]吕占军.《周易·乾卦》爻辞的语言学“意义”[J].湖南科技学院学报，2009(10):30-32.

[16]王景峰，齐永兴.从易经“乾卦”看企业发展生命周期——以蒙牛公司为例[J].经济论坛，2009(20):139-140.

[17]王在华.《易经》乾卦新释[J].网络财富，2010(14):138-142.

[18]翟江月.“群龙无首”与最佳生存状态——试谈《乾卦》对儒、道生命观及先秦汉魏文士生命意识的影响[J].周易研究，1999(01):59-63.

[19]宋会群.乾卦六龙态的天文含义研究——《左传》“龙纪”历法钩沉[J].史学月刊，2002(02):28-38.

①刘慧晏.《〈周易〉》乾卦人生哲理发微,《东方论坛》.《青岛大学学报》,1997 年第 3 期。

[20]张善文.刚强劲健的中国龙——周易乾卦六龙发微[J].东南学术,2000(01):7-12.

[21]宋会群.乾卦六龙的天文科学含义新解[J].周易研究,2001(04):78-88.

[22]马玉山.说"乾卦"[J].黄淮学刊:社会科学版,1993(02):34-37.

[23]钮福铭.略论乾卦的系统性质[J].周易研究,1993(04):69-75.

[24]吴国宁,居乃鹏.《周易·乾卦》疏解——兼谈《乾卦》与天文学的关系[J].河北学刊,1982(03):49-54.

[25]樊美筠.乾卦的美学遐想[J].河北大学学报:哲学社会科学版,1986(04):138-141,148.

[26]刘志斌.对《易经》乾卦的再认识[J].四川大学学报:哲学社会科学版,1987(02):47-50.

[27]王路.西周兴起的大事记(之一)——浅释《易经》乾卦筮辞[J].湖北师范学院学报:哲学社会科学版,1988(04):14-22.

[28]张功耀.乾卦探索[J].长沙水电师院学报:社会科学版,1991(03):88-92.

[29]秦广忱.乾卦的"六龙季"太阳历[J].周易研究,1991(03):47-54.

[30]秦广忱.乾卦"六龙季"(续)[J].周易研究,1991(04):58-67.

[31]陈久金.《周易·乾卦》六龙与季节的关系[J].自然科学史研究,1987(03):206-212.

[32]覃大櫟.《易经》乾卦别释[J].重庆社会科学,1994(06):84-85.

[33]吴廷玉.开拓创造者的四大原则——《周易·乾卦》卦辞的竞争智慧[J].公关世界,1994(03):39.

[34]刘慧晏.《周易》乾卦人生哲理发微[J].东方论坛.青岛大学学报,1997(03):8-9.

[35]傅熙如.用易之乾卦来表达的奇素数集[J].周易研究,1998(02):88-93.

[36]王荣兴.天行健,君子以自强不息——《周易·乾卦》浅析[J].邢台师范高专学报,1998(04):15-18.

[37]金开诚,舒年.为《周易·乾卦》作点诠释[J].传统文化与现代化,1998(03):43-45.

[38]陈文苞.乾卦:企业家的成龙之路[J].包装世界,2012(06):40-41.

[39]刘军.浅述《周易》乾卦与坤卦中隐含的中医理论[J].中国民间疗法,2012(12):7-8.

[40]鲁兆.121 乾卦周期在 8 月错位见底[J].股市动态分析,2004(32):39-38.

[41]尚儒彪,吴英莉.武当道教医药"乾卦"秘方简介[J].湖北中医杂志,2004(02):34-35.

研究本卦代表性观点：

1.《周易尚氏学》:"说卦乾健也。于夏传元始也。亨通也。利和也。贞正也。盖天之体以健为用。而天之德莫大于四时。元亨利贞。即春夏秋冬。即东南西北。震元离亨兑利坎贞。往来循环。不忒不穷。周易之名。即以此也。后儒释此者。莫过于太玄。玄文云。罔直蒙酋冥。罔北方也。冬也。未有形也。直东方也。春也。直而未有文也。蒙南方也。夏出。物之修长也。酋西方也。秋也。物皆成象而就也。有形则复于无形。故曰冥。故万物罔乎北。直乎东。蒙乎南。酋乎西。冥乎北。罔舍其气。直触其类。蒙极其修。酋考其就。冥反其奥。罔蒙相极。直酋相敕。出冥入冥。新故代更。将来者进。成功者退。已用则贱。当时则贵。按大玄阐发此四字之理。至矣尽矣。除象传外。无此深奥明晰之解释也。其所谓直蒙酋。即震春离夏兑秋。即元亨利也。所谓罔冥。即坎冬。即贞也。必以二字拟贞者。盖以子复为界。子复者冬至也。故由亥坤至子复为冥。由子复至泰寅为罔。罔不直也。冬至以后。万物虽枉屈。不能见形于外。然阳气已生。与冬至前之冥然罔觉者异矣。故曰罔舍其气。舍者蓄也。养也。即彖传所谓保合太和也。或曰彖传释此。纯指天道。然彖不曰春夏秋冬。必曰元亨利贞者何也。曰乾之德无所不统。无所不包。言元亨利贞。则天时人事。尽括于其中。”

2.《周易禅解》:“六画皆阳。故名为干。乾者。健也。在天为阳。在地为刚。在人为智为义。在性为照。在修为观。又在器界为覆。在根身。为首。为天君。在家为主。在国为王。在天下为帝。或有以天道释。或有以王道释者。皆偏举一隅耳。健则所行无碍。故元亨。然须视其所健者何事。利贞之诫。圣人开示学者切要在此。所谓修道之教也。夫健于上品十恶者必堕地狱。健于中品十恶者必堕畜生。健于下品十恶者必堕鬼趣。健于下品十善者必成修罗。健于中品十善者必生人道。健于上品十善者必生天上。健于上品十善。兼修禅定者。必生色无色界。健于上品十善。兼修四谛十二因缘观者。必获二乘果证。健于上上品十善。能自利利他者。即名菩萨。健于上上品十善。了知十善即是法界即是佛性者。必圆无上菩提。故十界皆元亨也。三恶为邪。三善为正。六道有漏为邪。二乘无漏为正。二乘偏真为邪。菩萨度人为正。权乘二谛为邪。佛界中道为正。分别中边不同为邪。一切无非中道为正。此利贞之诫所以当为健行者设也。”

3.《周易本义》:“乾:元亨利贞。乾,渠焉反。六画者,伏羲所画之卦也。‘—’者,奇也,阳之数也。乾者,健也,阳之性也。本注乾字,三画卦之名也。下者,内卦也;上者,外卦也。经文干字,六画卦之名也。伏羲仰观俯察,见阴阳有奇耦之数,故画一奇以象阳,画一耦以象阴。见一阴一阳有各生一阴一阳之象,故自下而上,再倍而三,以成八卦。见阳之性健,而其成形之大者为天,故三奇之卦,名之曰乾,而拟之于天也。三画已具,八卦已成,则又三倍其画,以成六画,而于八卦之上,各加八卦,以成六十四卦也。此卦六画皆奇,上下皆乾,则阳之纯而健之至也。故乾之名,天之象,皆不易焉。元亨利贞,文王所系之辞,以断一卦之吉凶,所谓《彖辞》者也。元,大也。亨,通也。利,宜也。贞,正而固也。文王以为乾道大通而至正,故于筮得此卦,而六爻皆不变者,言其占当得大通,而必利在正固,然后可以保其终也。此圣人所以作《易》，教人卜筮，而可以开物成务之精意。余卦放此。”

第二卦 坤·坤为地·坤上坤下

䷁

坤：元，亨，利牝马之贞。君子有攸往，先迷后得主，利西南得朋，东北丧朋。安贞，吉。

初六：履霜，坚冰至。

六二：直，方，大，不习无不利。

六三：含章可贞。或从王事，无成有终。

六四：括囊；无咎，无誉。

六五：黄裳，元吉。

上六：战龙于野，其血玄黄。

坤卦，卦体是由上下坤卦☷组成，六个爻皆是阴爻，卦象为地，卦德主要是柔顺。牝是雌性的动物，性格阴柔，马是刚健的动物，性格刚健，牝马比喻柔中有刚之物。《易传·系辞》上说：“一阴一阳之谓道。”男刚女柔，阳刚阴柔。对于一个人来说，西南是坤位，因而，往西南走可以得到朋友，东北是艮位，是少男，容易失去朋友。朱熹在《周易本义》中说：“‘坤’者，顺也，阴之性也。阴之成形，莫大于地。重之又得坤焉，则是阴之纯，顺之至，故其名与象皆‘不易’也。‘牝马’，顺而健行者。阳先阴后，阳主义，阴主利。”[①]坤为母，在西南，兑为少女，在西方，离为中女，在南方，巽为长女，在东南方，这些方位都是阴位，而震为长男，在东方，坎为中南，在北方，乾为父，在西北，这些都是阳位，坤为阴为女为臣，或者下级，以阴遇阳，丧失朋友，不利于自己。这个时候应该一味地柔顺，以柔克刚，厚德载物，包容万物，则前途光明。也有学者这样解释：“《坤卦》的‘西南’，就是周族的代称；‘东北’，就是殷商的代称。‘西南得朋’，是周族深得人心，人乐归附；‘东北丧朋’，是殷商不得人心，众所唾弃。而‘得朋’与‘丧朋’的决定因素，就在于政策措施的正确与否。所以，卦辞最后说：措施正确，就必然导致形势的好转，

①朱熹：《周易本义》，九州出版社 2004 年版。

即‘安贞(正)吉’的意思。”①

《说文·土部》:“坤,地也,《易》之卦也。从土,从申。土位在申。”廖名春认为“坤卦卦名原为‘川’”②,他不同意“土位在申”,《释例》说:“案云从土申声可矣。许君曲为之解,段氏又极力助成之,非也。”(丁福保《说文解字诂林》)“乾卦告诉君子要‘终日乾乾’,以便‘自强不息’。乾卦指导人们要像上天那样主动成就万物。既要有使万物萌生、畅通发展、获得中正之性的品德,又要有聪明的智慧和才干,以便实现自己美好的愿望——‘成性存存’。这样君子才会变成‘大人’,乃至圣人,才会对万物有利。乾卦主要是培养人们的阳刚美德,而坤卦则是重在培养人们的阴柔秉性。阴阳和合才能化育万物。人既有阳刚之美德,又有阴柔之品性,才能能屈能伸,才能成就大业。”③

初六,阴居阳位,不得正位。按照三才之位,初六在地位,秋天降霜,冬天结冰。气候变冷,人走在霜上,我们知道结冰的时节即将到来。借一句诗句就是“春天来了,冬天还会远吗?”。“本义六,阴爻之名。阴数六老而八少,故谓阴爻为六也。‘霜’,阴气所结,盛则水冻而为冰。此爻阴始生于下,其端甚微,而其势必盛,故其象如‘履霜’则知‘坚冰’之将‘至’也。天阴阳者,造化之本,不能相无;而消长有常,亦非人所能损益也。然阳主生,阴主杀,则其类有淑慝之分焉。故圣人作《易》,于其不能相无者,既以健顺仁义之属明之,而无所偏主,至其消长之际,淑慝之分,则未尝不致其扶阳抑阴之意焉。盖所以赞化育而参天地者,其旨深矣。不言其占者,谨微之意,已可见于象中矣。”④

六二,阴居阴位,得到正位。六二又居内卦的中位,因而,中正。德行正直、方正、宏大,因此,即使不学习,也不会不利。“乾五爻皆取象、独九三指其性体刚健者言之。坤五爻皆取象、独六二指其性体柔顺者言之。初三五柔顺而不正、非阴位也。四上柔顺而不中、非上下卦之中也。唯六二柔顺而中正、得坤道之纯者也。正则无私曲而内直、中则无偏党而外方。内直外方,其德自然盛大。不假修习,而自无不利也。不揉而直,不矩而方,不廓而大,故曰不习。不待学习,自然直方大,故曰无不利。盖习而利,则利止于所习矣。唯不习,故无不利。言以乾之德为德

①谈嘉德:《〈坤卦〉的西南、东北》,载《陕西师大学报(哲学社会科学版)》1986年第2期。
②廖名春:《坤卦卦名探原——兼论八卦卦气说产生的时代》,载《东南学术》2000年第1期。
③王荣兴:《君子直方大无不利——〈易·坤卦简析〉》,载《邢台师范高专学报》2000年第2期。
④[清]李光地著,刘大钧点校:《御纂周易折中》,巴蜀书社出版1998年版。

也。乾、其动也直、坤亦直。乾圆而坤则方。乾不息而坤德合无疆、则与乾並大矣。占者有是德、则其占如是。初六占在象中,此则象在占中。"①

六三,阴居阳位,不得正位。六五居君位,不得正位,六三居六五之下,因此,要胸怀才华而不能显露,如果辅佐君主的话,能恪尽职守。

六四,阴居阴位,得到正位。这一爻象征要扎紧袋口,不说也不动,处事要小心谨慎,这样才不会有害的,也没有什么危险可言。

六五,阴居阳位,不得正位。但是居于天子之位,天子不得正位。黄色,是五行的中色,东方是木,是青色,南方是火,是红色,西方是金,是白色,北方是水,是黑灰色,而中央是土,为黄色。衣裳,衣是上衣,裳是下衣,下衣是黄色的,因为黄色代表中,因此是吉的。

上六,阴居阴位,得到正位。坤阴到了极点,将要转为阳,阴气与阳气郊外作战,黑青色与黄色混合,最后是两败俱伤。

研究本卦参考文献:

[1]廖名春.坤卦卦名探原——兼论八卦卦气说产生的时代[J].东南学术,2000(01):13-18.

[2]王荣兴.君子直方大无不利——《易·坤卦》简析[J].邢台师范高专学报,2000(02):26-29.

[3]刘恒.《周易》坤卦"直方大"的心理学含义探微[J].周易研究,2008(06):48-53.

[4]辛翀,郭悦.宋代易学自然观视域下坤卦内在逻辑探究——坤卦之阴阳作用模式[J].山西大学学报:哲学社会科学版,2013(02):18-21.

[5]徐坤.《周易》坤卦的"处下之道"——至柔至顺、厚德载物[J].当代经理人,2005(06):94.

[6]梁韦弦.关于帛书《易之义》解说坤卦卦爻辞之文义的辨正[J].周易研究,2005(03):39-43.

[7]梁韦弦.坤卦卦名说[J].周易研究,2003(06):21-25.

[8]梁韦弦.坤卦卦辞"西南得朋,东北丧朋"的解释及相关问题[J].古籍整理研究学刊,2004(04):49-51,56.

[9]尚儒彪,黄富强,吴英莉.道教医药坤卦秘方简介[J].湖北中医杂志,2005(02):38.

[10]王在华.《易经》坤卦新释[J].网络财富,2010(15):131-133.

[11]孙景龙.厚德载物,顺天而行——《周易·坤卦》经传文字解读[J].河北民族师范学院学报,2012(02):4-8.

[12]李文敬.从易经的坤卦谈女性性格修养[J].湖北函授大学学报,2012(07):160,168.

[13]刘军.浅述《周易》乾卦与坤卦中隐含的中医理论[J].中国民间疗法,2012(12):7-8.

[14]谈嘉德.《坤卦》的西南、东北[J].陕西师范大学学报:哲学社会科学版,1986(02):82-84.

[15]赵文举.试论《周易·坤卦》与脾胃学说[J].国医论坛,1988,(01):17-18.

①[清]陈梦雷:《周易浅述》,上海古籍出版社1982年版,第18页。

研究本卦代表性观点：

1.《周易尚氏学》："元亨。谓二五也。乾元亨二五独吉。坤亦然。元亨并无阴阳之分。虞仲翔谓坤含光大。凝乾之元。终于坤亥。出乾初子。故元亨。案彖传曰。至哉坤元。是坤亦言元。不专属乾。坤六五云。黄裳元吉。是其证。乾为马。坤为牝。贞卜问也。利牝马之贞。即利牝马之占也。牝马柔顺。言阴必顺阳也。君子有攸往。言具坤德之君子。有所行也。惠栋端木国湖泥于坤为小人之象。谓君子指阳非也。地道无成。故不可先。先则迷而失道。惟随阳之后。以阳为主。则靡不利也。西南得朋。东北丧朋。旧解以朋字类字失诂。故鲜得解者。马融荀爽以阴遇阴为朋。虞翻谓失之甚矣。乃用参同契。月三日出庚。震象。八日见丁方。兑象。兑二阳为朋。庚西丁南。故曰西南得朋。三十日坤象。月灭乙癸。癸北乙东。故曰东北丧朋。苦心搜索以求朋象。岂知兑之为朋。以阴遇阳。非以二阳。阳遇阳同人谓之敌刚。阴遇阴中孚谓之得敌。然则虞说与马荀背易理等耳。然支离穿凿。则过于马荀矣。复曰朋来无咎。蹇九五曰。大蹇朋来。解九四曰朋至斯孚。皆以阴得阳为朋。而坤逆行。消息卦自西而南阳日增。自东而北阳递减。增则得朋。减则丧朋。而坤道无成。故安静贞定则吉也。"

2.《周易禅解》："六画皆阴。故名为坤。坤者。顺也。在天为阴。在地为柔。在人为仁。在性为寂。在修为止。又在器界为载。在根身为腹为腑脏。在家为妻。在国为臣。顺则所行无逆。故亦元亨。然必利牝马之贞。随顺牡马而不乱。其在君子之体坤德以修道也。必先用干智以开圆解。然后用此坤行以卒成之。若未有智解。先修定行。则必成暗证之迷。惟随智后用之。则得主而有利。如目足并运。安隐入清凉池。亦如巧力并具。能中于百步之外也。若往西南。则但得阴之朋类。如水济水。不堪成事。若往东北。则丧其阴之朋党。而与智慧相应。方安于定慧均平之贞而吉也。"

3.《周易本义》："坤：元亨，利牝马之贞。君子有攸往，先迷后得，主利。西南得朋，东北丧朋。安贞吉。牝，频忍反。丧，去声。一者，偶也，阴之数也。坤者，顺也，阴之性也。注中者，三画卦之名也；经中者，六画卦之名也。阴之成形，莫大于地。此卦三画皆偶，故名坤而象地。重之又得坤焉，则是阴之纯，顺之至，故其名与象皆不易也。牝马，顺而健行者，阳先阴后，阳主义，阴主利。西南，阴方，东北，阳方。安，顺之为也。贞，健之守也。遇此卦者，其占为大亨，而利以顺健为正。如有所往，则先迷后得而主于利。往西南则得朋，往东北则丧朋，大抵能安于正则吉也。"

第三卦 屯·水雷屯·坎上震下

䷂

屯:元,亨,利,贞,勿用,有攸往,利建侯。

初九:磐桓;利居贞,利建侯。

六二:屯如邅如,乘马班如。匪寇婚媾,女子贞不字,十年乃字。

六三:既鹿无虞,惟入于林中,君子几不如舍,往吝。

六四:乘马班如,求婚媾,无不利。

九五:屯其膏,小贞吉,大贞凶。

上六:乘马班如,泣血涟如。

屯卦,卦体为外卦(上卦)为☵坎、内卦(下卦)为☳震。卦象是上水下雷,卦德是动和险。屯卦上卦是坎卦,坎卦为水,是危险的象征,下卦是震卦,是雷,好动。清王夫子撰《周易内传》释:“此卦初九一阳,生于三阴之下,为震动之主。三阴亦坤体也。九五出于其上,有出地之势;上六一阴复冒其上,而不得遂,故为屯。冬春之交,气动地中,而生达地上,于是复有风雨凝寒未尽之雪霜,遏之而不得畅;天地始交,数理之自然者也。利建侯者,九五居尊,阳刚得位,而道孤逢难,必资初九阳鼓荡迷留之群阴,乃可在险而之忧。此为大有为者王业初开,艰难来就,必建亲贤亲者为羽翼,以动民心而归已,然后可出险而有功。故其合宜而利物者,在建初九以为辅也。”①唐明邦主编的《周易评注》释为断占之词,此卦有很多不利因素,但是有利于建立国家。屯卦之象及卦爻辞中“建侯”“婚媾”“乘马”“即鹿”“屯膏”“泣血”这些要我们修德筑基,居贞守正。屯卦开始创业了,但是举步维艰,要克服千难万阻,才能获得最后的成功。有句谚语是“良好的开端是成功的一半”。屯卦象征初生:元始,亨通,和谐,贞正。近代学者章太炎先生有《周易》古史之说:“至于《周易》人皆谓是研究哲理之书,似与历史无关,不知《周易》实历史之结晶,今所谓‘社会学’是也。乾坤代表天地,《序卦》云:‘有天地然后有万物。’故《乾》、《坤》之后有之以《屯》。屯者,草昧之时也。……自《屯》至《否》,社会变迁之情状,亦已了然。故 曰:《周易》者,历史之结晶也。”②

---

①王夫之,李一忻点校:《周易传》,九州出版社 2004 年版,第 51 页。

②章太炎:《历史之重要》,载《制言》第 55 期。

初九，阳居阳位，得到正位。但是居于阴爻之下，并与六四有应。居于正位，要守正。磐是大石头，桓是刚正的树。在创业开始的时候，虽然困难重重，甚至停滞不前，仍然要刚正不阿，期待建功立业。“磐桓，难进之貌。阳刚动体，才足济屯。但初在下无势，应四柔无援。当险陷之交，故有磐桓之象。然阳居阳位为得正、故利于居贞。又初、成卦之主。以阳下阴、为民所归、有君之象。故占者如是、则利建以为侯。此爻为卦之主、大意与彖同。磐桓即勿用有攸往。利居贞即利贞。利建侯虽同、而合全卦言之、则侯指人。自初爻言之，则侯指已。占者得之、则随所处以为占、不必泥也。”①

六二，阴居阴位，得到正位。六二与九五是相应，与初九相乘。班是徘徊不前的意思，字是女子嫁人的意思。六二阴柔居中，初九不是强盗，是来求婚的，而你却守正十年，不嫁人，这时不正常的现象。六二爻，事业得到起色，但是要警惕这样的现象，君臣要求到遇合。梁启超先生认为这段爻辞反映的是抢婚风俗，在《中国文化史社会组织篇》第二章中说：“夫寇与昏媾，截然二事，何至相混，得无古代昏媾所取之手段与寇无大异耶？故闻马蹄蹴踏，有女啜泣，谓是遇寇，细审乃知其为昏媾也。”屯卦全卦都是取象于男子向女子求婚这一习俗的。为了有助于对该卦的卦爻辞的理解，不妨先引证一点民族学上的材料。据美国学者约瑟夫·布雷多克说，居住在东非的信奉伊斯兰教的加拉民族中，“一名想要娶妻的加拉勇士，必须首先向人们证明他狩猎的勇敢和技艺。一只羚羊不能作为进见之礼赠送给心上的姑娘，有时甚至一只水牛或一只狮子仍嫌不足。说不定他必须怀揣从亲手杀死的敌兵身上取下的睾丸，才敢迈出走向结婚之路的第一步。……一个身为人妻的女子，如果没有这些表现其夫勇猛的凭证，就别想跻身于其他已婚妇女的行列之中，她会觉察到自己是个被歧视，被排斥的可怜虫。”（《婚床》第19页）②

六三，阴居阳位，不得正位。不中不正，与上爻无相应之爻。《象》曰：“即鹿无虞，以从禽也‘君子舍之往吝，穷也。”王弼注：“无虞以从禽”。孔颖达阐释云：“如人之田猎，欲从就于鹿，当有虞官助已，商度形势可否，乃始得鹿，若无虞官，即

①[清]陈梦雷：《周易浅述》，上海古籍出版社1982年版，第24页。

②转引李衡眉：《〈周易〉屯卦所反映的古代求婚风俗》，载《民俗研究》1991年第2期。

虚入于林木之中,必不得虞。"[①]虞是掌管禽兽之人,《周礼·地官》中说:"山虞,掌山林之政令。"这句话讲的是追逐鹿时,由于缺少管山林之人的管理,导致鹿逃到树林中去了。君子如果这个时候,穷追不舍,贸然行事,往往会悔恨的。

六四,阴居阴位,得到正位。六四与初九相应,与九五相承。因此,四马前进,有些徘徊,但是要坚定地去求婚,求得君成的遇合,结果没有什么不利的。矢志不渝,方是明智之举。"程传六四以柔顺居近君之位,得于上者也。而其才不足以济屯,故欲进而复止,"乘马班如"也。己既不足以济时之屯,若能求贤以自辅,则可济矣。初阳刚之贤,乃是正应,己之婚媾也。若求此阳刚之婚媾,往与共辅阳刚中正之君,济时之屯,则吉而无所不利也。居公卿之位,己之才虽不足以济时之屯,若能求在下之贤,亲而用之,何所不济哉?"[②]

九五,阳居阳位,得到正位。九五之君,阳刚中正,处于尊位,与二爻相应。但是出于坎卦的中位,坎是险。只注意囤积而不施舍的人,是很危险的。如果那样做,只会办成小事,办不成大事,还会有危险。

上六,阴居阴位,得到正位。但是上六与下卦没有应,向上没有前进的可能了,进退两难,悲伤哭泣,泣血不止。

研究本卦参考文献:

[1]熊津津.谈《周易》中面对困难的智慧——从屯卦、坎卦、蹇卦、困卦中解读[J].黑龙江教育学院学报,2011(08):114-115.

[2]辛翀.宋代易学自然观视域下屯卦内在逻辑探究[J].科学技术哲学研究,2012,(02):83-86,106.

[3]王毅.《周易》屯卦"即鹿无虞"辨证[J].古籍整理研究学刊,2013(01):76-79.

[4]孙景龙.筑基养德,以时进取——《周易·屯卦》经传文字解读[J].河北民族师范学院学报,2012(03):32-35.

[5]冯盛国.试论屯卦与周初分封诸侯[J].和田师范专科学校学报,2006(02):174-175.

[6]王晖.试论屯卦与屯字及其先周的社会政治生活[J].汉中师院学报:哲学社会科学版,1990(02):32-39.

[7]李衡眉.《周易》屯卦所反映的古代求婚风俗[J].民俗研究,1991(02):24-26.

---

①王弼注,孔颖达疏:《周易正义》,载《十三经注疏》,中华书局1980年版,第20页。

②[清]李光地著,刘大钧点校:《御纂周易折中》,巴蜀书社出版1998年版。

研究本卦代表性观点：

1.《周易尚氏学》："上坎为险。下震为动。动乎险中。故名曰屯。屯难也。止也。诸家皆以乾通坤为元亨。三之正成既济为利贞。按以乾通坤为元亨。初五得位。乾元以通是也。以三之正成既济。为利贞非也。利贞者利于贞定也。勿用有攸往。申其义也。端木国瑚谓遇春夏卦。即曰元亨。秋冬卦即曰利贞。易本以时为主。说颇胜于旧解。屯由震春以至坎冬。一年气备。故曰元亨又曰利贞。乾初勿用。往遇险。故曰勿用有攸往。侯君也。主也。震为君。初临万民。五居尊位。故曰利建侯。"

2.《周易禅解》："乾坤始立。震一索而得男。为动。为雷。坎再索而得男。为陷。为险。为云。为雨。乃万物始生之时。出而未申之象也。始则必亨。始或不正。则终于不正矣。故元亨而利于正焉。此元亨利贞。即乾坤之元亨利贞也。乾坤全体太极。则屯亦全体太极也。而或谓乾坤二卦大。余卦小。不亦惑乎。夫世既屯矣。倘务往以求功。只益其乱。唯随地建侯。俾人人各归其主。各安其生。则天下不难平定耳。杨慈湖曰。理屯如理丝。固自有其绪。建侯。其理之绪也。佛法释者。有一劫初成之屯。有一世初生之屯。有一事初难之屯。有一念初动之屯。初成。初生。初难。姑置弗论。一念初动之屯。今当说之。盖乾坤二卦。表妙明明妙之性觉。性觉必明。妄为明觉。所谓真如不守自性。无明初动。动则必至因明立所而生妄能。成异立同。纷然难起。故名为屯。然不因妄动。何有修德。故曰。无明动而种智生。妄想兴而涅槃现。此所以元亨而利贞也。但一念初生。既为流转根本。故勿用有所往。有所往。则是顺无明而背法性矣。惟利即于此处用智慧深观察之。名为建侯。若以智慧观察。则知念无生相。而当下得太平矣。观心妙诀孰过于此。"

3.《周易本义》："屯：元亨，利贞。勿用有攸往，利建侯。屯，张伦反。震坎，皆三画卦之名。震，一阳动于二阴之下，故其德为动，其象为雷。坎，一阳陷于二阴之间，故其德为陷、为险，其象为云、为雨、为水。屯，六画卦之名也，难也，物始生而未通之意。故其为字，象中穿地始出而未申也。其卦以震遇坎，干、坤始交而遇险陷，故其名为屯。震动在下，坎险在上，是能动乎险中。能动虽可以亨，而在险，则宜守正，而未可遽进。故筮得之者，其占为大亨而利于正，但未可遽有所往耳。又，初九，阳居阴下，而为成卦之主，是能以贤下人，得民而可君之象。故筮立君者，遇之则吉也。"

第四卦 蒙·山水蒙·艮上坎下

䷃

蒙：亨。匪我求童蒙，童蒙求我。初噬告，再三渎，渎则不告。利贞。

初六：发蒙，利用刑人，用说桎梏，以往吝。

九二：包蒙吉；纳妇吉；子克家。

六三：勿用娶女；见金夫，不有躬，无攸利。

六四：困蒙，吝。

六五：童蒙，吉。

上九：击蒙；不利为寇，利御寇。

蒙卦，卦体外卦（上卦）为☶艮、内卦（下卦）为☵坎。卦象为山水，卦德为险为止。蒙，就是蒙昧的意思，万物萌生。有学者指出蒙有三层意思，即"'蒙'的第一种意思是通'萌'，'童蒙'就是指万事万物之初始状态，在这种状态下，事物要发而又未发，欲启而又未启。人作为客观世界的一部分，因而也必有一个本初状态。因此，《周易》所说的'童蒙'，也就又可以具体用来观照人的本初状态。第二种意思是指人的无知无识、不明事理。是一种主体无觉醒意识、无明确目的的蒙蔽或'受'蒙蔽状态。第三种意思是指人对他人采取的某种野蛮或欺骗的行为。"[①]内卦为坎，是险，外卦是艮，是山，也就是山下有泉水，山下有险。不是老师有求于学生，而是学生有求于老师，第一次向老师请教，老师有问必答，但是一而再、再而三地没有礼貌地乱问，老师就不耐烦了，就不予回答。老师告诉学生的，是正确的，不应该怀疑，因此，必须进行启蒙教育。君子要修养自己的德性，行动果断，才能培养出优秀之人，这就有利于守正道。2010 年 7 月发布的《国家中长期教育改革和发展规划纲要（2010–2020 年）》中明确提出"优先发展，育人为本，改革创新，促进公平，提高质量"的教育工作方针。蒙卦反映了我国古代启蒙教育思想，"蒙卦在中国文化中，向来把它用在教育方面，现在小孩初入学是进托儿所，进幼稚园，以前则叫作'启蒙'，也叫'发蒙'，小孩读书的地方叫'蒙馆'，就是由此来的。"[②]易学家通过蒙卦告诉我们，"人类要生存发展，摆脱屯难

①江峰：《〈周易〉蒙卦多重含义的哲学透析》，载《周易研究》，2005 年第 3 期。

②南怀瑾：《南怀瑾选集》，第 3 卷，复旦大学出社 2005 年版第 99 页。

苦境,抵达无忧乐域,离不开教育,人类的文明和进步从启蒙开始。教育是人类拯救自己的最伟大的发现,根本目的在于开启人的智慧,引导人走向正路,而'蒙童求我'是实施教育的最佳时机,其有效途径是榜样引路,规矩方之,批评责罚为辅助手段。"①

初六,阴居阳位,不得正位。上承九二,往上没有应。刑是正的意思。让他对事物有了认识,说是脱的意思,也就是这样他就脱了枷锁,目的就是要进行启蒙教育,开化蒙昧。用今天的话说就是树立典型来启蒙教育。"初六以阴居下、蒙之甚也。欲发其蒙、利用刑人、谓痛加惩责、使知敬学也。用说桎梏、谓暂去拘束、以待自新。坎为刑为桎梏、故有其象。然坎初变为兑、则为毁折、又有脱之之象。桎梏用之未刑、刑时未有不脱桎梏者。若既刑又桎梏、一住而不舍、拘束太苦、则失敷教在宽之义、必致羞吝矣。"②

九二,阳居阴位,不得正位。二爻与五爻相应,五被二接纳,九二纳六五,二为五发挥作用。虽然不正,但是居中位,仍然是吉利的。周围是渴望接受教育上进心很强的学生,这是吉的。如果迎娶新媳妇,也是吉的。因为刚柔相济。"程传'包',含容也。二居蒙之世,有刚明之才,而与六五之君相应,中德又同,当时之任者也。必广其含容,哀矜昏愚,则能发天下之蒙,成治蒙之功。其道广,其施博,如是则'吉'也。卦唯二阳爻,上九刚而过,唯九二有刚中之德而应于五,用于时而独明者也。苟恃其明,专于自任,则其德不宏。故虽妇人之柔暗,尚当纳其所善,则其明广矣。又以诸爻皆阴,故云'妇'。尧舜之圣,天下所莫及也,尚曰清问下民,取人为善也。二能包纳,则克济其君之事,犹子能治其家也。五既阴柔,故发蒙之功,皆在于二。以家言之,五,父也,二,子也,二能主《蒙》之功,乃人子克治其家也。"③

六三,阴居阳位,不得正位。乘二应六。六三见到九二,会忘掉正业,不能娶这个女子。这个女子的行为是不合乎礼,见到有钱的男子就会失掉自己的节操,娶这样的女子是没有什么好处的。

六四,阴居阴位,得到正位。没有应,困于蒙昧,上下都是阴,处于六三与六

---

①孙景龙:《去蔽开智,蒙以养正——〈周易·蒙卦〉经传文字解读》,载《荆楚理工学院学报》2012年第10期。

②[清]陈梦雷:《周易浅述》,上海古籍出版社1982年版,第28页。

③[清]李光地著,刘大钧点校:《御纂周易折中》,巴蜀书社出版1998年版。

五之间，有些遗憾惋惜。人处于困难的境地，不利于接受启蒙教育的。

六五，阴居阳位，不得正位。六五居于尊位，与九二正应，与上爻相承，居于尊位，顺从谦卑，也就是说学生采取了谦逊的态度向老师求教，而且老师乐教，寓教于乐，这是很吉祥的。

上九，阳居阴位，不得正位。以阳刚居于卦的最上面，有刚暴之行，这样不利于启蒙教育要。对于启蒙教育要早治早好，防微杜渐。用一句谚语说就是："勿以善小而不为，物以恶小而为之。"

研究本卦参考文献：

[1]张俊相.《周易·蒙卦》的童蒙道德养成教育观[J].伦理学研究，2008(01):99-102.

[2]刘新华.是"初筮吉"，还是"初筮告"——《周易》蒙卦卦辞异文辨析[J].周易研究，2008(03):20-25.

[3]王志阳.《周易·蒙卦》教育思想浅析——兼论陈梦雷的教育思想[J].安康学院学报，2008(04):100-101.

[4]陈柏华.中国古代教育思想的滥觞——《周易·蒙卦》教育思想发微[J].江苏教育学院学报：社会科学版，2009(01):72-75.

[5]冯静武.周易蒙卦"圣功"考论[J].宗教学研究，2010(01):49-53.

[6]江净帆，李家智.论《周易》蒙卦的启蒙教育思想[J].重庆文理学院学报：社会科学版，2010(03):166-168.

[7]江峰.《周易》蒙卦多重含义的哲学透析[J].周易研究，2005(03):19-23.

[8]戴永新.《周易·蒙卦》卦和孔子的教育思想[J].山东教育学院学报，2003(03):17-21.

[9]刘铭.《周易·蒙卦》教育思想对《歧路灯》的影响[J].山东青年政治学院学报，2012(01):144-149.

[10]陶珂.《易经》中蕴含的教学之道——以"蒙卦"为例[J].艺海，2012(08):152-154.

[11]谈嘉德.《周易·蒙卦》是儒家教育思想的滥觞.孔子研究，1986(03):50-55.

[12]杨昌勇.《周易·蒙卦》蕴涵的启蒙教育思想探析[J].齐鲁学刊，1991(06):44-45.

[13]靳昕，张薇，张艳环.《易经·蒙卦》卦辞对地理教学的启示[J].北方文学：下旬，2012(12):193.

[14]陈玲.《易经·蒙卦》及其对高校教育的当代启示[J].晋中学院学报，2012(05):79-82.

[15]孙景龙.去蔽开智，蒙以养正——《周易·蒙卦》经传文字解读[J].荆楚理工学院学报，2012(10):20-24.

[16]落叶珊.浅析《周易·蒙卦》蕴涵的教育义理[J].孝感师专学报，1995(03):28-33.

[17]陈开科.《周易》古经蒙卦教育思想发微[J].云梦学刊，1996(01):45-47.

研究本卦代表性观点：

1.《周易尚氏学》："艮少。坎隐伏不明。故名曰蒙。蒙樨也。不明也。二得中有应故亨。艮为童蒙。为求。而二至上正反艮。自二言若求五。自五言若求二。有互相求之象。然二阳也。阳大明。五阴也阴迷。我谓二。匪我求童蒙。童蒙求我者。言二不必求五。五自来应二也。传曰志应。言二五相应与相上下也。旧解诂实匪字。定谓二不应五者非也。坎为圣为通故为筮。比曰原筮。亦以坎为筮。震为言。故曰告。而二至上正反震。言多。故曰渎。渎亵渎也。震反为艮。艮止故不告。昔贤说此。总不知再三渎之故何在。由正覆象并用之义。失传故也。又筮象亦失传。故初筮不知何所指。岂知坎在下故曰初筮。专指九二。艮坎皆冬日卦。故曰利贞。”

2.《周易禅解》:“再索得坎。既为险为水。三索得艮。复为止为山。遇险而止。水涵于山。皆蒙昧未开发之象也。蒙虽有蔽于物。物岂能蔽性哉。故亨。但发蒙之道。不可以我求蒙。必待童蒙求我。求者诚。则告之必达。求者渎。则告者亦渎矣。渎岂发蒙之正耶。不愤不启。不悱不发。孔子真善于训蒙者也。佛法释者。夫心不动则已。动必有险。遇险必止。止则有反本还源之机。蒙所以有亨道也。蒙而欲亨。须赖明师良友。故凡为师友者。虽念念以教育成就为怀。然须待其求我。方成机感。又必初筮则告。方显法之尊重。其所以告之者。又必契理契机而贞。然后可使人人为圣为佛矣。”

3.《周易本义》:“蒙:亨。匪我求童蒙,童蒙求我。初筮告,再三渎,渎则不告。利贞。告,音谷。三,息暂反。渎,音独。艮,亦三画卦之名。一阳止于二阴之上,故其德为止,其象为山。蒙,昧也,物生之初,蒙昧未明也。其卦以坎遇艮,山下有险,蒙之地也,内险外止,蒙之意也。故其名为蒙。‘亨’以下,占辞也。九二,内卦之主,以刚居中,能发人之蒙者,而与六五阴阳相应。故遇此卦者,有亨道也。我,二也。童蒙,幼稚而蒙昧,谓五也。筮者明,则人当求我而其亨在人。筮者暗,则我当求人而亨在我。人求我者,当视其可否而应之。我求人者,当致其精一而扣之。而明者之养蒙,与蒙者之自养,又皆利于以正也。”

第五卦 需·水天需·坎上乾下

需:有孚,光亨,贞吉。利涉大川。

初九:需于郊。利用恒,无咎。

九二:需于沙。小有言,终吉。

九三:需于泥,致寇至。

六四:需于血,出自穴。

九五:需于酒食,贞吉。

上六:入于穴,有不速之客三人来,敬之终吉。

需卦,卦体为外卦(上卦)为☵坎、内卦(下卦)为☰乾。卦象为天为水,卦德为健为险。需是等待的意思。以乾遇坎,乾健坎险,阳刚中正,而居尊位。《说文解字》中说:"凡物相待而成曰需。"孚,是诚信的意思。光亨是光明、成功的意思。乾下坎上,为水在天上,但还没有下雨,需要等待,时机尚未成熟,要守正道,才能得到吉利。健者遇险,要等待什么,等待诚信、正大、光明、时机。也就是天时、地利、人和,现在就需要时机,才能遇险化吉。需卦的"需于郊""需于沙""需于泥""需于血"等,但是为什么需是酒食呢?"因为'需'字有两条基本义项:其一,'需'是古代的一种粮食,即今天的糯,可以用来果腹,维持生存需要,此即是'食';更可用来酿造醇厚的旨酒,用于祭祀飨宴,此即是'饮',在先秦这种用'需'所酿酒被称为'糯'。养育生命自然离不开饮食,故《序卦传》说'受之以需'。其二,'需'又是古代巫术之士操作其术的动作行为,即祭享和占筮之类。'需卦'是一组六爻围绕'饮食之道'的祭祀占筮。……先秦时代及其后的整个封建社会,象征国家最高政治权力的'九鼎'及绝大部分礼器,究其本来功能无一不是先民饮食的器皿。如此可知古代中国很多的思想文化观念和社会政治制度,都以'饮食之道'为喻而立论、而运作,这可以说是中国传统文化的一大特点。"①《庄子·养生主》讲养生之道,从庖丁解牛生发开去,也是借"饮食之道"阐发道家的人生哲学道理的。

初九,阳居阳位,得到正位。初九上面仍然是阳爻,往上走很困难,但是这是阳,好动,因为这卦是需卦,因此,要静。在郊外等待,也就是说要等候时机,操持正道,深谋远虑,也就没有什么过错。郊,是城外,远离危险的地方。

九二,阳居阴位,不得正位。阳刚居中。二爻与五爻是敌应关系,但是居位正,要在沙滩上等待,终获得吉祥。沙,是接近危险的地方,但是有一些言语方面的纠缠。"水近则有沙、二近险、有需于沙之象。二三四互得兑为口舌、有言语相伤之象。刚中能需、有终吉之象。既近于险、虽未陷患害、羣小从而訾议之。然言语之伤、災之小者。初以刚居刚、虽远于陷、犹有戒辞。二以刚居柔、守中宽裕。故

---

①傅剑平:《〈周易·需卦〉论释》,载《华南师范大学学报(社会科学版)》,1993年第1期。

虽近险、可断其终之吉也。爻多以相应为吉、此又不然者。见险在前、有待而进、故无取于相应也。”①

九三,阳居阳位,得到正位。寇,危险。泥,是濒临危险的地方。阳之极,处在这样位置,容易招致强盗等危险。在泥泞中等待,危险会乘机而至。“本义泥将陷于险矣。‘寇’,则害之大者。九三去险愈近而过刚不中,故其象如此。程传‘泥’,逼于水也,既进逼于险,当致寇难之至也。三刚而不中,又居健体之上,有进动之象,故‘致寇’也。苟非敬慎,则致丧败矣。集说王氏申子曰:‘泥’则切近水矣,险已近,而又以刚用刚而进逼之,是招致寇难之至也。龚氏焕曰:郊、沙、泥之象,视坎水远近而为言者也,《易》之取象如此。”②

六四,阴居阴位,得到正位。穴,陷阱,是危险很大的地方。在血泊中等待之象,阴柔得正,还是要等待,诸葛亮的名言:“淡泊以明志,宁静以致远。”这样才能处于危险,但又不困于危险。

九五,阳居阳位,得到正位。阳刚中正。酒食,是美好的食物。九五是尊位,九五居中得正,在天子之位,仍然需要等待。准备好酒食待客,结果是吉祥的。

上六,阴居阴位,得到正位。上六与九三相应,下卦有三爻,是乾,是君子,刚健向前,因此,有不请自来的三位客人。必须要尊敬他们,以礼相待,终获吉祥。处在不适当的地位,三人争着来,你只要一律尊敬,就没有什么大的损失。

研究本卦参考文献:

[1]李尚儒.《周易·需卦》管窥[J].周易研究,2004(05):30-36.

[2]傅剑平.《周易·需卦》探源[J].中国文化,1992(02):102-107.

[3]傅剑平.《周易·需卦》论释[J].华南师范大学学报:社会科学版,1993(01):30--37.

[4]王在华.《易经》需卦新释[J].中国城市经济,2010(07):189-190.

研究本卦代表性观点:

1.《周易尚氏学》:“乾为行。行而遇险。故曰需。需待也。归藏作溽。坎兑皆水。故溽。溽湿也。而溽与濡音义并同。杨氏古音云。溽人余切。归藏易。需卦作溽。同濡。案孟子。是何濡滞也。是溽有迟义。古文多省笔。疑需为古文

①[清]陈梦雷:《周易浅述》,上海古籍出版社 1982 年版,第 32 页。

②李光地著,刘大钧点校:《御纂周易折中》,巴蜀书社出版 1998 年版。

濡字。与归藏同。且濡滞亦有须义。与象传不背。周易本因二易而作。溽濡需不过字形之辗转耳。音义并同也。卦辞皆指九五。五上下皆阴。故有孚。互离故光。得位放亨。贞吉者。卜问则吉也。坤为水。为大川。易林贲之损云。龙蛇所聚。大水来处。以损互震为龙蛇。互坤为水。又师之复。渊泉堤防。水道利通。亦以复坤为泉为水。此外九家。说蛊之利涉大川云。此卦乾天有河。坤地有水。二爻升降。出入乾坤。利涉大大川也。亦以坤为大川。利涉谓五。言五居坤中。孚于上下而利也。故象传以位乎天位。往有功释之。而虞翻谓往指二。二失位。变阴涉坎。故利涉。夫以坎为大川。涉之而利。则不必需矣。是背卦义也。彼夫蹇无坤也。而曰利西南。以蹇五居坤中也。需五亦居坤中。坤为大川。当位而尊。上下皆孚。故曰往有功。五居外。故曰往。非必内卦往外卦。方谓往也。此卦只五爻能利涉。他爻无利者。自坤水象失传。不知五所涉者为坤水。为大川。必以坎为大川。于是易之利涉大川。无一得解者。”

2.《周易禅解》:“养蒙之法。不可欲速。类彼助苗。故必需其时节因缘。时节若到。其理自彰。但贵因真果正。故有孚则光亨而贞吉也。始虽云需。究竟能度生死大川。登于大般涅槃彼岸矣。象曰。需。须也。险在前也。刚健而不陷。其义不困穷矣。需有孚光亨贞吉。位乎天位。以正中也。利涉大川。往有功也。”

3.《周易本义》:“需:有孚,光亨,贞吉,利涉大川。需,待也。以干遇坎,干健坎险,以刚遇险,而不遽进以陷于险,待之义也。孚,信之在中者也。其卦九五以坎体中实,阳刚中正而居尊位,为有孚得正之象。坎水在前,干健临之,将涉水而不轻进之象。故占者为有所待,而能有信,则光亨矣。若又得正,则吉,而利涉大川。正固无所不利,而涉川尤贵于能待,则不欲速而犯难也。”

第六卦 讼·天水讼·乾上坎下

讼:有孚,窒。惕中吉。终凶。利见大人,不利涉大川。

初六:不永所事,小有言,终吉。

九二:不克讼,归而逋,其邑人三百户,无眚。

六三:食旧德,贞厉,终吉,或从王事,无成。

九四:不克讼,复自命,渝安贞,吉。

九五:讼元吉。

上九：或锡之鞶带，终朝三褫之。

讼卦，卦体是外卦(上卦)乾☰、内卦(下卦)☵坎。卦象是水和天，卦德是险和健。讼，就是讲诉讼争辩之意。上乾下坎，上刚下险，上刚制下，内心有险，九二无应，诚实守信的德性被阻塞，九五过阳刚，刚健中正，居君主之位。因此，诉讼要有具备四个条件：诚信、阻塞诉讼、谨慎、中庸。1608 年英国大法官柯克在抗拒国王詹姆士一世时引用著名大法官布雷克顿的名言："国王在万人之上，但是却在上帝和法律之下。"[1]传统中国的"法律"是"礼法"或谓"礼之法"。《尚书全解·卷三》载："汉韩延寿为冯翊，民有昆弟相与讼，田延寿大伤之曰：幸得备位为民表率，不能宣明教化至令有骨肉争讼，此咎在冯翊，因闭合思过，于是两兄弟深自悔，皆自髡肉袒谢，愿以田相移不敢复争。"《列子·卷五》中记扁鹊为二人换心后性情大变，"二人辞归，于是公扈反齐婴之室而有其妻子，妻子弗识，齐婴亦反公扈之室有其妻子，妻子亦弗识，二室因相与讼，求辨于扁鹊，扁鹊辨其所由，讼乃已"。如果条件不具备，一味诉讼，必然是凶多吉少。诉讼的时候，如有大人物出现就有利，但是出门远行，渡过大河就不会顺利。在当代社会也有启发意义，在讼的过程中要做到适可而止，"在不能胜诉的情况下主动退回，采取保守的态势，也许会造成眼前的损失，但是从长久来看，却有利于当事人保全自己和家人、邻里，当然是明智之选，可见《周易》对于撤诉的还是持有肯定态度的。所引后者的文义是不能取得诉讼的成功就打消非分之想，安于自己的命运，就会变得正固和安稳，有吉祥。《周易》强调讼的手段性，也就是说讼只是用来实现目的的手段，如果在讼进行的过程中，目的可以得到一定程度的实现，就应该适可而止，不应为了诉讼而进行诉讼，将对方逼入绝境，往往与对方的关系彻底破裂，也无法获得应得的利益，所以双方在诉讼中的调解意义非常重大。"[2]易学家通过讼卦告诉我们，"争讼非善事，事在人为，吉凶就在争让一念之间，争则两败俱伤，让则互利双赢，讼事慎为之。"[3]

---

①爱德华·S·考文：《美国宪法的"高级法"背景》，强世功译，生活·读书·新知三联书店 1996 年版，第 21 页。

②陈思：《〈周易〉中的讼卦与中国传统讼观念》，载《中南林业科技大学学报(社会科学版)》2012 年第 1 期。

③董业铎：《和谐尊让，讼事慎为——〈周易·讼卦〉经传文字解读》，载《河北民族师范学院学报》2013 年第 1 期。

初六，阴居阳位，不得正位。不永所事，不要永远纠结于诉讼之中，即使有一点言语方面的争议，终将获得吉祥。能息事宁人最好。摆事实讲道理，可明辨是非。“好讼者多刚。初六质柔、不能与人讼者、故有不永所事之象。然不曰不永所讼、而曰所事者。讼端初起、犹冀其不成讼也。初变为兑、有小有言之象。此小有言与需不同。需二在人有言语之伤、此则在我有争辨之语也。有事不永则易收、有言而小则易释。所以终吉、以其质柔在下故也。”①

九二，阳居阴位，不得正位。逋，是逃避的意思。克是胜任的意思。眚是眼球上毛病。窜是隐匿的意思。患是灾害的意思。掇是拾掇的意思。打官司失利，需要迅速逃回来，跑到只有三百户人家的小国中，在此居住可避灾。

六三，阴居阳位，不得正位。上顺承阳，下面乘阳，进退都不好办。食旧德，是指封建社会时期，祖父有功受封，子孙靠祖父的封荫而居禄位，这就叫食旧德。贞厉，就是虽然得正但是还有危险。有功劳，应该归于国王，不能自居成功，要韬光养晦，坚守正道，辅佐君王，顺从上级，可获吉祥。“李氏简曰：‘或从王事无成’者，谓从王事而不以成功自居也。夫讼生于其行之相违，而天下之讼，又起于矜功而伐善。以柔而从刚，以下而从上，有功而不自居，故能不失旧德，而终又获吉也。”②

九四，阳居阴位，不得正位。打官司失利，不能和君王争讼，回头服从君王的命令。渝，改变的意思。改变了主意，决定不争讼了，安分守己，守正，就会得到吉利。“和为贵”，就是以和谐为主，要构建和谐社会。否则，就会有损失。

九五，阳居阳位，得到正位。居中得正。在天子之位，刚健得正，就会“无人欲的私情，而存天理的正道。”西方人只讲合理，而中国人不仅要合理，还要合情。阳刚中正，居于尊位，讼而有情有理，一定得大吉。

上九，阳居阴位，不得正位。锡，是赐的意思。鞶带，官吏的制服。朝，就是上朝的意思。褫，就是剥夺的意思。一个上午办公的时间是终朝。打官司获胜了，君王赏赐的官服，一天之内却几次被剥下来。因打官司获胜而得到赏赐，没有什么使人尊敬的，更何况还要被夺回。

---

①[清]陈梦雷：《周易浅述》，上海古籍出版社1982年版，第35页。

②[清]李光地著，刘大钧点校：《御纂周易折中》，巴蜀书社出版1998年版。

研究本卦参考文献：

[1]董业铎.和谐尊让，讼事慎为——《周易·讼卦》经传文字解读[J].河北民族师范学院学报，2013(01):16-18.

[2]方潇，段世雄.讼卦之"讼"辨正[J].法制与社会发展，2011(05):131-142.

[3]陈思.《周易》中的讼卦与中国传统讼观念[J].中南林业科技大学学报：社会科学版，2012(01):78-82.

[4]王在华.《易经》讼卦新释[J].经济研究导刊，2010(25):231-234.

[5]段世雄.《周易·讼卦》法律文化之八大境界[J].法制与社会，2008(35):377.

[6]王宏涛.《讼卦》中诉讼观念的变化[J].哈尔滨学院学报，2008(11):6-9.

[7]黄震.商周之际的社会思潮与法律变革——对《周易·讼卦》的一种法律文化读解[J].法制与社会发展，2000(02):91-96.

研究本卦代表性观点：

1.《周易尚氏学》："乾阳上升。坎水下降。乃乾即在上。坎即在下。违行。气不交。故曰讼。二阳居阴中。故有孚。坎中实。故窒。坎忧故惕。二虽不当位。居中。故吉。二无应。遇敌。故终凶。九五中正。故利见大人。坤为大川。二入之不当位。无应与。不能出。(若解则能出)沈沦于坤水之中。故曰不利涉大川。"

2.《周易禅解》："天在上而水就下。上下之情不通。所以成讼。然坎本得干中爻以为体。则迹虽违。而性未尝非一也。惕中则复性而吉。终讼则违性而凶。利见大人。所以复性也。不利涉大川。诫其逐流而违性也。佛法释者。夫善养蒙之道。以圆顿止观需之而已。若烦恼习强。不能无自讼之功。讼者。忏悔克责。改过迁善之谓也。有信心而被烦恼恶业所障窒。当以惭愧自惕其中而吉。若悔之不已。无善方便。则成悔盖而终凶。宜见大人以抉择开发断除疑悔。不利涉于烦恼生死大川而终致陷没也。"

3.《周易本义》："讼：有孚窒，惕中吉，终凶，利见大人，不利涉大川。窒，张栗反。讼，争辩也。上干下坎，干刚坎险，上刚以制其下，下险以伺其上，又为内险而外健，又为己险而彼健，皆讼之道也。九二中实，上无应与，又为加忧。且于卦变自遁而来，为刚来居二，而当下卦之中，有有孚而见窒，能惧而得中之象。上九过刚，居讼之极，有终极其讼之象。九五刚健中正，以居尊位，有大人之象。以刚乘险，以实履陷，有不利涉大川之象。故戒占者必有争辩之事，而随其所处为吉凶也。"

第七卦 师·地水师·坤上坎下

䷆

师:贞,丈人,吉无咎。

初六:师出以律,否臧凶。

九二:在师中,吉无咎,王三锡命。

六三:师或舆尸,凶。

六四:师左次,无咎。

六五:田有禽,利执言,无咎。长子帅师,弟子舆尸,贞凶。

上六:大君有命,开国承家,小人勿用。

师卦,卦体是外卦(上卦)坤☷、内卦(下卦)坎☵。卦象是水和地,卦德是险和顺。贞,是正的意思。师是军队,《周礼·夏官·大司马》中说:“二千五百人为师。”今天是三旅为一师,三师为一军,一师一万五千人左右。丈人,就是大人,具有五德的人,即是具有仁、勇、智、信、严的人。打仗,行正道,有大人,就吉利,没什么灾害了。坎(水)下坤(地)上,是地中有水。地中聚集了大量的水,取之不尽,用之不竭,象征兵源充足,君子要像地中藏水一样养育天下百姓。《孙膑·见威王》云:“尧有天下之时,黜王命而弗行者七,夷有二、中国四……故尧伐负海之国,而后北方民不得苛。伐共工,而后兵宥而不行。昔者,神戎战斧遂,黄帝战蜀禄;尧伐共工;舜伐劂管;汤放桀;武王伐纣;帝奄反,故周公浅之。故曰,德不若五帝,而能不及三王、智不若周公,曰我将欲责仁义,式礼乐,垂衣裳,以禁争夺。此尧舜非弗欲也,不可得,故举兵绳之。”孙膑认为尧这样的圣人治理天下时不执行王命的还有七家,因此尧兴师动众。《司马法》云:“贤王制礼乐法度,乃作五刑;兴甲兵以讨不义,巡狩省方,会诸侯、考不同。其有失命、乱常、背法、逆天之时,而危有功之君,遍告于诸侯,彰明有罪。乃告于皇天上帝、日月星辰、祷于后土、四海神祇、山川冢社,乃造于先王。冢宰徵师于诸侯曰:“某国为不道,征之以某年月日,师至于某国,会天子、正刑。””“冢宰与百官布令于军曰:入罪人之地,无暴神祇,无行田猎,无毁土功,无燔墙屋,无伐林木,无取六畜、禾黍、器械。见其老幼,奉归勿伤。虽遇壮者,不校勿敌。敌若伤亡、医药归之。既诛有罪,王及诸侯,修正其国,举贤立明,正复厥职。”上述引文表明,“古代贤王兴兵打仗的目的是‘讨不义’。何为不义？不义是从采取与社会准则‘不同’的做法开始，发展到‘失命、乱常、背法，而危有功之君’。于是天子会同诸侯征讨‘不道’，对其‘正刑’。这种征讨只针对有罪国君及顽固追随者，天子及诸侯在事成之后，还要‘修正其国、举贤立明、正复厥职’，充分体现了政治目的的善良和高尚。”①

初六，阴居阳位，不得正位。律是纪律的意思，臧是奖赏的意思。否是惩罚的意思。诸葛亮说：“陟罚臧否，不宜异同。”奖赏和惩罚要分明，如果军队的纪律混乱，就一定招致凶险。“律即纪律。否臧谓不善。即无纪律之谓也。初、出师之始。出师之道当谨于始。以律则吉、不善则凶。盖以初六才柔、故有否臧之戒。然以律不言吉、否臧则凶者。律令谨严、出师之常、胜负犹未可知。若失律、则凶立见矣。”②

九二，阳居阴位，不得正位。在出师作战时，统帅军队，持中，不偏不倚，是吉利的，没有灾害。三命，《周礼》中说：“一命受职，再命受服，三命受位。”君王多次奖励，被委以重任，使万邦悦服，治国平天下了。

六三，阴居阳位，不得正位。舆，是车的意思。下乘九二之阳刚，六三不中不正。轻率妄动，有士兵从战场上用车子运战死者的尸体回来，凶险。知彼知己，才能百战不殆。清人李道平《周易集解纂疏》卷五有云：“弟子谓六三者，三在坎也。三失正位，下乘二阳，处非所据，不能统领群阴，故坤众皆不听命，以致师人分北，败绩死亡，而有舆尸之凶。然弟子舆尸，咎在六三，而使不当职，则凶在六五也。”

六四，阴居阴位，得到正位。次，《春秋左氏传》中说，庄公三年“凡师一宿为舍，再宿为信，过信为次”，也就是军队驻扎超过三天，就为次。左次，后退驻扎的意思。六四居阴爻正位，阴柔不中，军队失利后，观察了战场形势后，暂时撤退，免遭损失。这就应了毛泽东的兵法：“敌强我弱，敌进我退，敌退我打”。

六五，阴居阳位，不得正位。田，是打猎的意思。执言，就是有号召。长子，是丈人的意思，指九二。弟子，是小人的意思，指六三、六四。居中恃正，行为有度，如果用有德长的人统帅军队战无不胜，如果用无德的小人就会运送着尸体大败而回。用人不当，必招致大败。“程传五君位，兴《师》之主也，故言兴师任将之道。师之兴，必以蛮夷猾夏寇贼奸宄，为生民之害，不可怀来，然后奉辞以诛之。若禽

---

①黄荣武：《〈周易〉的战争性质观——师卦初爻新说》，载《中华文化论坛》2002年第3期。

②[清]陈梦雷：《周易浅述》，上海古籍出版社1982年版，第39页。

兽入于田中，侵害稼穑，于义宜猎取，则猎取之。如此而动，乃得'无咎'。若轻动以毒天下，其咎大矣。'执言'，奉辞也，明其罪而讨之也。若秦皇汉武，皆穷山林以索禽兽者也，非'田有禽'也。任将授师之道，当以长子帅师。二在下而为师之主？'长子'也，若以弟子众主之，则所为虽正亦凶也。'弟子'，凡非长者也。自古任将不专而致覆败者，如晋荀林父邲之战，唐郭子仪相州之败是也。"①

上六，阴居阴位，得到正位。大功告成之时，天子颁布了诏命，按功劳大小而公正封赏功臣，或封为诸侯，或封为上卿，或封为大夫，但是小人决不可以重用。小人遇到此爻，不可以用。

研究本卦参考文献：

[1]陈建梁.《左传》所载《师卦》古义探微[J].周易研究，1995(01):3-11，71.
[2]宋倩倩.浅谈《周易》师卦中的战事思想[J].商业文化：下半月，2011(04):287-288.
[3]黄荣武.《周易》的战争性质观——师卦初爻新说[J].中华文化论坛，2002(03):138-141.
[4]苏文聪.《周易·师卦》与西周军旅之学初探[J].军事历史研究，1991(03):145-154.

研究本卦代表性观点：

1.《周易尚氏学》："师。众也。坤舍于坎。俱居子方。坤坎皆为众。故曰师。犹乾舍于离。俱居午为同人也。贞。卜问也。大人。正义作丈人。子夏传作大人。崔憬李鼎祚从之是也。此与困贞大人吉同。皆谓二。乾九二云。利见大人。利见故吉。陆绩郑王等皆读为丈。谓震为长子。丈者长也。故曰丈人。岂知二得中。临御万民。大人之事。以二为大人。于象方合。丈人则于卦名不类矣。陆谓丈人为圣人。王谓丈人为庄严之称。皆曲说也。且子夏传为韩婴所作。(臧庸据七略。谓婴字子夏。今按艺文志有韩氏二篇。注曰名婴。其篇数与隋唐志子夏传卷数同。疑即子夏传。)与田何同时。皆秦遗老。其所据当无误也。"

2.《周易禅解》："夫能自讼。则不至于相讼矣。相讼而不得其平则乱。乱则必至于用师。势之不得不然。亦拨乱之正道也。但兵凶战危。非老成有德之丈人何以行之。佛法释者。蒙而无过。则需以养之。蒙而有过。则讼以改之。但众生烦恼过患无量。故对破法门亦复无量。无量对破之法名之为师。亦必以正

①[清]李光地著，刘大钧点校：《御纂周易折中》，巴蜀书社出版1998年版。

治邪也。然须深知药病因缘。应病与药。犹如老将。善知方略。善知通塞。方可吉而无咎。不然。法不逗机。药不治病。未有不反为害者也。”

3.《周易本义》:“师:贞,丈人吉,无咎。师,兵众也。下坎上坤,坎险坤顺,坎水坤地。古者寓兵于农,伏至险于大顺,藏不测于至静之中。又卦唯九二阳居下卦之中,为将之象,上下五阴顺而从之,为众之象。九二以刚居下而用事,六五以柔居上而任之,为人君命将出师之象,故其卦之名曰师。丈人,长老之称。用师之道,利于得正,而任老成之人,乃得吉而无咎。戒占者亦必如是也。”

第八卦 比·水地比·坎上下坤

比:吉。原筮元永贞,无咎。不宁方来,后夫凶。

初六:有孚比之,无咎。有孚盈缶,终来有他,吉。

六二:比之自内,贞吉。

六三:比之匪人。

六四:外比之,贞吉。

九五:显比,王用三驱,失前禽。邑人不诫,吉。

上六:比之无首,凶。

比卦,卦体是外卦(上卦)坎☵、内卦(下卦)坤☷。卦象为水和地。卦德是险和顺。比就是亲近的意思。《说文解字》:“蜜也。”古时候,五家为比。筮,是问的意思。原筮,也就是追问的意思。不宁就是不安宁的意思。方是天下四方。后夫是后到的人。探本求原,再一次卜筮占问,要辅佐有德行的大人,坚守正道,没有灾害。天下的人都归服了,到最后才归服的人,就会有危险了。(地)下坎(水)上,地上有水,地与水亲密,历代君主都明白这个道理。有学者这样解释,我认为是很有道理可言的,“其一,相互接近有益无害;其二,在相互交往的过程中要以诚相待;其三,亲近的范围要广泛;最后,亲近的对象必须明确而且稳定。”[①]就像歌德在《亲和力》中说:“拿酸和碱来说,尽管它们的性质相反,或许就正好因为性质相反,所以才相互寻找和强烈吸引,彼此改变着原有的特性,共同构成一种

①文育玲:《从〈周易·比卦〉看比较文学的基本原理》,载《江汉论坛》2010年第6期。

新的物质;在它们身上,亲和力表现得十分明显。”[①]

初六,阴居阳位,不得正位。缶,是陶器。盈缶,说明已经满了。亲近君王,诚信必须是满的,就与装满水的缶一样,这样才能吉利。“易六爻皆归正应、独比诸多皆以比五为义。他卦阳爻皆言有孚、此阴爻亦言有孚。程子所谓中实者信之质、中虚者信之本也。当比之始、虚中求比、意无他适、有有孚比之无咎之象。坤为土。缶、土器。以阴变阳、又为仰盂。坎水下流、初变为屯。屯者、盈也。有水流盈缶之象。不与五应、而终比于五、有终来有他吉之象。言凡比之初、贵乎有信、则可以无咎。若诚信之心既充、则在我无他向之心。不但无咎、终且有他吉之来也。时解就人臣始仕者言、亦不必拘。凡事君交友有所资于人、皆从其占也。”[②]

六二,阴居阴位,得到正位。六二与九五相应。九五是中正的天子,内部亲密团结,辅佐天子,坚守正道,是吉利的。

六三,阴居阳位,不得正位。匪人,是非人,不是人。上无应,与九五不亲近,和行为不端正的人交朋友,关系亲密,助纣为虐,最终身亡家灭。

六四,阴居阴位,得到正位。六四是诸侯之位,顺从居于尊位的君主。在外面有重任,亲密团结,守正道,辅佐贤明天子,是吉利的。

九五,阳居阳位,得到正位。三驱,就是三面包围驱逐禽兽,网开一面,不赶尽杀绝,就是吉利的。光明无私,中正的天子,吉祥的。如果听劝阻,不围追堵截,被擒的落网,不该获的逃掉,这是君王的贤德感化了部下,使得他们纯然至善,是吉利的。“林氏希元曰:显与隐对。光明正大,而无隐伏回曲暗昧褊窄者,显也。隐伏回曲暗昧褊窄,而不光明正大者,隐也。王者以父母天下为职,生养教诲,但知吾分所当为,尽其道而为之,至于民之感恩与否,则听其在彼,初不屑屑焉暴其私恩小惠,违道干誉,以求百姓之我亲。此其施为举措,何等光明正大?而岂有隐伏回曲暗昧褊窄之病?故谓之显比。譬如王者解一面之网,用三驱之田,禽兽向我而入者取之,背我而前去者则失之,初不求于必得。至于私届亦喻上意,不相警备以求必得焉。夫王用三驱失前禽者,王道之得,邑人不诫者,王化之行,凡此皆吉之道也。王者能如九五之‘显比’,则亦王道得而王化行矣。”[③]

---

①歌德:《亲和力》,杨武能等译,人民文学出版社1991年版,第32页。

②[清]陈梦雷:《周易浅述》,上海古籍出版社1982年版,第43页。

③[清]李光地著,刘大钧点校:《御纂周易折中》,巴蜀书社出版1998年版。

上六，阴居阴位，得到正位。乘九五的阳刚，不亲近九五之君。上六，到了终点，居于九五天子之上，不亲近领导，孤傲在上，将会有凶险。

研究本卦参考文献：

[1]陈仁仁.比卦异文解读[J].中国哲学史，2010(03):54-62.
[2]文育玲.从《周易·比卦》看比较文学的基本原理[J].江汉论坛，2010(06):98-101.

研究本卦代表性观点：

1.《周易尚氏学》："比亲也。辅也。坎坤同舍于子。故曰比。唐以前。先天象失传。故卦名不得解。清毛大可黄宗义等知之而之认。后学不察。相率以言先天为戒。而自命为汉易。岂知康成注月令。于季夏云。未属巽辰。又在巽位。巽若不在西南。未能在巽位乎。是先天方位。郑且明言之。九家注同人云。乾舍于离。与日同居。荀爽注同人云。乾舍于离。相与同居。注阴阳之义配日月云。乾舍于离。配日而居。坤舍于坎。配月而居。已一再言之乎。比之义即以坎坤同居也。原者田也。左传僖二十八年。原田每每。注高平曰原。周礼太卜原兆注。原原田也。按古皆井田。每每者。井与井相间之形。坤为拆。象原田。故曰原筮。坎为筮。坤为原。原筮。犹言野筮也。曲礼云。外事以刚日。郑注。外事郊外之事。仪礼士丧礼。筮于兆域。兆域在郊外。即原筮也。而乾宝因周礼三卜。一曰原兆。即训原为卜。可谓大谬。按周礼。太卜掌三兆之法。一曰玉兆。二曰瓦兆。三曰原兆。注。言龟兆似玉瓦原之璺罅。然则原者原田。田必有璺罅。象龟兆之形。故曰原兆。岂以原为卜乎。故原指坤。于训卜固非。孔颖达谓原为原究。朱子谓原为再。王夫之谓原为本。俞樾谓原为始。为本。益浮泛不切。故夫说易而不求象。未有能当者也。元谓九五。永贞者永定也。坤为乱。故曰不宁。方。诗小雅方舟为梁。汉书韩信传云。今井陉之道。车不得方轨。注皆训方为并。方来。谓下四阴并来归五也。旧解不求卦象。训方为将。为四方。皆失之。艮为夫。上六独居艮后。故曰后夫。下四阴皆承阳。独上六乘阳不顺。故凶。此卦因原象筮象夫象失传。故自汉迄今。无得解者。"

2.《周易禅解》："用师既毕。践天位而天下归之。名比。比未有不吉者也。然圣人用师之初心。但为救民于水火。非贪天下之富贵。今功成众服。原须细自筮审。果与元初心相合而永贞。乃无咎耳。夫如是。则万国归化。而不宁方来。

彼负固不服者。但自取其凶矣。佛法释者。善用对破法门。则成佛作祖。九界归依。名比。又观心释者。既知对破通塞。要须道品调适。七科三十七品相属相连名比。仍须观所修行。要与不生不灭本性相应。名原筮元永贞无咎。所谓圆四念处。全修在性者也。一切正勤根力等。无不次第相从。名不宁方来。一切爱见烦恼不顺正法门者。则永被摧坏而凶矣。”

3.《周易本义》:“比:吉。原筮,元永贞,无咎。不宁方来,后夫凶。比,毗意反。比,亲辅也。九五以阳刚居上之中,而得其正,上下五阴,比而从之,以一人而抚万邦,以四海而仰一人之象。故筮者得之,则当为人所亲辅。然必再筮以自审,有元善长永正固之德,然后可以当众之归而无咎。其未比而有所不安者,亦将皆来归之。若又迟而后至,则此交已固,彼来已晚,而得凶矣。若欲比人,则亦以是而反观之耳。”

第九卦 小畜·风天小畜·巽上乾下

䷈

小畜:亨。密云不雨,自我西郊。

初九:复自道,何其咎,吉。

九二:牵复,吉。

九三:舆说辐,夫妻反目。

六四:有孚,血去惕出,无咎。

九五:有孚挛如,富以其邻。

上九:既雨既处,尚德载,妇贞厉。月几望,君子征凶。

小畜卦,内卦是内卦(下卦)乾☰、外卦(上卦)巽☴。卦象是风和天,卦德是入和健。乾(天)下巽(风)上,风在天上吹,密云不雨,收成一般,因此,小有积蓄。陆德明《经典释文》中说:“小畜,本又作蓄。”“积也,聚也。”西郊,也就是城的外面,在商纣的西面,因此,叫西郊。君子这个时候要修身养性,从点滴做起,积累功德,等待时机。

初九,阳居阳位,得到正位。复就是反的意思。当小畜有所积蓄的时候,从原路返回,有什么灾害的呢。当然吉利。“下卦乾体纯阳、本在上之物、故自下升上。曰复自道、言由其故道也。本义谓初九居下得正、前远于阴。虽与四为正应、而能自守以正、不为所畜。故有进复自道之象。今时解皆从之、谓如君子不援小人以进也。然爻义虽取进复、全卦则取畜止。四以一阴畜众阳、初适与应、自有畜象。但九居初、自处以正、而所应又正。虽为所畜而其进以道、则不受其拘縻。"[①]

九二，阳居阴位，不得正位。九二阳刚之才，得中，不失掉阳刚之德行，这个时候引着别人一起从原路返回，一样是吉祥的。

九三，阳居阳位，得到正位。舆是车子的意思。许慎《说文解字》中说："舆，车舆也。"说，就是脱的意思。辐就是车轮的意思。孔颖达《周易正义》中说："夫妻乖戾，故反目相视。"君子稍微有点积蓄时，但是接近六四的阴柔，就好像车子行到半路上，忽然车子的辐条从车轮中掉下来了，车走不了啦，回到家里的时候，老婆不守妇道，吵着要离婚呢。因此，修身才能齐家，齐家才能治国，治国才能平天下，就是说的这个道理。

六四，阴居阴位，得到正位。孚，是诚信的意思。惕就是警惕的意思。这个时候得位正，也有积蓄，只要诚实守信，上承九五，奉承君主的旨意，上下和谐，与中央保持高度一致，抛弃戒备心理，就没有什么灾害。"程传四于畜时，处近君之位，畜君者也，若内有孚诚，则五志信之，从其畜之。卦独一阴，畜众阳者也，诸阳之志系于四，四苟欲以力畜之，则一柔敌众刚，必见伤害，唯尽其孚诚以应之，则可以感之矣。故其伤害远，其危惧免也。如此则可以无咎，不然则不免乎害。此以柔畜刚之道也。以人君之威严，而微细之臣，有能畜心其欲者，盖有孚信以感之也。"[②]

九五，阳居阳位，得到正位。挛，牵系的意思。《说文解字》中说："挛，系也。"九五是尊位，是君王之位，只要君王与臣民用诚信牵连，同心同德，国富民乐，自己富了而且也使邻人跟着一同富起来。这爻就是讲的要"以民为本。"

上九，阳居阴位，不得正位。即，既，已经的意思。处是停止的意思。望，是阴历每月十五。征就是行，征凶就是行凶的意思。天空下起了雨，但不久又停下来，出现了欺上瞒下、易臣凌君的现象，随着守正，但是由于阴气太重，阴气掩盖了阳刚之德，危险重重。到了十五以后，阴盛至极之后，阴柔的小人得势，君子行动要小心谨慎，有凶险。

---

①[清]陈梦雷:《周易浅述》，上海古籍出版社 1982 年版，第 47 页。

②[清]李光地著，刘大钧点校:《御纂周易折中》，巴蜀书社出版 1998 年版。

研究本卦代表性观点：

1.《周易尚氏学》:“卦上下皆阳。一阴止于内。故曰小畜。畜止也。太玄拟之曰敛。云阳气大满于外。微阴小敛于内。是其义也。旁通豫坤为云。上下皆坤爻。故曰密云。兑为雨。乃兑雨前遇巽风。为风吹散。云过日出。故不雨也。兑为西。伏坤为我。乾为郊。故曰自我西郊。言密云起自西郊。过而不留也。旧解多从虞翻。以半坎为云。既曰半坎。于密义似不合也。人知坎为云。不知坤亦为云。易林困之泰云。阴云四方。日在中央。以泰上坤为云也。人知坎为雨。不知兑亦为雨。上系云。润之以风雨。风谓巽。雨谓兑也。睽上九往遇雨。亦以兑为雨。”

2.《周易禅解》:“畜阻滞也。又读如蓄。养也。遇阻滞之境。不怨不尤。惟自养以消之。故亨。然不可求速效也。约世法。则如垂衣裳而天下治。有苗弗格。约佛法。则如大集会中魔王未顺。约观心。则如道品调适之后。无始事障偏强。阻滞观慧。不能克证。然圣人御世。不忌顽民。如来化度。不嫌魔侣。观心胜进。岂畏夙障。譬诸拳石。不碍车轮。又譬钟击则鸣。刀磨则利。猪揩金山。益其光彩。霜雪相加。松柏增秀。故亨也。然当此时虽不足畏。亦不可轻于取功。须如密云不雨自我西郊。直俟阴阳之和而后雨耳。盖凡云起于东者易雨。起于西者难雨。今不贵取功之易。而贵奏效之迟也。杨慈湖曰。畜有包畜之义。故云畜君何尤。此卦六四以柔得近君之位。而上下诸阳皆应之。是以小畜大。以臣畜君。故曰小畜。其理亦通。其六爻皆约臣畜君说亦妙。陈旻昭曰。小畜者。以臣畜君。如文王之畜纣也。亨者。冀纣改过自新。望之之辞也。密云不雨自我西郊者。言只因自我西郊故不能雨。怨己之德不能格君。乃自责之辞。犹所云。臣罪当诛。天王圣明也。六四则是出羑里时。九五则是三分天下有二以服事殷之时。上九则是武王伐纣之时。故施已行而既雨。然以臣伐君。冒万古不韪之名。故曰君子征凶。”

3.《周易本义》:“小畜:亨。密云不雨,自我西郊。畜,敕六反。《大畜》卦同。巽,亦三画卦之名。一阴伏于二阳之下,故其德为巽、为入,其象为风、为木。小,阴也。畜,止之之义也。上巽下干,以阴畜阳,又卦唯六四一阴,上下五阳皆为所畜,故为小畜。又以阴畜阳,能系而不能固,亦为所畜者小之象。内健外巽,二五皆阳,各居一卦之中而用事,有刚而能中,其志得行之象,故其占当得亨通。然畜未极而施未行,故有密云不雨,自我西郊之象。盖密云,阴物;西郊,阴方。我者,文王自我也。文王演《易》于羑里，视岐周为西方，正小畜之时也。筮者得之，则占亦如其象云。”

第十卦 履·天泽履·乾上兑下

履：履虎尾，不咥人，亨。

初九：素履，往无咎。

九二：履道坦坦，幽人贞吉。

六三：眇能视，跛能履，履虎尾，咥人，凶。武人为于大君。

九四：履虎尾，愬愬终吉。

九五：夬履，贞厉。

上九：视履考祥，其旋元吉。

履卦，卦体是内卦（下卦）兑、外卦（上卦）乾。卦象是泽和天。卦德是健和悦。兑（泽）下乾（天）上，是天下有泽。咥，咬的意思。这句话说的是跟在老虎尾巴后面行走，老虎却没有回头咬人，这是很顺利的。君子刚健和悦，刚中正，守正道，深明大义，一定井井有条。有学者认为，船山九卦：履、谦、复、恒、损、益、困、井、巽九卦最能体现礼之精神，履卦最能体现《易》的礼学精神，“《履》即礼也，是哲人早期对履卦礼学精神的原初阐释。船山对《履》之卦爻辞进行辩证分析，指出《履》之礼学精神乃‘谨于衣裳袺襘，慎于男女饮食而定其志’，履卦的礼学价值在于‘正名定分，别嫌明微’，从而实现了《履》卦礼学精神之价值开新。”①

初九，阳居阳位，得到正位。君子秉着心地纯朴、品行端正的品格行事，那么无论走到哪里都没有什么灾害。

九二，阳居阴位，不得正位。坦坦，是平坦的意思。子曰：“君子坦荡荡。”幽人，也就是隐居的人，隐士。君子行走在平坦宽广的大道上，也就是守正道，光明正大，坦坦荡荡，就像隐士，生活恬淡自然，安贫乐道，笃行正道，是吉利的。“二变震为大涂、履道坦坦之象。刚中在下、无应于上、幽独守贞之象。人之所履、未

①陈力祥：《船山履卦之礼学意蕴》，载《衡阳师范学院学报》2007年第2期。

有不合道而吉者。以刚居中、道也。刚而居柔、坦也。在下无应、幽也。坦则平易而无险阻、幽则恬静而不炫耀。又幽独之人、多贤者之过、坦坦则不索隐行怪以惊世骇俗、宜其贞吉矣。以阳居阴、不得言正。而曰贞吉者、戒辞。恐其幽静难久、刚化为柔、故戒以惟贞吉也。此卦二五皆刚中、二贞吉而五贞厉者。二以刚居柔、五以刚居刚也。以刚居柔、所履谦下、礼之本也。故六爻唯九二尽履之道。”①

六三，阴居阳位，不得正位。眇，《说文解字》中说：“一目小也。”眼睛快要瞎了，但勉强能看到一点点，腿跛了，但勉强能走几步。一不小心踩在老虎尾巴上，通常说，老虎尾巴摸不得，你还踩它一下，老虎肯定要回头咬你。君子这时处的位置很不当，竟然踩在老虎尾巴上，这肯定有凶险。有勇无谋的武士要尽全力为君主效劳。大凡成大事的人，必须有几个条件，即阴柔和刚健兼备，平易近人，大中至正。“王氏申子曰：三以阴居阳，以柔履刚，谓其明耶？则众阳而独阴。谓其不明耶？则又居于阳。眇能视之象也。谓其能行耶，则众刚而独柔。谓其不能行耶？则又履乎刚，跛能履之象也。是体暗而用明，才弱而志刚者也，而又不中不正，故不自度量而一于进，敢于蹈危而取祸，如‘履虎尾’而受咥人之凶也。若不顾强弱，勇猛直前，唯武人用之以有为于大君之事则可。然象亦主三而言，曰‘不咥人亨’，此曰‘咥人凶’，何也？盖象总言一卦之体，爻则据其时与位而言，所以不同。”②

九四，阳居阴位，不得正位。愬愬，害怕的样子。跟在老虎后面走路，当然很害怕了，战战兢兢，但是只要谨慎小心，不要做踩到老虎尾巴的行为来，一定是吉祥顺利的。

九五，阳居阳位，得到正位。夬，决的意思。九五是尊位，帝王之位，如果刚愎自用，固执己见，虽然守正道，刚中正，大中至正，但是仍然有风险。厉，就是危险的意思。

刚毅善于做出决断，小心行动，要提防危险。

上九，阳居阴位，不得正位。考，是老的意思。考，老，是转注，是考察的意思。旋，是反的意思。回头看看走过的路，考察看一下祸福，能刚能柔，忍辱负重，顺应阴柔之道，是吉祥的。曾子（曾参，孔子弟子）曰：“吾日三省吾身：为人谋而不

---

①[清]陈梦雷：《周易浅述》，上海古籍出版社 1982 年版，第 52 页。

②[清]李光地著，刘大钧点校：《御纂周易折中》，巴蜀书社出版 1998 年版。

忠乎？与朋友交而不信乎？传不习乎？"曾子说："我每天多次反省自身：替人家谋虑是否不够尽心？和朋友交往是否不够诚信？老师传授的知识是不是自己还不精通熟练呢？"

研究本卦参考文献：

[1]陈力祥.船山履卦之礼学意蕴[J].衡阳师范学院学报,2007(01):41–44.

研究本卦代表性观点：

1.《周易尚氏学》："尔雅释言。履者礼也。故太玄即拟为礼。礼莫大于辩上下。定尊卑。卦上天下泽。尊卑判然。人之行履。莫大于是。故曰履。乾为虎。四虎尾。兑在乾后。故曰履虎尾。履蹑也。言三蹑乾后也。乾为人。兑口为咥。人在外故不受咥。彖传曰。柔履刚。言三步乾刚之后也。荀爽谓三履二。衹以下卦为说。岂知卦名。皆合上下卦取义。无取一卦者。且三履二。是柔乘刚。与卦义正相背。非也。"

2.《周易禅解》："约世道。则顽民既格。上下定而为履。以说应干。故不咥人。约佛法。则魔王归顺。化道行而可履。以慈摄暴。故不咥人。约观心。则对治之后。须明识次位。而成真造实履。观心即佛。如履虎尾。不起上慢。如不咥人亨也。"

3.《周易本义》："履虎尾，不咥人，亨。咥，直结反。兑，亦三画卦之名。一阴见于二阳之上，故其德为说，其象为泽。履，有所蹑而进之义也。以兑遇干，和说以蹑刚强之后，有履虎尾而不见伤之象，故其卦为履，而占如是也。人能如是，则处危而不伤矣。"

第十一卦 泰·天地泰·坤上乾下

䷊

泰：小往大来，吉亨。

初九：拔茅茹，以其彙，征吉。

九二：包荒，用冯河，不遐遗，朋亡，得尚于中行。

九三：无平不陂，无往不复，艰贞无咎。勿恤其孚，于食有福。

六四：翩翩不富，以其邻，不戒以孚。

六五：帝乙归妹，以祉元吉。

上六：城复于隍，勿用师。自邑告命，贞吝。

泰卦，卦体是内卦(下卦)乾☰、外卦(上卦)坤☷。泰，就是成功、通达的意思。"小往大来"，乾(天)下坤(地)上，地气上升，乾气下降，为地气居于乾气之上，上面是坤，是地，是阴，是臣，是小，下面是乾，是天，是阳，是君，是大。成就天地交合感应之道，促成天地化万物之生机宜，护佑天下百姓，使他们安居乐业。弱小的离去，强大的到来，君主只要掌握时机，就是吉祥，亨通的。有学者说傅山提出的人体泰卦说，将天地运行之规律、医家之医理、道家内丹学的原理高度抽象总括为"泰卦"，即"阴阳之用"与"水火互藏"之理。"乾为天，坤为地，天气下降，地气上升；乾为阳，坤为阴，天地阴阳交合，则万物生养之道通畅。泰为通，泰象征着通泰，平安。泰卦的卦象为天地阴阳相交。阴阳交感、交合，是指阴阳二气在运动中相互感应而交合，亦即相互发生作用。阴阳交感是宇宙万物赖以生成和发展变化的根源。古代哲学家认为，精气是宇宙万物构成的本原。由于精气自身的运动而产生了相互对立的阴阳二气。阳气升腾而为天，阴气凝结而为地。阳气上升，阴气下降，只是阴阳二气的一种基本属性。"①

初九，阳居阳位，得到正位。茅，是一种草本植物。茹，柔软的根相连，叫茹。征，是往、进的意思。拔起了一把茅草，其根相连在一起，物以类聚，人以群分，往前行进，志同道合，安邦救国，是吉祥的。"乾初变巽、坤初变震、皆属木。三阴三阳皆相连以上、故泰否初爻皆有拔茅茹之象。茹、根之牵连者。三阳在下、初动则相连以进。众君子同德以升、泰运初开之时。占者有阳刚之德、则往而得吉矣。初曰以其彙。三阳欲进而以之者在初、君子与君子为类也。四曰以其邻。三阴欲复而以之者在四、小人与小人为类也。初曰征吉、四则否者、易为君子谋也。"②

九二，阳居阴位，不得正位。包荒，包容广大的意思。冯河，就是不靠船去过河的意思。《论语》中说："暴虎冯河，死而无悔者，吾不与也。"空手搏虎，有勇无谋，鲁莽冒险。《三国志·蜀书·诸葛亮传》裴松之注："凡为刺客，皆暴虎冯河，死而无悔者也。"春秋时期，孔子外出讲学，子路佩剑前往接近孔子。孔子想收他为徒，子路说自己用剑不用读书，孔子说读书可以让他有勇有谋。孔子对颜渊说：

---

①王象礼：《傅山人体泰卦说探微》，载《山西中医》2012年第7期。

②[清]陈梦雷：《周易浅述》，上海古籍出版社1982年版，第55页。

“被任用,就施展抱负;不被任用,就能藏身自爱。只有我和你才能这样吧!”一旁的子路上前问道:“那么,您统率三军的话,又会找谁共事呢?”孔子说:“那种空手搏虎,赤足过河,即使死了都不会悔悟的人,我是不会找他共事的。我一定要找那种遇事谨慎,善于通过巧妙的谋划来取得成功的人共事。”闻一多解《泰卦》九二“包荒”为“匏瓜”,“用冯河,不遐遗”的新说。闻先生将《秦卦》九二归入“有关经济事类”的“器用”项,他写道:“包荒用冯河不遐遗。案包读为匏,《姤》九五‘以杞包瓜’,《释文》引《子夏传》及《义证》并作匏,是其比。包荒即匏瓜,声之转。……‘包荒,用冯河’,即以匏瓜渡河。‘不遐遗’者,不遐,不至也,遗读为陨,坠也。言以匏瓜济渡,则无坠溺之忧也。”①

九三,阳居阳位,得到正位。陂,是丘陵地的意思。恤,是担忧的意思。没有平地不变为不平地的,没有只出去而不回来的,只要坚守正道就没有灾害了,不要忧虑,保持自己的食禄,就幸福了。“程传三居泰之中,在诸阳之上,泰之盛也。物理如循环,在下者必升,居上者必降。《泰》久而必《否》,故于《泰》之盛,与阳之将进,而为之戒曰:无常安平而不险陂者,谓无常《泰》也。无常往而不返者,谓阴当复也。平者陂,往者复,则为《否》矣。当知天理之必然,方《泰》之时,不敢安逸,常艰危其思虑,正固其施为,如是则可以‘无咎’。处《泰》之道,既能‘艰贞’,则可常保其泰,不劳忧恤,得其所求也。不失所期为孚。如是,则于其禄食有福益也。禄食,谓福祉。善处《泰》者,其福可长也。盖德善日积,则福禄日臻,德逾子禄,则虽盛而非满。自古隆盛,未有不失道而丧败者也。”

六四,阴居阴位,得到正位。翩翩,《说文解字》中说:“翩,疾飞也。”翩翩翱翔,没有财富,不要警戒,像飞鸟从高处连翩下降,虚怀若谷,这样与邻相处,不戒备,彼此诚信。

六五,阴居阳位,不得正位。帝乙,是殷纣王和微子的父亲,《左传·文公二年》:“宋祖帝乙。”妹,少女的意思。商代帝王乙把自己的女儿嫁出去,祉,是福的意思,这是很有福分的事,是吉祥的。

上六,阴居阴位,得到正位。城隍,是积土而成城。隍,城下的沟,有水的叫池,没有水的叫隍。上六,这是泰卦的终点,城墙倒塌在已干涸的护城壕沟里,在自己管辖的区域里,告诫臣民,不能打仗,以防止土崩瓦解的局面。

---

①转引李思乐:《闻一多〈易·泰卦〉“艳瓜”说新证》,载《古籍整理研究学刊》1993年第5期。

研究本卦参考文献：

[1]李思乐.闻一多《易·泰卦》"匏瓜"说新证[J].古籍整理研究学刊,1993(05):20–22.

[2]林绍志.《周易·泰卦》是《伤寒论》六经辨证的"沙盘"[J].国医论坛,1993(02):8–10.

[3]王象礼.傅山人体泰卦说探微[J].山西中医,2012(07):31–33.

[4]李体育.从《周易》的《泰卦》谈太极拳的修炼[J].少林与太极(中州体育),2009(07):50+55.

研究本卦代表性观点：

1.《周易尚氏学》："阳性上升。阴性下降。乃阴在上。阳在下。故其气相接相交而为泰。泰通也。阳大阴小。爻在外曰往。在内曰来。故曰小往大来。泰寅月卦。阳长故亨。"

2.《周易禅解》："夫为下者每难于上达。而为上者每难于下交。今小往而达于上。大来而交于下。此所以为泰而吉亨也。约世道。则上下分定之后。情得相通。而天下泰宁。约佛法。则化道已行。而法门通泰。约观心。则深明六即。不起上慢。而修证可期。又是安忍强软二魔。则魔退而道亨也。强软二魔不能为患是小往。忍力成就是大来。"

3.《周易本义》："泰：小往大来，吉亨。泰，通也。为卦天地交而二气通，故为泰。正月之卦也。小，谓阴。大，谓阳。言坤往居外，干来居内。又自《归妹》来，则六往居四，九来居三也。占者有阳刚之德，则吉而享矣。"

第十二卦 否·地天否·乾上坤下

䷋

否：否之匪人，不利君子贞，大往小来。

初六：拔茅茹，以其彙，贞吉亨。

六二：包承。小人吉，大人否亨。

六三：包羞。

九四：有命无咎，畴离祉。

九五：休否，大人吉。其亡其亡，系于苞桑。

上九：倾否，先否后喜。

否卦，卦体是内卦(下卦)坤☷、外卦(上卦)乾☰。泰、否、损、益四卦，被后人称为易经哲学体系的枢纽，并视损为泰之终、否之始，益为否之终、泰之始，则泰否二卦实为易学哲理之精髓。[①]卦象是天和地，卦德是健和顺。坤(地)下乾(天)上，为天在地上，下面是坤，是地，是阴，是臣，是小，上面是乾，是天，是阳，是君，是大。"大往小来"，天下大乱，是因为小人来到朝廷中了。匪人，不是人，小人之意。如果做生意，就会有大损失。君子要勤俭节约，避开危险，不能追求荣华富贵。"《天地否》向人们揭示了'否极泰来'的哲理，只有明白了这个道理，才会产生"处否思变"的观念，不受厄运困境左右，坚毅勇敢地寻求冲破困境、创造'泰和'的途径。"[②]

初六，阴居阳位，不得正位。拔起一把茅草，可以看到它们的根连在一起，物以类聚，人以群分，在天下大乱的时候，应该志同道合，救国图存，忠心耿耿，建功立业。"三阴在下、当否之时、小人连类而进、亦有拔茅茹以其彙之象。然初之恶未形、故许以贞则吉亨、欲其变为君子也。小人苟得、故戒之以贞也。然君子小人有何定名、能贞则君子矣。易为君子谋。否乃不利君子贞之时、乃戒小人以贞。为小人谋、正为君子谋也。"[③]

六二，阴居阴位，得到正位。小人阿谀奉承，小人吉祥，反而，对于大人来说，要否定阿谀奉承的小人，肯定是不通顺的，因为小人得志。

六三，阴居阳位，不得正位。羞，《广韵·释古》中说："羞，耻也。"包羞耻，纵容那些阿谀奉承的小人，不守正位，位置不当，终招致羞辱。

九四，阳居阴位，不得正位。畴，是类的意思，也就是同胞。《荀子·劝学》中说："草木畴生。"天下大乱之时，在阴位，缺少阳刚之气，承顺天命，奉行天命，替天行道，没有什么灾害，即使他的同人，也会获得福分的。

九五，阳居阳位，得到正位。休，是息的意思，停止的意思。苞桑，是两种植物，苞是一种草，桑是一种树。其亡其亡，危险，害怕灭亡，天下大乱时，身居天子之位，居安思危，以"天下将要灭亡，天下将要灭亡"这样的话来警醒自己，就像系在一大片丛生的桑树上那样牢固，安然无恙。

上九，阳居阴位，不得正位。倾，《说文解字》中说："倾，仄也。"上九居闭塞不通的终点，物极必反，否极泰来，否到了极点，就会倾覆，因此，先否后喜。"本义

---

①李西兴：《说周易泰否卦》，载《文博》1993年第2期。转引尚秉和《周易尚氏学》。

②孙宇男：《试论地天泰、天地否卦所蕴含的哲理》，载《牡丹江师范学院学报(哲社版)》2011年第3期。

③[清]陈梦雷：《周易浅述》，上海古籍出版社1982年版，第58页。

以阳刚居否极,能倾时之否者也,其占为'先否后喜'。程传上九否之终也,物理极而必,反,故《泰》极则《否》,《否》极则《泰》。上九《否》既极矣,故否道倾覆而变也。先极否也,后倾喜也。《否》倾则《泰》矣,'后喜'也。集说孔氏颖达曰:处《否》之极,否道已终,能倾毁其否,故曰'倾否'也。否道未倾之时,是'先否'。已倾之后,其事得通,故曰后有喜也。王氏宗传曰:言倾否而不言否倾,人力居多焉。胡氏炳文曰:以阴柔处《泰》之终,故不能保《泰》,而《泰》复为《否》。以阳刚处否之终,故卒能倾否,而否复为《泰》。《否》、《泰》反复,天乎? 人也。何氏楷曰:'先否后喜',即先天下而忧、后天下而乐之意,正与'其亡其亡'之君心相似。"①

研究本卦参考文献:

[1]孙宇男.试论地天泰、天地否卦所蕴含的哲理[J].牡丹江师范学院学报:哲学社会科学版,2011(03):63-65.

[2]王在华.《易经》否卦新释[J].学理论,2010(24):163-167.

[3]赵文鼎.从否卦谈《伤寒论》的痞证与治法[J].甘肃中医,1992(02):2-4.

[4]李西兴.说周易泰否卦[J].文博,1993(02):59-65.

研究本卦代表性观点:

1.《周易尚氏学》:"阳上升。阴下降。乃阳即在上。阴即在下。愈去愈远。故天地不交而为否。否闭也。泰上六象传云其命乱也。言泰极反否。乃天地自然之命运。必至之理。非人力所能为。此曰否之匪人。仍其义也。阳往外而诎。阴来内而信。故不利君子贞。贞卜问。其以正为说者。无论若何斡旋。皆不能通。"

2.《周易禅解》:"约世道。则承平日久。君民逸德。而气运衰颓。约佛法。则化道流行。出家者多。而有漏法起。约观心。则安忍二魔之后。得相似证。每每起于似道法爱而不前进。若起法爱。则非出世正忍正智法门。故为匪人。而不利君子贞。以其背大乘道。退堕权小境界故也。"

3.《周易本义》:"否之匪人,不利君子贞,大往小来。否,备鄙反。否,闭塞也,七月之卦也。正与《泰》反,故曰匪人,谓非人道也。其占不利于君子之正道。盖干往居外,坤来居内,又自《渐》卦而来,则九往居四,六来居三也。或疑「之匪人」三字衍文,由《比》六三而误也。《传》不特解,其义亦可见。"

---

①[清]李光地著,刘大钧点校:《御纂周易折中》,巴蜀书社出版 1998 年版。

第十三卦 同人·天火同人·乾上离下

䷌

同人:同人于野,亨。利涉大川,利君子贞。

初九:同人于门,无咎。

六二:同人于宗,吝。

九三:伏戎于莽,升其高陵,三岁不兴。

九四:乘其墉,弗克攻,吉。

九五:同人,先号啕而后笑。大师克相遇。

上九:同人于郊,无悔。

同人卦,卦体是内卦(下卦)离☲、外卦(上卦)乾☰。卦象是天火,卦德为健和明。同人,也就是与人相同的意思。《说文解字》中说:"同,合会也。"也就是要建立天下为公的大同世界。野,是郊外的意思。和郊外的乡村人走在一起,也就是与世界上所有人走到一起了,世界就大同了。苏轼在《东坡易传》里对同人卦做过解释,提出:"苟不得其诚同,与之居安则合,与之涉川则溃矣。涉川而不溃者,诚同也。"①"同天下人首要在于君子正道,即要刚健、文明、中正。其次,需要分层次地"同人",力求心性倾同。苏轼贬琼期间能够做到中正诚同,实则是他坚持《周易》人生哲学的结果,也为他度过在海南艰难困苦的贬谪生活起着重要作用。"②

初九,阳居阳位,得到正位。一出门就能与人和睦相处,当然不会有什么灾害。怎么能够与人和睦相处呢? 就是要与别人的道理相同。

六二,阴居阴位,得到正位。宗,宗党、宗族的意思。《说文解字》中说:"宗,尊祖庙也。"吝,是遗憾的意思。和本宗派的人和谐相处,不与天下人苟同,则会带来灾害,就会有后悔遗憾。"宗、党也。乾为诸卦之祖。离中变为乾、有同于宗之象。六二中正、有应于上。在一卦为同之主、宜得吉占。然同之道、贵乎大公。二既专有所应、则不能大同矣。又以阴从阳、臣妾顺从之道也、故吝。易之悔自凶趋吉、吝则自吉趋凶。本以相应为善、反以过于私暱而得吝、盖全卦取大同之义、于

①苏轼:《东坡易传》,龙吟译评,吉林文史出版社 2002 年版,第 57 页。
②陈建锋:《〈周易〉同人卦与苏轼贬琼期间处世哲学》,载《乐山师范学院学报》2011 年第 1 期。

爻义又示阿党之戒也。”①

九三,阳居阳位,得到正位。戎,是军队兵戎。莽,是草丛也。在草莽之中把军队埋伏,升到高陵,占据制高点来瞭望,三年都不会兴起,更不用说去带兵打仗了。

九四,阳居阴位,不得正位。墉,《说文解字》中说:“墉,城垣也。”克,能也。反就是返的意思。准备进攻,但是没有进攻,因为要返回到道义上来,是吉祥的。“案卦名《同人》,而三四两爻,所以有乖争之象者,盖人情同极必异,异极乃复于同,止如治极则乱,乱极乃复于治。此人事分合之端,《易》道循环之理也。卦之内体,自同而异,故‘于门’‘于宗’,同也。至三而有伏戎之象,则不胜其异矣。外体自异而同,故乘墉而弗克攻,大师而克相遇,渐反其异也。至上而有于郊之象,则复归于同矣。三四两爻,正当同而异、异而同之际,故圣人因其爻位爻德以取象。三之所谓敌刚者,敌上也。四之所谓乘墉者,攻初也,盖既非应则不同,不同则有相敌相攻之象矣。以为争六二之应,而与九五相敌相攻,似非卦意也。”②

九五,阳居阳位,得到正位。号咷,放声大哭的意思。九五是尊位,九五之君,先有困难,号啕大哭,后来天下统一,又转而大笑。他的大军能战胜敌人,获得胜利,其前提就是与志同道合的人在一起。

上九,阳居阴位,不得正位。上九当同人之时,因为不得正位,所以只能做隐士,这就与郊外的人没有什么差别,郁郁不得志,但是不后悔。

研究本卦参考文献:

[1]陈建锋.《周易》同人卦与苏轼贬琼期间处世哲学[J].乐山师范学院学报,2011(01):16-18.
[2]叶青林.两岸故宫交流进入“同人卦”阶段[J].两岸关系,2009(04):40-41.
[3]王在华.《易经》同人卦新释[J].网络财富,2010(20):136-137,139.

研究本卦代表性观点:

1.《周易尚氏学》:“荀爽曰。乾舍于离。相与同居。九家曰。乾舍于离。同而为日。天日同明。故曰同人。是乾之居南。汉儒已言之矣。又荀爽注阴阳之义配日月云。乾舍于离。配日而居。坤舍于坎。配月而居。不惟乾南。且言坤

①[清]陈梦雷:《周易浅述》,上海古籍出版社1982年版,第62页。
②[清]李光地著,刘大钧点校:《御纂周易折中》,巴蜀书社出版1998年版。

北。而惠征君以为此汉儒言先天之铁证也。而欲减其迹。曰荀氏用鬼易。以乾归合离。坤归合坎释之。按乾归为大有。坤归为比。而荀氏所言者。则同人师。乃离归坎归也。于游归恒例。尚不能知。而欲减其证。其谁信之。故夫同人卦义。舍九家荀爽说。无有当者。伏坤为野。正义云。野以喻宽广。言和同于人。宜无远弗届也。易林九家荀爽皆以乾为河为海。是乾亦为大川。利涉谓五。中正有应。故传释为乾行。乾为君子。故利君子贞。贞卜问也。”

2.《周易禅解》:“约世道。则倾否必与人同心协力。约佛法。则因犯结制之后。同法者同受持。约观心。则既离顺道法爱。初入同生性。上合诸佛慈力。下同众生悲仰。故曰同人。苏眉山曰。野者。无求之地。立于无求之地。则凡从我者皆诚同也。彼非诚同。而能从我于野哉。同人而不得其诚同。可谓同人乎。故天与火同人。物之能同于天者盖寡矣。天非同于物。非求不同于物也。立乎上。而能同者自至焉。其不能者不至也。至者非我援之。不至者非我拒之。不拒不援。是以得其诚同而可以涉川也。苟不得其诚同。与之居安则合。与之涉川则溃矣。观心释者。野是三界之外。又寂光无障碍境也。既出生死。宜还涉生死大川以度众生。惟以佛知佛见示悟众生。名为利君子贞。”

3.《周易本义》:“同人于野,亨。利涉大川,利君子贞。离,亦三画卦之名。一阴丽于二阳之间,故其德为丽、为文明;其象为火、为日、为电。同人,与人同也。以离遇干,火上同于天,六二得位得中,而上应九五,又卦唯一阴而五阳同与之,故为同人。于野,谓旷远而无私也,有亨道矣。以健而行,故能涉川。为卦内文明而外刚健,六二中正而有应,则君子之道也。占者能如是,则亨,而又可涉险。然必其所同合于君子之道,乃为利也。”

第十四卦　大有·火天大有·离上乾下

大有:元亨。

初九:无交害,匪咎,艰则无咎。

九二:大车以载,有攸往,无咎。

九三:公用亨于天子,小人弗克。

九四:匪其彭,无咎。

六五:厥孚交如,威如,吉。

上九:自天佑之,吉无不利。

大有卦,卦体是内卦(下卦)乾☰、外卦(上卦)离☲。卦象是火和天。卦德是明和健。大,是众大的意思,丰富的意思。元亨,就是伟大的成功之意。乾(天)下离(火)上,为火在天上。这个时候无所不有,万物归我,大有收获。作为君子,在这个时候要阻止邪恶,顺天休命,替天行道,以保万物。有学者指出大有卦的处事法则,"当和谐共处之时,可以完成伟业,但满而不可以溢。当拥有权势与地位,又具备才能切不可骄傲,踌躇满志,得意忘形,应知戒惧,光明磊落,刚健而不失中正。应当礼贤下士,谦虚自我克制。以诚信待人,以威信法制确保秩序,顺应自然,以善意与人和同,满而不溢,才能使人心悦诚服,获得成功。"①

初九,阳居阳位,得到正位。匪,就是非的意思。初九是大有的开始,也就是富有的开始,这个时候要保持警醒的头脑,守正道,不骄奢淫逸,就没有什么危害。"害者、害我之大有也。富者怨之府。故当大有之时、最易有害。初居下位、凡民而享大有。家肥屋润、人或害之。离为戈兵、又以离火克乾金、有恶人伤害之象。而初阳在下、上无繫应。未与物接、去离尚远。未涉乎害、何咎之有。然自以为匪咎、而以易心处之、反有咎矣。故必艰难其志、慎终如始、乃得无咎。盖匪咎者、此爻之义。艰则无咎、则处此爻之道也。"②

九二,阳居阴位,不得正位。攸,所的意思。九二阳刚居中,与六五有应,刚健没有私欲,柔顺又坚守正道,不偏不倚,就像用大车装载物品,送到前面的地方,没有什么灾害。

九三,阳居阳位,得到正位。亨,也做享,是宴的意思。九三,处在大有三公的位置,拥有才德,很丰盛,王公前来朝贺,向天子贡献礼品并致以敬意,小人如果担任这重要的职务,一定会发生变乱,有灾害。

九四,阳居阴位,不得正位。彭,盛壮骄傲自满。晢,是清楚的意思。这是诸侯之位,要谦卑柔顺,就不会有什么灾害。

六五,阴居阳位,不得正位。厥,其也,指六五。交,是交接感通的意思。如是个语气助词,没有什么意义。诚实守信,对上尊敬,对下怀柔,平易近人,能够增加个人的威信,是吉祥的。

---

①王在华:《〈易经〉大有卦新释》,《学术探讨》2010年第6期。

②[清]陈梦雷:《周易浅述》,上海古籍出版社1982年版,第65页。

上九，阳居阴位，不得正位。祐，帮助的意思。上九在大有的位置，在隐士的位置，以刚居柔，安享大有，顺天应人，没有什么不利的。“王氏宗传曰：六五以一柔有五刚，上九独在五上，五能尚之，《系辞传》所谓‘又以尚贤’，则上九是也。祐之自天，‘吉无不利’，谓《大有》至此，愈有隆而无替也。然则当《大有》之极，莫大于得天。而所以得天，又莫大于尚贤也。”①

研究本卦参考文献：

[1]王在华.《易经》大有卦新释[J].商业文化：学术版，2010(06):365-367.

研究本卦代表性观点：

1.《周易尚氏学》：“离乾皆居南。故曰大有。与同人义同也。元亨谓五也。五得尊位。故曰元。上下应故曰亨。坤五曰元吉。比五曰元永贞。损五益五鼎五。皆曰元吉。是其证。”

2、《周易禅解》：“约世道。则同心倾否之后。富有四海。约佛法。则结戒说戒之后。化道大行。约观心。则证入同体法性之后。功德智慧以自庄严。皆元亨之道也。”

3.《周易本义》：“大有：元亨。大有，所有之大也。离居乾上，火在天上，无所不照。又，六五一阴居尊得中，而五阳应之，故为大有。乾健离明，居尊应天，有亨之道。占者有其德，则大善而亨也。”

第十五卦 谦·地山谦·坤上艮下

谦：亨，君子有终。

初六：谦谦君子，用涉大川，吉。

六二：鸣谦，贞吉。

九三：劳谦君子，有终吉。

六四：无不利，撝谦。

六五：不富，以其邻，利用侵伐，无不利。

---

①[清]李光地著，刘大钧点校：《御纂周易折中》，巴蜀书社出版 1998 年版。

上六：鸣谦，利用行师，征邑国。

谦卦，卦体是内卦（下卦）艮☶、外卦（上卦）☷坤。卦象是地山，卦德是顺和止。艮（山）下坤（地）上，为高山隐藏于地中。《史记·乐书》中说："君子以谦退为礼。"谦，谦虚，谦卑的意思。君子应该效法这种精神，损有余以奉不足。高才美德隐藏于心中而不外露，取长补短，以谦抑己，富施国家，天下平。普遍认为谦卦就是谦虚、退让，"不论地位高低都应当本着谦虚谨慎的态度去做事，这样就会无往而不利。反之，如果骄傲自满，自高自大，终将免不了失败的命运。"[①]即使你有了丰硕的成果，也不能骄傲自满，仍要谦虚谨慎，不骄不躁，令人折服。但是"在人际关系中，面对交往的对方自己应持有的态度，用以感化对方促使所为事业取得较好的结果，这是讲的主观上应有的修养。但是，为了贯彻谦德应该取得的效果，当对方不接受己方的谦逊而采取恶劣态度时，己方可以采取另外一种强硬的手段。虽然，这在表面上形式不同，但其实质仍然'谦'的精神"[②]。古人说："天道亏盈而益谦，地道变盈而流谦，鬼神害盈而福谦，人道恶盈而好谦。"西周时期的周公曾告诫自己的长子伯禽："有一道大足以守天下，中足以守国家，小足以守其身，谦之谓也。"[③]"谦是君子之德，它的前提和本质是'有'，有智者之真、知、才，有仁者之敬、爱、德。其外在表现却是无有之'虚'，抑己之'让'，这是人们行为处事的成功之道。谦又是文明之礼，在人与自身、人与自然、人与社会的关系中都有积极的作用。"[④]

初六，阴居阳位，不得正位。涉，是渡的意思。君子在谦卦，非常谦虚，以这种状态，即使涉过大河，也没有什么大灾难。谦虚而又谦虚的君子一定能够克服一切困难，排除万难。"以柔处下、有谦而又谦之象。三四五互为震木、二三四互为坎水。木在水上、涉川之象。用涉与利涉稍殊。利涉者无往不利、用涉者涉川不可争先。用谦谦之道以涉则吉。人当险难之时、非深自屈折不足以济、故必用谦谦以涉也。全卦以三为主、故与象同言君子。初亦得称君子者、盖三在下卦之上、有劳而谦、在上之君子、尊而光者也。初在下卦之下、谦而又谦、在下之君子、卑而不可踰者也。用以涉川、则虽济患难可矣、况平居乎。占者有其德、则常

①李丹婷：《通过谦卦看周易的内修意识》，载《辽宁教育行政学院学报》2010年第1期。
②朱森溥：《试析〈易经〉谦卦的理论》，《四川大学学报（哲学社会科学版）》1992年第1期。
③门岿主编：《中华民族优秀传统汇典》，刘向，《说苑·敬慎》，天津社会科学院出版社1995年版。
④陈碧：《〈周易〉谦卦的哲学、伦理学内涵》，载《道德与文明》2004年第1期。

变皆吉也。”①

六二,阴居阴位,得到正位。鸣,就是鸟叫声。这是士大夫的位置,中正之位。谦虚的美名远扬四方,固守中正,是吉祥的。

九三,阳居阳位,得到正位。勤劳而又谦虚的君子,必能把美德保持到底,万民归心,老百姓都服从他,最终一定是吉祥的。

六四,阴居阴位,得到正位。撝,是发挥的意思。这个是诸侯的位置,发挥谦虚之道,没有什么不利的。

六五,阴居阳位,不得正位。谦卦的六五,本身不富有,还惠及周围的百姓。作为君主,如果有不服从的人,就侵伐他们,没什么不利的。“胡氏炳文曰:谦之一字,自禹征有苗,而伯益发之,六五一爻不言谦,而曰‘利用侵伐’,何也?盖不富者,六五虚中而能谦也;以其邻者,众莫不服五之谦也。如此而犹有不服者,则征之固宜。”②

上六,阴居阴位,得到正位。这是宗庙之位,响应谦虚,如果还有不服从就征伐邻近的小国,不得志,是可以出师征讨的。

研究本卦参考文献:

[1]陈碧.《周易》谦卦的哲学、伦理学内涵[J].道德与文明,2004(01):65-67.

[2]李丹婷.通过谦卦看周易的内修意识[J].辽宁教育行政学院学报,2010(01):156-157.

[3]曾海.浅谈《易经·谦卦》对当代青年的启示[J].河北青年管理干部学院学报,2010(06):5-7.

[4]魏秀华,黄晓慧.应对人民币汇率升值压力探讨——基于《易经》谦卦视角[J].中国石油大学学报:社会科学版,2012(04):15-19.

[5]朱森溥.试析《易经》谦卦的理论[J].四川大学学报:哲学社会科学版,1992(01):38-42.

[6]虞友谦.《周易·谦卦》与泛谦德传统[J].学术月刊,1993(12):41-45.

[7]李贻荫.《易经·谦卦》的英译[J].淮阴师专学报,1995(04):42-43.

研究本卦代表性观点:

1.《周易尚氏学》:“山本高而在地下。故曰谦。谦不自足也。三承乘皆阴。故曰亨。艮为君子。坤为终。故曰君子有终。谦嗛同。汉书艺文志易之嗛嗛。尹翁归传。温良嗛退。注皆云同谦。嗛不足也。少也。故彖传以盈为对文。”

---

①陈梦雷:《周易浅述》,上海古籍出版社 1982 年版,第 69 页。

②[清]李光地著,刘大钧点校:《御纂周易折中》,巴蜀书社出版 1998 年版。

2.《周易禅解》:“约世道。则地平天成。不自满假。约佛化。则法道大行之后。仍等视众生。先意问讯。不轻一切。约观心。则圆满菩提。归无所得。凡此皆亨道也。君子以此而终如其始。可谓果彻因源矣。”

3.《周易本义》:“谦:亨,君子有终。谦者,有而不居之义。止乎内而顺乎外,谦之意也。山至高而地至卑,乃屈而止于其下,谦之象也。占者如是,则亨通而有终矣。有终,谓先屈而后伸也。”

第十六卦 豫·雷地豫·震上坤下

䷏

豫:利建侯行师。

初六:鸣豫,凶。

六二:介于石,不终日,贞吉。

六三:盱豫,悔。迟有悔。

九四:由豫,大有得。勿疑。朋盍簪。

六五:贞疾,恒不死。

上六:冥豫,成有渝,无咎。

豫卦,卦体是内卦(下卦)坤☷、外卦(上卦)震☳。卦象是雷和地,卦德是动和顺。坤(地)下震(雷)上,为地上响雷。豫,是乐的意思,是预的意思。建侯,就是指论功行赏。行师,就是聚众行师,保国安民。豫卦就是讲由预备而成功而享受教化,百姓悦乐其俗,以章功德。上古圣明的君主以音乐来崇尚伟大的功德,以盛大隆重的仪礼把音乐献给天帝,并用它来祭祀祖先。有学者对豫卦解释得非常到位,“幸福和快乐属于精神层面的感觉,它与物质有关但不等同。有人花天酒地,锦衣玉食,然而并不一定快乐,有人绳床瓦灶,淡饭粗茶,却乐在其中。如何在生命的过程中,创造幸福,享受快乐,言人人殊;一个人一生快乐不快乐,也是如鱼饮水,冷暖自知。世人之于快乐,自处之道不一。盖有玩物丧志,自鸣得意者,如豫卦初六之‘鸣豫’;有见微知著,洁身自好者,如豫卦六二之‘不终日’;有贪得无厌,流连忘返者,如豫卦六三之‘盱豫’;有创生快乐与他人共享者,如豫卦九四之‘由豫’;有养尊处优,得过且过者,如豫卦六五之‘恒不死’;有纸醉金迷,乐不思蜀者,如豫卦上六之‘冥豫’。圣人之于逸乐,崇尚与人同乐,乐得其时，乐得其度。”①

初六，阴居阳位，不得正位。初六响应安乐，是有凶险的。也就是说自鸣得意，高兴过了头，得意忘形，当然会有凶险了。“阴柔在下、独与四应。四震善鸣、欲与倡和、有鸣象。然四大臣近君、其志大行之时。初位卑、所居不中正。小人在下、上得强援。当时用事、不胜其豫。夸大自张、故有凶象。卦以乐豫为义、取众心之乐也。六爻自四外皆自乐者、则逸豫之过矣、故有吉凶之異。初爻、谦上之反对。皆与震应、故皆以鸣言。然谦者卑下自处、以闻于人者、故犹有利。豫者妄自张大、因人为乐者、故凶。”②

六二，阴居阴位，得到正位。介，《说文解字》中说：“介，画也。”变坎为险陷互艮，就是“介于石”。石是一种乐器。《尚书·虞书·舜典》：“帝曰：‘夔！命汝典乐，教胄子，直而温，宽而栗，刚而无虐，简而无傲。诗言志，歌永言，声依永，律和声。八音克谐，无相夺伦，神人以和。’夔曰：‘於！予击石拊石，百兽率舞。’”孙星衍《尚书今古文注疏》注此段说：“郑康成曰：石，磬也…石者，《说文》云：磬，乐石也。拊者，《说文》云：揗也。《周礼·太师》职云：令奏击拊，《注》：郑司农云：乐或当击，或当拊。”③

中正自守，介如石。正直，不同流合污的德性坚如磐石，还不到一天的时间就明白了欢乐的道理，一定能吉祥。居中守正，不过分，不满足，因而吉祥。

六三，阴居阳位，不得正位。盱，张大眼睛，去看人家安乐，用谄媚奉承、暗送秋波的手段取悦于上司，求得自己的欢乐，这是由于六三爻所处位置不正的缘故。如若执迷不悟，悔恨迟了，就会招致更大的悔恨。

九四，阳居阴位，不得正位。盍，是合的意思。簪，是急速的意思。天下的人都因你而快乐，你就大有所得了，不要怀疑，朋友们就会像头发汇聚于簪子一样，积聚在周围，去帮助你成功。“蔡氏清曰：九四“由豫大有得”矣，又必戒以“勿疑明盍簪”者，诚心由豫任大责重，难以独力，必得同德者以自辅。自古以圣哲之资，而居元臣之任者，如舜则举八元八凯，伊尹周公，皆有俊乂又吉人之助，诸葛

---

①孙景龙，董业铎：《玩物丧志，乐得其度——〈周易·豫卦〉经传文字解读》，载《河北民族师范学院学报》2004年第2期。

②[清]陈梦雷：《周易浅述》，上海古籍出版社1982年版，第72页。

③[清]孙星衍：《尚书今古文注疏》，中华书局1986年版，第70页。

孔明亦必开诚心以来诸贤之益，圣人命辞之意深矣哉！”①

六五，阴居阳位，不得正位。恒，是常的意思。六五，因为是正道，虽有病苦，能维系永恒之道，就不至于灭亡。国家之中出现了不少问题，但只要有刚强之臣来辅佐，保持中庸，不至于灭亡。

上六，阴居阴位，得到正位。冥，是深远的意思。渝，是改变的意思。已经处在天昏地暗的局面之中，还深深地享受快乐不能自拔，有危险。如果及时觉悟，改弦易辙，就没有什么灾害。

研究本卦参考文献：

[1]黄黎星.周易豫卦与古代音乐思想[J].福建师范大学学报：哲学社会科学版，2004(02):70–74+84.

[2]王在华.《易经》豫卦新释[J].网络财富，2010(21):153–155.

[3]舒大清.《周易·豫卦》六二爻辞“介于石，不终日”考论[J].湖北社会科学，2007(11):114–115.

[4]孙景龙，董业铎.玩物丧志，乐得其度——《周易·豫卦》经传文字解读[J].河北民族师范学院学报，2012(04):11–14.

研究本卦代表性观点：

1.《周易尚氏学》：“雷出地上。得众志行。故豫。豫。和乐也。归藏作分。言震雷上出。与地分离也。又一阳界于五阴之间。使上下分别。与周易义异。震为君。故曰建侯。与屯同义。坤为师。顺以动。故利行师。”

2.《周易禅解》：“约世道。则圣德之君。以谦临民。而上下胥悦。约佛化。则道法流行。而人天胥庆。约观心。则证无相法。受无相之法乐也。世道既豫。不可忘于文事武备。故宜建侯以宣德化。行师以备不虞。道法既行。不可失于训导警策。故宜建侯以主道化。行师以防弊端。自证法喜。不可不行化导。故宜建侯以摄受众生。行师以折伏众生也。又慧行如建侯。行行如行师。又生善如建侯。灭恶如行师。初得法喜乐者。皆应为之。”

3.《周易本义》：“豫：利建侯行师。豫，和乐也。人心和乐以应其上也。九四一阳，上下应之，其志得行，又以坤遇震，为顺以动，故其卦为豫，而其占利以立君用师也。”

---

①[清]李光地著，刘大钧点校：《御纂周易折中》，巴蜀书社出版1998年版。

第十七卦 随·泽雷随·兑上震下

䷐

随:元亨利贞,无咎。

初九:官有渝,贞吉。出门交有功。

六二:系小子,失丈夫。

六三:系丈夫,失小子。随有求得,利居贞。

九四:随有获,贞凶。有孚在道,以明,何咎。

九五:孚于嘉,吉。

上六:拘系之,乃从维之。王用亨于西山。

随卦,卦体是内卦(下卦)震☳、外卦(上卦)兑☱。卦象是泽和雷,卦德是悦和动。震(雷)下兑(泽)上,为泽中有雷。随,随从,随和的意思。君子仁人,固守正道,就可以得到成功,就没有什么危险。白天出去辛勤劳作,夜晚回家睡觉休息。有学者阐释了随卦的应变法则:"生是息的开始,息是生的转机,这就像春夏秋冬,潮汐涨落一样,总是生生不息,人们应当效法这一大自然的法测,生息自然交替,白天勤奋工作,夜晚回家休息。这里也告诫我们,人与人之间,个人利益与集体利益之间、个人利益、集体利益与社会利益之间,往往会有冲突,有时必须舍弃个人的私见、私利,随和众意、众利,才能维系安和乐利的社会,这就要求不可固执己见,应当以群众的利益为依归,不可贪图追利,有失本分,动机必须纯正,应当以诚信为基础,坚持原则,明辨进退取舍,择善固执。通过专守诚信,坚持原则、坚守纯正,发扬民主、精诚团结,彼此相从,才能实现安和乐利的目标。"①

初九,阳居阳位,得到正位。官,就是官吏。做官的,有变动了,只要守正道就是吉利的,出门就交接成功。也就是说坚持正道,交朋友,一定能成功。"初九以阳为震之主、有官守之象。居下无随我者、刚体非随人者。然初动体、则改其常矣。故为有渝之象。阳居阳位得正、有贞吉之象。前临阴偶、二三四互为艮、有出门之象。与四同德、不言随而言交、有交有功之象。初九、卦之所以为随者。虽人

①王在华:《〈易经〉随卦新释》,载《网络财富》2010年第2期。

无随我、我未随人、而震动之体体已渝其常矣。然居正得吉。出门交四同德、不繫私暱正。不必言随人、而自有功也。"①

六二，阴居阴位，得到正位。系，牵系的意思。丈夫，是指大丈夫。亲近小子，就会失去丈夫，年轻小子和阳刚方正的丈夫，就如磁性一样，互相排斥的，不能要的。

六三，阴居阳位，不得正位。丢失年轻小子，追随丈夫，追随君主，就会有所得，有利于安居乐业，坚守正道。这就是说要舍弃下级。"程传'丈夫'，九四也。'小于'，初也。阳之在上者，丈夫也。居下者，小于也。三虽与初同体而切近于四，故系于四也。大抵阴柔不能自立，常亲系于所近者。上系于四，故下失于初。舍初从上，得随之宜也。上随则善也，如昏之随明，事之从善，上随也。背是从非，舍明逐暗，下随也。四亦无应，无随之者也。近得三之随，必与之亲善，故三之随四，有求必得也。人之随于上而上与之，是得所求也。又凡所求者可得也，虽然，固不可非理枉道以随于上，苟取爱说以遂所求，如此乃小人邪谄趋利之为也，故云'利居贞'。自处于正，则所谓有求而必得者，乃正事，君子之随也。"②

九四，阳居阴位，不得正位。追随君主，有所收获，诚信守道，明哲保身，就没有什么灾害。

九五，阳居阳位，得到正位。嘉，是美好的意思。有诚信，尽善尽美，大中至正，因为九五爻得正居中，不偏不倚，这就是吉利的。

上六，阴居阴位，得到正位。西山，就是岐山。上六以柔居阴位，是隐士之位，作为君王，要多方维系他。君王在西山设祭，要讨伐那不顺从的人，这是因为上六爻居《随卦》最上爻，物极必反。

研究本卦参考文献：

[1]王在华.《易经》随卦新释[J].网络财富，2010(02):61-63.
[2]罗德扬.从蛊卦变随卦谈肝硬化腹水的证治[J].国医论坛，1997(02):8-9.

①[清]陈梦雷：《周易浅述》，上海古籍出版社 1982 年版，第 75 页。
②[清]李光地著，刘大钧点校：《御纂周易折中》，巴蜀书社出版 1998 年版。

研究本卦代表性观点：

1.《周易尚氏学》："归藏曰马徒。马徒。即周礼太仆职所谓前驱。越语勾践亲为夫差前马。注前马前驱。在马前也。按震为马。互艮为徒隶。马徒皆随贵人马。前行以辟道。而兑为口。为传呼。于卦象颇合。兹周易名随。似取随时之义。震春。故曰元亨。兑秋。故曰利贞。吉春而夏可赅。言秋而科可赅。元亨利贞。即春夏秋冬。周而复始。循环不穷。故曰随。随时而动。不过不忒。故无咎。"

2.《周易禅解》："约世道。则上下相悦。必相随顺。约佛化。则人天胥悦。受化者多。约观心。则既得法喜。便能随顺诸法实相。皆元亨之道也。然必利于贞。乃得无咎。不然。将为蛊矣。"

3.《周易本义》："随：元亨，利贞，无咎。随，从也。以卦变言之，本自《困》卦九来居初，又自《噬嗑》九来居五，而自《未济》来者，兼此二变，皆刚来随柔之义，以二体言之，为此动而彼说，亦随之义，故为随。己能随物，物来随己，彼此相从，其通易矣，故其占为元亨。然必利于贞，乃得无咎。若所随不贞，则虽大亨而不免于有咎矣。《春秋传》：穆姜曰：'有是四德，随而无咎；我皆无之，岂随也哉？'今按四德虽非本义，然其下云云，深得占法之意。"

第十八卦 蛊·山风蛊·艮上巽下

䷑

蛊：元亨，利涉大川。先甲三日，后甲三日。

初六：干父之蛊，有子，考无咎，厉终吉。

九二：干母之蛊，不可贞。

九三：干父小有晦，无大咎。

六四：裕父之蛊，往见吝。

六五：干父之蛊，用誉。

上九：不事王侯，高尚其事。

蛊卦，卦体是内卦（下卦）巽☴、外卦（上卦）艮☶。卦象是山和风，卦德是止和入。巽（风）下艮（山）上，为山下起大风。甲是天干的首位，先甲三日是辛，后甲三日是丁。这是适合祭祀的日子。《礼记·曲礼》中说，宗庙祭祀的日子安排在柔日，柔日就是二四六八十等偶数之日。蛊，刚上柔下，就是从开始就很亨通，有利于涉大河。不过，在做大事前，要分析现状，讲究措施，预计后果。也就是未雨绸缪的意思。关于蛊字的解释，众所纷纭，王弼注《蛊·象》说："利涉大川，往有事也。""蛊者有事而待能之时也。可以有为，其在此时矣。物已说随，则待夫作制以定其事也。进德修业，往则亨矣。故'元亨，利涉大川'也。"胡瑗《周易口义》曰："蛊，坏也。按《左传·昭公元年》云'皿虫为蛊，谷之飞亦为蛊'，盖言三虫食一皿，有败坏之象，故云'皿虫为蛊'。又言谷之积久腐坏者则变而为飞虫，亦蛊败之象，故云'谷之飞亦为蛊'。夫物既蛊败，则必当修饰之，故《杂卦》曰'蛊则饰也'是矣。"司马光《温公易》说："蛊者，物有蠹敝而事之也，事之者治之也。除蠹补敝，故大通也。"苏轼《东坡易传》："器久不用而虫生之谓之蛊，人久宴溺而疾生之谓之蛊，天下久安无为而弊生之谓之蛊。"①

初六，阴居阳位，不得正位。干，是做的意思，正的意思。干父，不是干爸爸，而是做父亲的事业，有子，就是有儿子。考，生叫父母，死叫考妣。挽救父辈败坏了的事业，由能干的儿子来继承，没有什么坏处，即使有艰难险阻，只要努力奋斗，一定吉祥的。

九二，阳居阴位，不得正位。干母，指做母亲的事业。母亲较柔，不能刚正对待，要坚守正道。"九二。干母之蛊、不可贞。母指六五也。艮止于上、巽顺于下。无为而尊于上者、父道也。服劳而顺于下者、子道也。故五爻皆言干父之蛊、取艮之上爻为父也。二独与五应。五虽艮体而质柔、故有母象。在五自处亦为子、自二亲五则为母。此又取象之变、不可为典要者也。九二刚中上应六五、有子干母蛊则得中之象。以刚承柔而治其坏、故又戒以不可坚贞、言当巽以入之也。贞者事之干。而曰不可贞、非不可正也、不可固执以为正也。母性多柔暗。以二之刚承[文澜本"承"作"成"]五之柔、固守其正、或至伤恩害义。必巽以入之、乃得中也。若以君臣论、则周公之事成王、成王有过遇挞伯禽、亦此意也。"②

九三，阳居阳位，得到正位。做父亲的事业的时候，虽然有一些小的失误，但是没有什么大的灾害，也算是吉利的。

六四，阴居阴位，得到正位。裕，富裕的意思，缓的意思。六四，要扩大父亲的事业，因为是六四，会有后悔，不会有好结果的。"刘氏弥邵曰：强以立事为干，怠

---

①转引刘保贞：《〈周易〉蛊卦与中国古代蛊信仰风俗》，载《孔子研究》2007年第4期。

②[清]陈梦雷：《周易浅述》，上海古籍出版社1982年版，第80页。

而委事为裕。事弊而裕之，弊益甚矣。盖六四体艮之止而爻位俱柔，夫贞固足以干事，今止者怠，柔者懦，怠且懦，皆增益其蛊者也。持是以往，吝道也，安能治蛊耶？”①

六五，阴居阳位，不得正位。六五是尊位，君主之位，刚上柔下，挽救父亲的事业，会受到人们的赞誉。

上九，阳居阴位，不得正位。不去侍奉帝王公侯，高尚地去当隐士，超然物外，孤芳自赏，让自己的德至高无上，这个是值得效法的。

研究本卦参考文献：

[1]刘保贞.《周易》蛊卦与中国古代蛊信仰风俗[J].孔子研究，2007(04):82-89.
[2]陈蔚松.周原卜甲与《周易·蛊卦》[J].周易研究，2003(01):37-41.
[3]罗德扬.从蛊卦变随卦谈肝硬化腹水的证治[J].国医论坛，1997(02):8-9.
[4]汤叔梁.顾丕荣变通蛊卦治肝硬化腹水经验[J].中医杂志，1991(02):23-24.

研究本卦代表性观点：

1.《周易尚氏学》：“左传虫蛊。而归藏作蜀。诗豳风蜎蜎者蠋。蠋葵中蚕也。诗诂蜀已有虫。再加虫俗字。然则蜀亦虫。与蛊义同也。蛊败也。坏也。卦上山震木。为材木之所出。乃下卦为巽。巽陨落故败。又巽为虫。虫蠹物朽腐。大过曰栋桡。易林旅之履云。木内生蠹。蠹即蛊。皆以巽也。故坏。礼王制。执左道以乱政疏云。蠹者损坏之名。周礼秋官庶氏。掌除毒蛊。郑注毒蛊虫物而病害人者。又翦氏。掌除蠹物。凡庶蛊之事。注蛊。蠹之类。又史记秦德公二年初伏。以狗御蛊。注蛊恶气。是蛊之为蠹为腐坏甚明。又左传云。女惑男。风落山。谓之蛊。女惑男。男败。风落山。山败。亦以败坏说蛊。荀爽谓蛊为事。朱子盖以为不安。又曰坏极而有事。夫卦名皆由卦象而生。诂蛊为事为惑。皆正训不误。而此则义为败坏。亦卦象所命也。象曰巽而止蛊。亦以败坏为说。若必拘序卦而训为事。则此句义难通矣。阳得阴则通。坤为大川。为事。刚往坤上。下履重阴。容民得众。故曰利涉大川。曰往有事。乾元为甲、蛊之先为泰。乾为日。三爻故曰先甲三日。乃由泰反否而蛊为之始。初交上为蛊。二三随上成否。甲之在下者反上。先甲变为后甲矣。故又曰后甲三日。蛊旁通随。随者由否反泰之始。上爻下成随。四五随下成泰。甲之在上者反下。后甲又变为先

①[清]李光地著，刘大钧点校：《御纂周易折中》，巴蜀书社出版1998年版。

甲矣。否泰相循环相终始。来往拙信。天道因如是也。”

2.《周易禅解》:“蛊者。器久不用而虫生。人久宴溺而疾生。天下久安无为而弊生之谓也。约世道。则君臣悦随。而无违弼吁咈之风。故成弊。约佛法。则天人胥悦举世随化。必有邪因出家者。贪图利养。混入缁林。故成弊。约观心究竟随者。则示现病行而为蛊。约观心初得小随顺者。既未断惑。或起顺道法爱。或于禅中发起夙习而为蛊。然治既为乱阶。乱亦可以致治。故有元亨之理。但非发大勇猛如涉大川。决不足以救弊而起衰也。故须先甲三日以自新。后甲三日以丁宁。方可挽回积弊。而终保其善图耳。”

3.《周易本义》:“蛊:元亨,利涉大川。先甲三日,后甲三日。先,息荐反。后,胡豆反。蛊,坏极而有事也。其卦艮刚居上,巽柔居下,上下不交。下卑巽而上苟止,故其卦为蛊。或曰,刚上柔下,谓卦变自《贲》来者,初上二下,自《井》来者,五上上下,自《既济》来者兼之,亦刚上而柔下,皆所以为蛊也。蛊坏之极,乱当复治,故其占为元亨,而利涉大川。甲,日之始,事之端也。先甲三日,辛也,后甲三日,丁也。前事过中而将坏,则可自新以为后事之端,而不使至于大坏,后事方始而尚新。然更当致其丁宁之意,以监其前事之失,而不使至于速坏。圣人之戒深也。”

第十九卦　临·地泽临·坤上兑下

䷒

临:元,亨,利,贞。至于八月有凶。

初九:咸临,贞吉。

九二:咸临,吉无不利。

六三:甘临,无攸利。既忧之,无咎。

六四:至临,无咎。

六五:知临,大君之宜,吉。

上六:敦临,吉无咎。

临卦,卦体是内卦(下卦)兑☱、外卦(上卦)坤☷。卦象是地和泽,卦德是顺和悦。临是监的意思。兑(泽)下坤(地)上,为地在泽上。监治万民,可以成功。但是必须坚守正道,到了八月之时,也就是阳衰阴盛,这时会有凶险。有学者对临卦做了辩证解析,“首先,在上者施临于上,在下者受临于下,一尊一卑,相互对待,不可混同,这是‘临’所宣示的最基本的政治意涵。其次,无论是在上者还是在下者都要以对方为前提。一方面在下者感应在上者的监临，这既是现实政治的真实写照，也是符合在下者利益的应然状态。另一方面在上者的监临又总是离不开在下者的配合或者感应。这也正是西方政治学中'合法性'概念提出的根源，统治者只有得到被统治者的认可或悦服，其统治才能向着良善永续的方向发展。""既与'为政以德'的儒家政治观有着根本的精神契合，用在下者和在上者的相互关系设喻，给'为政以德'的儒家经典政治论断提供了完整而凝练的事理论证；又从'保民'和'民本'两个层面丰富和充实了'为政以德'的儒家政治观的内在向度，凝聚着高度的辩证精神，蕴含着深刻的政治智慧。"①

初九，阳居阳位，得到正位。咸临，是有感应的意思。有感应后去临治万民，守正道，就是吉利的。"按，王注及程传皆以咸作感之义。本义以咸临作偏临、谓以二阳偏临四阴也。从王注程传为顺、而偏临意可兼。盖咸者无心之感。二阳在上、无为而天下化、所以为观。二阳在下、无心而天下应、所以为咸。初以正、二以中、我中正而天下自应、故皆曰咸。初二两爻与四五正应、皆有咸临之象。初以刚居初得正、有贞吉之象。四、大臣之位。无所感而临、则不获乎上。然自处不正、所应非正、亦枉道狥人者矣。唯刚而得正、所应又正、故曰咸临贞吉也。"②

九二，阳居阴位，不得正位。感应尊贵者，使其行督导之责。强调必须有感应，才能临治万民，没有什么不利，这是自身努力的结果。

六三，阴居阳位，不得正位。甘，《说文解字》中说"甘，美也"。居高临下，靠甜言蜜语去临治万民，一定没有什么有利的，这是因为六三爻位置不当的缘故。但是如果引为忧患，改过自新，忧则变而为正，就没有什么危险了。

六四，阴居阴位，得到正位。至，《说文解字》中说："鸟飞，从高下至地也。"至，就是下的意思。六四能礼贤下士，体贴民情，就没有什么危险了。

六五，阴居阳位，不得正位。知，就是睿智、智慧的意思。用睿智来临治万民，笃行正道，行中庸之道；大君，就是天子的意思，这时天子应该做的，这是君主最适宜的统治之道，能获吉祥。"程传五以柔中顺体居尊位，而下应于二刚中之臣，是能倚任于二，不劳而治，以知临下者也。夫以一人之身，临乎天下之广，若区区自任，岂能周于万事？故自任其知者，适足为不知。唯能取天下之善，任天下之聪

---

①刘璇：《从〈周易·临卦〉看儒家的政治观》，载《理论界》2011年第6期。

②[清]陈梦雷：《周易浅述》，上海古籍出版社1982年版，第84页。

明，则无所不周。是不自任其知，则其知大矣。五顺应于九二刚中之贤，任之以临下，乃已以明知临天下，大君之所宜也，其吉可知。”

上六，阴居阴位，得到正位。段玉裁《说文解字注》中说：“凡云敦厚者，皆假敦为惇。”惇就是厚的意思。敦厚地临治万民，是吉利的，没有什么灾害的。厚德载物就是这个道理。

研究本卦参考文献：

[1]王在华.《易经》临卦新释[J].黑龙江史志，2010(13):14-16.
[2]刘璇.从《周易·临卦》看儒家的政治观[J].理论界，2011(06):137-138.

研究本卦代表性观点：

1.《周易尚氏学》：“释诂。临视也。毁梁哀七年。有临天下之言焉。注。临抚有之也。卦以震君临四阴。正抚有也。故曰临。临辟丑。阳息卦。故曰元亨。左传云。不行之谓临。行而不已。则至八月而凶矣。故又曰利贞。言利于贞定也。月卦始子复。至未遁正八月。故郑陆虞皆以八月为遁。而虞氏以杀君父说凶义则非。杀君父皆否遁所同有。胡独八月凶乎。按易林恒之临云。神之在丑。破逆为咎。不利西南。商人休止。临辟丑。震为神。故曰神之在丑。乃行至未而破丑。故曰破逆为咎。又按汉书翼奉传。平昌侯三来见臣。皆以正日加邪时。孟康曰。谓乙丑之日。丑为正。日加未而来。未破丑。故曰邪时。陆绩易传至于八月凶注曰。建丑至未也。八遁亦以未破丑说凶义。徒以弑君父为说。何以辞于其它消卦乎。几易言八月七日。皆言爻数。后儒往往以殷正周正为说。皆梦呓语也。”

2.《周易禅解》：“约世道。则干蛊之后。可以临民。约佛法。则弊端既革。化道复行。约观心。则去其禅病。进断诸惑。故元亨也。世法。佛法。观心之法。始终须利于贞。若乘势而不知返。直至八月。则盛极必衰。决有凶矣。八月为遁。与临相反。谓不宜任其至于相反。而不早为防闲也。”

3.《周易本义》：“临：元亨，利贞。至于八月有凶。临，进而凌逼于物也。二阳浸长以逼于阴，故为临。十二月之卦也。又，其为卦，下兑说，上坤顺。九二以刚居中，上应六五，故占者大亨而利于正。然至于八月，当有凶也。八月，谓自《复》卦一阳之月，至于《遁》卦二阴之月，阴长阳遁之时也。或曰，八月，谓夏正八月，于卦为观，亦临之反对也。又因占而戒之。”

第二十卦 观·风地观·巽上坤下

䷓

观:盥而不荐,有孚颙若。

初六:童观,小人无咎,君子吝。

六二:窥观,利女贞。

六三:观我生,进退。

六四:观国之光,利用宾于王。

九五:观我生,君子无咎。

上九:观其生,君子无咎。

观卦,卦体是内卦(下卦)坤☷、外卦(上卦)巽☴。卦象是风和地。卦德是入和顺。坤(地)下巽(风)上,为风吹拂于地上。观,就是观示、观看、观物的意思。君子修德,制礼乐观示于民,老百姓观摩,盥,是用就洒地,为了迎接鬼神降临。荐,是进的意思,也就是祭祀时奉祭品之礼。喁,大头的意思,也就是敬仰的意思。王者君临天下,德行威仪,都是老百姓观示的,尤其瞻仰了祭祀开头盛大的倾酒灌地的降神仪式,就可以不去看后面的献飨之礼了,这说明人人能之,下民观法其德,先代君王仿效遍及万物的精神,视察老百姓风俗人情,用教育来感化民众。"'初六童观'、'六二窥观'、'六四观国之光'、'上九观其生'都是主体指向外部世界的'外观',这种'外观以化'的'观—看'之道以教化为目的,成为神道设教文化传统的重要源头;'六三观我生'、'九五观我生' 都是主体指向自身内部世界的'内观',这种自照、内省的'观—看'之道对后世明心见性传统有重要影响,在儒释道三家都有体现。'外观'与'内观'是'成己''成物'内在机制,两者因洞见本源成为生存论上的'体知'范畴。"①

初六,阴居阳位,不得正位。童,是童稚的意思,也就是很幼稚。像幼稚的儿童一样观察,这是浅层次的感性的接受,这一点对于小人来说,没有什么危害。但是这一点对于君子来说,就有些痛惜了。"卦以观示为义、据九五为主也。爻以观瞻为义、皆观乎九五也。初六阳位而阴爻、阳则男而阴则稚、又居卦之下。如未

---

①刘春雷:《外观以化与内观以明——〈周易·观卦〉"观—看"之道的哲学考察》,载《烟台大学学报(哲学社会科学版)》2011 年第 1 期。

有知识之童子、不能远见、有童观之象。小人无咎而君子则吝者。盖下民日用而不知、乃其常也。君子不著不察、则可羞矣。"①

六二,阴居阴位,得到正位。窥观,偷偷地看。女,阴,指老百姓。在门缝中偷看,下级的臣民,甚至有保持节操妇女,都守正道。但是,对于男人有偷窥的行为,就很丑陋了。

六三,阴居阳位,不得正位。我生,就是民,老百姓的意思。爱民如子,就是我生之意。亲自省察老百姓,审时度势,或进或退,都不要失掉正道。"王氏申子曰:三处下之上,上之下,故有'进退'之象。君子进退常观乎时。今不观乎时而观我生者,盖九五方以阳刚中正观示天下,则时不待观也,但观吾之所有以为进退可也。胡氏炳文曰:它卦三不中,多不善,二居中,多尊,而观以远近为义,故如此,诸爻皆欲观五,唯近者得之。六四最近,故可决于进。六三上下之间,可进可退之地,故不必观五,但观我所为而为之进退。《本义》谓占者宜自审,盖当进退之际,唯当自审其所为何如耳。"②

六四,阴居阴位,得到正位。宾,是贵宾、诸侯的意思。观国家的光辉,风尚礼仪,可以利用做国王的贵宾。天子崇尚宾客,尊重宾客。

九五,阳居阳位,得到正位。这是天子的尊位。对照高尚的道德标准,审察自己的言行,观察老百姓和百官,君子就没有什么灾害。

上九,阳居阴位,不得正位。君子观察君主的德行,并效仿君主的德行行事,这样就不会有什么灾害。

研究本卦参考文献:

[1]刘春雷.外观以化与内观以明——《周易·观卦》"观—看"之道的哲学考察[J].烟台大学学报:哲学社会科学版,2011(01):5-11.

[2]马洁.《周易·观卦》之"观"与中国古代文学创作主体论[J].理论月刊,2007(04):139-141.

[3]王在华.《易经》观卦新释[J].中外企业家,2010(02):187-188,190.

[4]周示行.王船山"观卦之义"剖析[J].衡阳师专学报:社会科学,1991(01):56-62.

①[清]陈梦雷:《周易浅述》,上海古籍出版社 1982 年版,第 87 页。

②[清]李光地著,刘大钧点校:《御纂周易折中》,巴蜀书社出版 1998 年版。

研究本卦代表性观点：

1.《周易尚氏学》："五得尊位。下临万民。民为庙堂。万民瞻仰。故曰观。易林以艮为观为视。象失传。详焦氏易治盖即本此也。国之大事。在祀与戎。礼之可观。莫盛乎宗庙。宗庙之可观。莫盛乎祭祀。初漱降神也。马融云。进爵灌地以降神也。卦巽为白茅。茅在地上。坤水沃之。缩酒之象也。灌地降神。其诚敬之心。孚于神明。颙敬也。及至荐牲则扎简略。一孔子曰禘自既灌而往者。吾不欲观之矣。与此义同也。"

2.《周易禅解》："约世道。则以德临民。为民之所瞻仰。约佛法。则正化利物。举世之所归凭。约观心。则进修断惑。必假妙观也。但使吾之精神意志。常如盥而不荐之时。则世法佛法。自利利他。皆有孚而颙然可尊仰矣。"

3.《周易本义》："观：盥而不荐，有孚颙若。观，官奂反。下'大观'、'以观'之'观'，《大象》'观'字，并同。观者，有以示人而为人所仰也。九五居上，四阴仰之，又内顺外巽，而九五以中正示天下，所以为观。盥，将祭而洁手也。荐，奉酒食以祭也。颙然，尊敬之貌。言致其洁清而不轻自用，则其孚信在中，而颙然可仰。戒占者当如是也。或曰：'有孚颙若'，谓在下之人，信而仰之也。此卦四阴长而二阳消，正为八月之卦，而名卦系辞，更取他义，亦扶阳抑阴之意。"

第二十一卦　噬嗑·火雷噬嗑·离上震下

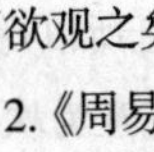

噬嗑：亨。利用狱。

初九：屦校灭趾，无咎。

六二：噬肤灭鼻，无咎。

六三：噬腊肉，遇毒；小吝，无咎。

九四：噬乾胏，得金矢，利艰贞，吉。

六五：噬乾肉，得黄金，贞厉，无咎。

上九：何校灭耳，凶。

噬嗑卦，卦体是内卦（下卦）震☳、外卦（上卦）离☲。卦象是火和雷，卦德是明和动。震（雷）下离（火）上，为雷电交击。噬是咬的意思。嗑是合的意思。噬嗑就是说天下的事有不通的地方，是因为有间隔，咬、合之后，就亨通了。狱是案件的意思。食而合之，亨通无阻，有利于决断诉讼的案件。"该期象征刚柔相济，有行动能力，且能明察是非，产生震撼力与光明，能够铲除构成障碍的力量，凡是不顺利，必然中间有障碍，将中间的障碍清除，当然就顺利。”①

初九，阳居阳位，得到正位。屦，是粗劣的鞋子的意思，有时写作履，也就是穿着鞋子践踏的意思。校，是足械的意思，也就是脚镣的意思。灭趾，就是断掉脚趾的意思。初九，对于一个犯法的人，足戴脚镣，断掉了脚趾头，他所犯的罪行不太重，不要有施刑过重，只要让他吸取教训就行了，就没有什么灾害了。“初上受刑之象、中四爻用刑之象。校、足械也。屦校者、校其足如纳屦然。趾所以行。灭其趾、遮没其趾使不得行、受刑之小者也。震为足、初应四。三四五互为坎为桎梏。初爻最下、故有屦校之象。震变坤、不见其足、灭趾之象。罪小而受薄刑、小惩可以大诫、故无咎也。”②

六二，阴居阴位，得到正位。噬肤，就是咬去皮肤，在脸上刺青或者刻字。灭鼻，也是五刑的第二种，施刑犯人的皮肤，毁掉犯人的鼻子，也不会有施刑过重的灾害。

六三，阴居阳位，不得正位。难以决案就像噬腊肉，也就是咬坚硬的腊肉一样，这是因为六三爻居位不正当的缘故，不顺利，但遇到小小的毒害，小有悔吝，但是没有什么大的灾害。

九四，阳居阴位，不得正位。胏，是连骨的肉，很坚硬的肉。金矢，比喻刚的东西。九四，遇到很棘手的案子，要判刑就像咬带骨头的肉那样困难，但在这种情形下，要像金一样刚，像矢一样直，也就是要保持刚直的品德，坚守正道，其结果就是吉利的。“程传九四居近君之位，当噬嗑之任者也。四已过中，是其间愈大而用刑愈深也，故云‘噬干胏’。‘胏’，肉之有联骨者。干肉而兼骨，至坚难噬者也。噬至坚而‘得金矢’，金取刚，矢取直，九四阳德刚直，为得刚直之道，虽用刚直之道，利在克艰其事，而贞固其守，则吉也。九四刚而明体，阳而居柔，刚明则伤于果，故戒以知难；居柔则守不固，故戒以坚贞。刚而不贞者有矣，凡失刚者，皆不贞也，在《噬嗑》四最为善。”③

六五，阴居阳位，不得正位。黄，我们前面说了，是五行之中色，象征“中”，

①王在华：《〈易经〉噬嗑卦新释》，载《网络财富》2010 年第 11 期。
②[清]陈梦雷：《周易浅述》，上海古籍出版社 1982 年版，第 90 页。
③[清]李光地著，刘大钧点校：《御纂周易折中》，巴蜀书社出版 1998 年版。

金,是刚强的意思。六五居尊位,断决案件,要判刑,不容易,像吃干硬的肉脯那样艰难,但具有黄金般的刚和中和的品质,坚守正道,不偏私,就没有什么灾害了。

上九,阳居阴位,不得正位。何,是荷也,担负的意思。担荷着刑具,灭掉耳朵,这是因为不听劝告,不能改恶从善,这是极其凶的,不吉利的。

研究本卦参考文献:

王在华:《易经》噬嗑卦新释,网络财富,2010(11)。

研究本卦代表性观点:

1.《周易尚氏学》:"噬嗑也。嗑合也。亨通也。夫上下之不能相合者。中必有物间之。嗑而去其间。则合而通矣。国家之有刑狱。亦复如是。民有梗化者。以刑克之。则顽梗去。而上下通矣。故曰利用狱。震为口。颐利求口实是也。为口故曰噬。雷电合居于东。故曰合而重。震为口。初至四。正反震口合。上离。正反兑口合。故曰噬嗑。自覆象失传。及震为口之象亡。噬嗑之义。遂晦而不明。卦一阴一阳。刚柔交。故曰亨。坎为狱。折狱之道。不明则人不服。不威则众不从。今威明并济。故利。"

2.《周易禅解》:"约世道。则大观在上。万国朝宗。有不顺者。噬而嗑之。舜伐有苗。禹戮防风之类是也。约佛法。则僧轮光显之时。有犯戒者治之。约观心。则妙观现前。随其所发烦恼业病魔禅慢见等境。即以妙观治之。皆所谓亨而利用狱也。"

3.《周易本义》:"噬嗑:亨,利用狱。噬,市利反。嗑,胡腊反。噬,啮也。嗑,合也。物有间者,啮而合之也。为卦上下两阳而中虚,颐口之象,九四一阳,间于其中,必啮之而后合,故为噬嗑。其占当得亨通者,有间故不通,啮之而合,则亨通矣。又三阴三阳,刚柔中半,下动上明,下雷上电,本自《益》卦六四之柔,上行以至于五而得其中,是以阴居阳,虽不当位而利用狱。盖治狱之道,唯威与明,而得其中之为贵。故筮得之者,有其德,则应其占也。"

第二十二卦 贲·山火贲·艮上离下

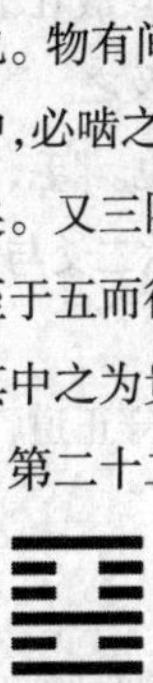

贲:亨。小利有所往。

初九:贲其趾,舍车而徒。

六二:贲其须。

九三:贲如濡如,永贞吉。

六四:贲如皤如,白马翰如,匪寇婚媾。

六五:贲于丘园,束帛戋戋,吝,终吉。

上九:白贲,无咎。

贲卦,卦体是内卦(下卦)离☲、外卦(上卦)艮☶。卦象是山和火,卦德是止和明。离(火)下艮(山)上,为山下燃烧着火焰。亨通,利于柔小者前去行事。贲,《说文解字》中说:“贲,饰也。”贲,也就是修饰的意思。贲卦是修饰,文饰,因此,是亨通成功的,但是只是修饰,就只能有小小的利,可以有所前进。《易·贲·彖传》曰:“柔来而文刚,故亨。分,刚上而文柔,故小利有攸往。(刚柔交错)天文也;文明以止,人文也。观乎天文,以察时变;观乎人文,以化成天下。”“‘贲’乃文饰,责卦之象由文饰至极而回归素白,从绚烂复返平淡。”①“《周易》重视‘质素’,强调本色无饰的‘白贵’之美,以简淡自然、朴素明净之境为最高艺术境界。追求由低层次的华彩美、文饰美所上升到的高层次的朴素美、本色美,责卦所揭示的这一美学原则对我国古典美学产生了深远的影响。”②

初九,阳居阳位,得到正位。舍,是废的意思,舍弃、丢弃的意思。徒,步行的意思。初九,修饰自己的脚趾头,舍弃华贵的车子,而徒步行走。“初在下为趾象。二三四互为坎为车象。初虽与四应而在最下、艮止于上、故以刚德明体自贲于下、为舍非道之车而安于徒步之象。盖君子以义为荣、不以徒行为辱故也。初四相应。四求初为贵德、初求四则为趋势、故以徒行为贲。壮初刚居刚而健体、故壮于趾。贲初刚居刚而明体、故贲其趾。车马币帛主于文饰、故贲六爻取象及之。”③

六二,阴居阴位,得到正位。须,《说文解字》中说:“须,颐下毛也。”毛,在嘴边叫髭,在颊叫髯,在颐叫鬚,就是等待的意思。修饰长者的胡须,六二爻与它上面的九三爻同心而互饰。须,就是和上级一起兴起。

九三,阳居阳位,得到正位。濡,是沾濡的意思,润湿的意思。坚守正道,就可

---

①[香港]王煜:《〈周易·贲卦〉对中国美学的沾溉》,载《浙江学刊》1992年第2期。

②张慧:《贲饰尚素——论贲卦的审美内涵》《安徽师大学报(哲学社会科学版)》1995年第2期。

③[清]陈梦雷:《周易浅述》,上海古籍出版社1982年版,第94页。

以获得吉祥。

六四，阴居阴位，得到正位。皤，是白的意思。翰，是白色的马的意思。婚媾，《说文解字》中说："媾，重婚也。"男女婚姻的遇合，也是君臣遇合的象征。修饰的素雅一些：全身洁白如玉，乘坐着一匹白马往前奔驰，这人并不是敌寇，而是想求仕的人，就好像求偶的婚配佳人。"苏氏濬曰：六四一爻，当以白贲之义推之，四与初相贲者也，以实心而求于初，不为虚饰，初曰贲趾，四门'皤如'，初曰'舍车'，四日'白马'，同一白贲之风而已。案《程传》沿《注疏》之说，《本义》又沿《程传》之说，皆以为初四相贲而为三所隔，故未得其贲而皤然也。然《朱子语类》以无饰言之，则已自改其说矣，故以后诸儒，皆以皤白为崇素返质之义，实于卦意为合。"①

六五，阴居阳位，不得正位。丘园，是山丘林园的意思。戋戋，浅小的意思。六五，以柔中之才，居天子之位，修饰山丘林园，质朴无华，再拿一束淳朴的丝绢，作为礼物来纳贤士，显得有些小气了，但是礼薄意勤，礼贤下士，最终吉祥。

上九，阳居阴位，不得正位。白，素的意思。咎，灾害的意思。上九是宗庙隐士之位，用素白来修饰自身，不喜好华丽，没有什么灾害的。

研究本卦参考文献：

[1]傅志前.贲卦美学初探——对中国传统建筑斗拱艺术嬗变的反思[J].周易研究，2009(01):16-21.

[2]周广友.王船山的贲卦阐释及其文饰礼政思想[J].周易研究，2009(06):61-68.

[3]王在华.《易经》贲卦新释[J].网络财富，2010(23):110-111.

[4]黄黎星.天地大美贲饰有道——论《周易》贲卦的美学意蕴[J].吉首大学学报：社会科学版，2006(04):55-60.

[5]张伏虎，郭利芳，周利明.《周易·贲卦》文饰观在室内设计中的应用[J].西安交通大学学报：社会科学版，2011(04):90-92.

[6]张慧.贲饰尚素——论贲卦的审美内涵[J].安徽师大学报：哲学社会科学版，1995(02):222-225.

[7]王煜.《周易·贲卦》对中国美学的沾溉[J].浙江学刊，1992(02):65-68.

研究本卦代表性观点：

1.《周易尚氏学》："归藏作荧惑。荧惑火星。史记察刚气以处荧惑。曰南方火。主夏日。丙丁是也。卦上艮为星。离亦为星。下离为火。艮亦为火。离主

①[清]李光地著，刘大钧点校：《御纂周易折中》，巴蜀书社出1998年版。

夏位南。艮纳丙亦南。故曰荧惑。于象恰合。至周易作贲。贲。释文云。傅氏作斑。文章貌。郑云文饰貌。太玄拟作饰。按卦一阴一阳相杂。相杂则有文。故曰斑。曰文饰。又按尔雅。龟三足曰贲。卦离艮皆为龟。而震为足。数三。正龟三足也。初二曰其趾其须。九三云儒如。六四云皤如。言其形也。上九云白贲。言其色也。杂卦云。责无色也。艮为黔。坎为隐伏。为黑。亦无色。无色即不明。不明故象言无敢折狱。盖山下有火。与地下有火略同。地下有火明夷。山下有火等耳。故孔子筮得贲不乐。以与明夷同也。后人谓山下有火。明不及远。皆读下为旁。故其义永不能通。前一义旧解皆从之。后一义鲜有述之者。故引信其义。以俟深于易理者定夺焉。亨谓二。离夏故亨。传所谓柔来文刚也。小谓五。分泰二居上。五得中承阳。故曰小利有攸往。言利往五也。唐郭京举正。谓小为不。非。"

2.《周易禅解》:"约世道。则所噬既嗑之后。偃武修文。约佛法。则治罚恶僧之后。增设规约。约观心。则境发观成之后。定慧庄严。凡此皆亨道也。然世法佛法。当此之时。皆不必大有作为。但须小加整饰而已。"

第二十三卦　剥·山地剥·艮上坤下

䷖

剥:不利有攸往。

初六:剥床以足,蔑贞凶。

六二:剥床以辨,蔑贞凶。

六三:剥之,无咎。

六四:剥床以肤,凶。

六五:贯鱼,以宫人宠,无不利。

上九:硕果不食,君子得舆,小人剥庐。

剥卦,卦体是内卦(下卦)坤☷、外卦(上卦)艮☶。卦象是山和地,卦德是止和顺。剥,《说文解字》中说:"剥,裂也。"万物盛极必衰。坤(地)下艮(山)上,好比高山受侵蚀而风化。道义被剥落的时候,小人得势,而君子可能有凶,不利于前往。"'剥床'被认为是剥落大床,其实,'剥床'是剥击王位。其依据是从本卦卦爻辞的内容出发,联系别卦卦义以及前人的说解。”①

初六,阴居阳位,不得正位。床,是卧具。君子处床之上而天下治。蔑,无的意思。初六,阴柔居下,剥落床体先由床的最下方床腿部位开始,整个床腿都损坏了,一定有凶险。”剥落床体先由床的最下方床腿部位开始,象征人如果不守正道,从下部开始剥落,渐及于上。“蔑、灭也。牀者、人之所安其体、上实下虚。剥一阳下五阴、有牀象坤土艮山本至安、剥则危矣、故卦有剥牀象。初在下有足象。剥自下起侵蔑正道、其占凶也。方剥足而即言蔑贞、如履霜而知坚冰至也。”②

六二,阴居阴位,得到正位。辨,分辨的意思。六二剥落了床身床脚的关键部位,上面有没有应,也就是没有帮助的关系,一定有凶险。

六三,阴居阳位,不得正位。咎,是归咎的意思。六三,虽然被剥落,但是没有什么灾祸。因为六三脱离了上下阴爻的行列,而独与阳爻上九相应。“程传众阴剥阳之时,而三独居刚应刚,与上下之阴异矣。志从于正,在剥之时为无咎者也。三之为可谓善矣,不言吉何也? 曰:方群阴剥阳,众小人害君子,三虽从正,其势孤弱,所应在无位之地,于斯时也,难乎免矣,安得吉也?其义为无咎耳。言其‘无咎’,所以劝也。”③

六四,阴居阴位,得到正位。肤,是表皮的意思。剥落了安居的床,甚至床上人的肌肤,快要危及到床上之人,因此,已经迫近灾祸了。

六五,阴居阳位,不得正位。贯,是贯穿的意思。贯鱼,就是一次排列的意思。宫人,就是宫女的意思。宠,就是荣耀的意思。六五不正,处天子之位,如何安民不被剥夺呢? 鱼贯而入,像率领内宫之人顺承君主那样,得到宠爱,就没有什么不利的。

上九,阳居阴位,不得正位。硕,是大的意思。舆,是车子的意思。卢,是房舍的意思。

硕大的果实不被摘吃掉,如果君子能够摘食,就如同坐上大车,受到百姓拥戴;如果被小人摘食,则招致灾害。也就是说小人终究是不能够任用的。

---

①赵振兴,曾晓洁:《〈周易·剥〉之“剥床”新释》,载《湖南师范大学社会科学学报》2003 年第 5 期。
②[清]陈梦雷:《周易浅述》,上海古籍出版社 1982 年版,第 97 页。
③[清]李光地著,刘大钧点校:《御纂周易折中》,巴蜀书社出版 1998 年版。

研究本卦参考文献：

[1]王在华.《易经》剥卦新释[J].网络财富，2010(24)：108-109.
[2]赵振兴，曾晓洁.《周易·剥》之"剥床"新释[J].湖南师范大学社会科学学报，2003(05)：121-122.

研究本卦代表性观点：

1.《周易尚氏学》："剥候卦。时当九月。阴消阳，柔变刚。杂卦云剥烂也。盖阴消阳。柔变刚。皆以渐而及。非猝然为之。有似于树木老皮之剥落。归藏作仆。仆与扑通。庄子人间世。蚉蝱仆缘。仆缘即扑缘。扑击也。而豳风八月剥枣。传剥击也。是仆与剥义同也。不利有攸往。谓阴不宜再长也。传曰小人长。阴长则阳消。故往不利。"

2.《周易禅解》："约世道。则偃武修文之后。人情侈乐。国家元气必从此剥。约佛法。则规约繁兴之后。真修必从此剥。约观心有二义。一约得边。则定慧庄严之后。皮肤脱尽。真实独存。名之为剥。一约失边。则世间相似定慧。能发世间辩才文采。而于真修之要反受剥矣。约得别是一途。今且约失而论。则世出世法皆不利有攸往。所谓不利有攸往者。非谓坐听其剥。正示挽回之妙用也。往必受剥。不往。则顺而止之。所以挽回其消息盈虚之数。而合于天行也。"

第二十四卦　复·地雷复·坤上震下

䷗

复：亨。出入无疾，朋来无咎。反复其道，七日来复，利有攸往。

初九：不复远，无只悔，元吉。

六二：休复，吉。

六三：频复，厉无咎。

六四：中行独复。

六五：敦复，无悔。

上六：迷复，凶，有灾眚。用行师，终有大败，以其国君，凶；至于十年，不克征。

复卦，卦体是内卦(下卦)震☳、外卦(上卦)坤☷。卦象是地和雷，卦德是顺和动。震(雷)下坤(地)上，为雷在地中。复，就是返回的意思，来复的意思，恢复的意思。七日来复，七日返回，七日循环。一个阳爻生为七日，因此，说反复其道，七日来复。复象征亨通顺利。返回复归有一定的运动规律，经过七天就会前来复归。其中有朋友的帮助,是没有灾害的。阴阳的消长循环,要返回其道,要经过七天才能循环往复。从前的君主在阳气初生的冬至这一天关闭关口,使商人旅客停止活动,不外出经商、旅行,君主自己也不巡行视察四方。有学者认为复卦之“复”,实有复归正道之深意,蕴含返璞归真之智慧:“剥卦讲的世道衰败,然而物极必反,没有永远的衰败,当主客观条件成熟,世道必然由衰转盛,由践踏自然转向尊重天道,由阴暗腐败转而阳光清明,这时,正是君子由藏器待时转而经世致用、力促清明之日,复卦正是演绎回复正道之卦。”“复卦的基本精神在于揭示正气回复、顺之则亨的道理,所谓正气,无非追寻正道之气概,而所谓正道,无非天地自然之道,所以,返璞归真实乃回复正道的最好解读。”①正如老子所说:“致虚极,守静笃,万物并作,吾以观复。夫物芸芸,各复归其根。归根曰静,是谓复命。复命曰常,知常曰明,不知常,妄作,凶。知常容,容乃公,公乃王,王乃天,天乃道,道乃久。没身不殆。”(《老子》第十六章)王弼注:“言致虚,物之极笃;守静,物之真正也。动作生长,以虚静观其反复。凡有起于虚,动起于静,故万物虽并动作,卒复归于虚静,是物之极笃也。各返其所始也。归根则静,故曰‘静’。静则复命,故曰‘复命’也。复命则得性命之常,故曰‘常’也。常之为物,不偏不彰,无皦昧之状,温凉之象,故曰‘知常曰明’也。唯此复,乃能包通万物,无所不容。”天道地道,实乃人道,复归天地之心,方是人间正道。“作为以天下苍生福祉为己任的有为君子,要实现修齐治平济世为民的伟大抱负,就应该勇于改过迁善,加强自身道德修养,复以合道,以德养身,才能上察天地之心,下通经纶之道。”②

初九,阳居阳位,得到正位。祇,是至的意思,大的意思。在克己复礼的时候,能知过必改,复归正道,就不会发生有什么灾祸,也不会出现悔恨,一定是大吉大利的。“一阳复生于下、复之生也。只、至也。居事之初、失之未远。复于善而不至于悔、大善而吉之道也。人有过失、或至于微色发声、困心衡虑。此则有不善未尝不知、知之未尝复行也。”③

六二,阴居阴位,得到正位。休,是休止的意思,美好的意思。把真善美作为

①纪望书,王宏:《试论〈周易〉复卦的返璞归真智慧》,载《云梦学刊》2011 年第 3 期。
②田青青:《论复卦的“贵生”思想及其现实意义》,载《周易研究》2006 年第 3 期。
③[清]陈梦雷:《周易浅述》,上海古籍出版社 1982 年版,第 100 页。

自己行为准则,停止过去的一些错误,回复善道,也就是复归正道,是吉利的。

六三,阴居阳位,不得正位。频,是屡次的意思。厉,是危险。屡次犯错误却又能屡次改正过错,复归正道,就没有什么灾害。

六四,阴居阴位,得到正位。位居阴爻的正中,中行,也就是行中道的意思,奉行追随正道的意思。践行中道,恢复善道。"缪氏昌期曰:'中',即'中以自考'中字。'独',即《中庸》慎独之独。四能以中而行,而于独知之中,憬然自觉,所谓复以自知也。盖《复》之所以为《复》,全在初爻,犹人之初念也。五阴皆复此而已,唯四在阴中有所专向,故发此义。"①

六五,阴居阳位,不得正位。敦,是厚的意思。敦厚复归正道,内心不会有什么后悔。地是厚德载物为德,敦复无悔。

上六,阴居阴位,得到正位。迷,就是迷惑的意思。灾眚是灾害的意思。犯了错误,仍然执迷不悟,不知悔改,不复归正道,这样一定有凶险。在这种情况下,用兵作战,终将一败涂地;用于治国,国君也要遭受凶险。这样的状况会一直持续下去,长达十年之久,不能振兴。

研究本卦参考文献:

[1]赵建永.《周易·复卦》初爻的诠释进路[J].周易研究,2004(02):42-50.
[2]纪望书,王宏.试论《周易》复卦的返璞归真智慧[J].云梦学刊,2011(03):77-79.
[3]田青青.论复卦的"贵生"思想及其现实意义[J].周易研究,2006(03):68-72.
[4]郭丽娟.复:归静而本无——论王弼对《周易·复卦》的诠释[J].社科纵横,2008(07):113-114.
[5]王政燃.复卦思想解析[J].大众文艺,2010(02):153.
[6]王在华.《易经》复卦新释(2)[J].中外企业家,2010(04):239-240,243.

研究本卦代表性观点:

1.《周易尚氏学》:"阳反故曰复。出入反复。皆对姤言。复者姤之反。若舍姤不言。则复何所自乎。人者人巽。出者出震。坤为疾。象失传。详焦氏易诂阳通故无疾。阴以阳为朋。剥穷上反下故曰朋来。阳遇阴故无咎。阳自姤而消。消至剥上。六日。反复则七日。自复而息。息至夬上。六日。反姤仍七日。循环不已。故曰反复其道。七日来复。复阳长。故曰利有攸往。"

2.《周易禅解》:"约世道。则衰剥之后。必有明主中兴而为复。约佛化。则

①[清]李光地著,刘大钧点校:《御纂周易折中》,巴蜀书社出版1998年版。

沦替之后。必有圣贤应现。重振作之而为复。约观心又二义。一者承上卦约失言之。剥而必复。如平旦之气。好恶与人相近。又如调达得无根信也。二者承上卦约得言之。剥是荡一切情执。复是立一切法体也。若次第三观。则从假入空名剥。从空入假名复。若一心三观。则以修吻性名剥。称性垂化名复。复则必亨。阳刚之德为主。故出入可以无疾。以善化恶。故朋来可以无咎。一复便当使之永复。故反复其道。至于七日之久。则有始有终。可以自利利他而有攸往也。"

第二十五卦　无妄·天雷无妄·乾上震下

䷘

无妄:元,亨,利,贞。其匪正有眚,不利有攸往。

初九:无妄,往吉。

六二:不耕获,不菑畬,则利有攸往。

六三:无妄之灾,或系之牛,行人之得,邑人之灾。

九四:可贞,无咎。

九五:无妄之疾,勿药有喜。

上九:无妄,行有眚,无攸利。

无妄卦,卦体是内卦(下卦)震☳、外卦(上卦)乾☰。卦象是天和雷,卦德是健和动。震(雷)下乾(天)上,好比在天的下面有雷。无,是虚无之道。妄,是虚诬的意思。无妄,就是没有虚妄邪念的意思。眚,是病的意思。《说文解字》中说:"眚,目病生翳也。"引申为灾害的意思。很真诚,没有虚妄,极为亨通顺利,坚守正道,如果不能坚守正道的话,就会不利于前去行事了。无妄卦的应变法则是,"当一切恢复正常,又回到真实,不虚伪的无妄时期,客观要求不虚伪,要立身处世,必须刚正无私,不造作,不逞强,不存非分的奢望,不计较得失,当为则为,尽其在我,才能够心安理得,行动当然有利,必有善报,否则,会有灾害。"①

初九,阳居阳位,得到正位。本着不妄动真诚的话前往行事,就一定会获得吉祥,实现自己的夙愿。"初当位而动、为无妄之主。动之得正者也、何往非吉。

①王在华:《〈易经〉无妄卦新释》,载《经济研究导刊》2010年第15期。

按、他卦皆以应为吉。此则二应五、三应上、乃三有災、五有疾、而上不免于眚、独初以无应而吉者。盖卦名无妄、贵于无心。有心于应而往、则妄矣。震阳初动、诚一未分。刚实无私、动与天合。不必有应、而得无心之吉也。”①

六二,阴居阴位,得到正位。菑,是刚开垦的新的田地。畬,开垦两年的熟地。开垦三年叫新田。不在刚开始耕作时就期望获得丰收,不在荒地刚开垦一年时就期望变成良田,这是办不到的,世界上没有不劳而获的东西。“陈氏埴曰:伊川大意,只谓不为获而耕,不为畬而菑,凡有所为而为者,皆计利之私心,即妄也。但经文中不如此下语,故《易传》中颇费言语。始谓不耕而获,不菑而畬,谓不首造其事,则似以耕菑为私意;中谓耕则必有获,菑则必有畬,非心造意作,则以耕获菑畬为非私意。终谓既耕则必有获,既菑则必成畬。非必以获畬之富而为,则又似以获畬为私意。三说不免自相抵捂,所以《本义》但据经文直说,谓无耕获菑畬之私心。”②

六三,阴居阳位,不得正位。或,是有的意思。六三,没有真诚就无缘无故地遭受灾祸,就好比有人把一头牛拴在村边道路旁,过路的人顺手把牛牵走了,同村的人却被怀疑为偷牛的人,行人得牛,邑人受灾。

九四,阳居阴位,不得正位。咎,是灾的意思。九四在真诚没有虚妄的时候,能够坚守正道,就没有什么灾害。

九五,阳居阳位,得到正位。疾,就是疾病的意思。试,是尝试的意思。真诚没有虚妄,而获得意外的疾病,这种疾病不需用药医治,它会不用治疗就自行消除。但是无妄的药是不可以轻易尝试的。

上九,阳居阴位,不得正位。在真诚无虚妄的时候,不可以有行,如果勉强地行动,就会遭受祸殃,得不到一点好处。

研究本卦参考文献:

[1]王在华.《易经》无妄卦新释[J].经济研究导刊,2010(15):239-241.

①[清]陈梦雷:《周易浅述》,上海古籍出版社 1982 年版,第 103 页。

②[清]李光地著,刘大钧点校:《御纂周易折中》,巴蜀书社出版 1998 年版。

研究本卦代表性观点：

1.《周易尚氏学》："震巽为草木为禾稼。下艮为火。故焦京王充皆以无望为大旱之卦。而乾为年。巽为人。年收失望。故曰无妄。元亨者。谓乾元通也。初当位。前临重阴。五中正。故乾元以通。利贞者。利于贞定也。正亦定也。匪正谓三上。三上不当位。妄动。故有眚。眚病也。巽为疾病。其匪正有眚者。言不能贞定而躁动。即有眚也。不利有攸往。仍以动为戒也。震为决躁。躁动于内。外与刚健遇。必无幸矣。故曰不利有攸往。妄释文云。马郑王肃皆作望。谓无所希望也。按此训最古。史记春申君传云。世有毋望之福。又有毋望之祸。今君处毋望之世。事毋望之主。是自战国即读为望。作毋亡。妄古文妄之省。王陶庐云。妄望同音相借。大戴礼文王篇故得望誉。望誉即妄誉。史迁受易于杨何。固无误也。又按杂卦云。无妄灾也。故太玄拟无妄为去。汉书谷永传。遭无妄之卦运。应劭云。天必先云而后雷。雷而后雨。今无云而雷。无妄者无所望也。万物无所望于天。灾异之最大者也。后汉崔篆传。值无妄之世。王充论衡。易无妄之应。水旱之至。蔡邕邓皇后谥议。消无妄之运。举两汉之人。无作虚妄及失妄解者。无妄犹孟子所谓不虞也。六爻爻辞皆不虞之事。又无妄灾也。以艮火象失传之故。皆莫知灾之自来。而焦京以无妄为大旱。易林屡见。详焦氏易诂之卦。其故自荀虞莫明矣。卞斌云。匪正宜作匪百。经无作正者。虞翻知巽为禾稼。而不知艮火象。故不知大旱之义。斥京氏为非。诂为亡失。不亡失则卦吉矣。然何以解于杂卦之无妄灾及家传。象传曰。无妄之往何之矣。天命不右行矣哉。无妄若为吉卦。而曰天命不右。曰无所往。有是理乎。虞翻最忌郑学。郑作望故驳之。其所谓俗儒。殆即指郑。后崔憬何妥竞作虚妄解。益与传背。世岂有忠信之人。天命不右。往无所合者哉。害理乱道。莫斯为甚。"

2.《易禅解》："约世道。则中兴之治。合于天道而无妄。约佛法。则中兴之化。同于正法而无妄。约观心。则复其本性。真穷惑尽而无妄。皆元亨而利于正者也。然世出世法。自利利他。皆须深自省察。不可夹一念之邪。不可有一言一行之眚。倘内匪正而外有眚。则决不可行矣。圣人持满之戒如此。"

第二十六卦　大畜·山天大畜·艮上乾下

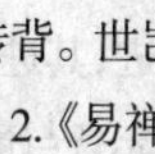

大畜：利贞，不家食吉，利涉大川。

初九:有厉利已。

九二:舆说辐。

九三:良马逐,利艰贞。曰闲舆卫,利有攸往。

六四:童豕之牿,元吉。

六五:豶豕之牙,吉。

上九:何天之衢,亨。

大畜卦,卦体是内卦(下卦)乾☰、外卦(上卦)艮☶。卦象是山和天,卦德是止和健。畜,是蓄积的意思。乾(天)下艮(山)上,为天被包含在山里。应当努力更多地学习领会前代圣人君子的言论和行为,以此充实自己,培养美好的品德和积聚广博的知识。

初九,阳居阳位,得到正位。厉,是危害的意思。已,是停止的意思。初九前进有危险,不能贸然前进,要畜养德性,安分守己,危险就会停止。就是说不必冒着灾难风险前进。"已、止也。乾之三阳为艮所止、初九为六四所止。若恃其阳刚而锐于进往、必有危、故利于止也。他卦取阴阳相应为吉、此取其能畜。故外卦以畜止为义、内卦以自止为义。独三与上畜极而通、则不以止言也。以自止为义者以阴阳言、若君子之受畜于小人。以畜止为义者以上下言、若有位之禁止强暴。"①

九二,阳居阴位,不得正位。舆,车子的意思。说,是脱离的意思。輹,是车的轴。车子脱离了车轴,守正道,安分守己,就没有过错。

九三,阳居阳位,得到正位。好马速度快,闲,是闲习的意思,但是,贸然前进,有陷入危险的可能,因此,应当警惕各种艰难,坚守正道,这样才会安然无恙。"程传三刚健之极,而上九之阳,亦上进之物,又处畜之极而思变也。与三乃不相畜而志同,相应以进者也。三以刚健之才,而在上者与合志而进,其进如良马之驰逐,言其速也。虽其进之势速,不可恃其才之健与上之应,而忘备与慎也。故宜艰难其事,而由贞正之道。舆者用行之物,卫者所以自防。当自日常闲习其车舆,与其防卫,则利有攸往矣。三乾体而居正,能贞者也,当其锐进,故戒以知难,与不失其贞也。志既锐于进,虽刚明有时而失,不得不戒也。"②

六四,阴居阴位,得到正位。牿,牛马的头上的牢。在诸侯之位,蓄积多丰的

---

①[清]陈梦雷:《周易浅述》,上海古籍出版社1982年版,第106页。

②[清]李光地著,刘大钧点校:《御纂周易折中》,巴蜀书社出版1998年版。

时候，要给头上尚未长角的小牛预先装上一块横木，以防止它长出角后顶人，这是大吉大利的。防患于未然，未雨而绸缪。

六五，阴居阳位，不得正位。这是天子之位，要训练其德，就好像面对长有锋利牙齿的猪，并不从如何除去它的牙齿上下手，而是避其利，击要害，将它阉割。这样就可以制服它的刚暴，使它的变得温顺，这样获得吉祥。能够抓住事物的关键，不是治标而是治本。

上九，阳居阴位，不得正位。何，是荷的意思，是担当的意思。衢，四通八达的道路。由于大量畜养积聚贤士，天下已经贤路大开了。就像四通八达的天街大道，一定亨通顺利。

研究本卦代表性观点：

1.《周易尚氏学》："乾为大。乾阳上升。为民所止。故曰大畜。阳为艮畜。故利于贞定也。兑为食。艮为家。皆在外。故不家食吉。坤为大川。上居坤水之巅。下履重阴。得行其志。故曰利涉大川。与颐上九之利涉大川同也。"

2.《周易禅解》："畜。蓄积也。蓄积其无妄之道以养育天下者也。约世道。则中兴之主。复于无妄之道。而厚蓄国家元气。约佛化。则四依大士。复其正法之统。而深养法门龙象。约观心。则从迷得悟。复于无妄之性。而广积菩提资粮。皆所谓大畜也。世出世法。弘化进修。皆必以正为利。以物我同养为公。以历境练心为要。故不家食吉。而利涉大川也。"

第二十七卦　颐·山雷颐·艮上震下

䷚

颐：贞吉。观颐，自求口实。

初九：舍尔灵龟，观我朵颐，凶。

六二：颠颐，拂经，于丘颐，征凶。

六三：拂颐，贞凶，十年勿用，无攸利。

六四：颠颐吉，虎视眈眈，其欲逐逐，无咎。

六五：拂经，居贞吉，不可涉大川。

上九：由颐，厉吉，利涉大川。

颐卦，卦体是内卦（下卦）震☳、外卦（上）艮☶。卦象是山和雷，卦德是止和动。震（雷）下艮（山）上，为雷在山下震动。颐，是口、齿、唇、舌、面颊等的全称。

观颐，就是观察一个人的修养，养生、养物、养人、养贤等。实，就是粮食的意思。保持正道就是吉利的，观察一个人的各方面的修养，就好像自己保住自己的粮食一样。君子应当谨慎以培养自己的美好品德。有学者认为《颐》六爻中的“朵颐”“颠颐”“拂经于丘颐”“拂颐”“拂经”“虎视眈眈，其欲逐逐”等所描写的都是一些面部表情和动作，“这些表情和动作分别代表和传达了人对于所占之事的龟卜结果赞同或不赞同的意见，是一些表情语言或者说动作语言。”“观察人的面部表情动作所传达的意见，为自己的行为寻找借口。”①

初九，阳居阳位，得到正位。灵龟，古代用来占卜的不吃不喝的龟。朵，是树枝下垂的意思。朵颐，是张开嘴吃东西的意思。大快朵颐就是由此而来。要舍弃神龟，看我吃东西，是没有好处的。就是说不能坚守正道，只是张着口，看他人吃东西，羡慕他人，这是有危害的。“上宜养下、然阳又宜养阴。初阳在下、不能养人、故以自养言之。灵龟、不食之物。朵、动。朵颐、食物之貌。离体中虚为龟、全卦有灵龟象。我指四也。上三爻主养人者。初与四正应、宜待养于四、不宜凶者。然阴则待养、阳宜养人。初九阳刚在下、不能养人、犹当善于自养。乃以震体而上应六四之阴、有舍灵龟、观于四而朵其颐、欲有所食之象。灵龟以气自养、不求养于外、养之得正者也。朵颐则贪欲而易其清除掺、养不以正、宜其凶矣。”②

六二，阴居阴位，得到正位。颠颐，反过来求养于人。拂，是违反的意思。丘，高地的意思。征，是往的意思。处在大夫的位置，应该自养养人，现在却颠倒了保养之道，贪求富贵，这是不好的，会有凶险。

六三，阴居阳位，不得正位。违反了保养之道，即使居位是正的，还是有凶，虽然经过了十年，没有什么好处的。就是说在十年的漫长岁月里被遗弃而得不到养育。

六四，阴居阴位，得到正位。逐，就是追逐的意思。现在反过来向下属求食物，获得奉养，这是可以的，吉利的。因为这就像老虎要扑食那样，眼睁睁地看着，一定能够达到目的，当然也没有什么灾害。坚守正道，取之于民，用之于民。“吴氏澄曰：自养于内者莫如龟，求养于外者莫如虎，故《颐》之初九六四，取二物为象。四之于初，其下贤求益之心，必如虎之视下求食而后可。其视下也，专一而

①臧守虎：《〈易经·颐卦〉考释》，《周易研究》2003 年第 5 期。

②[清]陈梦雷：《周易浅述》，上海古籍出版社 1982 年版，第 109 页。

不他;其欲食也,继续而不歇。如是,则于人不贰,于己不自足,乃得居上求下之道。林氏希元曰:苟下贤之心不专,则贤者不乐告以善道;求益之心不继,刚才有所得而遽自足。”①

六五,阴居阳位,不得正位。涉,是渡河的意思。违背常理,在颐养天年的时候,虽然处在天子的位置,只要动机纯正,就可以获得吉利。不能处理极为艰险困难的事情,就像不能够涉过大河一样。

上九,阳居阴位,不得正位。居隐士之位,保养万民,天下百姓都靠他的养育,才能安居乐业,这时候必须谨防危险,这样才能排除万难,就像顺利涉过大河一样。就是说养育天下百姓,要得到天下的信任和爱戴,才能达到普天同庆。

研究本卦参考文献:

[1]苏建洲.再论楚竹书《周易·颐卦》“融”字及相关的几个字[J].周易研究,2009(03):36-39.
[2]臧守虎.《易经·颐卦》考释[J].周易研究,2003(05):42-49.

研究本卦代表性观点:

1.《周易尚氏学》:“郑玄曰。颐者口车辅也。震动于下。艮止于上。口车动而上。因辅嚼物以养人。故谓之颐。按左传辅车相依注。辅辅颊。车牙车。凡物入口。牙车载之。故曰车。辅在上不动。车在下动而上。故曰因辅嚼物。颐上艮。辅也。不动者也。下震。牙车也。动而上。因辅以嚼物者也。故郑释最得卦义。颐能养人。故贞吉。艮为观为求。震为口。坤为物。故曰口实。实者食也。言口合物以自养也。虞翻谓离为目。郑玄谓二五皆离变故能观。岂知艮一阳在上为光明。为目。为观。象失传。详焦氏易诂不必用卦变及爻位也。”

2.《周易禅解》:“约世道。则畜德以养天下。约佛化。则畜德以利群生。约观心。则菩提资粮既积。而长养圣胎也。自利利他。皆正则吉。皆须视从来圣贤之所为颐者何如。皆须自视其所以为口实者何如。”

第二十八卦 大过·泽风大过·兑上巽下

①[清]李光地著,刘大钧点校:《御纂周易折中》,巴蜀书社出版1998年版。

大过:栋桡,利有攸往,亨。

初六:藉用白茅,无咎。

九二:枯杨生稊,老夫得其女妻,无不利。

九三:栋桡,凶。

九四:栋隆,吉;有它吝。

九五:枯杨生华,老妇得士夫,无咎无誉。

上六:过涉灭顶,凶,无咎。

大过卦,卦体是内卦(下卦)巽☴、外卦(上卦)兑☱。卦象是泽和风,卦德是入和悦。过,《说文解字》中说:"过,度也。"过,就是超过的意思。大过,就是大大地超过的意思。大过卦的卦象是巽(风)下兑(泽)上,巽在这里代表木,水泽淹没了树木。

栋,是房屋的正梁。桡,是弯曲的木头。《说文解字》中说:"桡,曲木也。"房屋的栋梁受重压而弯曲,有利去行事,亨通顺利。晚明高僧智旭所撰的《周易禅解》中《大过卦》的主题曰:"约世道,则贤君以道养天下,而治平日久;约佛化,则四依以道化群生,而佛法大行;约观心,则功夫胜进而将破无明也。夫治平既久,则乱阶必萌,所宜防微杜渐;化道既盛,则有漏易生,所宜陈规立矩;功夫既进,则无明将破,所宜善巧用心。"

陈坚对《周易·大过卦》的佛学解读如下:"《大过卦》中的易学原理阐明了佛教修行中'定'与'慧'的互利关系,指出只有'定慧兼济'、'定慧双修'才能最终修成正果,并告诫要防范因'定'或'慧'太过而造成的'增上慢'或'枯木禅'现象。""七慢"指:一慢,二过慢,三慢过慢,四我慢,五增上慢,六卑慢,七邪慢。所谓"增上慢",佛经上说,"不得谓得,是为增上慢"。就是"一个人懂得了佛法就沾沾自喜,自认为自己超凡脱俗了,进入高层次了,从而自我增高而生傲慢之心;殊不知,佛陀告诉我们:圣即凡;凡即圣;凡圣不二,执着于圣,便是'有漏',便不是究竟;一个真正进人佛道的人是平平常常的人,是不以圣自居的人,这就是禅宗的'平常心是道'、'担水劈柴是道'。"所谓"有漏"就是有分别,犹如一口碗分裂成两半,水就会漏出来一样。佛教反对一切分别,讲求"不二"(生死不二、凡圣不二、一多不二等等)。"度"即"六度",指能度人成佛或度人到彼岸的六种行法:一布施,二持戒,三忍辱,四精进,五禅定,六智慧;"蔽"即"六蔽",是相对于"六度"而言的,指阻人成佛的六种因素:一悭贪,遮蔽布施使不生;二破戒,遮蔽戒行使不生；三瞋恚，遮蔽忍辱使不生；四怜念，遮蔽精进使不生；五散乱，遮蔽禅定使不生；六愚痴，遮蔽智慧使不生。智旭通过自己的观察认为，在末法时代，“度”行法在佛教界虽然十分盛行，但是这些“度”实际上却都变成了“蔽”，因为它们不但不能助人成佛，反而阻碍了人成佛。①

初六，阴居阳位，不得正位。用白茅草，作为猪牛羊牺牲的垫子，这样是没有什么害处的。本来直接把器物放置在地上就可以了，现在又用白色的茅草衬垫在器物的下面，使它更加安稳，非常小心谨慎。“卦以栋桡为象、初则本之弱者。然但以栋桡为言、则天下事付之不可为矣、故又因爻取象。巽为木、有茅象。初在下、以柔承刚、有藉用白茅之象。初六以阴居阳、虽弱犹愈于上。又大过之初、居事之始。苟能过于谨慎、犹可自全。如木中刚本柔、苟错于地、或致缺折。藉以白茅、庶几无伤。以其能畏惧、故得无咎也。”②

九二，阳居阴位，不得正位。稊，是稗类的农作物，果实中有小米。老先生娶了一个年轻的女子做老婆，就好像已经枯萎的杨树重新又长出新的枝芽，这现象没有什么不利的。说明当时时代，思想观念已经很前沿了。

九三，阳居阳位，得到正位。房屋的栋梁受重压而弯曲，结果必然凶险。因为阳刚极为过分，所以不能再来辅助它了。

九四，阳居阴位，不得正位。隆，高耸的意思。有他，就是与他互通的意思。在大过之时，有栋梁向上隆起，克服了弯曲，可以获得吉祥；如果下弯曲，就有他吝了。由于九四爻本身能使栋梁不再向下弯曲。“程传 四居近君之位，当《大过》之任者也。居柔为能用柔相济，既不过刚，则能胜其任，加栋之隆起，是以吉也。隆起，取不下桡之义。《大过》之时，非阳刚不能济，以刚处柔为得宜矣。若又与初六之阴相应，则过也。既刚柔得宜，而志复应阴，是有他也。有他则有累于刚，虽未至于大害，亦可吝也。盖《大过》之时，动则过也。有他，谓更有他志。吝为不足之义，谓可少也。或曰：二比初则无不利，四若应初则为吝，何也？曰：二得中而比于初，为以柔相济之义；四与初为正应，志相系者也。九既居四，刚柔得宜矣，复牵系于阴以害其刚，则可吝也。”③

---

①陈坚：《智旭对〈周易·大过卦〉的佛学解读》，载《周易研究》2002 年第 2 期。

②[清]陈梦雷：《周易浅述》，上海古籍出版社 1982 年版，第 113 页。

③[清]李光地著，刘大钧点校：《御纂周易折中》，巴蜀书社出版 1998 年版。

九五，阳居阳位，得到正位。华，是花的意思，荣的意思。老女人嫁给了年轻的男人，就好像已经枯萎的杨树重新盛开鲜艳的花朵，这种现象既不会遇到什么好处，也没有什么声誉。

上六，阴居阴位，得到正位。灭顶，就是死的意思。不能过河，强行涉过深之水以至于淹没了头顶，发生凶险。如果能及时补救，还可以化险为夷，那就没有什么灾害了。

研究本卦参考文献：

[1]陈坚.智旭对《周易·大过卦》的佛学解读[J].周易研究，2002(02)：56-62.
[2]王在华.《易经》大过卦新释[J].商业文化：学术版，2010(05)：265-266，339.

研究本卦代表性观点：

1.《周易尚氏学》："过失也。谓中四阳隐于阴中。失其用也。说文栋极也。尔雅栋谓之桴。郭璞云。屋脊也。易林以坎为栋为屋极。大过本大坎也。坎以中爻为栋。大过以三四为栋。桡。释文云。由折也。兑毁折。巽陨落。故栋桡。以易理言。朋承阳则利。利有攸往。应指初。升初六曰允升。曰上合志。大过初与升初同。而四有应。故往利也。虞翻知阳爻无利往者。乃谓二变应五故利往。如虞说。传云栋桡本末弱。本谓初。初亦失位可变也。尚何弱这有哉。乃自宋朱震以来。即承其说。甚矣其不思也。"

2.《周易禅解》："约世道。则贤君以道养天下。而治平日久。约佛化。则四依以道化群生。而佛法大行。约观心。则功夫胜进而将破无明也。夫治平既久。则乱阶必萌。所宜防微杜渐。化道既盛。则有漏易生。所宜陈规立矩。功夫既进。则无明将破。所宜善巧用心也。"

第二十九卦　坎·坎为水·坎上坎下

坎：习坎，有孚，维心亨，行有尚。

初六：习坎，入于坎窞，凶。

九二：坎有险，求小得。

六三：来之坎坎，险且枕，入于坎窞，勿用。

六四：樽酒簋贰，用缶，纳约自牖，终无咎。

九五：坎不盈，只既平，无咎。

上六：係用徽纆，置于丛棘，三岁不得，凶。

坎卦，卦体是上下卦皆为坎☵。卦象是水，卦德是险。坎（水）下坎（水）上，为水流。孚，是诚信的意思。维，是惟也。尚，是上的意思。行有尚，也就是有功的意思。流水相继而至，重重艰险，像水奔流一样，这时候要有自信，有诚信，有道德修养，内心有打算，有行动，这样的行为才能被人们所崇尚。清顺治年间山东单县人刘佐臣师承太监魏子义，在家乡创立五荤道修元教，"妄造五女传道妖书，分八卦收徒党"，这就是八卦教的由来。（戚学标《鹤泉文钞》卷下，《纪妖寇王伦始末》。）其中就有坎卦教。《坎》卦论凶险，《序卦传》说："物不可以终过，故受之以坎；坎者陷也。""这个时候处在了险难之中，当险难来临之时，就如流水般川流不息，最终因不填坎陷而盈溢出来。所以只有处在坎陷的时候，假如以至大至刚之气，充积于心中，建立自信心。自信而人信。虽处如天险而苦苦不能解脱的境界，也要自始至终有自视欿然的态度，丝毫不动摇自己的心志。虽有种种的险难，也将化险为夷。面对如此绵绵不绝的困难，就要求了节约自守。"①

初六，阴居阳位，不得正位。窞，陷阱中的陷阱，穴中之穴。进入了陷阱中的陷阱，这时候是凶的。置身于重重的艰险困难之中，结果肯定有凶险的。

九二，阳居阴位，不得正位。在陷坑之中还有危险，虽不能脱险，但可以获得小小的收益。虽不能脱险，但在一定程度上还是可以解决一些小问题的。

六三，阴居阳位，不得正位。枕，是卧具的意思。由内而外，称之为往。由外而内，称之为来。来往都是陷阱，进退两难，在这种情况下，只能伏枕以待，不可轻举妄动。欲速则不达就是这个道理。"王氏申子曰：下卦之险已终，上卦之险又至，进退皆险，则宁于可止之地而暂息焉。且者聊尔之辞，枕者息而来安之义。能如此，虽未离乎险，亦不至深入于坎窞之中也。其进而入，则陷益深，为不可用。勿者，止之之辞也。"②

六四，阴居阴位，得到正位。樽，是酒器的意思。簋，是碗的意思。缶，是乐器

①熊津津：《谈〈周易〉中面对困难的智慧——从屯卦、坎卦、蹇卦、困卦中解读》，载《黑龙江教育学院学报》2011年第8期。

②［清］李光地著，刘大钧点校：《御纂周易折中》，巴蜀书社出版1998年版。

的意思。一樽酒，两簋饭，用瓦缶盛着进献，这爻已经离开了下卦，将要脱离危险，在这种情况下，要相互信任地交往，刚柔相济，恰到好处，最终没有什么困难的。“贰、副贰之意、益之也。牖、室之所由以明者。坎有酒食之象。四变互巽木、樽簋之象。互离中虚、有瓦缶及牖象。按、本义、以樽盛酒、以簋盛食、复以瓦缶为副樽。按、来注、一樽之酒、二簋之食、乐用瓦缶。觉来注为顺、且与象传合。总言当险难之时、不事多仪而尚诚实也。自牖、言不由正道、因其所明者而进结之。盖当艰险之时、不能直致、自间道以上达也。六四居大臣之位、处险之中。本其至诚、因君之所明者委曲献纳。则虽历艰险而终得无咎也。”①

九五，阳居阴位，不得正位。九五在重险之中，已经在外卦了，险接近尾声了，但是居中而不自大，还不会发生什么灾害。

上六，阴居阴位，得到正位。徽，束也。绳子束三股。纆束二股，寘，放的意思。丛棘，是监狱的意思。古代的监狱外，种九棘，因此，称为丛棘。第六爻位用绳子捆绑，放在监狱中三年，三年不得出去，这是凶的。面临艰险困难，不能坚守正道，就要有三年的凶险。

研究本卦参考文献：

[1]谷文双.《周易·坎卦》考释[J].周易研究，2002(04)：60–65，75.

[2]熊津津.谈《周易》中面对困难的智慧——从屯卦、坎卦、蹇卦、困卦中解读[J].黑龙江教育学院学报，2011(08)：114–115.

[3]安海琳.以坎卦探讨阳明病之机理[J].光明中医，2012(03)：446–447.

[4]王在华.《易经》坎卦新释[J].网络财富，2010(18)：139–140.

[5]鲁兆.时空秘说(三)——211 艮卦与 218 坎卦周期[J].股市动态分析，2005(34)：42–41.

[6]李尚英.乾嘉时期的坎卦教[J].史林，1988，(03)：30–35，99.

研究本卦代表性观点：

1.《周易尚氏学》：“归藏曰荦。李过曰。荦者劳也。以万物劳于坎也。黄宗炎曰。物莫劳于牛。故从牛。按说文荦驳牛也。坤为牛。阳人坤中。色不纯。故曰荦。而牛为物之最劳者。故取于驳牛。周易名坎。则取于陷险二义。上下坎故曰习。罗汝怀云。习当为褶。礼玉藻帛为褶。注衣有表裹而无着也。急就篇

①[清]陈梦雷：《周易浅述》，上海古籍出版社 1982 年版，第 117 页。

注。褶谓重衣。皆重复之义。而褶又假袭。礼锡袭。书卜不袭吉。故习当作袭。象曰。重险。象曰水洊至。即释习坎之义。自注有便习之说。后儒多从之。夫谙练于行事。此事理之常。岂有诸练于行险者哉。按罗说是也。象传象传。皆有明释。王注及正义。诂为便习。此所以有野文之讥也乎。信也。有孚谓二五居中。遇阴。阳孚于上下阴也。旧解不知孚之故。在阳遇阴。故说皆不当。坎为心。亨通也。心亨亦谓二五。传所谓刚中也。行有尚则专谓五。五往外得尊位。故曰有尚。曰有功。”

2.《周易禅解》:“约世道。则太平久而放逸生。放逸生而患难洊至。约佛法。则从化多而有漏起。有漏起而魔事必作。约观心。则慧力胜而夙习动。夙习动而境发必强。皆习坎之象也。然世出世法。不患有重沓之险难。但患无出险之良图。诚能如此卦之中实有孚。深信一切境界皆唯心所现。则亨而行有尚矣。又何险之不可济哉。”

第三十卦　离·离为火·离上离下

䷝

离:利贞,亨。畜牝牛,吉。

初九:履错然,敬之无咎。

六二:黄离,元吉。

九三:日昃之离,不鼓缶而歌,则大耋之嗟,凶。

九四:突如其来如,焚如,死如,弃如。

六五:出涕沱若,戚嗟若,吉。

上九:王用出征,有嘉折首,获其匪丑,无咎。

离卦,卦体是上下同为离☲。卦象是火,卦德是明。离(火)下离(火)上,为光明接连升起。离卦的本象为火,这里代表太阳。畜,是饲养的意思。牝牛,雌性的牛,这种牛外强中干,外刚内柔。畜牝牛,也就是要培养任劳任怨的刚健德性。拥有光明美好的前途。有学者认为《周易·离卦》爻辞所反映的狩猎与战争,是西周初期秦人狩猎与出征地真实描述。“出涕沱如,戚晓若,吉。”“据民俗学家的考察,这是上古狩猎者的一种祈祷活动,因为万物有灵,必须为死亡的猎物祈祷超度,使死亡猎物的灵魂得到安息;只有经过这种为死亡猎物作这种真诚的悲禅活动,狩猎者才会安无灾,故曰‘吉’。这是狩猎者在狩猎活动结束后的一个必要的环节与程序。”①

初九,阳居阳位,得到正位。履,践踏,或者是践行的意思。错,是磨刀石的意思,也有错过的意思。敬,是恭敬谨慎的意思。辟,是避去的意思。在刚开始行事时,由于光明美丽的事交错,这时容易出差错,要小心谨慎,就不会有什么灾害。“刚明在下、其性炎上。刚则 、明则察。二者裸于胸中、所履交错之象。能敬则心有主、不至于错、可以无咎矣。火在下而未上炎、犹有可制。虽戒占者之辞、亦其象然也。”②

六二,阴居阴位,得到正位。黄,五行之中色,引申为中道的意思。附着在黄色上,就大吉大利。守正道,附着在正道之上,就是大吉大利的。

九三,阳居阳位,得到正位。昃,侧的意思。日昃,也就是过了正午,太阳偏西了。鼓,弹奏的意思。缶,是瓦缶,古人用来敲打唱歌。耋,八十岁的老人。夕阳西下,就好像人生已步入老年,人应该乐天知命,“夕阳无限好,只是近黄昏。”这时如不能敲着瓦器高歌地欢度晚年,就会有春蚕将死、蜡炬成灰的哀叹,这一定有凶险。

九四,阳居阴位,不得正位。如,语气助词,的样子的意思。突如,就是突然的意思。焚,燃烧的意思。弃,是抛弃的意思。在离卦重重光明美丽的时候,在诸侯之位,但是居位不正,又接近六五柔中之君,顷刻之间又烟消云散,不复存在,落得个被抛弃的下场。“程传九四离下体而升上体,继明之初,故言继承之义。在上而近君,继承之地也。以阳居离体而处四,刚躁而不中正,且重刚以不正。而刚盛之势,‘突如’而来,非善继者也。夫善继者,必有巽让之诚,顺承之道,若舜、启然。今四‘突如其来’,失善继之道也。又承六五阴柔之君,其刚盛陵烁之势,气焰如焚然,故曰‘焚如’。四之所行不善如此,必被祸害,故曰‘死如’。失继绍之义,承上之道,皆逆德也,众所弃绝,故云‘弃如’。至于死弃,祸之极矣,故不假言凶也。”③

六五,阴居阳位,不得正位。涕,眼泪的意思。沱,老泪纵横的意思。戚,忧愁的意思。在天子之位,但是上下都是阳刚,被逼无奈,而眼泪像泉水一样涌出,从

---

①张启成:《〈周易·离卦〉爻辞新探》,《贵州大学学报(社会科学版)》1999年第3期。

②[清]陈梦雷:《周易浅述》,上海古籍出版社1982年版,第119页。

③[清]李光地著,刘大钧点校:《御纂周易折中》,巴蜀书社出版1998年版。

面颊上流下，忧愁叹息，如果忧患意识到了这种程度，就一定是吉利的。

上九，阳居阴位，不得正位。征，是讨伐的意思。嘉，是美好的意思。折，弄断的意思。首，领导者。获，得到的意思。匪，是非的意思。丑，是类的意思，是众的意思。上九险阻已经排除，居高位，隐士之位，这时候主动出兵征伐，杀死恶人，杀的最多的是头领，这样做不会发生灾害。

研究本卦参考文献：

[1]孙江.文本中的虚构——关于“黎城离卦道事件调查报告”之阅读[J].开放时代，2011(04):5–27.

[2]文小成.《离卦》释义[J].湖南科技学院学报，2012(03):9–12，33.

[3]张启成.《周易·离卦》爻辞新探[J].贵州大学学报：社会科学版，1999(03):27–30.

[4]尚儒彪.武当道教医药“离卦”秘方简介[J].湖北中医杂志，2003(01):36.

[5]刘觉之.离卦与中医心病治疗[J].国医论坛，1996(03):14.

研究本卦代表性观点：

1.《周易尚氏学》：“乾交坤为坎。坤交乾为离。坎为隐而离则明矣。凡相对之卦。其义皆对。二五中正。故利贞。二五丽于阳中故亨。坤为牛。离得坤中爻。故亦为牛。俞云。说文牝畜母也。牧牛即母牛。虞翻谓以离为牝牛为借说。岂知左传昭五年。明云纯离为牛。由是证虞翻未见左氏。”

2.《周易禅解》：“火性无我。丽附草木而后可见。故名为离。约世道。则重险之时。必丽正法以御世。约佛法。则魔扰之时。必丽正教以除邪。约观心。则境发之时。必丽正观以销阴。故皆利贞则亨也。牝牛柔顺而多力。又能生育犊子。喻正定能生妙慧。”

第三十一卦　咸·泽山咸·兑上艮下

䷞

咸：亨，利贞，取女吉。

初六：咸其拇。

六二：咸其腓，凶，居吉。

九三：咸其股，执其随，往吝。

九四：贞吉悔亡，憧憧往来，朋从尔思。

九五：咸其脢，无悔。

上六：咸其辅，颊，舌。

咸卦，卦体是外卦（上卦）兑☱、内卦（下卦）艮☶。卦象是泽和山，卦德是说和止。艮（山）下兑（泽）上，为山上有泽。咸，感应的意思。取，是娶的意思，取女，就是娶妻的意思。上方的水泽滋润下面的山体，君子要做表率感化他人，就像娶妻一样，是一种中和之道，是吉利的。根据《仪礼·士婚礼》记载："古代女子出嫁的过程在媒妁的活动下包括纳采、问名、纳吉、纳征、请期、亲迎等六个环节，古人称之曰'六礼'。""大部分学者认为咸卦中的"咸"字与"感"字相通，即是感动与感应的意思，讲男女爱恋的问题。"《左传》里也记载有不少贵族女子与人私奔、私通的事。爱情当然存在，问题是爱情与婚姻联系不到一起，爱情大都处于体制之外，甚至总是与婚姻处于冲突状态。这就解释了为什么'取女吉'，相感凶。"①《周易·咸卦》曰："咸：亨，利贞；取女吉。"钟志强说此句之解繁多，就大的方面可归为以下几种：（一）感应说；（二）文王狱中受刑说；（三）出行的吉凶占卜记录说；（四）男女幽会情节说；（五）男女性行为说。王明先生提出的第四种观点："一对少男少女相亲相悦的民间故事，恋爱的情节是：他俩幽会的当儿，彼此偎依在一起，年轻人情不自禁，暴露出一副动手动脚、粗鲁而天真的姿态。本卦'咸'字，都作动词用，就是'动'的意思。在不同的身体部位，施展不同的动作。试看少男对少女，开头捏她的脚拇趾，接着拧她肥嫩的脚肚，又摸她的大腿，逐步依次向上，摸她的喉间胜脢核（在口之下，心胸之上），一直到亲她的面颊，吻她的嘴。全部动作的过程，由下而上，从足趾到头面，一着紧接一着，终直达到亲嘴的高峰。"②《周易·序卦》表述："有天地，然后有万物；有万物，然后有男女；有男女，然后有夫妇；有夫妇，然后有父子；有父子，然后有君臣；有君臣，然后有上下；有上下，然后礼义有所错。"③这段话一般认作是解释咸卦的。

初六，阴居阳位，不得正位。拇，是手脚的大趾，象征初爻。感应从手脚大趾开始，因为居位不正，又处于内卦之下，感应的是末端。"拇、足大趾也。卦取男女之感。六爻皆以人心取象。初在下、有拇之象。拇非能感人者、特以人身形体上下、象所感有浅深耳。拇随足而动、欲进未能。初感於最下、所感尚浅。以其未至妄

①范爱理：《取女吉与相感——咸卦爻辞新释》，载《传承》2011 年第 21 期。
②王明：《〈周易·咸卦〉中国哲学》（第七辑），三联书店 1982 年版，第 252 页。
③王弼著，韩康伯注，孔颖达疏：《宋本周易注疏》，中华书局 1988 年版，第 839 页。

动、故不言吉凶。”①

六二,阴居阴位,得到正位。腓,是小腿的意思。人走路时,要先是足,再是脚,才能前进,现在感应发生在小腿上,这是凶险的事情。六二以阴居阴,柔顺得正,如果静处,不急躁冒进,是吉利的。

九三,阳居阳位,得到正位。股,是大腿的意思。吝,是悔吝,痛惜的意思。随,是跟随的人的意思。如果感应发生在大腿上,偏执地跟着别人行动,就会导致灾害。如果安静地处事,执守中道,就是吉利的。

九四,阳居阴位,不得正位。憧憬,是心志不定的意思。朋,是同志的意思。尔,是你的意思。思,就是思想的意思。守正,就是吉利的,没有后悔,心神不定,与朋友交往,朋友必然受你的思想。“林氏希元曰:以‘憧憧往来’反《观》九四之贞,只是往来付之无心尔。盖尽吾所感之道,而人之应与否,皆所不计也,此便是正而固。‘憧憧往来’,是把个往来放在心上,切切然不能放下,故曰‘何思何虑’,言其不消如此。又曰:‘贞’者,施己之感,不必人之应也。惟不必人之应,则不私己之感,其应者亦感,其不应者亦感,无一人之不感,亦无一人之不应,故‘吉’而‘悔亡’。‘憧憧往来’者,施己之感,必人之应也。唯必人之应,则私己之感,应者则感,不应者则不感,而其应之,亦唯其感者即应,不感者则不应矣,故‘朋从尔思’。盖‘憧憧往来’,思也,朋则思之所及者,以其思之所及,故从而目之曰朋,犹云朋党也。”②

九五,阳居阳位,得到正位。脢,是背肌肉。感应它的背肌肉,是没有什么后悔的。这是天子之位,居中,得正,天子感应人,天下肯定是和谐的。

上六,阴居阴位,得到正位。辅,是面颊的意思。感应触动了他的面颊舌,也就是要玩弄三寸不烂之舌,服人之口,不能服人之心。

研究本卦参考文献:

[1]李伯聪.咸卦和艮卦的性心理学解释[J].周易研究,2004(02):29-33.

[2]王宝红.《周易·咸卦》考[J].周易研究,2004(02):34-37.

[3]张再林.咸卦考[J].学海,2010(05):62-73.

[4]范爱理.取女吉与相感——咸卦爻辞新释[J].传承,2011(21):56-57.

①[清]陈梦雷:《周易浅述》,上海古籍出版社 1982 年版,第 122 页。

②[清]李光地著,刘大钧点校:《御纂周易折中》,巴蜀书社出版 1998 年版。

[5]钟志强.《周易》的夫妇伦理观念发微——以《咸卦》为中心[J].文艺评论,2011(10):157-160.
[6]刘天中.《周易·咸卦》解[J].周易研究,1990(01):22-29,21.
[7]陈科华.《周易》咸卦之有心与无心辨[J].益阳师专学报,1994(01):8-11.
[8]张惠仁.《周易·咸卦》涉性爻辞正义及其他——兼对潘光旦、李敖诸说质疑[J].中国文化,1996(01):213-220.

研究本卦代表性观点:

1.《周易尚氏学》:"咸感也。归藏曰钦。诗秦风忧心钦钦。传思望之。心中钦钦然。盖以少男仰求少女。有钦慕之情。是钦亦有感意。与咸义同。六爻皆有应。故曰亨利贞。少女在前。肖男在后。而艮为求。兑为悦。艮男求女。兑悦应之。得婚姻之正。故曰取女吉。"

2.《周易禅解》:"艮得干之上爻而为少男。如初心有定之慧。慧不失定者也。兑得坤之上爻而为少女。如初心有慧之定。定不失慧者也。互为能所。互为感应。故名为咸。约世道。则上下之相交。约佛法。则众生诸佛之相扣。约观心。则境智之相发。夫有感应。必有所通。但感之与应皆必以正。如世之取女。必以其礼。则正而吉矣。"

3.《周易本义》:"咸:亨,利贞,取女吉。取,七具反。咸,交感也。兑柔在上,艮刚在下,而交相感应,又艮止则感之专,兑说则应之至,又艮以少男下于兑之少女,男先于女,得男女之正,婚姻之时,故其卦为咸。其占亨而利贞,取女则吉。盖感有必通之理,然不以贞,则失其亨,而所为皆凶矣。"

第三十二卦　恒·雷风恒·震上巽下

䷟

恒:亨,无咎,利贞,利有攸往。

初六:浚恒,贞凶,无攸利。

九二:悔亡。

九三:不恒其德,或承之羞,贞吝。

九四:田无禽。

六五:恒其德,贞,妇人吉,夫子凶。

上六:振恒,凶。

恒卦,卦体是外卦(上卦)震☳、内卦(下卦)巽☴。卦象是雷和风,卦德是动和入。巽(风)下震(雷)上,为风雷交加。恒,是长久的意思。恒卦,有利于坚守正道。刚上柔下,雷风相与,恒卦是亨通顺利的,坚守正道,没有什么灾害。持之以恒,有利于奋斗。“恒卦的基本卦义是守恒而持久。刚上而柔下,雷风相与,巽而动,刚柔皆应,恒。震上巽下,震为雷,属于阳卦,性主动;巽为风,属于阴卦,性主顺。从筮法说,得此卦而占问有利;从哲理说,有恒,亨通,无咎,宜于守正,惟有恪守正道,方可以亨通长久。”①

初六,阴居阳位,不得正位。浚,深的意思。《孟子》:“使浚井。”浚恒,就是深深地求长久之道。这是初六,事情刚开始,虽然是正道,但是仍然是凶的,没有什么有利的。“初与四为正应、理之常也。然在下、未可深有所求。四震体、阳性动而不下、又为二三所隔、应初之意異乎常(文澜本“异乎常”作“甚微”矣。初之柔暗不能度势、巽性善(文澜本“善”作“务”)入故深。以常理求之、为浚恒之象。如是则虽贞亦凶、而无所利矣、况爻象本不正乎。”②

九二,阳居阴位,不得正位。悔,悔恨的意思。《论语》中说:“日知其所亡,月无忘其所能。”九二没有什么后悔遗憾的,因为,守正道。

九三,阳居阳位,得到正位。或是有的意思。陆德明《经典释文》中说:“或,有也。”如果不能长久地保持美好的品德,就会蒙受他人的羞辱,虽然正,但还是很令人惋惜的。

九四,阳居阴位,不得正位。田,打猎的意思。孔颖达《周易正义》中说:“田者,田猎也,以譬有事也。”九四,打猎,但是没有捕获到任何禽兽,因为不能恒常地处在你的位置上,怎么能够捕获到禽兽呢?

六五,阴居阳位,不得正位。夫子,先生的意思。制,裁制的意思。制义,以义裁制事。对于妇人而言,恒久地操持女性的贞德,这是女性的吉利的,但是对于先生来说,却是大灾害,说的是什么意思呢?女人从一而终,不改嫁他人,这是女性只知道柔顺,顺从丈夫;而作为大男人,遇到事情应果断处理,如果像女人那样只是顺从的话,结果当然有凶险了。“邱氏富国曰:二以阳居阴,五以阴居阳,皆位不当而得中者也。在二则‘悔亡’,而五有‘夫子凶’之戒者,盖二以刚中为常,而五以柔中为常也。以刚处常,能常者也。以柔为常,则是妇人之道,非夫子

---

①王子明:《守恒而持久——解读周易恒卦》,载《法制与社会》2011年第34期。

②[清]陈梦雷:《周易浅述》,上海古籍出版社1982年版,第126页。

所尚，此六五所以有从妇之凶。”①

上六，阴居阴位，得到正位。振，是动的意思。摇摆不定，不能坚守常久之道，肯定有凶险了。

研究本卦参考文献：

[1]王子明.守恒而持久——解读周易恒卦[J].法制与社会，2011(34)：171-172.

研究本卦代表性观点：

1.《周易尚氏学》：“咸男下女。男求女。得婚姻之正。夫妇之道既立。则长男在前。长女在后。夫唱妇随。终身以之。故受之以恒。恒常也。久也。卦六爻皆有应。故亨利贞。易林大畜之未济云。乾坤利贞。乳生六子。利贞者和合也。二五应初承重阳。四临重阴。故曰利有攸往。虞翻谓终变成益者是也。”

2.《周易禅解》：“夫感应之机。不可一息有差。而感应之理。则亘古不变者也。依常然之理而为感应。故泽山得名为咸。依逗机之妙而论常理。故雷风得名为恒。泽山名咸。则常即无常。雷风名恒。则无常即常。又咸是泽山。则无常本常。恒是雷风。则常本无常。二鸟双游之喻。于此亦可悟矣。理既有常。常则必亨。亦必无咎。但常非一定死执之常。须知有体有用。体则非常非无常。用则双照常与无常。悟非常非无常之体。名为利贞。起能常能无常之用。名利有攸往也。”

3.《周易本义》：“恒：亨，无咎，利贞，利有攸往。恒，常久也。为卦震刚在上，巽柔在下，震雷巽风，二物相与，巽顺震动，为巽而动。二体六爻，阴阳相应。四者皆理之常，故为恒。其占为能久于其道，则亨而无咎。然又必利于守贞，则乃为得所常久之道，而利有所往也。”

第三十三卦　遁·天山遁·乾上艮下

䷠

遁：亨，小利贞。

初六：遯尾，厉，勿用有攸往。

①[清]李光地著，刘大钧点校：《御纂周易折中》，巴蜀书社出版 1998 年版。

六二：执之用黄牛之革，莫之胜说。

九三：系遯，有疾厉，畜臣妾吉。

九四：好遯君子吉，小人否。

九五：嘉遯，贞吉。

上九：肥遯，无不利。

遁卦，卦体是外卦（上卦）乾☰、内卦（下卦）艮☶。遁，就是逃跑的意思，是隐遁的意思。艮（山）下乾（天）上，为天下有山。能够退避，是顺通的，小事能够成功。小人当道的时候，君子应同小人保持一定的距离，守正道，明哲保身，诸葛亮说："亲贤臣，远小人，此先汉所以兴隆也；亲小人，远贤臣，此后汉所以倾颓也。"亲近贤臣，疏远小人，这是先汉兴旺发达的原因；亲近小人，疏远贤臣，这是后汉倾覆衰败的原因。先帝在世时，诸葛亮说，每次和我谈论这些事情，没有不对桓、灵二帝的昏庸感到痛心遗憾的。

初六，阴居阳位，不得正位。尾，是后的意思。厉，是危险的意思。初六，是遁卦最开始的爻，退避在后面，处在这个时候，是不可以前往的。"遯而在后、尾之象。其势已危、欲往不及。然在下无位、所居不正。无德无位之凡民、遯亦无益。晦处静俟、庶可免耳。"①

六二，阴居阴位，得到正位。执，束缚的意思。革，兽皮去毛为革。说，就是脱的意思。莫之胜说，也就是没有人能够解脱的意思。意志坚定，就像用黄牛的皮捆绑起来的那样，没有人能够解脱。

九三，阳居阳位，得到正位。系遁，维系眷念，不肯隐遁。畜，是养的意思。惫，是困疲的意思。因为不肯隐遁，就像疾病缠身那样危险，养臣就和纳妾是一样的疲惫不堪，这时不能做大事，是吉利的。"苏氏濬曰：'畜臣妾吉'，示之以待小人之道，见其不可系也。盖小人之《易》亲，如臣妾之《易》以惑人，畜之法，止有不恶而严，严以杜其狎侮之奸，而不恶以柔其忿戾之气。用畜臣妾之法以畜之，庶可以免疾惫而吉耳。"②

九四，阳居阴位，不得正位。否，恶的意思。君子喜好隐遁，对于君子而言，该退就退，这是吉利的，而对于小人而言，小人不知道该退就退，那当然是没有什么

①［清］陈梦雷：《周易浅述》，上海古籍出版社1982年版，第129页。

②［清］李光地著，刘大钧点校：《御纂周易折中》，巴蜀书社出版1998年版。

好处的。《老子》第九章:“功成,名遂,身退,天之道。”劝人不居功自傲,不贪天之功。

九五,阳居阳位,得到正位。嘉,是美好的意思。有嘉美地隐遁而去,这是正而且吉利的。能够自如地隐退避让,坚守正道,就是吉利的。

上九,阳居阴位,不得正位。肥,多肉的意思,这里是富裕的意思。宽裕的退隐,这是无所不利的,就像是远走高飞一样,无论这时做什么,都不会有什么不利。

研究本卦代表性观点:

1.《周易尚氏学》:“遁月卦辟未。阴长阳消。小人道长。君子道消。遁者退也。避也。当阴盛之时。势须退避。否则其祸有不可胜言者矣。故曰遁亨。盖以行止论。洁身退隐。否所谓俭德避难也。无所谓亨。而以祸福论。防微虑远。不事王侯。高尚其事。优游事外。亨莫亨于是矣。故传曰适而亨也。阳大阴小。小利贞者。谓宜贞定也。传曰浸而长。谓阴方长。长则消阳。故利于静。不利于动也。”

2.《周易禅解》:“夫世间之道。久则必变而后通。进则必退而后久。此卦刚而能止。是不以进为进。而正以退为进者也。故亨。然说一退字。便有似于自利之小道矣。若充此小道。不几失立人达人之弘规乎。故诫以小利贞。言虽示同小道。而终利于大人之贞也。”

3.《周易本义》:“遁:亨,小利贞。遁,徒困反。遁,退避也。为卦二阴浸长,阳当退避,故为遁,六月之卦也。阳虽当遁,然九五当位,而下有六二之应,若犹可以有为。但二阴浸长于下,则其势不可以不遁,故其占为君子能遁则身虽退而道亨;小人则利于守正,不可以浸长之故,而遂侵迫于阳也。小,谓阴柔小人也。此卦之占,与《否》之初二两爻相类。”

第三十四卦 大壮·雷天大壮·震上乾下

大壮:利贞。

初九:壮于趾,征凶,有孚。

九二:贞吉。

九三:小人用壮,君子用罔,贞厉。羝羊触藩,羸其角。

九四:贞吉悔亡,藩决不羸,壮于大舆之輹。

六五：丧羊于易，无悔。

上六：羝羊触藩，不能退，不能遂，无攸利，艰则吉。

大壮卦，卦体是外卦（上卦）震☳、内卦（下卦）乾☰。卦象是雷和天，卦德是动和健。乾（天）下震（雷）上，为震雷响彻天上。大壮，是伟大强壮的意思。大为阳，小为阴，本卦一共四阳，因此，称为大壮。大壮，坚守正道，是吉利的。

初九，阳居阳位，得到正位。趾，是脚趾的意思。征，毛《诗》说："征，行也。"孚，诚信。有孚，就是有诚信的意思。大壮初九，强壮只在脚趾，这时候如果还强行前进的话，一定有凶险，如果本着诚实守信的精神的话，就不会有什么凶险。

九二，阳居阴位，不得正位。居中位，持正道，不过于强盛，这是既正又吉利的。

九三，阳居阳位，得到正位。罔，网的意思，也引申为无的意思。厉，是危险的意思。羝，公羊。藩，藩篱的意思。羸，是羸弱的意思。九三，在经过三个阳爻之后，形势非常的强大，即使小人也会利用这种形势，恃强好胜，而君子却不这样。就好像公羊用角去触藩篱，羊角被挂住了。"罔、宜如不思则罔之罔、冒昧而进也。过刚不中、当壮之时。在小人用之以为壮、君子用之为罔而已。血气之刚、无礼之勇、虽以九居三、正亦危矣。三四五为兑有羊象。三欲应上而隔于四。震为竹木、有藩象。阳刚欲进、有角象。为四所困、有羸象。此恃壮轻进而取困者也。"①

九四，阳居阴位，不得正位。决，是溃决的意思。舆，是车子的意思。輹，车轴的意思。大壮，九四，坚守正道，是吉利的，悔恨也没有了，藩篱都已经拆除，不在牵引着羊角了，车子坚固的车轮能负重载远了，也就是说君子可以行动了。

六五，阴居阳位，不得正位。易，是疆域、界限的意思。大壮的六五，在田边，丢失了羊，没有什么值得后悔的。丢羊，是因为居位不正的原因，不能损失了再亡羊补牢。"程传'羝羊'但取其用壮，故阴爻亦称之。六以阴处震终而当壮极，其过可知。如羝羊之触藩篱，进则碍身，退则妨角，进退皆不可也。才本阴柔，故不能胜己以就义，是不能退也。阴柔之人，虽极用壮之，心然必不能终其壮，有摧必缩，是不能遂也。其所为如此，无所往而利也。阴柔处壮，不能固其守，若遇艰困，必失其壮。失其壮则反得柔弱之分矣，是'艰'则得'吉'也。用壮则不利，知艰而处柔则吉也。居壮之终，有变之义也。"②

---

①［清］陈梦雷：《周易浅述》，上海古籍出版社 1982 年版，第 132 页。

②［清］李光地著，刘大钧点校：《御纂周易折中》，巴蜀书社出版 1998 年版。

上六，阴居阴位，得到正位。遂，达到目的的意思。公羊抵触藩篱，角被藩篱挂住，不能退，也不能前进，没有什么吉利的，但是如果不被艰难困苦所压垮，就会安然渡过难关，结果就能获得吉利。

研究本卦代表性观点：

1.《周易尚氏学》："杂卦云。大壮则止。序卦云。物不可以终壮。故授之以晋。晋者进也。是亦训为止。故与进对文。太玄拟为格。格阻也。亦止也。又拟为夷。夷伤也。故马虞训壮为伤。吴先生曰。伤则必止。二义相因。按说卦震为蕃。蕃有闭义。诗四国于蕃。笺云蕃屏也。周礼大司徒蕃乐。杜子春读蕃为藩。谓藩闭乐器而不用。是蕃与藩通。大壮之所以为止者。以震藩屏闭在前也。四不应初。二三遇敌。下阳全为四所格阻。故日曰贞。言利于贞定不动也。即止也。不止则伤。四五两爻是也。郑王谓为强盛。然注莫古于十翼。莫精于太玄。皆不如是言。疑非易本旨。"

2.《周易禅解》："夫退养之功愈密。则精神道德益壮。然大者既壮。不患不能致用。特患恃才德而妄动耳。利贞之诫。深为持盈处满者设也。"

3.《周易本义》："大壮：利贞。大，谓阳也。四阳盛长，故为大壮，二月之卦也。阳壮，则占者吉亨，不假言，但利在正固而已。"

第三十五卦　晋·火地晋·离上坤下

䷢

晋：康侯用锡马蕃庶，昼日三接。

初六：晋如，摧如，贞吉。罔孚，裕无咎。

六二：晋如，愁如，贞吉。受兹介福，于其王母。

六三：众允，悔亡。

九四：晋如硕鼠，贞厉。

六五：悔亡，失得勿恤，往吉无不利。

上九：晋其角，维用伐邑，厉吉无咎，贞吝。

晋卦，卦体是外卦（上卦）离☲、内卦（下卦）坤☷。卦象是火和地，卦德是丽和顺。晋，《说文解字》中说："晋，进也，日出万物进。"锡，就是赐的意思。蕃，是繁多的意思。庶，是众的意思。接，是胜的意思。康侯，即周武王弟姬封，初封于康，故称。《易·晋》:“康侯用锡马蕃庶，昼日三接。”高亨注:“康侯，周武王之弟，名封，故称康侯或康叔。”晋卦，光明，升进，就好像康侯一样，得到天子的赏赐很多，一天之内，被天子接见多次。君子应该充分显示自己的才华和美德。《易经》中掩藏着很多上古歌谣，比如迎日歌，其词云:

晋如摧如，晋如愁如。
受兹介福，于其王母。
晋如鼫鼠，失得勿恤。
晋其角，维用伐邑。
武家璧翻译如下：
催尔启程快晋升，
一路晋升急忙行。
前方吉祥有福佑，
王母授命加尔身。
进退首鼠可不能，
勿患得失快升进。
天涯海角晋其明，
伐鼓邑社告功成。

据武家璧考证中国上古盛行“迎日”祭拜活动。据歌词“晋其角”来看，可能与《周礼·冯相》所载“冬夏致日”的活动有关。《淮南子·天文训》:“日冬至，日出东南维，入西南维，夏至出东北维，入西北维。”《广雅·释言》:“维，隅也。”《素问·气交变大论》:“土不及四维。”王冰注:“维，隅也。”《周髀算经》卷下:“冬至昼极短，日出辰而入申……夏至昼极长，日出寅而入戌。”《论衡·说日》:“今案察五月之时，日出于寅，入于戌。……今夏日长之时，日出于东北，入于西北;冬日短之时，日出东南，入于西南;冬与夏日之出入，在于四隅。”①

《左传·昭公元年》载:“当武王，邑姜方娠大叔，梦帝谓己:予命而子曰虞，将与之唐，属诸参，而繁育其子孙。及生，有文在其手曰，虞，遂以命之。及成王灭唐，而封大叔焉。故参为晋星。”《史记·晋世家》载:“成王与虞戏，削桐叶为珪以

①武家璧:《〈周易·晋卦〉与“迎日歌”》，载《周易研究》2009 年第 5 期。

与叔虞,曰:‘以此封若。’史佚因请择日立叔虞。成王曰:‘吾与之戏耳’。史佚曰:‘天子无戏言。言则史书之,礼成之,乐歌之’。于是封叔虞于唐。唐在河汾之东方百里,故曰唐叔虞。姓姬氏,字子于。唐叔子燮,是为晋侯。”这就是著名的周成王“桐叶封弟”的故事。

初六,阴居阳位,不得正位。摧,是摧折的意思。罔,前文说过了,就是无的意思。裕,宽大、丰富的意思。开始前进就遇到了障碍,但是只要能够坚守正道,即使不能取信于民,把心放宽一些,同样是没有什么害处的。“居初应四、欲进者也。但所居既不中正、所应又不中正。四互二三为艮为止、有在下始进而见摧抑之象。与四正应、贞吉之象。互坎为狐疑、罔孚之象。坤土宽广、初在下、有宽裕无咎之象。盖当卑下之位、使以人之未信而戚戚不能自安、则有咎矣。故摧如在彼、吾不可以不贞。罔孚在彼、而吾不可以不裕。盖初以阴居阳非正、故戒以唯贞则吉。才柔志刚非裕、故戒之以唯裕则无咎。此君子之受抑而守正、以俟时者也。”①

六二,阴居阴位,得到正位。愁,就是忧愁的意思。介,是大的意思。前进时有忧愁,坚守正道,就是吉利的,可以从王母那里获得极大的恩惠和福泽。

六三,阴居阳位,不得正位。允,是信的意思。众允,得到大家的信任。所作所为已经得到了大家的认可,就没有什么后悔的。

九四,阳居阴位,不得正位。硕鼠,就是大老鼠的意思。这里有的版本写成鼫鼠,《说文解字》中说,鼫鼠有五种技能:“能飞不能过屋,能缘不能穷木,能游不能度谷,能穴不能掩身,能走不能先人。”在诸侯之位,应当柔进,不能迈进,不能贪婪,这就和没有什么专长的梧鼠一样,即使安分守己,也免不了灾祸。“程传以九居四,非其位也。非其位而居之,贪据其位者也。贪处高位,既非所安,而又与上同德,顺丽于上,三阴皆在己下,势必上进,故其心畏忌之。贪而畏人者,‘鼫鼠’也,故云‘晋如鼫鼠’。贪于非据,而存畏忌之心,贞固守此,其危可知。言‘贞厉’者,开有改之道也。”②

六五,阴居阳位,不得正位。恤,是忧愁的意思。处在天子之位,但是柔顺,没有什么后悔的,得失都没有什么忧愁,因为没有什么不利的地方。

---

①[清]陈梦雷:《周易浅述》,上海古籍出版社 1982 年版,第 134 页。
②[清]李光地著,刘大钧点校:《御纂周易折中》,巴蜀书社出版 1998 年版。

上九,阳居阴位,不得正位。角,是兽类突出的硬物。上九,在最上面,没有办法前进,就像到达兽角尖上一样。只有攻打不顺从的城邑,建立新的功勋,或许可以化险为夷,这样做了,没有什么过失。因为已经达到了顶点,就是吉利的,没有什么后悔的。

研究本卦参考文献:

[1]武家璧.《周易·晋卦》与"迎日歌"[J].周易研究,2009(05):32–42.
[2]王毅.《周易》晋卦"鼫鼠"新证[J].周易研究,2011(06):71–75.

研究本卦代表性观点:

1.《周易尚氏学》:"离出地居五。南面响明而治。故曰晋。晋进也。四诸侯。康美也。大也。礼祭统。康周公注。康犹褒大也。易林随之恒云。实沉参虚。封为康侯。康侯略如大侯。为诸侯之美称。犹诗之言齐侯。言平王也。坎为马。坤亦为马。坎为众。坤亦为众。故曰用锡马蕃庶。艮为手故曰锡。锡予也。言康侯恭顺。来宾于王。锡赉众多。杂卦。晋昼也。艮为手。数三。离为昼。故曰昼日三接。侯果曰。大行人职曰。诸公三响三问三劳。诸侯三响再问再劳。于男三响一问一劳。即天子三接诸侯之礼也。昼日三接。即一昼三觌也。"

2.《周易禅解》:"大壮而能贞。则可进于自利利他之域矣。当此平康之世。贤侯得宠于圣君。锡马蕃庶。锡之厚也。昼日三接。接之勤也。观心释者。妙观察智为康侯。增长称性功德为锡马蕃庶。证见法身理体为昼日三接。"

3.《周易本义》:"晋:康侯用锡马蕃庶,昼日三接。晋,进也。康侯,安国之侯也。锡马蕃庶,昼日三接,言多受大赐,而显被亲礼也。盖其为卦上离下坤,有日出地上之象,顺而丽乎大明之德,又其变自《观》而来,为六四之柔进而上行以至于五。占者有是三者,则亦当有是宠也。"

第三十六卦 明夷·地火明夷·坤上离下

䷣

明夷:利艰贞。

初九:明夷于飞,垂其翼。君子于行,三日不食,有攸往,主人有言。

六二:明夷,夷于左股,用拯马壮,吉。

九三:明夷于南狩,得其大首,不可疾贞。

六四:入于左腹,获明夷之心,出于门庭。

六五:箕子之明夷,利贞。

上六:不明晦,初登于天,后入于地。

明夷卦,卦体是内卦(下卦)离☲、外卦(上卦)坤☷,卦象是地和火,卦德是顺和明。离(火)下坤(地)上,离为火,代表光明,为光明入地下。象征着光明被阻。黑暗的时候,有利于在艰难中坚守正道。关于明夷本卦"返本归根"的宇宙观,王雷生在《〈周易·明夷卦〉及其历史故事新解》中引述的故事非常有意思,"据原苏联民族学家托卡列夫等人在其所著《澳大利亚和大洋洲各族人民》一书中介绍,澳洲土著不仅认为人死后,其灵魂要返回他出生的地方(第306页),而且在关于各类自然现象起源的神话中,由于他们通常把各种自然体人格化,赋予人的特性,因此,这些人格化的自然精灵像人一样也要返回自己的故里。始阿兰达人认为,太阳是帕依加婚姻级的妇女,她是在某个时候同两个姊妹一起从地下出来的,她把两个姊妹留在地上就升天去了,晚上降临以探望自己的故乡(第322页)。在我国古代,相传十个太阳为日神羲和所生,她们居住在东海外大壑,无底之谷,少昊—太阳之国(袁珂:《山海经校注》340页注[六])。每天早晨,日母羲和在甘泉中,把其中一个儿子洗干净后,送上扶桑树,使其精神饱满地巡天飞行(同上381至384页),晚上沦降,从大地背面向东驰行(《楚辞·东君》),再回到少昊——太阳之国,歇栖在扶桑树枝上,等待母亲沐浴后重新升天(《大荒东经》:"汤谷上有扶木,一日方至,一日方出")。据《楚辞·东君》说,那里还有太阳神宫呢!可见,在我国古人的观念里,东方地下(或海底,当出自滨海民族)即是太阳的出生地,也是太阳的归宿,则《明夷》本卦'日入地中"不过意味着太阳返回了自己的故乡罢了。"①

初九,阳居阳位,得到正位。翼,鸟的翅膀。在光明被阻的时候,要像鸟儿一样地迅速飞走,而且要低垂着翅膀以免被人察觉。君子此时前行,会多日没有食物吃,还会受到闲言碎语。"离为雉、有飞鸟之象。在下见伤犹浅、有飞而垂翼之象。行、往、皆去也。主人、所之之地主我者也。君子见机而作、行而三日不得食。

①王雷生:《〈周易·明夷卦〉及其历史故事新解》,载《周易研究》1999年第1期。

然宁不食、不可以不行、行重于食故也。所往之地主我者、或讶其去之早然宁[文澜本“早然宁”作“非宜、是”]主人有言、不可以不往。君子之独见、非众人所知也。大全以为伯夷太公之事、近之。”①

六二,阴居阴位,得到正位。股,是大腿的意思。第二爻位(六二),处在这种情况下,就像伤了左大腿一样,如果能借用好马,去救援,将会是有利的。

九三,阳居阳位,得到正位。冬天狩猎叫狩,大首,是指大的头领。君主在这种情况下,到南方去巡狩,将可以消灭大的首领。但是注意不要操之过急,要坚守正道。

六四,阴居阴位,得到正位。左腹,进入左方腹部,能够深入了解内中情况,于是坚定地跨出门庭,离开这里。“本义此爻之义未详,窃疑左腹者幽隐之处;‘获明夷之心于出门庭’者,得意于远去之义。言筮而得此者,其自处当如是也。盖离体为至明之德,坤体为至暗之地。下三爻明在暗外,故随其远近高下而处之不同。六四以柔正居暗地而尚浅,故犹可以得意于远去。五以柔中居暗地而已迫,故为内难正志以晦其明之象。上则极乎暗矣,故为自伤其明以至于暗,而又足以伤人之明。盖下五爻皆为君子,独上一爻为暗君也。”②

六五,阴居阳位,不得正位。箕子,是文丁的儿子,帝乙的弟弟,纣王的叔父,官太师,封于箕(今山西太谷、榆社一带),名胥余,作为中华第一哲人,在商周政权交替与历史大动荡的时代中,因其道之不得行,其志之不得遂,“违衰殷之运,走之朝鲜”,建立东方君子国,箕子那种自掩其聪明才智的做法,这样做有利于坚守正道。

上六,阴居阴位,得到正位。不明晦,就是没有光明,而且有黑暗。开始时在天空,后来却掉入地下。

研究本卦参考文献:

[1]王雷生.《周易·明夷卦》及其历史故事新解[J].周易研究,1999(01):71-77.

[2]顺真.周易明夷卦通解——文王、孔圣生死觀探微[J].贵州大学学报:社会科学版,2003(01):24-30.

[3]张闻玉.《易·明夷卦》探微[J].贵州大学学报:社会科学版,1995(04):38-41.

①[清]陈梦雷:《周易浅述》,上海古籍出版社1982年版,第137页。
②[清]李光地著,刘大钧点校:《御纂周易折中》,巴蜀书社出版1998年版。

研究本卦代表性观点：

1.《周易尚氏学》："郑云。夷伤也。日出地上。其明乃光。至其人地。明则伤矣。按二至四互坎。故曰艰。坤安故曰贞。利艰贞者。言当明夷之世。宜以艰苦贞定自守也。"

2.《周易禅解》："知进而不知退。则必有伤。夷者。伤也。明入地中。其光不耀。知艰贞之为利。乃所谓用晦而明。合于文王箕子之德矣。"

3.《周易本义》："明夷：利艰贞。夷，伤也。为卦下离上坤，日入地中，明而见伤之象，故为明夷。又其上六为暗之主，六五近之，故占者利于艰难以守正，而自晦其明也。"

第三十七卦　家人·风火家人·巽上离下

䷤

家人：利女贞。

初九：闲有家，悔亡。

六二：无攸遂，在中馈，贞吉。

九三：家人嗃嗃，悔厉吉；妇子嘻嘻，终吝。

六四：富家，大吉。

九五：王假有家，勿恤吉。

上九：有孚威如，终吉。

家人卦，卦体是内卦（下卦）离☲、外卦（上卦）巽☴，卦象是风和火，卦德是入和明。离（火）下巽（风）上，为风从火出。象征着外部的风来自于本身的火。《礼记·大学》中说："所谓治国必先齐其家者，其家不可教而能教人者无之。故君子不出家而成教于国。孝者，所以事君也；悌者，所以事长也；慈者，所以使众也。"君子需要修身，才能够齐家，齐家才能治国。家人卦应变法则是"孝悌为一切道德的根本，家庭是社会结构的基础，延伸来说，攘外必先安内，即诚意→正心→修身→齐家→治国→平天下。治家，首先应防患于未然，家庭主体，应当具备柔顺、谦逊、中正的德性；治家要求宁可过严，不可溺于亲情，失之于过分宽大，在家庭中，每一分子都应各尽本分，相亲相爱，必然和谐，欣欣向荣，而治家最基本的原则，在于诚信，以身作则，基于诚信的威严。”①

初九，阳居阳位，得到正位。闲，防范的意思。防范就有家，就没有后悔的事发生了。就是说治家要防患于未然。“离体中虚有家象。变艮为门为止、有防闲之之象。凡事谨始。初之时当闲、而九之刚明能闲之。盖离则有先见之明、阳刚则有威如之吉。如男不入、女不出、皆所以闲之也。推此类、凡事闲之于初、悔可无矣。然能谨闲可免悔、不闲且如何哉。”②

六二，阴居阴位，得到正位。遂，是前进的意思。馈，馈赠的意思。不要自作主张，追求功名，料理好家中的饮食起居就行了，一定是吉祥的。

九三，阳居阳位，得到正位。嗃嗃，紧张地呼吸的样子。治家很严厉，使得家里人呼吸都觉得困难，这样做是吉祥的。但是如果听凭妇人和孩子们打闹嬉戏，最终的结果决不会好。

六四，阴居阴位，得到正位。任何时候都能保住富贵的家，这是大吉大利的。也就是说无论经历什么风风雨雨，家依然是殷实的。

九五，阳居阳位，得到正位。假，是大的意思。恤，是忧的意思。王假，就是一家之主的意思。王假使家相亲相爱成为一家人，不要担心了，结果一定是吉祥的。“邱氏富国曰：三五阳刚，皆主治家者也。三刚而不中，失之过严，未免有悔厉之失。五刚而得中，威而能爱，尽乎治家之道者，故人无不化，可以勿忧恤而‘吉’也。或曰：治家之道尚严，在象以严正为吉，五以相爱为义，何也？曰：严以分言，正家之义也；爱以情言，假家之义也。假有感格之义，故以相爱言之。”③

上九，阳居阴位，不得正位。威如，是威严的样子。有孚，是诚信的意思。通过诚信，建立起自己的威信，结果肯定是吉利的。

研究本卦参考文献：

[1]王在华.《〈易经〉家人卦新释》[J].黑龙江史志，2010(15):58-60.

①王在华：《〈易经〉家人卦新释》，载《黑龙江史志》2010年第15期。

②[清]陈梦雷：《周易浅述》，上海古籍出版社1982年版，第140页。

③[清]李光地著，刘大钧点校：《御纂周易折中》，巴蜀书社出版1998年版。

研究本卦代表性观点：

1.《周易尚氏学》:“归藏曰散家人。卦以一阳一阴。散处于卦内。又上卦巽风。下卦火炎上。均有敬意。故以为名乎。马融曰。家人以女为奥主。长女中女。各得其正。故曰利女贞。然象传曰。男正位乎外。似家人兼男女言。特女尤利耳。又考太玄拟家人为居。云踞肤赫赫。为物城郭。万物咸宅。是以家人初上爻皆阳。故曰肤。曰城郭。而人宅其中。故曰家人也。义似较各家为优。二四得正。承阳有应。故利于女子之占也。”

2.《周易禅解》:“欲救天下之伤。莫若反求于家庭。欲正家庭之化。莫若致严于女贞。牝鸡之晨。维家之索。不可以不诫也。佛法释者。观行被魔事所扰。当念唯心。唯心为佛法之家。仍须以定资慧。以福助智。以修显性。名利女贞。”

3.《周易本义》:“家人:利女贞。家人者,一家之人。卦之九五、六二,外内各得其正,故为家人。利女贞者,欲先正乎内也。内正则外无不正矣。”

第三十八卦　睽·火泽睽·离上兑下

睽:小事吉。

初九:悔亡,丧马勿逐,自复;见恶人无咎。

九二:遇主于巷,无咎。

六三:见舆曳,其牛掣,其人天且劓,无初有终。

九四:睽孤,遇元夫,交孚,厉无咎。

六五:悔亡,厥宗噬肤,往何咎。

上九:睽孤,见豕负涂,载鬼一车,先张之弧,后说之弧,匪寇婚媾,往遇雨则吉。

睽卦,卦体是内卦(下卦)兑☱、外卦(上卦)离☲。卦象是火和泽,卦德是明和悦。兑(泽)下离(火)上,为水火相遇。象征对立。睽,是违背的意思。求大同,存小异,这是吉利的。李尚信对此卦的解释“睽是睽乖之义,睽乖之所以能通,是因为本卦还有逊退之象义。卦辞之所以仅‘小事吉’,是因为逊退只能用于非原则性冲突,或者仅作为一种策略运用。初九爻:‘丧马’是睽,‘勿逐自复’是通;‘见恶人’是睽,‘无咎’是通。九二爻:臣仆遇主人,本应退避,但‘遇主于巷’,避无所避,是睽;因属情势所逼,自身无过,故‘无咎’,是通。六三爻:受刑者艰难赶车,是睽;因赶车很卖力,喻能洗心革面,终能获吉,是通。九四爻:睽孤无助，是睽；遇元夫得助，是通。六五爻：同宗之间有乖违之事，是悔，是睽；乖违之事消解，故同宗之人一起登上宗祠吃肉庆祝，是通。上九爻：求婚或娶亲队伍似寇盗，是睽；'往遇雨则吉'，是通。"[①]

初九，阳居阳位，得到正位。这个时候，是事与愿违的时候，没有什么可以后悔的。即使马跑失了，不要去追，它自己会回来的，遇到了恶人，要注意沟通，即使遇到了，但是也没有什么坏处的。"初无正应、宜有悔也。然居睽之时、阳刚得正、悔亦可亡。下卦为兑为毁折、有所丧失之象。四互三五为坎为亟心之马、有丧马勿逐自复之象。坎又为盗、恶人之象。见恶人亦可无咎。所谓见者、不得已而遇之之词。如孔子之于阳货也。若往求见、则为逐矣。此爻言当睽之时、正应不可必得、不可强人之合。惟去者不追、听其自还。来者不拒、虽恶人亦见。其善于处睽者也。"[②]

九二，阳居阴位，不得正位。在小的街道里遇到了君主，这不合常规，但是也没有什么灾害的。

六三，阴居阳位，不得正位。舆，是车的意思。曳，是牵引的意思。掣，是拉的意思。劓，是割鼻子的刑罚。看见车子被拖住，他的牛被牵拉。好像他的主人受到了被割掉头发和割掉鼻子的刑罚，开始时形势不利，但最终还是可以达到自己的目的的。

九四，阳居阴位，不得正位。孤，孤单的意思。元夫，大丈夫的意思。在孤单的时候，遇到了大丈夫，彼此信任，虽有危险，但没有什么灾害的。

六五，阴居阳位，不得正位。厥，其的意思。宗，同族为宗。噬，是咬的意思。没有什么后悔了，就像他的皮肤被咬一样，也就是说这个时候，即使有切肤之痛的话，也没什么大的灾害。"胡氏炳文曰：《噬嗑》六二曰'噬肤'，《睽》六五以九二为'厥宗噬肤'，《睽》二变即《噬嗑》也。或曰：二至上有《噬嗑》象，二五刚柔得中，故五以二为'宗'，其合也，如'噬肤'之易；二以五为主，其合也，有于巷之遭。'宗'，亲之也，上当以情亲下也。主，尊之也，下当以分严上也。"[③]

上九，阳居阴位，不得正位。豕，猪。涂，即途，道路的意思。弧，弓箭的意思。

---

①李尚信：《睽而知其类，异而知其通——〈周易〉睽卦卦爻辞新释》，载《周易研究》2012年第1期。

②[清]陈梦雷：《周易浅述》，上海古籍出版社1982年版，第143页。

③[清]李光地著，刘大钧点校：《御纂周易折中》，巴蜀书社1998年版。

说,同脱,是脱离的意思。看见陷入泥土之中的猪和装满了鬼的车子,就先拉开了弓,但是冷静一看,不是什么鬼,后来又放下了弓。不是什么强盗,而是一场君臣的遇合,即使这个时候遇到大雨,或者什么麻烦事,也是吉利的。

研究本卦参考文献:

[1]廖名春.楚简《周易》睽卦新释[J].周易研究,2006(04):32-38.

[2]李尚信.睽而知其类,异而知其通——《周易》睽卦卦爻辞新释[J].周易研究,2012(01):37-42.

研究本卦代表性观点:

1.《周易尚氏学》:"归藏作瞿。说文鹰隼视也。礼玉藻视容瞿瞿。注惊视不审貌。夫惊而惧。视而不审。则视象必至乖违明矣。至周易曰睽。义与瞿略同。睽乖也。说文目不相听也。卦三至五两目相背。相背则视乖。听从也。不相从。则一目视为彼。一目视为此。如三上所言是也。盖卦之得名。全以卦象。六书故。睽反目也。与说文义同。自反目之义失。旧解于三上爻辞皆莫详其故矣。小谓阴。六五得中有应。故小事吉也。"

2.《周易禅解》:"夫善修身以齐家者。则六合可为一家。苟齐之不得其道。则一家之中睽隔生焉。如火与泽。同在天地之间。而上下情异。又如二女。同一父母所生。而志不同行。是岂可以成大事乎。姑任其火作火用。泽作泽用。中女适张。小女适李可耳。观心者亦复如是。出世禅定。世间禅定。一上一下。所趣各自不同。圆融之解未开。仅可取小证也。"

3.《周易本义》:"睽:小事吉。睽,苦圭反。睽,乖异也。为卦上火下泽,性相违异;中女、少女,志不同归,故为睽。然以卦德言之,内说而外明。以卦变言之,则自《离》来者,柔进居三,自《中孚》来者,柔进居五,自《家人》来者兼之。以卦体言之,则六五得中,而下应九二之刚。是以其占不可大事,而小事尚有吉之道也。"

第三十九卦　蹇·水山蹇·坎上艮下

蹇:利西南,不利东北;利见大人,贞吉。

初六:往蹇,来誉。

六二:王臣蹇蹇,匪躬之故。

九三:往蹇来反。

六四:往蹇来连。

九五:大蹇朋来。

上六:往蹇来硕,吉;利见大人。

蹇卦,卦体是内卦(下卦)艮☶、外卦(上卦)坎☵,卦象是山和水,卦德是险和止。(山)下坎(水)上,为高山上积水。蹇,《说文解字·足部》曰:“跛也,从足,寒省声。”“蹇”是个形声字,“足”为义符,本指人的足是跛足。《广雅·释诂》云:“难也。”蹇,是灾难的意思。在灾害来临的时候,有利西南,不利于东北,有利于见大人,坚守正道,是吉利的。王弼注曰:“处艰难之时,履当其位,居不失中,志匡王室,以应于五。不以五在难中,私身远害,执心不回,志匡王室者也。”孔颖达疏曰:“王谓五也,臣谓二也,九五居于王位而在难中,六二是五之臣,往应于五。履正居中,志匡王室,外能涉蹇难,而往济蹇,故曰‘王臣蹇蹇’也。尽忠于君,匪以私身之故而不往济君,故曰‘匪躬之故’。”①

初六,阴居阳位,不得正位。誉,就是荣誉的意思。进是往的意思,退是来的意思。前进就会有险境,后退就会得到赞美。这种情况下,最好是等待时机。

六二,阴居阴位,得到正位。匪,就是非的意思。臣子处在危难之中,是为了君主,而不是为了自己的缘故。“六二与五为正应、辅五以济蹇者、有王臣之象。他爻外卦一坎而已。二互三四又得坎体、有蹇而又蹇之象。入难之深、致身王事。非为私也、故曰匪躬之故。他爻皆喜来恶往、二五独不然。五乃济蹇之君、二之柔顺中正、济蹇之臣也。当蹇之任、鞠躬尽力而已。成败利钝、皆非所计。故不言吉凶也。”②

九三,阳居阳位,得到正位。反,就是往返的意思。前进就会有危难,最好还是退回原地。

六四,阴居阴位,得到正位。连,就是合,就是同舟共济的意思。处在危险的环境中,必须联合其他的力量,才能摆脱困境。

九五,阳居阳位,得到正位。处在天下灾难的时候,这时臣子亲朋好友都要

---

①《十三经注疏》上册,中华书局1980年影印本,第51页

②[清]陈梦雷:《周易浅述》,上海古籍出版社1982年版,第147页。

来帮助，才能度过困难。“案 二五独无‘往’‘来’之义，盖君臣相与济蹇者，其责不得辞，而于义无所避。犹之《遯》卦诸爻皆‘遯’，六二独以应五，而固其不遯之志也。胡氏之说得之。凡《易》之应，莫重于二五，故二之称‘王臣’者，指五也；五之称‘朋来’者，指二也。如在下者占得五，则当念国事之艰难，而益致其匪躬之节。如在上者占得二，则当谅臣子之忠贞，而益广其‘朋来’之助。正如朱子说《乾》卦二五相为宾主之例也。推之《蒙》、《师》诸卦。无不皆然。”①

上六，阴居阴位，得到正位。硕，是大的意思。如果前进就会陷入危险境地，退回来是吉利的，有利于出现大人物。

研究本卦参考文献：

[1]熊津津.谈《周易》中面对困难的智慧——从屯卦、坎卦、蹇卦、困卦中解读[J].黑龙江教育学院学报，2011(08)：114-115.

[2]高华平，杨瑰瑰.《周易·蹇卦》卦名、卦爻辞及卦义的演变——兼论屈原与易学的关系[J].江汉论坛，2012(05)：105-110.

研究本卦代表性观点：

1.《周易尚氏学》：“重坎故曰蹇。坤在西南。五往居坤中。得中有应。放曰利西南。艮居东北。三阳穷于上而多凶。故不利东北。大人谓五。往得尊位。故利于出见。传所谓往有功也。往五当位居中。故贞吉。”

2.《周易禅解》：“大凡乖异不合。则所行必多阻难。然正当阻难时。岂无拯难良策哉。往西南。则说也。顺也。明也。拯难之要道也。往东北。则止也。险也。益其蹇而已矣。惟大人能济蹇。惟正道能出蹇。蹇故可以动心忍性增益其所不能而吉。”

3.《周易本义》：“蹇：利西南，不利东北，利见大人，贞吉。蹇，纪免反。蹇，难也；足不能进，行之难也。为卦艮下坎上，见险而止，故为蹇。西南平易，东北险阻。又，艮，方也，方在蹇中，不宜走险。又卦自《小过》而来，阳进则往居五而得中，退则入于艮而不进。故其占曰利西南，不利东北。当蹇之时，必见大人，然后可以济难。又，必守正，然后得吉。而卦之九五，刚健中正，有大人之象。自二以上，五爻皆得正位，则又贞之义也。故其占又曰利见大人，贞吉。盖见险者贵于能

①[清]李光地著，刘大钧点校：《御纂周易折中》，巴蜀书社1998年版。

止，而又不可终于止。处险者利于进，而不可失其正也。”

第四十卦　解·雷水解·震上坎下

䷧

解：利西南，无所往，其来复吉。有攸往，夙吉。

初六：无咎。

九二：田获三狐，得黄矢，贞吉。

六三：负且乘，致寇至，贞吝。

九四：解而拇，朋至斯孚。

六五：君子维有解，吉；有孚于小人。

上六：公用射隼，于高墉之上，获之，无不利。

解卦，卦体是内卦（下卦）坎☵、外卦（上卦）震☳，卦象是雷和水，卦德是动和险。坎（水）下震（雷）上，坎又代表雨。解，就是解除的意思。解除灾难，对于西南位来说，是吉利的，即使没有什么前往，而是退回来，是吉利的，也就是说前进，迟早是吉利的。《论语》中曰：“君子喻于义，小人喻于利。”（《里仁》）什么是“君子”“小人”？杨伯峻指出：“《论语》的‘君子’，有时指‘有德者’，有时指‘有位者’。”①“‘君子’即为‘君’的后代——这里的‘君’，包括天子、国君即诸侯、家君即大夫等，其子孙繁衍生息，即形成一个庞大的‘君子阶层’。而在当时的宗法血缘社会里，‘君’即统治者的后代生来就具有进入统治阶层的资格，所以‘君子’就成为当时社会统治阶层成员的通称。‘君子’在社会中具有较高的地位，故又称‘大人’，与此相对应的就是‘小人’。‘小人’又称‘野人’、‘鄙人’、‘庶人’，本指众多在城外田野上劳作之人，他们的职责是通过赋税徭役等形式，为住在城里的君子阶层成员提供生活上的保障。”②

初六，阴居阳位，不得正位。除是暗含柔的意思，在灾难刚解除的时候，处在刚柔相济的地位，没有什么过失和不当的。

九二，阳居阴位，不得正位。田，是打猎的意思。黄矢，黄是中的意思，矢是箭

---

①杨伯峻：《论语译注》，中华书局 1980 年版，第 2 页。

②黎红雷：《“位”与“德”之间——从《周易·解卦》看孔子“君子小人”说的纠结》，载《孔子研究》2012 年第 1 期。

的意思，箭的中部，不偏不倚。打猎时捕获许多只狐狸，又得到了执中的黄矢，这将会是很吉利的。“狐者、邪媚之兽。本义谓卦凡四阴、除六五君位、余三阴、狐之象也。今按、三阴爻上得正而初在下有应、爻辞皆不深贬。唯三不中不正、又无正应、又居下卦之上、犹小人以邪媚居高位者。当解之时、小人而在高位、在所必去。唯二以阳刚能去之。又坎为狐。六三居三之位、故有田获三狐之象。黄、中色。矢、直物。九二居中、有刚直之德、有得黄矢之象。九居二若非正、而中、自无不正矣、故曰贞吉。此大臣得君、能去邪佞以行其中直之道者也。”①

六三，阴居阳位，不得正位。负，是背的意思。处在灾害解缓的时候，既背着东西，又乘着车子，这容易招致强盗来，结果是不利的。

九四，阳居阴位，不得正位。拇，大的手指是拇，是指自我为大的意思。解除你自以为大的成分，朋友才会来到你身边，对你很真诚。同时也要摆脱小人的纠缠，因为此爻其所处的位不正。“程传九四以阳刚之才居上位，承六五之君，大臣也。而下与初六之阴为应，‘拇’，在下而微者，谓初也。居上位而亲小人，则贤人正士远退矣。斥去小人，则君子之党进而诚相得也。四能解去初六之阴柔，则阳刚君子之朋来至而诚合矣。不解去小人，则己之诚未至，安能得人之乎也。初六其应，故谓远之为解。”②

六五，阴居阳位，不得正位。维，就是唯一，只的意思。君子只有解除灾难，才会吉利的，也只有这时，才有可能去赢得小人的信服。

上六，阴居阴位，得到正位。隼，是一种猛的鸟类。墉，是城墙的意思。悖，是违背的意思。王公射杀城墙上的隼鸟，没有什么不利的。

研究本卦参考文献：

[1]黎红雷.“位”与“德”之间——从《周易·解卦》看孔子“君子小人”说的纠结[J].孔子研究，2012(01):10-19.

[2]刘大钧.序《卦序与解卦理路》[J].天水师范学院学报，2009(03):141-142.

[3]王在华.《易经》解卦新释[J].商业文化(学术版)，2009(10):190-191，299.

[4]桑东辉.司法审判的《易经》探源二——解卦新解[J].中南大学学报：社会科学版，2008(01):80-83.

[5]刘大钧.序《卦序与解卦理路》[J].周易研究，2008(05):18-20.

①[清]陈梦雷:《周易浅述》，上海古籍出版社1982年版，第150页。

②[清]李光地著，刘大钧点校:《御纂周易折中》，巴蜀书社1998年版。

研究本卦代表性观点：

1.《周易尚氏学》："震出险故曰解。归藏作荔。荔与离通。上林赋。荅还离支。离支即荔支。千禄字书。离支。俗作荔支。是离荔音同通用。离即解也。义与周易同。坤位西南。四居坤初。前临重阴、阳得阴则通。故利西南。五得敌。故不利往。来复于二。各当其位。故曰其来复吉。有攸往。谓二往五。夙早也。礼记孔子间居。夙夜基命有密。疏夙即听也。听明也。二坎为夜。五震为晨。二往五则由夜及晨而天明矣。明故吉也。旧解于吉之故。皆言早往得位故吉。而王注诂夙为速尤误。岂知诗书皆以夙与夜对言。夙为早者。言早晨也。非速也。"

2.《周易禅解》："世间之局。未有久蹇窒而不释散者。方其欲解。则贵刚柔相济。故利西南。及其既解。则大局已定。更何所往。唯来复于常道而已。设有所往。皆当审之于早。不审辄往。凶且随之。宁得吉乎。此如良将用兵。只期归顺。良医用药。只期病除。观心修证。只期复性。别无一法可取着也。"

3.《周易本义》："解：利西南，无所往，其来复吉，有攸往，夙吉。解，音蟹。《彖传》、《大象》同。解，难之散也。居险能动，则出于险之外矣，解之象也。难之既解，利于平易安静，不欲久为烦扰。且其卦自《升》来，三往居四，入于坤体，二居其所，而又得中，故利于西南平易之地。若无所往，则宜来复其所而安静。若尚有所往，则宜早往早复，不可久烦扰也。"

第四十一卦 损·山泽损·艮上兑下

䷨

损：有孚，元吉，无咎，可贞，利有攸往？曷之用，二簋可用享。

初九：已事遄往，无咎，酌损之。

九二：利贞，征凶，弗损益之。

六三：三人行，则损一人；一人行，则得其友。

六四：损其疾，使遄有喜，无咎。

六五：或益之，十朋之龟弗克违，元吉。

上九：弗损益之，无咎，贞吉，利有攸往，得臣无家。

损卦，卦体是内卦(下卦)兑☱、外卦(上卦)艮☶，卦象是山和泽，卦德是止和悦。兑(泽)下艮(山)上，为山下有湖泽。象征着减损，损失。簋，是一种盛饭用的器具。享，是献的意思。在损失的时候，要有诚信，这是大吉大利的，没有什么害处。坚守正道，可以前往，有什么用呢，因为减损了，所以要节俭。虞翻曰：“坎为‘疑’，上益三成坎，故‘三则疑’。”荀爽曰：“一阳在上则教令行，三阳在下则民众疑也。”孔颖达《正义》曰：“‘三则疑’者，言一人则可，三人益加疑惑也。”程颐《周易程氏传》曰：“一人行而得一人，乃得友也。若三人行，则疑所与矣，理当损去其一人，损其余也。”故《子夏易传》曰：“‘六三，三人行则损一人，一人行则得其友。’《象》曰：‘一人行，三则疑也。’一与一则志专而相应也，一以待而二以应之则惑矣，而况于三乎？于男女则不化生矣，于所求累其德矣，于建策则多劳而寡功矣，可以不慎乎故三阴行则损六三之应，六三独往则获上矣。”①王弼《周易注》曰：“损之为道，损下益上，其道上行。三人，谓自六三已（以）上三阴也。三阴并行，以承于上，则上失其友，内无其主，名之日益，其实乃损。故天地相应，乃得化醇；男女匹配，乃得化生。阴阳不对，生可得乎？故六三独行，乃得其友，二阴俱行，则必疑矣。”

初九，阳居阳位，得到正位。已事，是已经成为事实的事。遄，速度快。在减损的时候，已经成为事实了，应该做的只能赶紧停止减损，没有什么害处。要开源节流，再三斟酌把握分寸。

九二，阳居阴位，不得正位。在天下损的时候，有利于坚守正道，不要再继续减损了，否则，就有灾害了。“二刚中、无有不正。然不能自守而妄进、则不正矣。故戒以征凶也。弗损益之、盖损己益人者、益止于所损。以弗损为益、其益已无方。初曰酌损、二则弗损者。初以刚居刚、势处有余、在所宜损。二以刚居柔、已得其中、又为说体、若过损以益上、是屈己以取媚、非贞者矣。故弗损者、不变其所守也。然以阳刚与六五相应、刚柔相济、五已受其益、是弗损而有以益之也。”②

六三，阴居阳位，不得正位。三个人一同前进，在减损的时候，容易会使一个人受到伤害；一个人独自行动，就会专心一意地寻求伙伴，最终能遇到志同道合的朋友。

六四，阴居阴位，得到正位。在诸侯之位，减损自身的缺点，就能很快地得到喜事，不会有任何灾祸。“程传四以阴柔居上，与初之刚阳相应，在损时而应刚，能自损以从刚阳也，损不善以从善也。初之益四，损其柔而益之以刚，损其不善

①转引邓球柏：《精诚致一 友谊永恒——〈周易〉损卦六三爻辞试解》，载《哲学研究》2002年第11期。
②［清］陈梦雷：《周易浅述》，上海古籍出版社1982年版，第153页。

也，故曰‘损其疾’。‘疾’，谓疾病，不善也。损于不善，唯使之遄速，则‘有喜’而‘无咎’。人之损过，唯患不速，速则不致于深过，为可喜也。”①

六五，阴居阳位，不得正位。十朋之龟，孔颖达疏：“朋、党也者，马、郑皆案《尔雅》云：十朋之龟者，一曰神龟，二曰灵龟，三曰摄龟，四曰宝龟，五曰文龟，六曰筮龟，七曰山龟，八曰泽龟，九曰水龟，十曰火龟。”《艺文类聚》卷九六引晋郭璞《尔雅图赞·龟》：“天生神物，十朋之龟，或游于火，或游于蓍。”在减损的时候，竟然有人送来价值十朋的龟，不能推脱，这是大吉大利的。

上九，阳居阴位，不得正位。物极必反，自己减损实际上使他人受益，这没有什么害处，占卜的结果是吉利的，这时候前去做事，万民归心。

研究本卦参考文献：

[1]邓球柏.精诚致一友谊永恒——《周易》损卦六三爻辞试解[J].哲学研究，2002(11):46-49.

研究本卦代表性观点：

1.《周易尚氏学》：“贞我悔彼。以我之阳。益彼之上。故曰损。归藏作员。朱彝尊谓即损卦。然归藏以益为诚。则此未必取义于损。按员古作云。商颂景员维何。笺员古文作云。以此例之。归藏必原作云也。说文。云山川气也。象回转形。后人加雨作云。是云即云字。卦上艮下兑。说卦由泽通气。气即云。中互坤。坤正为云。卦二至上正反震。震为出。云出泽中。至上而反。正回转之形。与说文合。与卦象合。六爻皆有应。故曰有孚。二阳遇阴。乾元通。故曰元吉。可贞。言二不宜升毛再损也。利有攸往谓上也。上九下乘重阴。颐曰利涉大川。利涉即利往也。尔雅释诂。曷止也。而曷与愒通。诗大雅。汔可小愒。传愒息也。息止义同。故集韵云。愒或作曷也。而愒与甜通。诗甘棠篇。召伯所矩。释文。憩本又作愒。曷之用言憩息之时也。上卦艮。故云憩。震为簋。坤数二。故曰二簋。况为亨。亨飨通。左传成幺十二年享以训恭俭。释文享本亦作飨。又庄四年止而飨之。周语。大臣飨其禄。注皆训飨为食。易之用二簋可用享。言当休暇之时。可以二簋为亨。二篮虽俭。然处损时。亦可也。清儒承荀氏旧说。见言簋即以为祭宗庙。侈陈礼制。岂知仪礼公食大夫扎。宰夫启簋。

①[清]李光地著，刘大钧点校：《御纂周易折中》，巴蜀书社1998年版。

诗秦风于我乎食四簋。凡宴享皆用簋。非必祭宗庙始用也。且于易义之谓何矣。崔憬以曷为何。荀爽等只说二簋可用享。不及曷义。于是清儒如惠栋焦循张惠言孙星衍等。亦不释曷义。只一姚配中袭崔憬说。疑非也。”

2.《周易禅解》:“难既解矣。相安于无事。必将剥民以奉君。此世道之损也。惑既治矣。从此增道损生。此观心言损也。且以世道言之。凡为上者。必其劳而不怨。欲而不贪。真足以取信于民。则虽损之而元吉无咎。凡为下者。必以可贞之事益上。勿贡谀。勿献异。勿开劳民伤财种种弊端。则利有攸往。盖下事上。犹人事天地鬼神祖宗也。享以其诚。不以其物。虽二簋便可用享。岂以多物为敬哉。观心者。信佛界即九界。故元吉无咎。知九界即佛界。故不动九界而利往佛界。不坏二谛而享于中道也。”

3.《周易本义》:“损:有孚,元吉、无咎、可贞、利有攸往。损,减省也。为卦损下卦上画之阳,益上卦上画之阴,损兑泽之深,益艮山之高,损下益上,损内益外,剥民奉君之象,所以为损也。损所当损,而有孚信,则其占当有此下四者之应矣。曷之用?二簋可用享。簋,音轨。言当损时,则至薄无害。”

第四十二卦　益·风雷益·巽上震下

益:利有攸往,利涉大川。

初九:利用为大作,元吉,无咎。

六二:或益之,十朋之龟弗克违,永贞吉。王用享于帝,吉。

六三:益之用凶事,无咎。有孚中行,告公用圭。

六四:中行,告公众。利用为依迁国。

九五:有孚惠心,勿问元吉。有孚惠我德。

上九:莫益之,或击之,立心勿恒,凶。

益卦,卦体是内卦(下卦)震☳、外卦(上卦)巽☴,卦象是风和雷,卦德是入和动。震(雷)下巽(风)上,为狂风和惊雷互相激荡。益,就是增加的意思。在增加的时候,有利于前往做事,有利于去跋涉大川。

初九,阳居阳位,得到正位。大作,不是一个文学爱好者或者作家的文本,而是大的事情,古代是农耕社会,最大的事情就是农耕。利用增加的,做一些农事,这是大吉大利的,没有什么害处。“阴小阳大。初刚在下、与四正应。六四近君、信任乎初、正受上之益者。又震体主动、故有利用大作之象。盖初以在下受上之益、非大有作为无以报效、故利用大作。然所作不尽善、未免于有咎矣。越分图事必出万全、得尽善之吉、乃可无咎也。他卦元吉以效言、此以功言。”①

六二,阴居阴位,得到正位。在增加的时候,这个时候还有人送来价值昂贵的龟,也没有办法退掉,在这个时候占卜,他的结果永远是吉利的,君王如果在这个时候把增加的用来祭祀天祈福保佑,这也是吉利的。

六三,阴居阳位,不得正位。凶礼指的是丧礼、荒礼、吊礼、禬礼、恤礼五者。《周礼·春官·大宗伯》中说:“以丧礼哀死亡,以荒礼哀凶札,以吊礼哀祸灾,以桧礼哀围败,以恤礼哀寇乱。”圭,是中国古代贵族朝聘、祭祀、丧葬时的礼器。根据大小,区别尊卑。中国古代在祭祀、宴飨、丧葬等活动中使用的器具有地位、身份和权力的区别。比如炊器有鼎、鬲、甑、甗;食器有簋、簠、盨、敦、豆;酒器有爵、斝、觚 、觯、觥、尊、卣 、壶、罍、瓿;玉器有璧、琮 、圭、璋、钺等。在增加的时候,即使使用凶礼来做事,也是没有什么害处的。保持诚实守信,坚守中庸之道行事,用相告语必须使用圭,否则是有害的。

六四,阴居阴位,得到正位。坚守中庸之道行事,有事求告于王公的话,王公会很乐意接受迁徙国都这样的大事。“蔡氏清曰:当《益》之时,概当得益,而居于之上,乃危地也,故独为‘益之’以‘凶事’之象。虽益之而以凶事,虽凶事亦益之也。所谓苦其心志,行拂乱其所为,所以动心忍性,增益其所不能者也。其功夫又在‘有孚中行’上。”②

九五,阳居阳位,得到正位。惠,是恩惠的意思。有孚,是诚信的意思。在增益的时候,诚信地布施恩泽,不必说,肯定是大吉大利的,诚信还能布施恩德,天下人都感激我的大恩大德。

上九,阳居阴位,不得正位。增加到了极点的时候,物极必反,过犹不及,在这个位上,不能再增加了,有人会去攻击,如果你的内心不能恒定,那就会有灾害了。

---

①[清]陈梦雷:《周易浅述》,上海古籍出版社 1982 年版,第 158 页。

②[清]李光地著,刘大钧点校:《御纂周易折中》,巴蜀书社出版 1998 年版。

研究本卦代表性观点：

1.《周易尚氏学》："贞我悔彼。以彼之阳。下来益我。故曰益也。归藏曰诚。说文。诚和也。书召诰。其丕能诚于小民。注亦训诚为和。风雷同声相应。和之至也。是周易以阳爻上下言。故曰益。归藏合上下卦言曰诚也。利有攸往。谓五。五既中且正。传所谓中正有庆也。利涉大川谓初。坤大川。震为舟。初阳遇阴而通。故曰利涉。传所谓术道乃行也。"

2.《周易禅解》："损而有孚。则与时偕行。可以致益。此世间盈虚消息之理也。增道损生。则日进于自利利他之域。此观心成益也。攸往以处常。涉川以处变。苟得其益之道。则无不利矣。"

3.《周易本义》："益：利有攸往，利涉大川。益，增益也。为卦损上卦初画之阳，益下卦初画之阴，自上卦而下于下卦之下，故为益。卦之九五、六二，皆得中正。下震上巽，皆木之象，故其占利有所往，而利涉大川也。"

第四十三卦　夬·泽天夬·兑上乾下

䷪

夬：扬于王庭，孚号，有厉，告自邑，不利即戎，利有攸往。

初九：壮于前趾，往不胜为吝。

九二：惕号，莫夜有戎，勿恤。

九三：壮于頄，有凶。君子夬夬，独行遇雨，若濡有愠，无咎。

九四：臀无肤，其行次且。牵羊悔亡，闻言不信。

九五：苋陆夬夬，中行无咎。

上六：无号，终有凶。

夬卦，卦体是内卦（下卦）乾☰、外卦（上卦）兑☱，卦象是天和泽，卦德是健和悦。乾（天）下兑（泽）上，为湖水蒸发上天。夬，排除的意思。小人在王庭上洋洋得意，君子应该以诚信号召，以危险警惕志同道合的人，如果没有排除小人，就发动军事行动是不利的，只有排除了小人，才是有利于前往的。

初九，阳居阳位，得到正位。这时排除只是一小部分，相当于脚趾部分，绝大部分还没有被排除，这容易招致灾害。"阳壮之时居下无势、有壮前趾之象。勇决前进、不胜其任。虽非背理、而反为小人所伤、则咎矣。此与壮初爻同。当壮之时、在下戒其用壮。当决之时、在下戒其过决。”①

九二，阳居阴位，不得正位。对于志同道合的人，随时警惕，随时号召，而且在深夜准备好一切戎装，就不要担心了，因为万事准备充分，万全之策下，必胜无疑。

九三，阳居阳位，得到正位。頄，是脸面的意思。对于小人的排除，已经表现在脸上了，这时候有危险，遭小人的谋害，君子坚守正道，不随波逐流，不同流合污，像莲花一样出淤泥而不染濯清涟而不妖的话，即使独行，遇到雨或者遇到困难的话，即使沾湿了他的恩泽，也没有什么害处。“王氏安石曰：九三乾体之上，刚亢外见，‘壮于頄’者也。‘夬夬’者，必乎夬之辞也，应乎上六，疑于污也，故曰‘若濡’。君子之所为，众人固不识，‘若濡’则‘有愠’之者矣。和而不同，有‘夬夬’之志焉，何咎之有。郭氏雍曰：《夬》与《大壮》内卦三爻相类，故初九九三言‘壮’。壮者小人用刚之事，非大者之壮也。二卦九三皆具君子小人二义，故《大壮》曰‘小人用壮，君子用罔’。而此曰‘壮于頄有凶，君子夬夬’是也。以小人用壮言之，则知‘壮于頄’者，小人之事也，是以‘凶’也。唯君子明‘夬夬’之义，则终‘无咎’矣。”②

九四，阳居阴位，不得正位。排除小人已经到了臀部，臀部上还没有了皮肤，次且，也就是行走一瘸一拐的，因为臀部没有了皮肤，所以走路是一瘸一拐的，手里牵的羊也后悔丢失了，不信任别人的劝言，最终是要失败的。“简本《周易·夬卦》中的‘芒’，当从整理者读作‘丧’；帛本《周易·夬卦》中的‘牵’实应是‘桑’字，当读作‘丧’；而今本中的‘牵’则可能是由后人误‘桑’为‘牵’所致。由此可见，简本、帛本、今本中用词大体一致，均当为‘丧’。”③

九五，阳居阳位，得到正位。排除小人就像铲除苋陆草一样，只要坚守中庸之道，就不会有什么灾害。

上六，阴居阴位，得到正位。无号，是指小人号啕大哭也没有用，最终必然有凶险。小人凌驾于君子之上，是众矢之的，难逃法网。

---

①[清]陈梦雷：《周易浅述》，上海古籍出版社 1982 年版，第 161 页。

②[清]李光地著，刘大钧点校：《御纂周易折中》，巴蜀书社出版 1998 年版。

③范常喜：《简帛〈周易·夬卦〉“丧”字补说》，载《周易研究》2006 年第 4 期。

研究本卦参考文献：

[1]范常喜.简帛《周易·夬卦》"丧"字补说[J].周易研究,2006,(04):39-42.

研究本卦代表性观点：

1.《周易尚氏学》:"王育云。夬即古文玦字。按礼内则。右佩玦。释文本又作决。诗小雅。决拾既饮是也。而夬为决。故夬与玦同。说文玉佩也。广韵合同似环而有缺。夬乾为玉为圜。兑上缺。俨然玦形也。而决者绝也。左传晋献公赐太子申生玦。以示决绝。卦以五阳决一阴。故谓之夬也。归藏以夬为规。规圜也。夬重乾。乾圜故为规。夬亦圜。然上缺。是周易取象。与归藏同而更切也。乾为王。伏艮为庭。一阴履五阳之上。故曰扬于王庭。兑口为号。厉危。孚号有厉者。言阴虽孚于阳。为阳所说。然穷处于上。须危厉自警也。兑口故曰告。兑为斧钺。故曰戎。说文戎兵也。礼月令以习王戎。注弓殳矛戈战。伏艮为邑。告自邑。不利即戎者。言一阴危处于上。告诫国人。不可妄动也。皆指上六言也。利有攸往。谓五。夬本阳息卦。五息而往则阴尽。夬者决也。决者绝也。阳决阴也。"

2.《周易禅解》:"约世道。则民说无疆。坐享丰乐。而所行必决。约佛法。则损已利他。化功归已。决当进断余惑。证极果也。夫世间。岂容有阳而无阴。有男而无女。有君子而无小人。然阴居阳上。女占男先。小人据于君子之上。则必将共决去之。必将至王庭以扬之。必将相约相信而声明其罪以号之。凡此皆有厉之道也。吾谓宜反身修德而告自邑。不宜以力争而即戎。但使以德往化。则无不利矣。佛法释者。体惑法界。即惑成智。名告自邑。敌对相除。名为即戎。"

3.《周易本义》:"夬:扬于王庭,孚号有厉。告自邑,不利即戎,利有攸往。夬,古快反。号,户羔反。卦内并同。夬,决也,阳决阴也,三月之卦也。以五阳去一阴,决之而已。然其决之也,必正名其罪,而尽诚以呼号其众,相与合力,然亦尚有危厉,不可安肆。又,当先治其私,而不可专尚威武,则利有所往也。皆戒之之辞。"

第四十四卦　姤·天风姤·乾上巽下

䷫

姤:女壮,勿用取女。

初六:系于金柅,贞吉,有攸往,见凶,羸豖踯躅。

九二:包有鱼,无咎,不利宾。

九三:臀无肤,其行次且,厉,无大咎。

九四:包无鱼,起凶。

九五:以杞包瓜,含章,有陨自天。

上九:姤其角,吝,无咎。

姤卦,卦体是内卦(下卦)巽☴、外卦(上卦)乾☰,卦象是天和风,卦德是健和入。巽(风)下乾(天)上,为天底下刮着风,象征相遇。姤,是遭遇的意思。女壮,是小人的象征,女子过分强壮,不适合娶来做妻子。纵观"姤"卦,"实际上是阐述周王朝进行婚姻制度变革的一个复杂过程。卦意大致叙述了君王要施教于天下,进行婚姻制度变革;抵制原始群婚制;女子要守贞操,安于女工之事;家庭组合男尊女卑,忌长女少男;寡居之女,要守妇道,明君赏赐,以彰美德;伦理道德引起反响。"①

初六,阴居阳位,不得正位。金柅,一种木头,是优质木材,坚固结实,用来做古代的木车的刹车。这个时候刚开始,用金柅系着,是很吉利的。如果前往,会看见凶险。瘦弱的猪被控制而团团乱转。"柅以止车。金柅、言其坚也。乾为金。初阴在下、宜静正自守、有繫于金柅之象。其贞也如是则吉矣。然初阴已动、有攸往之象。故又言当遇之时、若以阴往遇阳、则立见其凶矣。设言一吉一凶、使之自择也。豕、阴物。初势虽微、然在下而动、有羸豕蹢躅之象。言阴虽微、而躁动渐进侵阳。犹豕虽羸、其蹢躅跳踯有必然而可信者。不可不预为之备也。此爻只宜就阴不宜轻动遇阳言之、而戒小人儆君子之意皆在其中。不必专言小人之害君子。"②

九二,阳居阴位,不得正位。包,是包容、约束的意思。厨房里发现鱼,就没有什么灾害,但是不利于拿来招待给宾客。

---

①孙敬华:《〈姤卦〉意辨——兼谈卦意研究的态度和方法》,载《周易研究》2003年,第5期。

②[清]陈梦雷:《周易浅述》,上海古籍出版社1982年版,第165页。

九三，阳居阳位，得到正位。臀部上没有了皮肤，次且，也就是行走一瘸一拐的，因为臀部没有了皮肤，所以走路是一瘸一拐的，是危险的，但是只要坚守正道，就没有什么灾害。

九四，阳居阴位，不得正位。厨房里没有鱼，就会发生凶险。"程传'包'者，所裹畜也。'鱼'，所美也。四与初为正应，当相遇者也。而初已遇于二矣，失其所遇，犹包之'无鱼'，亡其所有也。四当姤遇之时，居上位而失其下，下之离，由已之失德也。四之失者，不中正也。以不中正而失其民，所以凶也。曰，钊之从二，以比近也，岂四之罪乎。曰，在四而言，义当有咎，不能保其下，由失道也，岂有上不失道而下离者乎。遇之道，君臣民主夫妇朋友皆在焉。四以下睽，故主民而言，为上而下离，必有凶变。起者，将生之谓，民心既离，难将作矣。"①

九五，阳居阳位，得到正位。用杞树枝叶包住甜瓜，就好像是内心怀着美好的品德，才美不外见，就会从高处坠落恩赐。坚守中道，心地纯正，必有福佑。

上九，阳居阴位，不得正位。头上长角，处境不好，但是没有什么大的灾害。

研究本卦参考文献：

[1]侯乃峰.《周易·姤卦》"金柅"考辨[J].周易研究，2010(06):21-27.
[2]孙敬华.《姤卦》意辨——兼谈卦意研究的态度和方法[J].周易研究，2003(05):50-54.

研究本卦代表性观点：

1.《周易尚氏学》："归藏曰夜。古娶必以夜。故曰昏。姤阴遇阳。即女遇男。亦婚姤也。是夜与姤义同也。女谓阴。虞翻云。壮伤也。阴伤阳。柔消刚。故曰女壮。勿用取女。戒词也。"

2.《周易禅解》："约世道。则决之于意中者。必将遇之于意外。约佛法。则决断余惑而上同诸佛者。必巧用性恶而下遇众生。又约究竟。则夬是无间道。姤是解脱道。约初心。则夬是干慧。姤是理水也。以无号之一阴忽反于下而得其所安。势必渐壮。故九二宜包而有之。不宜使宾取之。佛法释者。在佛为性恶法门。在众生不了。则为修恶。九二行菩萨道。自可示同修恶。不令余人作恶。又解脱道。一得永得。名女壮。无所取着。名勿用取女。理水亦尔。"

---

①[清]李光地著，刘大钧点校：《御纂周易折中》，巴蜀书社出版1998年版。

3.《周易本义》:“姤:女壮,勿用取女。姤,古后反。取,七喻反。姤,遇也。决尽则为纯干,四月之卦。至姤然后一阴可见,而为五月之卦。以其本非所望,而卒然值之,如不期而遇者,故为遇。遇已非正,又一阴而遇五阳,则女德不贞而壮之甚也。取以自配,必害乎阳,故其象占如此。”

第四十五卦　萃·泽地萃·兑上坤下

䷬

萃:亨。王假有庙,利见大人,亨,利贞。用大牲吉,利有攸往。

初六:有孚不终,乃乱乃萃,若号一握为笑,勿恤,往无咎。

六二:引吉,无咎,孚乃利用禴。

六三:萃如,嗟如,无攸利,往无咎,小吝。

九四:大吉,无咎。

九五:萃有位,无咎。匪孚,元永贞,悔亡。

上六:赍咨涕洟,无咎。

萃卦,卦体是内卦(下卦)坤☷、外卦(上卦)兑☱,卦象是泽和地,卦德是顺和悦。坤(地)下兑(泽)上,为地上有湖。萃,是一种草本植物丛生,萃,是亨通。假,是借的意思。大牲,是全牛。君王到宗庙里祭祀保佑,有利于见德高望重的大人物,很顺通的,是有利的,利于坚守正道,用大牲去祭祀,这更利于前往。

初六,阴居阳位,不得正位。本爻在草本植物聚集的时候,有诚信,但是不能始终如一,各种乱子就会发生到一起,如果呼号、求救、握手交流是欢快的,不要担忧,如果前往,也是没有什么害处的。“初与四应、而质柔不能固守、有孚不终之象。二阴间之、同类妄聚、乃乱乃萃之象。应四又连兑体、若有所呼号之象。二阴群聚而非之。互体为艮为手、兑为说、有一握为笑之象。一握犹一群。曰握、小之也。大象坎为加忧、恤之象。初变不成坎、勿恤之象。初能勿恤二阴之笑、往从正应则无咎矣。比初无应而有孚盈缶、终有他吉。萃初有应而有孚于不终、至于乃乱乃萃者。比一阳得位、诸爻比之者其情专。萃二阳、四不得位、二阴得以间之、其志乱也。”①

①[清]陈梦雷:《周易浅述》,上海古籍出版社1982年版,第168页。

六二，阴居阴位，得到正位。引导吉利，没有什么害处，禴，是古代君王具有的祭礼。春曰礿，夏曰禘，秋曰尝，冬曰烝。只要内心诚信，即使举行微薄的禴祭，也能带来吉利的。

六三，阴居阳位，不得正位。嗟如，悲叹的样子。荟萃在悲叹声中消失了，做事不很顺利，这个时候如果前往，没有什么害处，但是因为居位不正，所以会容易出现小小的后悔的事情。“程传二阴柔不中正之人也，求萃于人，而人莫与，求四则非其正应，又非其类，是以不正为四所弃也。与二则二自以中正应五，是以不正为二所不与也。故欲‘萃如’，则为人弃绝而‘嗟如’，不获萃而嗟恨也。上下皆不与，无所利也。唯往而从上六，则得其萃，为‘无咎’也。三与上虽非阴阳正应，然萃之时，以类相从，皆以柔居一体之上，又皆无与，居相应之地，上复处说顺之极，故得其萃而‘无咎’也。易道变动无常，在人识之，然而小吝，何也？三始求萃于四与二，不获而后往从上六。人之动为如此，虽得所求，亦可小羞吝也。”①

九四，阳居阴位，不得正位。在荟萃的时候，只要坚守正道，做事谨慎，才能大吉大利，没有什么害处。

九五，阳居阳位，得到正位。万物荟萃，居于天子的尊位，没有什么灾害。这个时候不是诚信的问题，只要坚守正道，心志伟大，就没有什么后悔。

上六，阴居阴位，得到正位。赍咨，悲叹的样子，拿着东西吊丧。涕洟，潸然泪下的意思。在隐士宗庙之位，荟萃的时候，悲叹流泪，不会遇到什么灾害。

研究本卦代表性观点：

1.《周易尚氏学》：“萃聚也。坤为万物。聚于泽中。故曰萃。王谓五。艮为庙。假格通至也。巽为人。王假有庙。言王以至诚。格于宗庙而有事也。九五得位。故曰利见大人。二五应予。故曰亨利贞。兑为羊。巽为豕。坤为牛。皆大牲。有事于宗庙用之而吉也。利有攸往。谓二应五。五天位。故传曰顺天命。”

2.《周易禅解》：“相遇则相聚。世出世之常也。聚安有不亨者哉。幽明之情萃。故有庙可假。上下之情萃。故大人可见。用大牲以假有庙。利攸往以见大人。皆顺乎时义之所当然。所谓贞也。”

3.《周易本义》：“萃：亨，王假有庙，利见大人，亨。利贞，用大牲吉，利有攸往。假，更白反。萃，聚也。坤顺兑说，九五刚中，而二应之，又为泽上于地，万物

①［清］李光地著，刘大钧点校：《御纂周易折中》，巴蜀书社出版 1998 年版。

萃聚之象，故为萃。‘亨’字衍文。王假有庙，言王者可以至于宗庙之中，王者卜祭之吉占也。《祭义》曰‘公假于太庙’是也。庙所以聚祖考之精神，又人必能聚己之精神，则可以至于庙而承祖考也。物既聚，则必见大人，而后可以得亨。然又必利于正，所聚不正，则亦不能亨也。大牲必聚而后有，聚则可以有所往，皆占吉而有戒之辞。”

第四十六卦 升·地风升·坤上巽下

䷭

升：元亨，用见大人，勿恤，南征吉。

初六：允升，大吉。

九二：孚乃利用禴，无咎。

九三：升虚邑。

六四：王用亨于岐山，吉无咎。

六五：贞吉，升阶。

上六：冥升，利于不息之贞。

升卦，卦体是内卦（下卦）巽☴、外卦（上卦）坤☷，卦象是地和风，卦德是顺和入。巽（风）下坤（地）上，地里边生长树木。升，就是上升的意思。可以是升官、升级等。上升，是非常顺通的，有利于见权高位尊的大人物，不要担忧，向南方出征会带来吉利。“该卦象征通达，顺利，秉持持中用中之美德，不断修正自己，由小处着手，累积成高大，必然能够得到赏识或外援，勿须担忧，一定有机会升迁，结果吉祥，前往有利，非常亨通。”①

初六，阴居阳位，不得正位。允，是相信的意思。在上升开始的时候，信任是可以上升的，这样大吉大利。“以柔居下、无应于上、本不能升。而二三当上升。初巽于二阳、二阳允之。故大吉也。晋三众允、为二阴所信也。以阴信阴、不过悔亡而已。以阳信阴、故得大吉也。”②

九二，阳居阴位，不得正位。只要心怀真诚和信任，即使微薄的禴祭，也是没有什么灾害的。

---

①王在华：《〈易经〉升卦新释》，载《江西金融职工大学学报》2009年第12期。

②［清］陈梦雷：《周易浅述》，上海古籍出版社1982年版，第171页。

九三，阳居阳位，得到正位。上升，就好像升到到空旷的城邑，没有任何阻碍，上升得很容易。

六四，阴居阴位，得到正位。岐山，是陕西的地名。君王到岐山祭祀神灵，是吉利的，没有什么灾害。“案卦义柔以时升，六四初交上体，又位在巽坤之间，有‘南征’之象。迫近尊位，有见大人之义，是爻之合于卦义者也，在己者，用之以见大人则吉。为大人者，用之以享神明则宜。与《随》上之义同，皆言王用此人，以享于山川也。不曰‘西山’，而曰‘岐山’，避彖辞‘南征’之文。先儒或言岐山在周西南。”①

六五，阴居阳位，不得正位。这是天子之尊位，只要坚守正道，就能乘势沿着台阶上升，春风得意，踌躇满志。

上六，阴居阴位，得到正位。冥，是夜晚的意思。这是隐士宗庙之位，在夜晚上升，只有不停止地坚守中正之道，才能没有什么害处。

研究本卦参考文献：

[1]王在华.《易经》升卦新释[J].江西金融职工大学学报，2009(12)：145-147.

研究本卦代表性观点：

1.《周易尚氏学》：“阳遇阴则通。故名曰升。归藏曰称。牧誓称而戈。注称举也。又誉人曰称扬。升者升而上。举者亦扬之使上。故归藏曰称。周易曰升。其义并同。阳上升。故元亨。元谓乾元也。大人谓二。二为三所阻格。故不曰利见大人。而曰用见。言二宜升五也。坤为忧为恤。二升五大人得位。故曰勿恤。震为南。为征。三临群阴。故南征吉。左传成十六年。晋筮遇复。曰南国蹙。以震为南。明夷九三曰南狩。亦以震为南。自震南象失传。清儒皆用虞氏法。以二升五互离为南。”

2.《周易禅解》：“气聚而上升。如木之升于地。元亨可知也。巽顺非果于有为者。故劝以用见大人勿恤。万物齐乎巽。而相见乎离。故南征则吉。欲其向明以行志也。”

3.《周易本义》：“升：元亨，用见大人，勿恤；南征，吉。升，进而上也。卦自

---

①[清]李光地著，刘大钧点校：《御纂周易折中》，巴蜀书社1998年版。

《解》来，柔上居四，内巽外顺，九二刚中而五应之，是以其占如此。南征，前进也。”

第四十七卦　困·泽水困·兑上坎下

困：亨，贞，大人吉，无咎，有言不信。

初六：臀困于株木，入于幽谷，三岁不见。

九二：困于酒食，朱绂方来，利用亨祀，征凶，无咎。

六三：困于石，据于蒺藜，入于其宫，不见其妻，凶。

九四：来徐徐，困于金车，吝，有终。

九五：劓刖，困于赤绂，乃徐有说，利用祭祀。

上六：困于葛藟，于臲卼，曰动悔。有悔，征吉。

困卦，卦体是内卦（下卦）坎☵、外卦（上卦）兑☱，卦象是泽和水，卦德是险和说。坎（水）下兑（泽）上，为泽中无水。《说文》曰：“困，故庐也。”困，就是困难、困苦、困顿的意思。处在困顿的时候，正式考验人的恶时候，《孟子·告子下》中讲了六个例子：舜发于畎亩之中：舜是从田野间被任用的。舜原来在历山耕田，三十岁时，被尧起用，后来继承尧的君主之位。傅说举于版筑之间：傅说从筑墙的泥水匠中被举用起来的。傅说，商朝人，原在傅岩地方做泥水匠，为人筑墙。殷王武丁访寻他，用他为相。胶鬲举于鱼盐之中：胶鬲是从卖鱼盐的商贩子中被举用起来的。胶鬲，商朝贤臣，起初贩卖鱼和盐。周文王把他举荐给纣。后来又辅佐周武王。管夷吾举于士：管夷吾从狱官手里获释被录用。管仲（夷吾）原为齐国公子纠的臣，公子小白（齐桓公）和公子纠争夺群位，纠失败了，管仲作为罪人被押解回国。齐桓公知道他有才能，即用他为相。孙叔敖举于海：孙叔敖是从隐居的海边被举用进了朝廷的。孙叔敖，春秋时期楚国人，隐居海滨。楚庄王知道他有才能，用他为令尹。百里奚举于市：百里奚从市井里被举用而登上相位的。百里奚，春秋时期虞国大夫，虞王被俘后，他由晋入秦，又逃到楚，后来秦穆公用五羖（gǔ，黑色公羊）羊皮把他赎出来，用为大夫。孟子六个例子讲完以后，说：“故天将降大任于斯人也，必先苦其心志，劳其筋骨，饿其体肤，空乏其身，行拂乱其所为，所以动心忍性，增益其所不能。”人处在困顿的时候，正是接受上天考验的时候，环境造就人才。作为君子身处穷困而不气馁，矢志不渝，坚守正道，这样的君子是吉利的，没有什么害处，只要默默无闻，必会成功。我们可以清晰地看到卦中六爻分别展示不同的处“困”的情状，“其中三阴爻在处困之时非常懦弱，于是处困甚深。而余下三阳爻虽都是处在困难之中，但他们以阳刚的气质，不屈不挠，最终能够守正脱困。于是在处困的时候要有不屈不挠之志，不偏不倚之心，且不为人言所左右，不为环境所转移。在任何境之困，必以心之困解决了。可以看出‘致命遂志’是处困时候重要之义，心内的超脱必然引领人们走向亨通。”①

初六，阴居阳位，不得正位。屁股卡在木桩上，还进入幽深的山谷里，多年不与外人相见。因为这是困顿的刚开始，前途渺茫，看不到一线希望。“全卦刚为柔所困、六爻柔之困益甚。盖在困时、无刚德则不能亨故也人之体、行则趾为下、坐则臀为下。初六不能行而坐困者、故有臀象。株木、不可坐者。全卦水泽中互巽木、水草之区、故初三上皆以草木取象。兑正秋。坎正比。初六在坎之下、大冬之时。蔓草凋脱、仅存株木、有困于株木之象。又坎险之最下、有入于幽谷之象。四本正应、而四亦在困中、不能振人。初距四三爻、不能遽遇于四、有三岁不觌之象。”②

九二，阳居阴位，不得正位。朱绂，古代礼服上的红色蔽膝，作为官服的代称，指做官。程颐传：“朱绂，王者之服，蔽膝也。”受困于酒食，也即是受困于小人，这是有当官的来了，要用丰美的酒食祭祀神灵，但是如果出兵征战会遇到凶险，只是没有什么大的灾害。

六三，阴居阳位，不得正位。困于石头，被石头阻挡了。蒺藜是一种带刺的植物。又被带刺的植物阻挡了，刚刚回到家中，又不见了自己的妻子，凶险接二连三发生。这就是祸不单行，饱受各种困顿。

九四，阳居阴位，不得正位。慢慢地，蹒跚而来，金车被困，不能解脱，会遇到一些困难，但最终还是有好的结果的。

九五，阳居阳位，得到正位。劓刖，就是割鼻断足的意思。《资治通鉴·唐宣宗大中四年》：“杀其丁壮，劓刖其羸老及妇人，以槊贯婴儿为戏。”用割鼻子剁脚的

①熊津津：《谈〈周易〉中面对困难的智慧——从屯卦、坎卦、蹇卦、困卦中解读》，载《黑龙江教育学院学报》2011 年第 8 期。

②[清]陈梦雷：《周易浅述》，上海古籍出版社 1982 年版，第 174 页。

酷刑治理天下，就会被身处的官位所困，但是想慢慢地脱离，就应当虔诚地祭祀，坚守中庸之道，才能保证前景顺利。

上六，阴居阴位，得到正位。鼿卼。动摇不定的样子。《朱子语类》卷二四："既思得此事，若不去做这事，便不熟，则臬兀不安。"清黄景仁《夜闻新安江声》诗："竹床臬兀杂心动，纸帐掣曳如人搴。"被葛藤所缠绕，身子摇摇欲坠，如果说动会后悔，那就早点行动，把危险抛在身后，让悔悟快点到来，前途就是吉祥顺利的。"程传物极则反，事极则变，困既极矣，理当变矣。'葛藟'，缠束之物。'鼿卼'，危动之状。六处困之极，为困所缠束，而居最高危之地，'困于葛藟'与'鼿卼'也。"动悔"，动辄有悔，无所不困也。'有悔'，咎前之失也。曰，自谓也，若能曰如是动皆得悔，当变前之所为有悔也。能悔则往而得吉也，困极而征，则出于困矣，故'吉'。三以阴在下卦之上而凶，上居一卦之上而无凶，何也？曰三居刚而处险，困而用刚险，故凶，上以柔居说，唯为困极耳。困极则有变困之道也，《困》与《屯》之上皆以无应居卦终，《屯》则'泣血涟如'，《困》则'有悔征吉'，《屯》险极而《困》说，体故也。以说顺进，可以离乎困也。"①

研究本卦参考文献：

[1]熊津津.谈《周易》中面对困难的智慧——从屯卦、坎卦、蹇卦、困卦中解读[J].黑龙江教育学院学报，2011(08):114-115.

研究本卦代表性观点：

1.《周易尚氏学》："二五刚得中。处险能说。故亨。贞占也。二五为大人。故贞大人吉也。兑口为言。三至上正反兑。所向不同。故有言不信。此其义始见于左传。左传昭五年明夷之谦曰。于人为言。败言为谗。谓谦上震为人为言。下艮为反震。故曰败言。是以正反震为谗。易林承其义。于讼之困云。心与言反。正释此语也。坤之离云。齐鲁争言。离二至五正反兑。故曰争言。争言即不信。离二至五。与困三至上同也。旧解皆误。详焦氏易诂。"

2.《周易禅解》："升而不已必困。此盈虚消息之常也。困心衡虑。实所以致亨。然不以正道持之。不以大人处之。何能吉无咎哉。设无躬行实德。而但有

①[清]李光地著，刘大钧点校：《御纂周易折中》，巴蜀书社1998年版。

空言。决不足以取信矣。”

3.《周易本义》:“困:亨,贞,大人吉,无咎,有言不信。困者,穷而不能自振之义。坎刚,为兑柔所掩,九二,为二阴所掩,四五,为上六所掩,所以为困。坎险、兑说,处险而说,是身虽困而道则亨也。二五刚中,又有大人之象,占者处困能亨,则得其正矣。非大人其孰能之?故曰贞。又曰大人者,明不正之小人不能当也。有言不信,又戒以当务晦默,不可尚口,益取困穷。”

第四十八卦　井·水风井·坎上巽下

井:改邑不改井,无丧无得,往来井井。汔至,亦未繘井,羸其瓶,凶。

初六:井泥不食,旧井无禽。

九二:井谷射鲋,瓮敝漏。

九三:井渫不食,为我民恻,可用汲,王明,并受其福。

六四:井甃,无咎。

九五:井洌,寒泉食。

上六:井收勿幕,有孚无吉。

井卦,卦体是内卦(下卦)巽☴、外卦(上卦)坎☵,卦象是水和风,卦德是入和险。巽(木)下坎(水)上,水分沿着树身向上运行。改变迁移城邑不会使水井发生改变,井水不会丧失也不会增加,井水供给人们生存繁衍,来来往往的人都到井里来打水。到达了井中间部位,绳子够不着,没有打到水,而且把打水的罐子打翻了,这是凶险的兆头。白居易《井底引银瓶》:

> 井底引银瓶,银瓶欲上丝绳绝。石上磨玉簪,玉簪欲成中央折。瓶沉簪折知奈何?似妾今朝与君别。忆昔在家为女时,人言举动有殊姿。婵娟两鬓秋蝉翼,宛转双蛾远山色。笑随戏伴后园中,此时与君未相识。妾弄青梅凭短墙,君骑白马傍垂杨。墙头马上遥相顾,一见知君即断肠。知君断肠共君语,君指南山松柏树。感君松柏化为心,暗合双鬟逐君去。到君家舍五六年,君家大人频有言:“聘则为妻奔是妾,不堪主祀奉蘋蘩。”终知君家不可住,其奈出门无去处。岂无父母在高堂?亦有亲情满故乡。潜来更不通消息,今日悲羞归不得。为君一日恩,误妾百年身。寄言痴小人家女,慎勿将身轻许人!①

①朱东润:《中国历代文学作品选(中编第一册)》,上海古籍出版社2002年版,第200页。

蘋

有学者认为,《井底引银瓶》"在意境与情节上均受到《井》卦、王弼注与孔颖达疏的影响。具体地说,《井》诗的情节来自于《井》卦,而内蕴来自于王弼注与孔颖达疏。"①

初六,阴居阳位,不得正位。井底淤满了污泥,不能供人饮用,年久的老井连鸟雀都不来。"井以阳刚为泉、上出为功。初六阴柔在下、泥象、不可食矣。旧井、未渫者。井废则旧、旁无汲水之余沥、禽安得而食之。坎有禽象。今在上卦、禽高飞莫顾、无禽之象。"②

九二,阳居阴位,不得正位。鲋,小鱼的意思。瓮,盛水的容器。敝,是破旧的意思。井底的凹穴被当做捉鱼的地方,取水的容器也破旧漏水了。

九三,阳居阳位,得到正位。渫,是清洁的意思。井水弄清洁了却不饮用,使我心中有些悲伤,可以赶快汲来享用,君王贤明,这是大家共享的福气。朱熹《周易本义》释其意曰:"渫,息列反。渫,不停污也。井渫不食而使人心恻,可用汲矣。王明,则汲井以及物,而施者受者并受其福。九三以阳居阳,在下之上,而未为时用,故其象占如此。"司马迁为屈原作传,有感于楚王放逐屈原一事,曾借此爻发论,曰:"怀王以不知忠臣之分,故内惑于郑袖,外欺于张仪,疏屈平而信上官大夫、令尹子兰。兵挫地削,亡其六郡,身客死于秦,为天下笑。此不知人之祸也。《易》曰:"井渫不食,为我心恻;可用汲!王明,并受其福。王之不明,岂是福哉!"

六四,阴居阴位,得到正位。甃,井壁的意思。用砖石垒砌加固井壁,就不会有什么灾害的。"集说邱氏富国曰:三在内卦,渫井内以致其洁。四在外卦,甃井外以御其污,盖不渫则污者不洁,不甃则洁者易污。来氏知德曰:六四阴柔得正,近九五之君,盖修治其井,以潴蓄九五之'寒泉'者也。占者能修治臣下之职,则可以因君而成井养之功,斯'无咎'矣。"③

九五,阳居阳位,得到正位。井水清澈,和甘甜凉爽的泉水一样,可供天下人饮用。

上六,阴居阴位,得到正位。水井养人润物的功德业已完成,不要盖上井口,心里怀着虔诚的心,一定会大吉大利的。

---

①刘洪强:《〈周易·井卦〉与〈井底引银瓶〉之关系探微——兼论〈周易·井卦〉对〈金瓶梅〉人物命名的影响》,载《阿坝师范高等专科学校学报》2010年第3期。

②[清]陈梦雷:《周易浅述》,上海古籍出版社1982年版,第177页。

③[清]李光地著,刘大钧点校:《御纂周易折中》,巴蜀书社1998年版。

研究本卦参考文献：

[1]刘铭,徐传武.白居易《井底引银瓶》诗主旨新解——以《周易·井卦》为坐标[J].周易研究,2009(03):81-85.

[2]刘洪强.《周易·井卦》与《井底引银瓶》之关系探微——兼论《周易·井卦》对《金瓶梅》人物命名的影响[J].阿坝师范高等专科学校学报,2010(03):87-89.

[3]杨倩描.从《易解》看王安石早期的世界观和方法论——以《井卦·九三》为中心[J].中国文化研究,2003(01):62-68.

研究本卦代表性观点：

1.《周易尚氏学》:"水在泽下。泽竭故困。水在泽中。汲之不穷。故兑为井。易林复之旅云。井沸釜鸣。以旅互兑为井。郑玄以巽木为桔槔。汲水以取井象。桔槔焉有在井下者乎。兑为井。坤为邑。泰初往坤中。故改邑。二至四仍兑。与泰体同。故不改井。不改故无丧得。初至四正反兑。故曰往来井井。易林益之萃云。往来井井。即以萃三至上正反兑。为往来井井。荀云。汔竟也。汔至者。言绠系至并底而尽也。繘绠也。亦未繘者。言巽绳在下。尚未繘瓶使上也。其以讫为几。谓瓶几至井口而覆者非也。经明曰未繘。若至井口。则已繘矣。中爻离为瓶。正当毁折之地。而巽为绳。故曰羸。羸累通。井羸其瓶者。言瓶为井甓所拘羸钩挂也。瓶既为井所挂碍。非覆即破。故凶。扬子云酒箴云。子犹瓶矣。居井之湄。不得左右。牵于纆徽。一旦？碍。为甓所轠。注？县也。甓井以砖为甃也。轠击也。言瓶县为井砖所挂碍。而瓶受系也。是扬子读井羸其瓶。井不属上读。后荀爽袭子云。亦以井属下读。其以繘井为名者。则下文之羸其瓶。莫详其故矣。非也。羸易林家人之颐云。长股羸户。长股即蠨蛸。羸户者。言以比丝缠绕于户上也。是以羸为累。故荀训为拘羸。虞释为钩羸。他若陆绩蜀才作累。王肃作缧。王肃作缧。其字虽异。其音皆同。其义如一。"

2.《周易禅解》:"夫井者。居其所而迁者也。知井之居所而迁。则知困之穷而通矣。故次困而明井。邑可改。井不可改。可改则有丧有得。既不可改。何丧何得。食水者往。未食者来。人有往来。井何往来。下瓶将及于水曰汔至。得水收绳未尽曰未繘井。繘井则有功。未繘羸其瓶则凶。此皆人之得丧。非井之得丧也。知井无得丧。则知性德六而常即。知人有得丧。则知修德即而常六。故曰井德之地也。又曰井以辩义。"

3.《周易本义》:"井:改邑不改井,无丧无得,往来井井。汔至亦未井,羸其瓶，凶。丧，息浪反。汔，许讫反，音橘。羸，律裴反。井者，穴地出水之处。以巽木入乎坎水之下，而上出其水，故为井。改邑不改井，故无丧无得，而往者来者，皆井其井也。汔，几也，绠也。羸，败也。汲井几至，未尽绠而败其瓶，则凶也。其占为事仍旧无得丧，而又当敬勉，不可几成而败也。”

第四十九卦　革·泽火革·兑上离下

䷰

革：已日乃孚，元亨利贞，悔亡。

初九：巩用黄牛之革。

六二：已日乃革之，征吉，无咎。

九三：征凶，贞厉，革言三就，有孚。

九四：悔亡，有孚改命，吉。

九五：大人虎变，未占有孚。

上六：君子豹变，小人革面，征凶，居贞吉。

革卦，卦体是内卦(下卦)离☲、外卦(上卦)兑火☱，卦德是明和说。离(火)下兑(泽)上，为泽中有火。革就是变革、革命的意思。在成熟的日子变革旧的事物，能够使民众深深地信服，前途通畅，坚守正道，就没有什么可以后悔的。“革命”一词出自《易·革·彖》：“汤武革命，顺乎天而应乎人。”关于“顺天”与“应民”，墨子说：“顺天之意若何？曰：‘兼爱天下之人。’”“德是一个人安身立命的根本，人的成功可能有多种因素，有德之人会获得更长久的成功，无德之人仿佛昙花一现。德字源远流长，尧舜都是以德得到百姓的信任，得高位后更是以德来服众。君子的良善光芒四射，如同豹子皮毛的文采，所以说豹变。小人昏庸愚昧，虽然不能真心接受教化，但是畏惧君王法令的威严从而很少犯罪与他人相同，因此变革表面来顺从君王的教令，到此变革之道成功了。任何事物都会发生变化，人们从恶到善，经过洗心革面，其本性都得到变革，这对国家、社会、个人都非常有益。”[①]改革要善于把握“时”，“‘先时’，是左倾盲动主义；‘后时”是右倾保守主义；‘荒时度日’是好逸恶劳的寄生虫。这些都是改革之大忌，所以改革要强

①王庆红，姚秋晨：《〈伊川易传〉革卦与改革创新》，载《才智》2010年第31期。

调‘及时’，无过无不及。”[①]《三国志·魏书·贾诩传》裴松之注引《九州春秋》云:“难得而易失者时也;时至而不旋踵者机也。”

初九，阳居阳位，得到正位。巩，是束的意思。用黄牛的皮革牢牢地捆住，也就是坚守正道，不能去革命，是顺畅的。“黄、中色。牛、顺物。离得坤之中、皆有牛象。虽当革时而居初位卑、无可革之权。无应、无共革之人。未可有为、当坚固以守、不可轻有所革。如用牛皮以束物者。故其巩固、有用黄牛之革之象。当以中顺自固也。初变为艮止、故有此象。”[②]

六二，阴居阴位，得到正位。等到成熟的日子来临的时候，出征是没有什么害处的。1985 年 2 月 10 日《参考消息》刊登了美国总统里根讲给日本首相中曾根的笑话，说有个人被洪水困在屋顶上，一个好心人划船经过，问他要不要帮助逃生，他拒绝了，说他相信上帝会救他。不久又来了一艘摩托艇，但也被他拒绝了。后来又有一架直升机前来救援，同样没有成功。这个人最后被洪水淹死了。在天上，这人抱怨上帝没救他。上帝回答说:“我派了两艘船和一架直升机都被你拒绝了。”如果有人错过机会，多半不是机会没来，而是因为机会过来时，没有一伸手抓住它。机会要等待，但是也要争取。

九三，阳居阳位，得到正位。在变革的时候，如果出征，就会有凶险，不要冒进。对于变革的谋划，要多次斟酌，周密考虑，有成功的把握，又有诚信，就可以进行变革了。“集说吕氏大临曰:九三居下体之上，自初至三，遍行三爻，革之有渐，革道以成，故曰‘革言三就’。至于三则民信之矣，故‘有孚’。龚氏焕曰:九三以过刚之才，躁动以往则凶。处当革之时，贞固自守则厉。唯于改革之言，详审‘三就’，则既无躁动之凶，又无固守之厉。得其时宜，所以可革也。胡氏炳文曰:以其过刚也，故恐其征而不已则凶。以其不中也，又恐其一于贞固，而失变革之义则厉。故必革之言至于‘三就’。审之屡，则‘有孚’而可革矣。”[③]

九四，阳居阴位，不得正位。现在悔恨没有了，但是仍要取信于民，在这样的基础上去革除旧的事物，才是吉利的。

九五，阳居阳位，得到正位。这是天子之位，大人物像猛虎一般进行变革，在

---

①顾凤威:《试论〈周易·革卦〉给我们的启示》，载《河北大学学报(哲学社会科学版)》1995 年第 2 期。
②[清]陈梦雷:《周易浅述》，上海古籍出版社 1982 年版，第 179 页。
③[清]李光地著，刘大钧点校:《御纂周易折中》，巴蜀书社 1998 年版。

没有占卜之前,大人物的诚信已经深入人心了。

上六,阴居阴位,得到正位。君子像有斑纹的豹子那样进行变革,连小人也顺应变革了,这个时候,不能急于求成,出征有凶险,坚守正道,才能大吉大利。

研究本卦参考文献:

[1]芮诗茗.宋代轨革卦影浅探[J].周易研究,2009(01):76-81.

[2]蒋强,周爱保.周易革卦的适应性管理思想研究[J].求索,2010(10):125-127.

[3]王庆红,姚秋晨.《伊川易传》革卦与改革创新[J].才智,2010(31):161.

[4]桑东辉.司法审判的《易经》探源——革卦新解[J].中南大学学报:社会科学版,2007(01):39-43.

[5]黄荣武.《周易》革卦中的武王伐纣日——"戊子"说质疑[J].北京化工大学学报:社会科学版,2004(03):40-46.

[6]杨上海.《周易》革卦的创新思想[J].濮阳职业技术学院学报,2012(02):25-27.

[7]桑东辉."革命"溯源——从《周易》革卦说起[J].兰台世界,2012(28):88-89.

[8]顾凤威.试论《周易·革卦》给我们的启示[J].河北大学学报:哲学社会科学版,1995(02):88-93.

[9]赵清慎.《周易·革卦》卦义的重新认识[J].复旦学报:社会科学版,1989(06):98-100.

研究本卦代表性观点:

1.《周易尚氏学》:"革改也。言水火更代用事也。离为日贞己。故曰己日。己日谓二。二离主爻。承阳应五。故曰己日乃孚。王弼等谓即日不孚、已日乃孚。训已为过往。不辞甚矣。顾炎武日知录。谓朱子发读为戊己之己。当从之。按虞氏注云。离为日。孚谓坎。四动体离。故己日乃孚。是虞氏亦以离为己日。读为戊己之己明甚。而非始于朱子发。元亨利贞。即春夏秋冬。象传所谓四时也。四时更代。乃革之最大者。卦巽居春夏之交。离为夏。兑为秋。乾为冬。故曰元亨利贞。纯取革义。辞虽与乾象同。义则殊也。"

2.《周易禅解》:"夫邑改而井不改者。言其处也。井旧。则无禽而泥。可弗革乎。学者以变化气质为先。犹火之煅金也。方其煅也。金必苦之。既煅成器。而后信火之功也。此革之道。即乾坤之道。大亨以正者也。未信故有悔。已孚则悔亡矣。"

3.《周易本义》:"革:已日乃孚,元亨,利贞,悔亡。革,变革也。兑泽在上,离火在下,火然则水干,水决则火灭,中、少二女,合为一卦,而少上、中下,志不相得,故其卦为革也。变革之初,人未之信,故必已日而后信。又,以其内有文明之德,而外有和说之气,故其占为有所更革,皆大亨而得其正,所革皆当,而所革之悔亡也。一有不正，则所革不信不通，而反有悔矣。”

第五十卦　鼎·火风鼎·离上巽下

䷱

鼎：元吉，亨。

初六：鼎颠趾，利出否，得妾以其子，无咎。

九二：鼎有实，我仇有疾，不我能即，吉。

九三：鼎耳革，其行塞，雉膏不食，方雨亏悔，终吉。

九四：鼎折足，覆公餗，其形渥，凶。

六五：鼎黄耳金铉，利贞。

上九：鼎玉铉，大吉，无不利。

鼎卦，卦体是内卦（下卦）巽☴、外卦（上卦）离☲，卦象是火和风，卦德是入和明。巽（木）下离（火）上，为木上燃着火。《杂卦》曰：“《革》，去故也。《鼎》，取新也。”这就是革故鼎新出处。鼎，是我国青铜文化的代表。鼎在古代是国家和权力的象征。鼎含有显赫、尊贵、盛大等意思，今天的成语如：一言九鼎、大名鼎鼎、鼎盛时期、鼎力相助等。也有学者提出不同的看法，“鼎之本用是一种烹饪器具，古代文化中烹饪器具、食物、饮食行为等皆曾象征、隐喻‘性’。作者在对《鼎》卦中的隐喻、象征意义进行深入发掘的基础上对全卦进行全新的诠释，认为《鼎》卦本义是围绕男女婚姻性生活的占筮，其中以‘鼎颠趾，利出否’隐喻停妻纳妾，因之发生‘鼎新’之义。”①《左传·宣公三年》中记载，大意是：楚庄王为讨伐外族入侵者来到洛阳，在周天子境内检阅军队。周定王派大夫王孙满去慰劳，楚庄王借机询问周鼎的大小轻重。王孙满说：政德清明，鼎小也重，国君无道，鼎大也轻。周王朝定鼎中原，权力天赐。鼎的轻重不当询问。楚庄王问鼎，大有欲取周王朝天下而代之的意思，结果遭到定王使者王孙满的严词斥责。后来就把图谋篡夺王位叫作问鼎。鼎是烹饪的象征，君子应当像鼎那样端正而稳重，就是大吉大利，很顺通的。《说文》：“鼎，三足两耳，和五味之宝器也。”《周易正义》：“鼎者，器之名也。自火化之后，铸金而为此器，以供烹饪之用，谓之为鼎。”《吕氏春

①臧守虎：《饮食·男女·鼎新——〈易经·鼎卦〉及“鼎新”之义的发生新解》，载《古籍整理研究学刊》2004年第6期。

秋·本味》中云:"鼎中之变,精妙微纤,口弗能言,志不能喻。若射御之微,阴阳之化,四时之数。"相传古代夏禹定九州而铸九鼎,《说文》:"昔禹收九牧之金,铸鼎荆山之下,入山林川泽,魑魅魍魉,莫能逢之,以协承天休。"

初六,阴居阳位,不得正位。刚开始的时候烹饪食物的鼎足颠翻了,否,是不好的东西。却倒出了鼎中陈积的不好的东西,就好像娶妾可以生子一样,没有什么灾害的。"初居鼎之下、趾象。上应九四、有颠趾之象。然当卦初、鼎未有实。旧有否恶之积、因颠而出去之、有利出否之象。六以阴居初不正、有妾之象。趾不宜颠而利以出否、妾得不足贵而以得子。盖因败以为功、因贱以致贵也。故占可无咎。"①

九二,阳居阴位,不得正位。鼎中盛满了实物,就好像一个人肚子里有很多的学问一样,会遭到仇敌嫉妒,即使这样,却不能伤我,这是吉利的。

九三,阳居阳位,得到正位。鼎器的手把变革了,用的时候就被阻挡了,鲜美的野鸡肉不能得到食用,因为鼎很烫手,无法移动来使用,如果下雨及时,减损了鼎的热,就可以移动鼎了,就可以吃到美味了,就可以减少了后悔。

九四,阳居阴位,不得正位。𫗧,是美食。鼎的足断了,王公鼎里的美食倾倒出来了,鼎身被玷污了,这是有凶险的。"程传四,大臣之位,任天下之事者也。天下之事,岂一人所能独任,必当求天下之贤智,与之协力。得其人,则天下之治,可不劳而致也。用非其人,则败国家之事,贻天下之患。四下应于初,初阴柔小人,不可用者也。而四用之,其不胜任而败事、犹鼎之折足也。'鼎折足',则倾覆公上之𫗧。'𫗧',鼎实也。居大臣之位,当天下之任,而所田非人,至于覆败,乃不胜其任,可羞愧之甚也。'其形渥',谓赧汗也,其凶可知。"②

六五,阴居阳位,不得正位。铉,举鼎的意思。鼎配上黄色的鼎耳,插上扛鼎之器,这是有利于坚守正道的。

上九,阳居阴位,不得正位。鼎配上玉制的扛鼎之器,这是大吉大利的,没有什么不利。

---

①[清]陈梦雷:《周易浅述》,上海古籍出版社 1982 年版,第 182 页。
②[清]李光地著,刘大钧点校:《御纂周易折中》,巴蜀书社 1998 年版。

研究本卦参考文献:

[1]臧守虎.饮食·男女·鼎新——《易经·鼎卦》及"鼎新"之义的发生新解[J].古籍整理研究学刊,2004(06):29-34.

[2]王在华.《易经》鼎卦新释[J].中国城市经济,2010(09):243-245.

研究本卦代表性观点:

1.《周易尚氏学》:"元谓五。得位有应。故吉亨。端木国瑚曰。鼎之象不在鼎。而在伏象屯。屯下震为足。互坤为腹。上坎为耳。为铉。凡鼎之象无一不备。后人不知易于正伏象不分。谓下阴为足。中三阳为腹。五阴为耳。易焉有巽足乾腹离耳之象哉。按端木氏说是也。二千年误解。得是而正。其功甚伟。"

2.《周易禅解》:"革物者莫若鼎。此陶贤铸圣烹佛炼祖之器也。安得不元吉而亨哉。"

3.《周易本义》:"鼎:元吉亨。鼎,烹饪之器。为卦下阴为足,二三四阳为腹,五阴为耳,上阳为铉,有鼎之象。又以巽木入离火,而致烹饪,鼎之用也。故其卦为鼎。下巽,巽也,上离为目,而五为耳,又内巽顺而外聪明之象。卦自《巽》来,阴进居五,而下应九二之阳,故其占曰元亨。吉,衍文也。"

第五十一卦 震·震为雷·震上震下

震:亨。震来虩虩,笑言哑哑。震惊百里,不丧匕鬯。

初九:震来虩虩,后笑言哑哑,吉。

六二:震来厉,亿丧贝,跻于九陵,勿逐,七日得。

六三:震苏苏,震行无眚。

九四:震遂泥。

六五:震往来厉,亿无丧,有事。

上六:震索索,视矍矍,征凶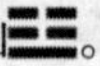。震不于其躬,于其邻,无咎。婚媾有言。

震卦,卦体是上下卦皆是八卦中的震卦,卦象是雷,卦德是动。震(雷)下震(雷)上,为雷相重叠。震就是震动的意思。虩虩,就是隙隙,老虎惊恐的样子。震,是顺通的,当震来临的时候,万物感到很惊恐,但是君子却能安之若素,言笑如故,非常镇定。鬯,用郁金香和秬酿成的酒。即使雷声声震百里,君子也能从容不迫，手中的匙和酒都不会失落的。震卦的变化趋势分析，"该期象征震动，多事多难，厄运趋向光明。当灾难来临，战战兢兢，震惊畏惧，过后就忘记，谈笑自若，不知警惕，将不会得到任何益处。如果平时戒慎恐惧，进修德业，自我反省，吸取教训，提高警觉，当突然遭受灾难时，就不会惊慌失措，而能从容镇定，笑谈嘻嘻、担当大任，卫家保国，结果会幸福如意。"①

初九，阳居阳位，得到正位。当雷刚开始来临的时候，万物感到很惊恐，但是君子却能安之若素，言笑自若，很冷静处事，结果是吉利的。

六二，阴居阴位，得到正位。贝，是指钱财之物。跻，升的意思。当雷来得更猛烈些的时候，有危厉，容易丢失大量的钱财，这个时候应当攀登到高高的九陵上边去，不要去追逐，七天之后会失而复得。"亿、大也、十万曰亿。贝、介虫、古者用为宝货也。跻、升也。九陵、犹九皋、高处也。二变为离贝象。六二乘初九之刚、有震来甚厉必丧其重宝之象。上互三四为艮、有升于九陵以避之之象。占者为震动而有所失、能中正自守、则不求而终获也。"②

六三，阴居阳位，不得正位。眚，过失的意思。当雷声变幻多端之时，应该保持清醒的头脑，谨慎行事，就不会有过失。

九四，阳居阴位，不得正位。泥，是停止、阻碍的意思。当雷震动，最终坠陷泥污中，一切就停止了。"案卦爻'震'字，虽以人心为主，然《震》之本象则雷也。凡雷乘阳气而动，然所乘之气不同，故邵子曰：水雷玄，火雷赫，土雷连，石雷霹。盖雷声有动而不能发达者，陷于阴气也。此爻阳动于四阴之中，故有'震遂泥'之象。在人则志气未能自遂，乃困心衡虑之时也。"③

六五，阴居阳位，不得正位。当雷声变幻莫测的时候，危险就会增多，坚守正道，就不会有什么大的损失之事。

上六，阴居阴位，得到正位。索索，是绳索的意思，引申为消散、消索的意思。矍矍，惊恐之状。当雷声消散的时候，两眼惊恐不安，如果出征行动就会有凶险，当雷还没有到达自己身上之时，还在邻近的时候，没有害处，在男女的媾和与君臣的遇合方面，就有交流的困难了。

---

①王在华：《〈易经〉震卦新释》，载《商业文化（学术版）》2010 年第 7 期。

②[清]陈梦雷：《周易浅述》，上海古籍出版社 1982 年版，第 185 页。

③[清]李光地著，刘大钧点校：《御纂周易折中》，巴蜀书社 1998 年版。

研究本卦参考文献：

[1]唐琳.朱震卦变思想解析[J].周易研究,2006(03):36-41,72.

[2]鲁兆.万物皆为数(四十)——《后天方圆图》之150-151震卦时空数[J].股市动态分析,2007(05):20-21.

[3]王在华.《易经》震卦新释[J].商业文化:学术版,2010(07):355-357.

[4]李尚英.震卦教与林清、李文成起义[J].中国社会科学院研究生院学报,1987(06):61-67.

[5]李立平.《易经》震卦对地震的认识[J].地震研究,1991(04):397-400.

[6]尚儒彪,黄富强,吴英莉.道教医药"震卦"秘方介绍[J].湖北中医杂志,2005(01):36.

研究本卦代表性观点：

1.《周易尚氏学》:"震。振也。动也。一阳伏二阴之下。阳必上升。故振动而为雷。为起。归藏作厘。李过曰厘者理也。黄宗炎曰谓雷厘地而出以作声。愚按震为笑乐。为喜。而厘与僖通。史记以鲁僖公厘公。是其证。说文。傅乐也。与喜同。又震为生为福。而厘亦为福。前汉文帝纪祠官祝厘如淳曰福也。是厘与震义多同。故归藏作厘。周易作震。阳得出故亨。虩虩恐惧貌。阳来居初。故曰震来。雷之发也。万物震恐。故震来虩虩 。阳遇阴则通。故笑言哑哑。哑哑笑貌。震为百。艮为里。坎为棘匕。为鬯。鬯秬酒也。震为黍。坎为酒。故曰鬯。震惊百里。不丧匕鬯者。言震雷虽威及百里。而不惊惧也。匕所以载牲。曾所以降神。皆祭祀之用。故传曰可以守宗庙为祭主也。"

2.《周易禅解》:"主重器者莫若长子。长子未有不奋动以出者也。故震则必亨。然其亨也。必有道以致之。方其初动而来。虩虩乎。如蝇虎之周环顾虑。仍不失其和。而笑言哑哑。夫惟存于己者既严且和。以此守重器而为祭主。纵遇震惊百里之大变。能不丧其匕鬯矣。佛法释者。一念初动。即以四性四运而推简之。名为虩虩。知其无性无生。名为笑言哑哑。烦恼业境种种魔事横发。名为震惊百里。不失定慧方便。名为不丧匕鬯也。"

3.《周易本义》:"震:亨。震来,笑言哑哑,震惊百里,不丧匕鬯,许逆反。哑,乌客反。丧,息浪反。匕,必以反。鬯,敕亮反。震,动也。一阳始生于二阴之下,震而动也。其象为雷,其属为长子。震有亨道。震来,当震之来时也。,恐惧惊顾之貌。震惊百里,以雷言。匕,所以举鼎实。鬯,以禾巨黍酒和郁金,所以灌地降神者也。不丧匕鬯,以长子言也。此卦之占,为能恐惧则致福,而不失其所主之重。"

第五十二卦 艮·艮为山·艮上艮下

䷳

艮：艮其背，不获其身，行其庭，不见其人，无咎。

初六：艮其趾，无咎，利永贞。

六二：艮其腓，不拯其随，其心不快。

九三：艮其限，列其夤，厉熏心。

六四：艮其身，无咎。

六五：艮其辅，言有序，悔亡。

上九：敦艮，吉。

艮卦，卦体是上下卦皆是由八卦中的代表山的艮☶所组成，卦象是山，卦德是止。艮(山)下艮(山)上，为两山重叠。艮，是山，是停止的意思。身在背后，就看不见自身了，在庭院里行走，两两相背，就看不见有他人的存在了，这个时候，没有什么危害的。有学者从三个不同方面来理解《艮卦》的基本特征，即止、观、静。[1]《大学》开篇说："大学之道，在明明德，在亲民，在止于至善。知止而后有定，定而后能静，静而后能安，安而后能虑，虑而后能得。"[2]朱子的注释是："止者，必至于是而不迁之意。至善，则事理当然之极也。言明明德、新民，皆当至于至善之地而不迁。盖必其有以尽夫天理之极，而无一毫人欲之私也。……止者，所当止之地，即至善之所在也。知之，则志有定向。静，谓心不妄动。安，谓所处而安。虑，谓处事精详。得，谓得其所止。"[3]老子"以身观身，以家观家，以乡观乡，以国观国，以天下观天下"[4]。

初六，阴居阳位，不得正位。停止应该在脚趾迈出之前就发生，这样就没有什么危害了。有利于坚守正道。"趾、所以行。初阴在下、方行之初。当止而止、不失其正、故有艮其趾无咎之象。止贵有终。恐阴柔不能固守、故勉以利永贞。"[5]

六二，阴居阴位，得到正位。腓，是脚肚，或者是小腿的地方。停止在小腿行

①杜霞：《〈周易·艮卦〉释义》，《周易研究》2005年第1期。

②《大学》，载《十三经注疏·礼记》，上海古籍出版社1997年版。

③朱熹：《四书章句集注》，中华书局2001年版。

④王弼：《老子注》，载《诸子集成》，中华书局1996年版。

⑤[清]陈梦雷：《周易浅述》，上海古籍出版社1982年版，第页。

动前就发生了，不能出步去追随有困难的别人，因为他的心中是不会快乐的。

九三，阳居阳位，得到正位。限，界限，在人身体的部位就是腰部。夤，指脊背的肉。停止在腰部行动前就发生，撕裂脊背的肉，危厉就像烈火一样烧灼他的心。“胡氏炳文曰：《震》所主在下，初九，下之最下者也。九四虽亦《震》所主，而溺于四柔之中，有泥之象，故不如初之吉，《艮》所主在上，上九，上之最上者也。九三虽亦《艮》所主，然介乎四柔之中，有限之象，有‘列其夤’之象，故不如上之吉。盖寂然不动者心之体，如之何可以徇物，感而遂通者心之用，如之何可以绝物。三过刚不中，确乎止而不能进退，以至上下隔绝，是绝物者也，唯见其危厉熏心而已。”①

六四，阴居阴位，得到正位。停止在身体行动前就发生，就没有什么灾害。

六五，阴居阳位，不得正位。辅，是口辅、面颊的意思。停止在口说话前就发生，说话慢条斯理，坚守诚信的话，悔恨就会丧失了。

上九，阳居阴位，不得正位。用温柔敦厚去止于至善，就是吉利的。就是要以敦厚笃实的德行抑止邪念。

研究本卦参考文献：

[1]周广友.王船山的艮卦阐释与儒家的知止思想[J].孔子研究，2010(03):45-53.

[2]王在华.《易经》艮卦新释[J].网络财富，2010(19):123-124.

[3]鲁兆.时空秘说(三)——211 艮卦与 218 坎卦周期[J].股市动态分析，2005(34):42-41.

[4]李伯聪.咸卦和艮卦的性心理学解释[J].周易研究，2004(02):29-33.

[5]鲁兆.111 月艮卦为底——2006 年 1 月周期探秘[J].股市动态分析，2005(02):41-42.

[6]杜霞.《周易·艮卦》释义[J].周易研究，2005,(01):23-29.

[7]郭振香.论朱熹对艮卦的阐释[J].周易研究，2011(01):30-35.

[8]鲁庆中.“艮”者，根也——《周易》艮卦名义新释[J].周易研究，2011(06):64-70.

研究本卦代表性观点：

1.《周易尚氏学》：“归藏作狠。狠广韵很之俗字。说文很不听从也。一曰行难也。艮郑云艮之言很也。是很艮义同。艮止也。震为行。震反故止。杂卦震起也。艮止也。即言正反之义也。旧说以阳在上为止。非其义也。艮为背为身为庭为人。艮其背。静也。三至五互震。故又曰行其庭。行其庭动也。乃因无

①[清]李光地著，刘大钧点校：《御纂周易折中》，巴蜀书社 1998 年版。

应与。静则不获身上手足之用。动则不见庭除应予之人。无动作无交际。故亦无咎也。”

2.《周易禅解》:“夫动与止。虽是相对待法。亦是相连属法。又是无实性法。究竟是无二体法也。不动曰止。不止曰动。此约相对待言也。因动有止。因止有动。此约相连属言也。止其动则为静。止其静则为动。动其止则为动。动其动则为止。此约无实性言也。止即是动。故即寂恒感。动即是止。故即感恒寂。此约无二体言也。知动止无二体者。始可与言止矣。夫人之一身。五官备于面。而五脏司之。五脏居于腹。而一背系之。然玄黄朱紫陈于前。则纷然情起。若陈于背。则浑然罔知。故世人皆以背为止也。然背之止也。纵令五官竞骛于情欲。而仍自寂然。逮情之动也。纵复一背原无所分别。而毕竟随往。故以面从背。则背止而面亦随止。以背从面。则面行而背亦随行。究竟面之与背。元非二体。不可两判。今此卦上下皆艮。止而又止。是艮其背者也。艮背何以能无咎哉。是必不获其身。行其庭不见其人。斯无咎耳。身本非实。特以情欲锢之。妄见有身。今向静时观察。其中坚者属地。润者属水。暖者属火。动者属风。眼耳鼻舌异其用。四支头足异其名。三百六十骨节。八万四千毫窍。毕竟以何为身。身既了不可得。即使历涉万变。又岂有人相可得哉。故行其庭而亦不见其人。此则止不碍行。即行恒止。故无咎也。”

3.《周易本义》:“艮其背,不获其身,行其庭,不见其人,无咎。艮,止也。一阳止于二阴之上,阳自下升,极上而止也。其象为山,取坤地而隆其上之状,亦止于极而不进之意也。其占则必能止于背而不有其身,行其庭而不见其人,乃无咎也。盖身,动物也,唯背为止。艮其背,则止于所当止也。止于所当止,则不随身而动矣,是不有其身也。如是,则虽行于庭除有人之地,而亦不见其人矣。盖艮其背而不获其身者,止而止也,行其庭而不见其人者,行而止也。动静各止其所,而皆主夫静焉,所以得无咎也。”

第五十三卦　渐·风山渐·巽上艮下

渐:女归吉,利贞。

初六:鸿渐于干,小子厉,有言,无咎。

六二:鸿渐于磐,饮食衎衎,吉。

九三：鸿渐于陆，夫征不复，妇孕不育，凶；利御寇。

六四：鸿渐于木，或得其桷，无咎。

九五：鸿渐于陵，妇三岁不孕，终莫之胜，吉。

上九：鸿渐于逵，其羽可用为仪，吉。

渐卦，卦体是内卦（下卦）艮☶、外卦（上卦）巽☴，卦象风和山，卦德是入和止。艮（山）下巽（风）上，表明高山上的树木逐渐长得高大。渐，就是渐渐的意思。渐好像女子出嫁那样，纳彩是古代婚仪六礼之一，据《礼记》和《仪礼》记载，六礼为纳彩、问名、纳吉、纳征、请期、亲迎六种，按照一切婚嫁的礼节循序渐进，就会得到吉祥，有利于坚守正道。"归"，女子出嫁之称。金春峰说："'女归吉'，归者归于丈夫之家也。不离则何归之有男人不出征，夫妇又何离之有？故女归虽是嫁女，但却是就夫妇团聚来说的。《杂卦》：'渐，女归待男行也。''待'，等待也。'男行'，服役也。正符合渐卦辞主旨。"[①]胡瑗曰："天下万事，莫不有渐。然于女子，尤须有渐。何则？女子处于闺门之内，必须男子之家问名、纳采、请期，以至于亲迎，其礼毕备，然后乃成其礼，而正夫妇之道。"[②]贞，"正"或"守正"。《聊斋志异·鸿》讲了一个夫妻情感弥坚的故事内容如下：

> 天津弋人得一鸿，其雄者随至其家，哀鸣翱翔，抵暮始去。次日弋人早出，则鸿已至，飞号从之；既而集其足下。弋人将并捉之。见其伸颈俯仰，吐出黄金半铤。弋人悟其意，乃曰："是将以赎妇也。"遂释雌。两鸿徘徊，若有悲喜，遂双飞而去。弋人称金，得二两六钱强。噫！禽鸟何知，而钟情若此！悲莫悲于生别离，物亦然耶？[③]

初六，阴居阳位，不得正位。鸿，是大雁类的一种鸟。干，是涯岸边的意思。大雁飞起来逐渐停到水涯旁边。小的孩子有危厉，会受到言语中伤，但是如能循序渐进，就没有什么害处。"巽有飞鸟之象。互离坎。离为飞鸟、在坎水之上。又鸿之行有序而进有渐。婚礼用鸿、取不再偶。于女归之义尤切、故六爻皆以取象。干、水涯也。初六以阴居下、当进之始、有鸿于干之象。艮为少男、小子之象。鸿飞、长者在前、幼者在后。幼者惟恐失群、危而号呼、长者必缓飞俟之。初无应于

①金春峰：《〈周易〉经传梳理与郭店楚简思想新释》，中国言实出版社，2004年版第5页。
②李光地纂，刘大均整理：《周易折中》，巴蜀书社2008年版，第207页。
③蒲松龄著，任笃行辑校：《聊斋志异》，齐鲁书社2000年版，第1570页。

上、危厉不免于号呼、有小子厉有言之象。然以渐不敢躁进、于义亦无咎矣。”①

六二，阴居阴位，得到正位。磐，是大石头的意思。衎衎，是和乐的意思。大雁逐渐停到安稳的磐石之上，饮食和乐的样子，这是吉利的。

九三，阳居阳位，得到正位。大雁逐渐停到较平的山顶，就好像是丈夫出征不能回来了，他的妻子怀孕了，但是不能生育，这是凶险的，但是这个有利于抵御强寇。“案此卦以‘女归’为义，则必阴阳相应，乃与义合，故初之‘厉’者无应也。二之安者有应也，二亦无应，而位愈高，则不止于厉而已。上九在卦外，不与三应。如‘夫征’而‘不复’，不顾其家也。三刚质失柔道，如妇有产孕而不能养育，不恤其子也。以士君子之进言之。上不下交，而下又失顺勤之道，于义则凶矣。上下不交，必有谗邪间于其间，所谓寇也，唯能谨慎自守，使寇无所乘，则可以救其过刚之失而利。”②

六四，阴居阴位，得到正位。大雁逐渐停到高树之上，或者停到较平的树枝栖息，这样就没有什么害处的。

九五，阳居阳位，得到正位。大雁逐渐停到丘陵上，好像妻子多年都不能怀孕，但是最终没有人能够阻止这件事，结果是吉利的。

上九，阳居阴位，不得正位。大雁逐渐停到高山之上，它的羽毛可以作为典礼上精美的装饰品，结果也是吉利的。

研究本卦参考文献：

[1]欧阳小建.《周易·渐卦》新解——兼论《渐卦》与《诗经·渐渐之石》的关系[J].西南科技大学学报：哲学社会科学版，2012(01):28-33.

[2]李尚信.释《周易·渐卦》[J].周易研究，2006(04):61-66.

研究本卦代表性观点：

1.《周易尚氏学》：“上下卦皆阴承阳。阴承阳即妇从夫。故曰日渐。渐进也。次也。言阴次于是。宜进而承阳也。巽为妇。艮止于下。有女归之象。二五应。故利贞而吉。”

2.《周易禅解》：“夫敦艮既非面墙。则止而不失其行之时矣。行之以巽。故

①[清]陈梦雷：《周易浅述》，上海古籍出版社1982年版，第191页。

②[清]李光地著，刘大钧点校：《御纂周易折中》，巴蜀书社1998年版。

名曰渐。君子将致身以有为。必如女之归夫。始终以礼而非苟合。乃得吉耳。苟不利贞。则躁进固足取辱。虽渐进亦岂能正人哉。佛法释者。理则顿悟。乘悟并销。如震虩而艮敦。事非顿除。因次第尽。如女归而渐进。又次第禅门名之为女。即事禅而达实相名之为归。以圆解遍修事禅名之为贞。”

3.《周易本义》:“渐:女归吉,利贞。渐,渐进也。为卦止于下,而巽于上,为不遽进之义,有女归之象焉。又自二至五,位皆得正,故其占为女归吉,而又戒以利贞也。”

第五十四卦　归妹·雷泽归妹·震上兑下

䷵

归妹:征凶,无攸利。

初九:归妹以娣,跛能履,征吉。

九二:眇能视,利幽人之贞。

六三:归妹以须,反归以娣。

九四:归妹愆期,迟归有时。

六五:帝乙归妹,其君之袂,不如其娣之袂良,月几望,吉。

上六:女承筐无实,士刲羊无血,无攸利。

归妹卦,卦体是内卦(下卦)兑☱、外卦(上卦)震☳,卦象是雷和泽,卦德是悦和动。兑(泽)下震(雷)上,兑又代表少女,震又代表长男。归妹,就是嫁少女的意思。归,是停止的意思。妹,是少女。归妹,就是老男人吃嫩草,行为不正,老男人娶少女,老少不宜,如果出征是凶险的,没有什么好处。归妹卦描述了商周媵婚制,《公羊传·庄公十九》年说:“媵者何?诸侯娶一国,则二国往媵之,以侄娣从,侄者何?兄之子也,娣者何?弟也。诸侯一聘九女,诸侯不再娶。”又曰:“娣侄曰媵。媵,承也,承事嫡也。”《尔雅·释言》:“媵,送也。”《诗经·召南·江有汜序》疏:“妾送嫡而行,故谓妾为媵,媵之名不专施妾,凡送女适人者,男女皆谓之媵。”什么是“媵”?《左传·嘻公五年》“以媵秦穆姬”杜预注云:“送女曰腾。”《广韵·澄韵》:“腾,送女从嫁。”所谓“诸侯一聘九女”,“指的是诸侯娶某国之女为妻时,女方的两个同姓之国各以一女从嫁。此三女又各有两女陪嫁:一是侄,即自己的侄女(兄之女);一是娣,即自己的女弟(妹妹)。累计相加,恰合‘九’之数。可见,‘滕’原本是指古代的一种婚制形式——陪嫁制。这种婚制的条件较苛刻,要求陪嫁的对象必须是同姓之国的诸侯之女，显然不适合于平民百姓之辈。”①帝乙归妹，指的是“据《竹书纪年》等古籍和甲骨文记载，商王文丁为了抑制周人势力的发展，借故杀死了周文王的父亲季历，从此商周关系紧张，文丁的儿子帝乙继位后，周文王（时称周侯）为了报杀父之仇，积蓄力量，准备进攻商王，这时地处东南地区的人方，趁商周交恶之时，举众叛商，帝乙为了不致东西受敌，便对周采取和亲的办法来缓和西部地区的矛盾。”②这时周文王娶有宰氏之女大拟为嫡夫人，因此帝乙之妹只能作为娣的身份媵婚于周。归妹就是嫁妹。“帝乙为了缓和与周人的矛盾，便采取了和亲政策，决定将其妹妹嫁给周文王，但因周文王已先聘有莘氏女大姒为嫡夫人，帝乙之妹只好以娣的身份嫁给周文王，待出嫁时，帝乙为了不失面子，按照嫡夫人的礼节嫁其妹，可能还要求周文王亲迎，或立其妹为嫡夫人，但遭到了周文王的拒绝，并要求帝乙以娣的礼节出嫁其妹，这就是六三艾辞所说的‘归妹以须，反归以娣’的反复过程。”③

初九，阳居阳位，得到正位。娣，从女，弟声。古代社会的妇女出嫁时随嫁的女子。《仪礼·丧服子夏传》中说：“娣姒妇者，弟长也。”古代姐妹共嫁一夫，幼为娣，长为姒。嫁出的少女作为偏房，好像跛脚能够奋力前行，出征是吉利的。“初九居下而无正应、有娣之象。然以刚居刚、女子有贤正之德、能承助其君者。以震为足、兑为毁折、有跛能履之象。以全卦言、为说以动则征凶。以此爻言、得娣之正、故其征吉。”④

九二，阳居阴位，不得正位。眇，一只眼睛小，而且有些瞎。眼睛小而且瞎，但是能看到东西，这有利于幽居之人坚守正道。

六三，阴居阳位，不得正位。须，是等待的意思。《三国志·魏志·赵俨传》：“若绵绢不调送，观听者必谓我顾望，有所须待也。”这句的“须”就是等待的意思。妹妹想冒充姐姐之位嫁为正室，结果还是作为妹妹嫁做偏房。欲求正室不得。

九四，阳居阴位，不得正位。愆，是过期的意思。少女延期出嫁，延迟时日待嫁，等待时机，慎重择偶。

六五，阴居阳位，不得正位。袂，衣袖的意思。帝乙是商朝第三十代国王，姓

①《〈阿房宫赋〉释疑——“媵”与古代婚制》，载《语文知识》2000 年第 12 期。
②李衡眉：《〈周易〉归妹卦所描述的商周媵婚制》，载《山东社会科学》1991 年第 2 期。
③李衡眉：《〈周易〉归妹卦所描述的商周媵婚制》，载《山东社会科学》1991 年第 2 期。
④[清]陈梦雷：《周易浅述》，上海古籍出版社 1982 年版，第 194 页。

子名羡，商王文丁(太丁)之子。文丁死后继位。帝乙嫁出少女，下嫁诸侯，他的君夫人也就是正房的衣服，反而不如娣偏房的衣服华美，月亮接近十五月圆之时了，身居中位，是吉利的。“案女不待夫家之求而自归，非正也，卦之所以凶也，然唯天子之女，则必求于夫家而自归焉。是《归妹》之义，在他人则为越礼犯义而凶，在天子则为降尊屈贵而吉矣。六五居尊而下应九二，适合此象，故其辞如此。卦唯此爻有应，而又于归妹之义，正为所宜，而非所病，则其为吉宜矣。”①

上六，阴居阴位，得到正位。筐，是竹子做的篮子。刲，割杀的意思。出嫁的女子的筐篮里没有实物，男子宰羊，却不见羊出血，这样没有什么有利的。

研究本卦参考文献：

[1]范爱理.从《归妹卦》管窥商周时期的贵族婚制[J].传承,2009(04):146-147.
[2]李衡眉.《周易》归妹卦所描述的商周媵婚制[J].山东社会科学,1991(02):57-58.

研究本卦代表性观点：

1.《周易尚氏学》：“兑为少女。故曰妹。震为归。妇人谓嫁曰归。故曰归妹。震类长女从长男为恒。则曰利有攸往。兹少女从长男。与恒同耳。乃象义则与恒相反。曰征凶无攸利何为也。曰恒下巽。巽阴承阳。与上震无一爻不相应。故利有攸往。归妹则巽覆为兑。阴乘阳。初三皆失应。故征凶。巽为利。巽覆故无攸利。又中四爻皆不当位。贞静自守。尚恐有咎。动则悔吝生矣。故征凶不利也。下系云。其为道也屡迁。变动不居。周流六虚。上下无常。刚柔相易。不可为典要。唯变所适。正谓此。恒与归妹。上卦同也。下卦同为二阳一阴也。乃巽则如彼。巽覆则如此。唯变所适也。唯变所适。谓甲卦与乙卦。一爻变动。则吉凶相反。非谓卦无是象。强命某爻变。以成其象也。自汉以来。因误解变动不居。唯变所适二语。援为护符。滥用爻变。以济其穷。前有虞翻。后有焦循。其尤也。”

2.《周易禅解》：“夫渐而进者。未有不归其所者也。以少女而归长男。过以相与。亦既得其所归。然一归则当终身守之。若更他往则凶。又设以少女用事擅权。则无所利。佛法释者。修次第禅。盖摄世间事定而归佛法正慧者也。倘

①[清]李光地著，刘大钧点校：《御纂周易折中》，巴蜀书社 1998 年版。

直用此事定而设化仪。则必坠于爱见之网而凶。若耽着此定。则纡偏权曲径而无所利也。”

3.《周易本义》:“归妹:征凶,无攸利。妇人谓嫁曰归。妹,少女也。兑以少女而从震之长男,而其情又为以说而动,皆非正也,故卦为归妹。而卦之诸爻,自二至五,皆不得正,三五又皆以柔乘刚,故其占征凶,而无所利也。”

第五十五卦　丰·雷火丰·震上离下

䷶

丰:亨,王假之,勿忧,宜日中。

初九:遇其配主,虽旬无咎,往有尚。

六二:丰其蔀,日中见斗,往得疑疾,有孚发若,吉。

九三:丰其沛,日中见昧,折其右肱,无咎。

九四:丰其蔀,日中见斗,遇其夷主,吉。

六五:来章,有庆誉,吉。

上六:丰其屋,蔀其家,窥其户,阒其无人,三岁不觌,凶。

丰卦,卦体是内卦(下卦)离☲、外卦(上卦)震☳,卦象是雷和火,卦德是明和动。离(火)下(震)雷上,离又代表闪电,震为雷,为雷电同时到来。丰,是丰盛的意思,是顺通的,君王统一天下,应该达到丰盛地步,不用担心,就好像太阳位居中天。“日中见斗”和“日中见沬”,是天象记载。“日中见斗”,《十三经注疏·周易正义》云:“幽不明也,日中盛则反而见斗,以譬当光大而居阴,是应明而幽闇不明也。”黄以周《〈儆季杂著〉七种·丰日中见斗日中见沬解》中说:“沬,郑作昧,亦即四丈传之幽,二四日斗,三日昧,互文见义,斗者昧之景,昧者斗之幽。”据此,有学者认为,“《周易》丰卦中的‘日中见斗’和‘日中见沬’就是古代太阳黑子记录的二种表达形式。”①也有人认为这不是太阳黑子的记录,认为它是最早的日蚀记录,依据是李光地主编的《周易折中》就曾说:“以实象求之,则如太阳食时是也,食限多则大星见,食限甚则小星亦见矣,所以然者,阴气蔽障之故也。”

初九,阳居阳位,得到正位。旬是中国古代的时间单位。十天为一旬,三旬为

---

①徐振韬:《〈周易〉丰卦和世界上最早的太阳黑子记录》,载《天文学报》1979年第4期。

一月。旬的概念是从夏朝开始的。古代用天干纪日，用月亮圆缺的周期确定“月”的时间单位，每十日周而复始，就用一个“旬”来表示。一个月的第一个十天为上旬，第二个十天为中旬，余下的天数为下旬。遇到配合自己的主人，即使在一起十天，也没有什么害处，如果前往还会受到重视。“凡卦爻取刚柔相应、此则取明动相资。盖全卦以五为丰之主、五方柔暗、欲得刚明之臣以自辅。初远于五而与四应。四、初之配也。故有遇其配主之象。旬、均也。初四皆阳、均敌非应之正。然同有阳刚之德、明动相资、故虽旬而无咎。同德共事、往以辅五、必有功矣、故曰往有尚。”①

六二，阴居阴位，得到正位。蔀，日被云蒙蔽的意思。太阳被云蒙蔽了，就好像日居中午的天空正中，却看到了夜晚的北斗星。如果这种情形下前往行事，就会加速被猜疑；如果用真诚的信任之心去感化，就是吉利的。

九三，阳居阳位，得到正位。太阳继续被云遮掩，就好像日居中午的天空之中，却看到了小星星，即使折断了右臂，但是没有什么害处。

九四，阴居阴位，得到正位。太阳继续被云遮掩，就好像日居中午的天空之中，却看到了明主的赏识，行动是吉利的。“案九三之蔽，又甚于二四者，爻取日中为昏义。二三四在一卦之中，而九三又在三爻之中也。且二应五，为柔中之主。四应初，为同德之助。三所应者，乃过中处板之阴，其蔽安得不甚哉。上六以其昏昏，使人昏昏，故九三虽以刚明之才，为之股肱，而不免于毁折。然于义为‘无咎’者，守其刚正以事上，反己无怍而众无尤也。又案《易》中所取者虽虚象，然必天地间有此实事，非凭虚造设也，‘日中见斗’，甚而至于‘见沬’，所取喻者，固谓至昏伏于至明之中。然以实象求之，则如太阳食时是也。食限多则大星见，食限甚则小星亦见矣。所以然者，阴气蔽障之故，故所谓‘丰其蔀’‘丰其沛’者，乃蔽日之物，非蔽人之物也。且此义亦与《彖传》‘日中则昃月盈则食’相发。”②

六五，阴居阳位，不得正位。来，是招徕的意思。章，是美丽的花纹的意思。招徕贤能之士来辅佐明主，一定有喜庆和美誉，这是吉利的。

上六，阴居阴位，得到正位。阒，寂静的意思。觌，是看见的意思。位置显赫，使得房屋也高大，蒙蔽他的家，从他的窗户进行窥视，寂静没有人，多年都看不见

---

①[清]陈梦雷：《周易浅述》，上海古籍出版社1982年版，第197页。
②[清]李光地著，刘大钧点校：《御纂周易折中》，巴蜀书社1998年版。

人,处于孤立无援的状态,这样一定有凶险。

研究本卦参考文献:

[1]王在华.《易经》丰卦新释[J].商业文化:学术版,2010(08):386-388.

[2]徐振韬.《周易》丰卦和世界上最早的太阳黑子记录[J].天文学报,1979(04):416-418.

[3]徐志锐.《周易》丰卦不是太阳黑子记录[J].天文学报,1980(04):340-341.

研究本卦代表性观点:

1.《周易尚氏学》:"雷电皆至东。故丰。说文。丰豆之丰满者也。四阳遇重阴。故亨。震为王。假至也。王假之。言四宜上升至五也。震为乐。故曰勿忧。离为日。中谓五。宜日中者。谓四升五。当位如日中也。"

2.《周易禅解》:"家有妻妾则丰。国有多士则丰。观心有事禅助道则丰。丰则必亨。然非王不足以致丰。丰则可忧。而勿徒忧。但宜如日之明照万汇可也。"

3.《周易本义》:"丰:亨,王假之,勿忧,宜日中。假,更白反。丰,大也。以明而动,盛大之势也,故其占有亨道焉。然王者至此,盛极当衰,则又有忧道焉。圣人以为徒忧无益,但能守常,不至于过盛则可矣,故戒以勿忧,宜日中也。"

第五十六卦　旅·火山旅·离上艮下

䷷

旅:小亨,旅贞吉。

初六:旅琐琐,斯其所取灾。

六二:旅即次,怀其资,得童仆贞。

九三:旅焚其次,丧其童仆,贞厉。

九四:旅于处,得其资斧,我心不快。

六五:射雉一矢亡,终以誉命。

上九:鸟焚其巢,旅人先笑后号咷。丧牛于易,凶。

旅卦,卦体是内卦(下卦)艮☶、外卦(上卦)离☲,卦象是火和山,卦德是止和明。艮(山)下离(火)上,为火势蔓延。旅,就是羁旅、旅行的意思。旅行之中,人生地不熟,要小心行事,是可以亨通的,如果坚守正道,结果是吉利的。古代羁旅诗人写诗歌很有艺术,诗歌中不写自己想家,而写家人想自己,令人倍觉凄凉，如杜甫的《月夜》：“今夜鄜州月，闺中只独看。遥怜小儿女，未解忆长安。香雾云鬟湿，清辉玉臂寒。何时倚虚幌，双照泪痕干？”观旅卦之象，有学者认为旅卦带给人的人生忠告：“定准己位，心态轻松。不卑不亢，道取中庸。居仁履义，莫贪名功。心乐为贵，享受人生。”①还有学者认为卦里蕴含相当丰富的军事信息，“《旅卦》表面上看是讲述行旅之道的，但细细琢磨，其中蕴含的军事资料相当丰富，每一爻都描述有战争的有关情况，为我们传递着远古时期的军事信息，给后人留下了珍贵的军事史料。”②

初六，阴居阳位，不得正位。琐琐，是很细小琐屑的样子。在旅行刚开始的时候，就很猥琐，还斤斤计较，这当然会招来的灾害。

六二，阴居阴位，得到正位。即，往的意思。次，是旅舍的意思。资，是货财的意思。客前往旅舍，怀带钱财，得到童仆的照顾。“六二以阴居阴得正。又艮为门、二居其中。有即次得安之象。阴主利而二居中、互巽为利市三倍、有怀其资之象。艮为少男而二居中得正、有得童仆贞之象。即次则安、怀资则裕。得童仆之贞、则无欺而有赖。旅之最吉者也。”③

九三，阳居阳位，得到正位。旅舍被焚烧掉了，童仆也丧失了，即使坚守正道，也是有危险的。

九四，阳居阴位，不得正位。斧是用来防身的。把旅舍放在山上，即使得到资财和防身的帮助，但是心情仍然是不愉快的。为什么不愉快？因为远离家乡。“集说潘氏梦旂曰：居刚而用刚，平时犹不可，况旅乎！以此与下，焚次丧仆，固其宜也。九三以刚居下体之上，则焚次。上九以刚居上体之上，则焚巢。位愈高，刚愈亢，则祸愈深矣。”④

六五，阴居阳位，不得正位。雉，是野鸡的一种。射杀野鸡，虽然丧失了一枝箭，但是最终获得了荣誉和爵命。

上九，阳居阴位，不得正位。易，是田畔的意思。鸟巢失火被焚烧掉了，行旅之人先欢笑，后因遭遇祸事而号啕痛哭，牧人在田畔丢失了牛，这是有凶险的。

---

①孙景龙：《不卑不亢地享受生命过程——〈周易·旅卦〉经传文字解读》，载《承德民族师专学报》2011年第3期。

②冯丽荣：《〈周易·旅卦〉军事信息探究》，载《湖北经济学院学报（人文社会科学版）》2008年第8期。

③[清]陈梦雷：《周易浅述》，上海古籍出版社1982年版，第200页。

④[清]李光地著，刘大钧点校：《御纂周易折中》，巴蜀书社1998年版。

研究本卦参考文献：

[1]王在华.《易经》旅卦新释[J].中外企业家,2010(06):158-160.

[2]孙景龙.不卑不亢地享受生命过程——《周易·旅卦》经传文字解读[J].承德民族师专学报,2011(03):40-41.

[3]冯丽荣.《周易·旅卦》军事信息探究[J].湖北经济学院学报:人文社会科学版,2008(08):29-30.

研究本卦代表性观点：

1.《周易尚氏学》:“旅之卦义。先儒皆以行旅为说。然卦名皆由卦象生。火山何以为旅。侯果孔疏皆以火在山上。势难久留。故为旅。如所诂火在山上。不久即灭耳。安见其为行旅。按易林剥之旅云。居正不安。大盗为咎。大畜之旅云。安其室庐。传母何优。是皆以居家为说。于行旅之义正相反。履之旅云。鸟子鹊雏。常与母俱。愿慕群旅。不离其巢。又晋之旅云。逐旅失群。是以旅为伴旅。卦二阴。随二阳。一阴随一阳。阳前阴后。有若伴侣。疑焦氏所诂者。于卦象为切。又释诂旅众也。卦离火。艮亦为火。火多故众。伴旅亦众也。九三象云。以旅与下。以众与下也。若作行旅。此句难通矣。又初交旅琐琐。斯其所。斯离也。行旅往来。有不离其所者哉。于行旅之义尤不合。故疑焦义是也。六五得尊位。故小亨。贞吉。”

2.《周易禅解》:“日中则昃。月盈则食。故次丰之后明旅也。丰以尚大。旅以小亨。贞岂有大小哉。在大则大。在小则小。要不失其贞而已。不失其贞。则无往而不吉矣。”

3.《周易本义》:“旅:小亨,旅贞吉。旅,羁旅也。山止于下,火炎于上,为去其所止而不处之象,故为旅。以六五得中于外,而顺乎上下之二阳,艮止而离丽于明,故其占可以小亨,而能守其旅之贞,则吉。旅非常居,若可苟者。然道无不在,故自有其正,不可须臾离也。”

第五十七卦　巽·巽为风·巽上巽下

䷸

巽:小亨,利攸往,利见大人。

初六:进退,利武人之贞。

九二:巽在牀下,用史巫纷若,吉无咎。

九三:频巽,吝。

六四:悔亡,田获三品。

九五:贞吉悔亡,无不利。无初有终,先庚三日,后庚三日,吉。

上九:巽在牀下,丧其资斧,贞凶。

巽卦,卦体是上下卦皆由八卦中代表‘风’的巽☴所组成,卦象是风,卦德是入。巽(风)下巽(风)上,为风行起来。巽,恭顺的意思。小有成功,可以达到亨通,有利于前往,有利于见高位的大人物。关于巽卦的应变法则,“在不安定中,必须谦逊才能收揽人心,得到助力,转危为安,谦逊是做人应有的态度,惟有谦逊,才能进入他人心中,进入周围环境之中,终被接纳;谦逊是顺从,并非盲从,必须择善而从;谦逊并非优柔寡断,更非自卑畏惧,当然也不是虚伪,而是应当正当,应当进取,事前准备周详,事后检讨得失,要极其慎重,不可过当,要恰如其分。”①

初六,阴居阳位,不得正位。刚开始恭顺的时候,进退两难,有利于勇武之人坚守中正之道。“巽为进退为不果。初六重巽之下柔之过、故有进退不决之象。然以柔居刚、为巽之主。若临事以武人之贞处之、则有以济其不及而得利矣。此与履六三皆以阴居阳、变纯乾、有武人之象。然履宜谦而三居下之上、故危之。巽不果、初又居下之下、故以武人勉之。”②

九二,阳居阴位,不得正位。史,是用龟甲进行占卜之人。巫,是用蓍草进行求筮之人。过度谦卑,屈居于床下,如果能像祝史、巫觋那样事神,是吉利的,没有什么害处。

九三,阳居阳位,得到正位。频繁地恭顺,使人无所适从,这是有害的。“案‘巽’者,入也。然又曰‘德之制’,若不能断制,则其人之深者,徒足使弊益以滋,而奸无所畏,非唯无益而又害之也。夫子曰‘再思可矣’,言事贵断也。九三上九,皆过于中,则是蓄疑以败谋,多思而少断。然三未如上九之甚也,故但为‘频巽’。”③

六四,阴居阴位,得到正位。田,猎也。品,种也。筮遇此爻,行猎将得三种猎物。后悔消失了,田猎时得到多种收获。

---

①王在华:《〈易经〉巽卦新释》,载《网络财富》2010 年第 17 期。

②[清]陈梦雷:《周易浅述》,上海古籍出版社 1982 年版,第 203 页。

③[清]李光地著,刘大钧点校:《御纂周易折中》,巴蜀书社 1998 年版。

九五，阳居阳位，得到正位。坚守中道，是吉利的，后悔就会消失，没有不顺利的，没有开始也不会太顺利，就好像颁行新的法令、政令，可以在庚日的前三天发布，在庚日后三天再开始施行这些命令，这是有利的。

上九，阳居阴位，不得正位。恭顺到了屈于床下，失去了赖以生存的资本，失去了保护自身的武器，即使坚守正道，结果也是凶险的。

研究本卦参考文献：

[1]王在华.《易经》巽卦新释[J].网络财富，2010(17):142-143.

[2]鲁兆.万物皆为数(二十六)——65月巽卦周期宜造顶[J].股市动态分析，2006(43):24-25.

[3]尚儒彪，黄富强，吴英莉.道教医药"巽卦"秘方介绍[J].湖北中医杂志，2004(05):41.

研究本卦代表性观点：

1.《周易尚氏学》："初四皆承阳。故曰巽。巽顺也。顺阳故小亨。往遇阳故利。阳居二五得中。故利见大人。"

2.《周易禅解》："善处旅者。无入而不自得。不巽则无以自容矣。巽以一阴入于二阳之下。阴有能而顺乎阳以致用。故小亨而利有攸往利见大人也。观心释者。增上定学。宜顺于实慧以见理。"

3.《周易本义》："巽：小亨，利有攸往，利见大人。巽，入也。一阴伏于二阳之下，其性能巽以入也，其象为风，亦取入义。阴为主，故其占为小亨；以阴从阳，故又利有所往。然必知所从，乃得其正，故又曰利见大人也。"

第五十八卦　兑·兑为泽·兑上兑下

兑：亨，利贞。

初九：和兑，吉。

九二：孚兑，吉，悔亡。

六三：来兑，凶。

九四：商兑，未宁，介疾有喜。

九五：孚于剥，有厉。

上六：引兑。

兑卦，卦体是上下卦皆是由八卦中代表(沼)泽的兑☱所组成，卦象是泽，卦德是悦。兑(泽)下兑(泽)上，为两个泽水并连。兑，是喜悦的意思。心悦诚服，这是亨通畅达的，利于坚守中正之道。与兑有关的卦有：履(乾下兑上)，随(震下兑上)，困(坎下兑上)，咸(艮下兑上)，萃(坤下兑上)，大过(巽下兑上)，井(离下兑上)，兑(兑上兑下)，睽(离上兑下)，中孚(巽上兑下)，临(坤上兑下)，损(艮上兑下)，节(坎上兑下)，归妹(震上兑下)，履(乾上兑下)。《兑》卦初九爻辞曰："和兑，吉。"《兑》卦处处体现了人的存在，和兑的审美把握世界的方式，"体现了中国古代先民在宇宙中寻求天人感应合理性的积极探索，追求的是人事的安排与宇宙中某种无形的，却又控制人事的规律相切合，追求人事的规律与宇宙中某种不变的规律的统一。暗合在艺术审美的追求上，就不难看出这种追求的普遍意义了。人们对艺术审美规律与宇宙中某种规律的契合的追求，成了一种最高的追求，也是心灵归宿感的体验。所以，"和兑"，就成了利且贞吉的了。"①

初九，阳居阳位，得到正位。在喜悦刚开始的时候，能以平和喜悦的态度为人处世，是吉利的。

九二，阳居阴位，不得正位。对人怀有虔诚和信任的心，是吉利的，后悔就会消失。

六三，阴居阳位，不得正位。前来寻求和悦，会有凶险的。

九四，阳居阴位，不得正位。商，量度的意思。宁，安定的意思。介是隔的意思。对喜悦能保持一定的度，不能安宁，要排除凶险疾恶，才会有喜庆的结果。"九四上承九五、下比六三。以所居位柔、未能自决。又互巽为进退不果。故有商度所兑、未能安宁之象。上下兑之间、介象。质本阳刚、故有介然自守、疾恶柔邪而有喜之象。"②

九五，阳居阳位，得到正位。剥，剥夺的意思。诚信剥夺，有危险的意思。"程传九五得尊位而处中正，尽说道之善矣。而圣人复设有厉之戒，盖尧舜之盛，未尝无戒也。戒所当戒而已，虽圣贤在上，天下未尝无小人，然不敢肆其恶也。圣人亦说，其能勉而革面也。彼小人者，未尝不知圣贤之可说也。如四凶处尧朝，隐恶而顺命是也。圣人非不知其终恶也，取其畏罪而强仁耳。五若诚心信小人之假善

①夏宇宁：《兑卦初爻里的"和兑"美》，载《美与时代(下)》2012年第1期。

②[清]陈梦雷：《周易浅述》，上海古籍出版社1982年版，第206页。

为实善，而不知其包藏，则危道也。小人者备之不至，则害于善，圣人为戒之意深矣。'剥'者，消阳之名，阴消阳者也。盖指上六，故'孚于剥'则危也。以五在说之时而密比于上六，故为之戒。虽舜之圣，且畏'巧言令色'，安得不戒也。说之惑人，易入而可惧也如此。"①

上六，阴居阳位，不得正位。引导别人一同欢悦，这种导致凶险。

研究本卦参考文献：

[1]王在华.《易经》兑卦新释[J].网络财富，2010(16):157,165.

[2]夏宇宁.兑卦初爻里的"和兑"美[J].美与时代：下，2012(01):28-29.

[3]尚儒彪.武当道教医药"兑卦"秘方简介[J].湖北中医杂志，2003(03):31-32.

研究本卦代表性观点：

1.《周易尚氏学》："兑悦也。兑何以悦。以一阴见于二阳之上。阳得阴而悦也。刚中柔外。与泰义合。故亨。阴阳相遇。故利贞。"

2.《周易禅解》："入则自得。自得则说。自得则人亦得之。人得之则人亦说之矣。说安得不亨哉。然说之不以正。君子不说。故利贞焉。书云。无拂民以从己之欲。罔违道以干百姓之誉。"

3.《周易本义》："兑：亨，利贞。兑，说也。一阴进乎二阳之上，喜之见乎外也。其象为泽，取其说万物，又取坎水而塞其下流之象。卦体刚中而柔外，刚中故说而亨，柔外故利于贞。盖说有亨道，而其妄说不可以不戒，故其占如此。又，柔外，故为说亨，刚中，故利于贞，亦一义也。"

第五十九卦 涣·风水涣·巽上坎下

涣：亨，王假有庙，利涉大川，利贞。

初六，用拯马壮吉。

九二，涣奔其机，悔亡。

六三，涣其躬，无悔。

①[清]李光地著，刘大钧点校：《御纂周易折中》，巴蜀书社1998年版。

六四，涣其群，元吉；涣有丘，匪夷所思。

九五，涣汗其大号，涣王居，无咎。

上九，涣其血去逖出，无咎。

涣卦，卦体是内卦(下卦)坎☵、外卦(上卦)巽☴，卦象是风和水，卦德是入和险。涣，是离散的意思，顺畅亨通，领导的君王去祭祀神灵祈求保佑，以团结人心，有利于渡过大川河流，有利于坚守中正之道。清代朱骏声《六十四卦经解》说："涣，流散也，又文貌，风行水上，而文成焉。《太玄》曰'阴敛其质，阳散其文'，《京传》曰'水上见风，涣然而合'，此'涣'字之义也。"①尚秉和认为："旧解皆以'风行水上'、'涣散'为说。然如'涣王居'、'涣其躬'等爻辞，'散'义皆不通。按，《太玄》拟'涣'为'文'，司马光云：'扬子盖读涣为焕。'案：涣即有文义，《淮南子·说山训》'夫玉润泽而有光，涣乎其有似也'。注：'文采似君子也。'《后汉书·延笃传》'涣烂其溢目'，注：'涣烂，文章貌。'是本有文义。故《归藏》作'奂'，《礼·檀弓》'美哉奂焉'，《释文》：'奂本亦作焕。'是扬子之读，与故训合。卦坎为赤，震为玄黄，巽为白，而风行水上，文理烂然，故为文也。为文则与爻辞无扞格矣。震为王，艮为庙，假至也。言王有事于宗庙。震为舟，在水上，故利涉。皆中爻象。"②因此，有学者从文艺美学观念方面来阐释和发挥："《周易》涣卦取象形态是'风行水上'，包含着独特的美学意蕴，在'三才之道'所引申出的'天文'、'地文'与'人文'相会通的观念影响下，自然成文之说为传统文艺观中表现形式论的重要命题。"③

初六，阴居阳位，不得正位。拯，拯救的意思。在天下离散的开始阶段，用强壮的马来拯救，是吉利的。"居涣之初、拯之为易。初阴柔、非能拯涣者也。然坎为美脊亟心之马、二有刚中之才。能顺九二、事必有济。故有用拯马壮之象、故吉也。"④

九二，阳居阴位，不得正位。机，是几的意思。天下涣散的时候，要脱离险境，就要迅速奔走，后悔就不会有了。

六三，阴居阳位，不得正位。躬，身体的意思。天下涣散的时候，亲自做事，就

①[清]朱骏声：《六十四卦经解》，中华书局1958年版。

②尚秉和：《周易尚氏学(卷十六)》，中华书局1980年版，第261页。

③黄黎星、罗爱玲：《风行水上焕然成章——〈周易〉涣卦"风行水上"说的美学意蕴》，载《河南科技大学学报(社会科学版)》2007年第3期。

④[清]陈梦雷：《周易浅述》，上海古籍出版社1982年版，第208页。

没有后悔了。

六四，阴居阴位，得到正位。朋党涣散的时候，是大吉大利的，但是它又化解小群而聚成大的群体，这不是一般人所能想到的。“案孔安国书序云，‘丘’，聚也。则丘字即训聚。‘涣有丘，匪夷所思’，语气盖云，常人徒知散之为散，不知散之为聚也，散中有聚岂常人思虑之所及乎。世有合群党以为自固之术者，然徒以私相结，以势相附耳，非真聚也。及其散也，相背相倾，乃甚于不聚者矣。惟无私者，公道足以服人。惟无邪者，正理可以动众。此所谓散中之聚，人臣体国者之所当知也。”①

九五，阳居阳位，得到正位。天下涣散，就像身上的汗水散发，散发出大的号召，君王迁居王城，是没有什么害处的。

上九，阳居阴位，不得正位。涣散他的血，而远远地逃走，是没有什么害处的。

研究本卦参考文献：

[1]黄黎星，罗爱玲.风行水上焕然成章——《周易》涣卦“风行水上”说的美学意蕴[J].河南科技大学学报：社会科学版，2007(03):33-36.

研究本卦代表性观点：

1.《周易尚氏学》：“旧解皆以风行水上。涣散为说。然如涣王居。涣其躬等爻辞。散义皆不通。按太玄拟涣为文。司马光云。扬子盖读涣为焕。案涣即有文义。淮南子说山训。夫玉润泽而有光。涣乎其有似也。注文采似君子也。后汉书延笃传。涣烂其溢目。注涣烂文章貌。是涣本有文义。故归藏作奂。礼檀弓。美哉奂焉。释文奂本亦作焕。是扬子之读。与古训合。卦坎为赤。震为玄黄。巽为白。而风行水上。文理烂然。故为文也。为文则于爻辞无扞格矣。震为王。艮为庙。假至也。言王有事于宗庙。震为舟。在水上。故利涉。皆中爻象。”

2.《周易禅解》：“悦而后散之。谓公其悦于天下。而不独乐其乐。故亨也。既能与民同乐。则上可以悦祖考。故王假有庙。远可以悦四夷。故利涉大川。而悦不可以不正也。故诫之以利贞。”

3.《周易本义》：“涣：亨，王假有庙，利涉大川，利贞。涣，呼乱反。假，庚白反。

①[清]李光地著，刘大钧点校：《御纂周易折中》，巴蜀书社1998年版。

涣，散也。为卦下坎上巽，风行水上，离披解散之象，故为涣。其变则本自《渐》卦，九来居二而得中，六往居三得九之位，而上同于四，故其占可亨。又以祖考之精神既散，故王者当至于庙以聚之。又以巽木坎水，舟楫之象，故利涉大川。其曰‘利贞’，则占者之深戒也。”

第六十卦　节·水泽节·坎上兑下

䷻

节：亨。苦节不可贞。

初九：不出户庭，无咎。

九二：不出门庭，凶。

六三：不节若，则嗟若，无咎。

六四：安节，亨。

九五：甘节，吉；往有尚。

上六：苦节，贞凶，悔亡。

节卦，卦体是内卦（下卦）兑☱、外卦（上卦）坎☵，卦象是水和泽，卦德是险和悦。兑（泽）下坎（水）上为泽上有水。节，是节制的意思。节制，是能够亨通的，但是过分刻苦的节制也不可以的，应当持正、适中。节卦的核心是讲节度的，表现在修身齐家治国等方面，这与墨子强调的节约、节俭、节葬相一致，《墨子》曰：“恶恭俭而好简易，贪饮食而惰从事，衣食之财不足。”“墨子进而把衣、食、住、行、葬等日常生活的节俭引申到礼乐制度上，倡导‘非乐’，反对儒家的繁文缛礼。”①

初九，阳居阳位，得到正位。节制开始的时候，不出门户和门庭，是没有什么害处的。

九二，阳居阴位，不得正位。过分节制，而不出门庭，是有一定的凶险的。“门庭、门内之庭也。九二前遇六三。六耦、有门象。九二居中、有可行之时。六三非有所窒塞、时可行矣。乃失刚不正、又以上无应与、止而不行、知节而不知通者也。故有不出户庭凶之象。又按、初九来兑始。兑于时为酉、阖户之象。九二互

①桑东辉：《〈周易〉节卦与墨子的尚节思想——兼论儒、墨思想的差异》，载《天水行政学院学报》2005年第5期。

体震。震于时为卯、阓户之象。初九时当止、位虽有应、其行非时。九二于时当行、位虽无应、其止非其时。是故节而止者易、节而通者难。”①

六三，阴居阳位，不得正位。即使不能节制，但是能够嗟叹没有节制，这是没有什么害处的。

六四，阴居阴位，得到正位。泰然地节制，是顺利亨通的。“程传四顺承九五刚中正之道，是以中正为节也。以阴居阴，安于正也，当位为有节之象。下应于初，四坎体水也，水上溢为无节，就下有节也。如四之义，非强节之，安于节者也，故能致‘亨’。节以安为善，强守而不安则不能常，岂能亨也。”②

九五，阳居阳位，得到正位。甘，美的意思。能适度节制，感到美而适中，是吉利的，如果前往的话，还会得到尊重的。

上六，阴居阴位，得到正位。节制过分刻苦，即使坚守正道，也会有凶险，但是后悔的事有可能消失。

研究本卦参考文献：

[1]桑东辉.《周易》节卦与墨子的尚节思想——兼论儒、墨思想的差异[J].天水行政学院学报，2005(05):21-24.

研究本卦代表性观点：

1.《周易尚氏学》：“坎居西方。兑又居西。合为一处。故曰节。节信也。古剖竹为符。合以取信。故说文云。节竹约也。序卦云。物不可以终离。故受之以节。节之用在合。故与离对文。又曰节而信之。是序卦即以节为符信也。凡卦名皆从卦象生。震为竹。而二至五正反震。两竹相合。则信成矣。而坎为信也。苦节向无通诂。虞翻命三变成离。火炎上作苦。以说苦节。而后儒多从之。诚以诂苦为甚为过。皆不安也。按周礼考工记。辨其苦良。史纪五帝纪。舜陶于河滨。器皆不苦窳。皆以苦为恶。节所以取信。苦窳则以持久。不能符合。故曰苦节不可贞。自先天象失传。节字失诂。于是苦节之义。遂亦失矣。又坎为破。兑毁折。按卦象节易苦窳。戒之所以慎始也。”

---

①[清]陈梦雷:《周易浅述》，上海古籍出版社1982年版，第211页。

②[清]李光地著，刘大钧点校:《御纂周易折中》，巴蜀书社出版1998年版。

2.《周易禅解》:“水以风而涣。以泽而节。节则不溃不涸。而可以常润。故亨。夫过于涣必竭。故受之以节。然过于节则苦。又岂可常守乎。”

3.《周易本义》:“节:亨,苦节,不可贞。节,有限而止也。为卦下兑上坎,泽上有水,其容有限,故为节。节固自有亨道矣。又其体阴阳各半而二五皆阳,故其占得亨。然至于太甚,则苦矣,故又戒以不可守以为贞也。”

第六十一卦　中孚·风泽中孚·巽上兑下

中孚:豚鱼吉,利涉大川,利贞。

初九:虞吉,有他不燕。

九二:鸣鹤在阴,其子和之,我有好爵,吾与尔靡之。

六三:得敌,或鼓或罢,或泣或歌。

六四:月几望,马匹亡,无咎。

九五:有孚挛如,无咎。

上九:翰音登于天,贞凶。

中孚卦,卦体是内卦(下卦)兑☱、外卦(上卦)巽☴,卦象是风和泽,卦德是入和悦。兑(泽)下巽(风)上,为泽上有风。中孚,诚信于中的意思。豚,是大猪的意思。豕,是小猪的意思。诚信于中的话,能感化到大猪、小鱼身上,这样有利于涉越大河大川,有利于坚守中正之道。孔子说:“人而无信,不知其可!大车无輗,小车无軏,其何以行之哉?”(《论语·为政》)“通观中孚经传,在易学家看来,人之忠信,要在居中守正,不中不正,难能诚信。诚信的人总是虚怀若谷,胸中充满正气,彖传所谓‘柔在内而刚得中’;诚信的人总是一诺千金,已诺必诚,言信行果,爻辞所谓‘有孚挛如’,一以贯之,爻象也说:‘志未变也’‘中心愿也’。”①

初九,阳居阳位,得到正位。虞,考虑的意思。燕,是燕乐、快乐的意思。在诚信中孚的时候,适宜多考虑问题,这是吉利的。但是如果有他求的话就会得不到快乐。

①孙景龙:《言而有信,一诺千金——〈周易·中孚卦〉经传文字解读》,载《承德民族师专学报》2011年第4期。

九二，阳居阴位，不得正位。阴，水的南边。鹤在水的南边叫唤着，它的孩子们一声声地应和着，我有好的爵位，我与你共同治理它。“兑为正秋为口舌。鹤、感秋而鸣者。二为阴。有鸣鹤在阴之象。二五以上下位言之、则五为君二为臣。以先后之序言之、则二可为父而五可为子。二中孚之实、而五亦以中孚之实应之、有鹤鸣子和之象。好爵尔縻。按、大全张氏谓我爵指五。五为君位、故以爵言。吾亦五也。尔指二。縻、二係于五也。今按、好爵诸家皆以为爵禄、独本义以为懿德。盖谓二五刚而得中、皆能修其天爵者也。如此则我吾仍指二、尔指五为顺。盖懿德之实可以相感。二之所有、吾亦繫恋之也。”①

六三，阴居阳位，不得正位。面临敌人，或者擂鼓精神振奋，或者兵力疲乏，或哭泣，或高兴地歌唱。

六四，阴居阴位，得到正位。几，是接近的意思。望，是阴历的每月十五日。月亮接近十五圆而未盈，即使这时好马失掉了，也不会有什么害处。“案《易》中六四应初九，而义有取焉者，皆上不遇九五者也。如六四遇九五，则以从上为义，而应非所论，《易》例皆然。而此爻尤明，盖孚不容于有二，况居大臣之位者乎。‘月几望’者，阴受阳光，承五之象也。‘马匹亡’者，无有私群，远初之象也。自《坤》卦牝马以得主为义，而其下曰：‘东北丧朋’。东北者，近君之位也，《中孚》之四当之矣。”②

九五，阳居阳位，得到正位。挛，牵系的意思。如果用诚信牵系天下人的心，没有什么害处的。

上九，阳居阴位，不得正位。翰，是鸡叫的声音。诚信至极，好像鸡叫响彻天空，即使坚守正道，也会有凶险的。

研究本卦参考文献：

[1]王在华.《易经》中孚卦新释[J].网络财富，2010(13):119-120.

[2]孙景龙.言而有信，一诺千金——《周易·中孚卦》经传文字解读[J].承德民族师专学报，2011(04):28-29.

---

①[清]陈梦雷：《周易浅述》，上海古籍出版社1982年版，第214页。

②[清]李光地著，刘大钧点校：《御纂周易折中》，巴蜀书社出版1998年版。

研究本卦代表性观点：

1.《周易尚氏学》：“上卦节。节信也。节何以为信。以中爻两震竹相合。中孚初至五象与节同。仍两竹相合。而在中四爻。故曰中孚。孚信也。归藏曰大明。大明者离日晋顺而丽乎大明是也。是以小过为坎。大明为离。取义与周易微异也。巽为豚为鱼。鱼象人知之。豚即失传。岂知姤初云。羸豕孚蹢躅。即以巽为豕。易林大有之姤。牝豕无。猳旅之遁彭生为豕。皆以巽为豕。盖坎为豕以其隐伏。巽为伏。故亦为京。而中孚正覆巽。豚鱼合居于中。故吉。坤为大川。震为舟为虚为木。五履重阴。乘震舟之上。故曰利涉大川。传释曰乘木舟虚。按涣传云。乘木有功。乘木即乘舟。又益传云。木道乃行。木亦谓舟。据王应麟所辑郑注云。舟谓集板如今船。原作自。阮校诗谷风正义云。自当为船。空大木为之曰虚。即古又名曰虚。总名皆曰舟。据郑注木舟虚三者。平列为义。皆船也。利贞。传释为应乎天。五天位。三四皆阴爻。阳得阴则通。阴顺阳故曰应乎天。”

2.《周易禅解》：“四时有节。故万物信之。而各获生成。数度德行有节。故天下信之。而成其感应。孚者。感应契合之谓。中者。感应契合之源也。由中而感。故由中而应。如豚鱼之拜风。彼岂有安排布置思议测度也哉。中孚而能若豚鱼拜风。则吉矣。然欲致此道。则利涉大川。而又利贞。盖不涉川。不足以尽天下之至变。不利贞。不足以操天下之至恒。不涉川。则不能以境炼心而致用。不利贞。则不能以理融事而立本也。”

3.《周易本义》：“中孚：豚鱼吉，利涉大川，利贞。孚，信也。为卦二阴在内，四阳在外，而二五之阳，皆得其中。以一卦言之为中虚，以二体言之为中实，皆孚信之象也。又，下说以应上，上巽以顺下，亦为孚义。豚鱼，无知之物。又，木在泽上，外实内虚，皆舟楫之象。至信可感豚鱼，涉险难，而不可以失其贞。故占者能致豚鱼之应，则吉而利涉大川，又必利于贞也。”

第六十二卦　小过·雷山小过·震上艮下

䷽

小过：亨，利贞，可小事，不可大事。飞鸟遗之音，不宜上宜下，大吉。

初六：飞鸟以凶。

六二：过其祖，遇其妣；不及其君，遇其臣；无咎。

九三:弗过防之,从或戕之,凶。

九四:无咎,弗过遇之。往厉必戒,勿用永贞。

六五:密云不雨,自我西郊,公弋取彼在穴。

上六:弗遇过之,飞鸟离之,凶,是谓灾眚。

小过卦,卦体是上卦是代表雷的震☳卦、下卦是代表山的艮☶卦,卦象是雷和山,卦德是动和止。艮(山)下震(雷)上,为山上响雷。过,就是超过的意思。略微超过,是可以可以顺畅亨通的,有利于坚守正道。这时候可以做小事,但不可以做大事,就好像飞鸟留下悲鸣的声音的时候,不宜向上飞,而宜向下栖息,这样是大吉大利的。小过卦包含了丰富的辩证法因素,“其中《易》作者以为家事是小事,国事是大事,小事可以‘过’,大事不可以‘过’,这是尊君。这些思想见解是维护周王朝的统治和大一统思想的体现。‘过’的概念,实际上是哲学上‘度’与“量”的问题。任何事物都有‘度’和‘量’。”①

初六,阴居阳位,不得正位。小过之时,飞鸟向上强飞,是凶险的。“大全以初上为鸟翼、故于初上言飞鸟。然初二五上皆翼、取象未确。窃按、全卦有飞鸟之象。而上卦震二三四互巽、亦有鸟象。小过之时、不宜上宜下。初在下者也、乃阴柔不正、上应于四。则上而不下、犹小人附权贵以取祸者。故有飞鸟以凶之象。曰以者、初躁动援四而四以之也。洞林占谓致羽虫之孽、亦此意。”②

六二,阴居阴位,得到正位。遇,就是遇合的意思。祖,是祖父的意思。妣,是祖母的意思。祖考、祖母都是对死者的称呼。超过祖父,遇到祖母;但赶不上君位,与臣遇合,这是没有什么灾害的。“案古者重昭穆,故孙则祔于祖,孙妇则祔于祖姑。《晋》之‘王母’,此爻之‘妣’皆谓祖姑也。两阴相应,故取妣妇相配之象。凡《易》之义,阴阳有应者,则为君臣,为夫妇,取其耦配也。无应者,则或为父子,或为等夷,或为嫡媵,或为妣妇,取其同类也。此爻二五皆柔,有妣妇之配,无君臣之交,故取遇妣不及其君为义。孙行而附于祖列,疑其过矣。然礼所当然是适得其分也,无应于君者,不敢仰干于君之象。然守柔居下,是臣节不失也。以人事类之,则事之可过者。过而得其恭顺之体。事之必不可过者,不及而安于名分之常。夫子之言麻冕拜下,意正如此也。《小过》之义主于过恭过俭,妻道也,臣道也。二

①伍相明:《论小过卦的过与不及——析小过卦卦爻辞》,载《周易研究》2005年第4期。

②[清]陈梦雷:《周易浅述》,上海古籍出版社1982年版,第217页。

当其位,而有中正之德,故能权衡于过不及而得其中,于六爻为最善。”①

九三,阳居阳位,得到正位。防止小人,不要过度,顺从小人,将要为人所杀害。

九四,阳居阴位,不得正位。没有什么祸患,不过分恃强恃刚就能遇到阴柔,但是主动前往会有凶险,因此,务必戒惕,守中正之道,不能去施展才能。

六五,阴居阳位,不得正位。小过超过之时,居天子之位,就好像乌云密布在天空而不下雨一样,老百姓得不到恩泽。这些乌云是从城的西边过来的,王公们用细绳系在箭上射取那些藏在穴中的野兽。

上六,阴居阴位,得到正位。不能遇合其君,小过不能上,只能下,就好像飞鸟不适宜向上飞,而要遭受射杀之祸,有凶险,这就叫作灾殃祸患。

研究本卦参考文献:

[1]伍相明.论小过卦的过与不及——析小过卦卦爻辞[J].周易研究,2005(04):25-32.

研究本卦代表性观点:

1.《周易尚氏学》:“过之为义。彖传即不明释。故讫无定解。后儒于是有以经过为说者。端木国瑚谓兑巽过乾之左右。故曰大过。艮震过坤之左右。故曰小过。有以过越为说者。朱震谓大过阳过阴。大者过越也。小过四阴二阳。小者过越也。前一说人只见于端木氏。后一说则易家多从之。然尚有五阳五阴之卦。何以不言过。且汉人以大过为死卦。阳过盛而反死。又何说乎。如谓四阳为上下二阴所束缚故死。则小过四阴包二阳。胡以不谓之死乎。又四阳在中为大过。四阴在中何以不谓为小过。而必以四阴在外者为小过乎。是皆可疑。而先儒无言者。按太玄拟大玄过为失。云阴大作贼。阳不能得。言阳为阻贼。而失其用也。拟小过为羡为差。云阳气赞幽。推包羡爽。未得正行。言震阳本可直出。乃为上下四阴所包。推排曲抑。仍有羡爽。羡邪曲。爽差也。盖大过按卦气时当小雪。穷阴极寒。故阳气极衰。小过时当立春。阳气辟。本可无阻。乃为阴气所包。仍不免小有回曲。大小过纯以卦义言。不以阴阳多少言也。卦二五阴得中。二阴承重阳故亨。阴牝阳故利贞。阴得中故可小事。阳失位而不中。故不可大事。左传昭五年。筮遇明夷之谦曰。日之谦当鸟。日之谦即离变艮。变

①[清]李光地著,刘大钧点校:《御纂周易折中》,巴蜀书社 1998 年版。

艮而曰当鸟。是以艮为鸟。易林本之。以艮为黔啄为鸟。详焦氏易诂小过下艮故曰鸟。上震故曰飞鸟。而震为覆艮。是上下皆鸟。故传曰有飞鸟之象焉。宋衷谓二阳在内。上下各二阴。有似飞鸟舒翮之象。虞翻则用卦变。云小过从晋来。晋上离为鸟。惠士奇谓古飞非通用。小过即非字象。故曰飞鸟。愈演愈寄。皆艮鸟象失传之过也。遗送也。震为音。茹敦和云。下艮为反震。口向下若送音于人者。故飞鸟遗之音。上谓五。五失位而乘阳。正谓二。二当位而承阳。故上不宜而下大吉也。”

2.《周易禅解》:“君子之制数度议德行也。使其节如天地四时。则豚鱼亦信之矣。夫岂有过也哉。自其不能应乎天者。以有他而不燕。故过或生焉。然过从求信而生。过则小矣。过生。而圣贤为之补偏救弊。如行过乎恭。丧过乎哀。用过乎俭之类。未免矫枉过正。此亦所谓小过也。夫求信而成小过。其过可改也。故亨。矫枉而为小过。其过可取也。故亨。然必要于得正而已矣。贞则小过便成无过。不贞则小过将成大过。是故当小过时。但可为小事以祈复于无过之地。不可更为大事以致酿成不测之虞。譬如飞鸟已过。遗我以音。不宜上而宜下。上则音哑而我不得闻。下则音扬而我得闻之。得闻鸟音。以喻得闻我过而速改焉。则复于无过之地。过小。而吉乃大矣。”

3.《周易本义》:“小过:亨,利贞。可小事,不可大事。飞鸟遗之音,不宜上,宜下,大吉。小,谓阴也。为卦四阴在外,二阳在内,阴多于阳,小者过也。既过于阳,可以亨矣。然必利于守贞,则又不可以不戒也。卦之二五,皆以柔而得中,故可小事。三四皆以刚失位而不中,故不可大事。卦体内实外虚,如鸟之飞,其声下而不上,故能致飞鸟遗音之应,则宜下而大吉,亦不可大事之类也。”

第六十三卦　既济·水火既济·坎上离下

既济:亨,小利贞,初吉终乱。

初九:曳其轮,濡其尾,无咎。

六二:妇丧其茀,勿逐,七日得。

九三:高宗伐鬼方,三年克之,小人勿用。

六四:繻有衣袽,终日戒。

九五:东邻杀牛,不如西邻之禴祭,实受其福。

上六：濡其首，厉。

既济卦，卦体是坎上离下，卦象是水和火，卦德是明和险。既济，是已经渡过河岸，引申为已经获得成功的意思。事情已经成功，亨通小，坚守正道，刚开始是吉利的，但是最终是纷乱的。

初九，阳居阳位，得到正位。曳，拖拉的意思。濡，沾湿的意思。拉住车的轮子，渡河时沾湿了尾巴，没有什么灾害。“初应六四、坎有轮象。轮所以行、曳之则不行矣。初九当济之初、守正而不轻进、有曳其轮之象。坎为狐。初在一卦之后、又有尾象。狐必揭其尾而后济。濡尾则不掉、不速济也。以刚在下、有濡其尾之象。徐进而不躐等、无咎之道也。”①

六二，阴居阴位，得到正位。髴，女人一种的首饰。丢失了妇人的首饰，不用去寻找，七天之后就会物归原处。

九三，阳居阳位，得到正位。鬼方，是地名。殷高宗武丁征伐地处西北的鬼方国，经过多年的连续战斗，才获得胜利，不可任用急躁冒进的小人。“程传九三当既济之时，以刚居刚，用刚之至也。《既济》而用刚如是，乃‘高宗伐鬼方’之事。高宗必商之高宗。天下之事既挤，而远伐暴乱也。威武可及，而以救民为心，乃王者之事也。惟圣贤之君则可，若骋威武，忿不服，贪土地，则残民肆欲也，故戒不可用小人。小人为之，则以贪忿私意也，非贪忿则莫肯为也。‘三年克之’，见其劳惫之甚，圣人因九三当《既济》而用刚，发此义以示人为法为戒，岂浅见所能及也！”②

六四，阴居阴位，得到正位。繻，是棉衣的意思。袽，是破旧的衣服的意思。渡河的时候，为了防止船漏水，事先准备破布棉絮，整天保持戒备。

九五，阳居阳位，得到正位。东边邻国杀牛羊来举行盛大祭礼，不如西边的邻国举行简单的祭祀，这样才觉得充实，得到上天神灵的恩赐。

上六，阴居阴位，得到正位。如果渡河时弄湿了头，这是有危险的。

研究本卦参考文献：

[1]钱武潮.从既济卦谈援易入医[J].江苏中医 1999(09):35-36.

①[清]陈梦雷：《周易浅述》，上海古籍出版社 1982 年版，第 220 页。
②[清]李光地著，刘大钧点校：《御纂周易折中》，巴蜀书社出版 1998 年版。

研究本卦代表性观点：

1.《周易尚氏学》："尔雅释天。济谓之齐。疏霁止也。说文同。归藏作岑昕(上雨)。昕(上雨)即霁字。上坎为雨。下离为日。雨过日出。故曰既济。谦传天道下济。即下止也。诗鄘风。不能旋济。传济止也。庄子齐物论。厉风济则万窍为虚。注济止也。彖传曰终止。杂卦曰既济定。亦皆训济为止。既者尽也。左传桓三年。日有食之既是也。既济者言六爻尽当位而止其所也。止其所而不迁。则道穷。故彖辞不许其终吉。释文释济为度。太玄释为成。惟彖传曰终止。即明释既义。济义。既者尽也。终也。终止即既济。后儒纷纭不已者。以忽略终止。即说卦义也。六爻皆当位有应。故亨。小利贞小字。俞樾云。衍文。卦辞只回亨利贞。故传特以小者亨也释之。如原有小字。则人人皆知。传不如此释矣。子夏传虞翻皆以亨小断句。似非。毛奇龄云。宜以既济亨句小利贞句。小利贞与小利有攸往同。按毛说于句读适矣。然传曰刚柔正。是兼大小言也。今专以属之小。于六交当位之义不合。然则小字属上下读皆不安。征之彖传。其为衍文无疑。俞氏之说。似为可信。盖易之为道。以阳为主。阴与阳绝不平等。故阴得阳应必吉。阳得阴应则不必吉。且有以为凶者。如大过四爻。中孚初爻皆是。既济二四承乘皆阳。又三阴皆有阳应。故小者亨、彖传专以亨属小。亦谓大者不然。大何以不然。凡阳遇重阴必吉。一阴则否。既济三五皆陷阴中。虽三阳皆得位有应。然所应者阴。固与柔爻异也。此传之所以专以亨属之小也。既济者终止。其在既济之初。上下得所。民物咸宜。故初吉。然易之道以变通为贵。无或休息。止而终于是。则易道穷矣。故终乱。"

2.《周易禅解》："君子之于事也。恭以济傲。哀以济易。俭以济奢。凡事适得其中。则无不济者矣。无不济故亨。不惟在大。而亦及小。盖无所不亨者也。然安不忘危。存不忘亡。治不忘乱。乃万古之正理。试观舟不覆于龙门。而覆于沟渠。马不蹶于羊肠。而蹶于平地。岂谓沟渠平地反险于龙门羊肠哉。祸每生于不测。患莫甚于无备故也。故必利贞以持之。不然。方其初得既济。皆以为吉。终必以此致乱。不可救矣。如水得火济而可饮可用。然设不为之防闲。则火炎而水枯。水决而火灭。不反至于两伤乎。"

3.《周易本义》："既济：亨小，利贞。初吉，终乱。既济，事之既成也。为卦水火相交，各得其用，六爻之位，各得其正，故为既济。亨小，当为小亨，大抵此卦及六爻占辞，皆有警戒之意，时当然也。"

第六十四卦 未济·火水未济·离上坎下

䷿

未济:亨,小狐汔济,濡其尾,无攸利。

初六:濡其尾,吝。

九二:曳其轮,贞吉。

六三:未济,征凶,利涉大川。

九四:贞吉,悔亡,震用伐鬼方,三年有赏于大国。

六五:贞吉,无悔,君子之光,有孚,吉。

上九:有孚于饮酒,无咎,濡其首,有孚失是。

未济卦,卦体是内卦(下卦)坎☵、外卦(上卦)离☲,卦象是火和水,卦德是明和险。坎(水)下离(火)上,为火在水上。未济,是没有渡过河流,引申为事业没有成功的意思。事情没有成功,但是经过努力是能够亨通的,小狐狸渡河接近对岸之时,浸湿了尾巴,这没有什么吉利。

初六,阴居阳位,不得正位。小狐狸渡河时浸湿了尾巴,要有吝悔遗憾的。"以阴居下、当未济之初、未能自进、故有濡尾之象而至吝也。既济濡尾无咎、此则吝者、既济阳刚得正、离明之体。当既济之时、知缓急而不轻进。故无咎。此则才柔不正、坎险之下。又当未济之时、冒险躁进。则至于濡尾而不能济矣。故吝。然彖言无攸利而此但言吝、则以卦之初、失尚未远也。"①

九二,阳居阴位,不得正位。拖着车轮,不让车子前行,坚守正道,就是吉利的。

六三,阴居阳位,不得正位。事情未完成,冒险出征,一定会有凶险的,但有利于渡过大河。

九四,阳居阴位,不得正位。坚守正道,就是吉利的,悔恨就会消失,以雷霆万钧之势征讨鬼方国,经过多年,终于胜利平定了,被封为一个大邦国。

六五,阴居阳位,不得正位。坚守正道,没有什么悔恨,君子具有诚实守信的德行,是吉利的。

上九,阳居阴位,不得正位。诚信见于饮酒作乐之时,这是没有什么灾害的,

---

①[清]陈梦雷:《周易浅述》,上海古籍出版社 1982 年版,第 223 页。

淋湿了头，信任失去了，就有灾害了，这是放纵没有节制的后果。“程传九以刚在上，刚之极也。居月之上，明之极也。刚极而能明，则不为躁而为决。明能烛理，刚能断义。居《未济》之极，非得济之位，无可济之理，则当乐天顺命而已。若《否》终则有倾，时之变也。《未济》则无极而自济之理，故止为《未济》之极，至诚安于义命而自乐，则可‘无咎’。‘饮酒’，自乐也。不乐其处，则忿躁陨获，入于凶咎矣。若从乐而耽肆过礼，至‘濡其首’，亦非能安其处也。‘有孚’，自信于中也。‘失是’，失其宜也。如是则于有孚为失也。人之处患难，知其无可奈何，而放意不反者，岂安于义命者哉！”①

研究本卦参考文献：

[1]王在华.《易经》未济卦新释[J].经济研究导刊，2009(34):220-221.

研究本卦代表性观点：

1.《周易尚氏学》：“济止也。六爻皆当位。止其所而不动。故曰既济。兹六爻皆不当位。不止。故曰未济。终而止。则其道穷。终而不止。则其道不穷。故既未济相续而循环。柔得五中故亨。艮为小孤。卦有三艮形。故易林涣之未济云。三虎上山。更相喧唤。是以未济为三艮。故曰三虎上山。兹曰小狐。是以艮为狐。汔说文涸也。乾宝云。小狐力弱。汔乃可济今水未涸。故儒其尾。艮为尾也。濡尾故无攸利。按九家坎亦为狐。兹曰小狐曰尾。艮为小为尾。故知取艮象。济者济坎水也。”

2.《周易禅解》：“既有既济。必有未济。以物本不可穷尽故也。既有未济。必当既济。以先之既济。原从未济而济故也。是以有亨道焉。然未济而欲求济。须老成。须决断。须首尾一致。倘如小狐之汔济而濡其尾。则无所利矣。”

3.《周易本义》：“未济：亨。小狐汔济，濡其尾，无攸利。汔，许讫反。未济，事未成之时也。水火不交，不相为用，卦之六爻，皆失其位，故为未济。汔，几也。几济而濡尾，犹未济也。占者如此，何所利哉？”

---

①[清]李光地著，刘大钧点校：《御纂周易折中》，巴蜀书社1998年版。

第三章　易图明辨

一、太极图

太极图有很多种，这里介绍其中重要的五种。

1. 第一种是周氏太极图。

北宋时期周敦颐从宇宙进化论做了太极图，并写了《太极图说》。

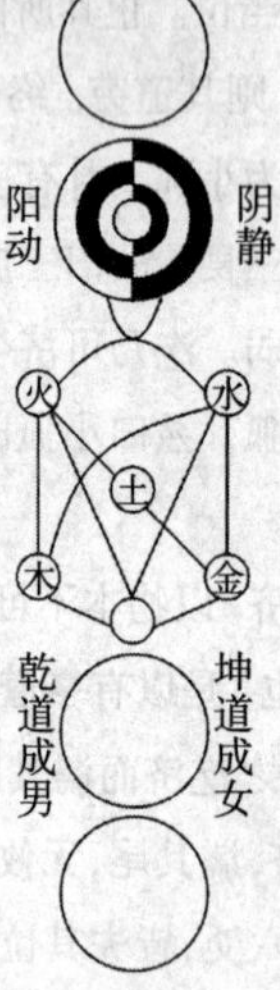

《太极图说》中对这个解释道：

无极而太极。

太极动而生阳，动极而静；静而生阴，静极复动。一动一静，互为其根。分阴分阳，两仪立焉。

阳变阴合，而生水火木金土。五气顺布，四时行焉。五行——阴阳也，阴阳——太极也,太极本无极也。

五行之生也,各一其性。无极之真,二五之精,妙合而凝。“乾道成男,坤道成女。”二气交感,化生万物,万物生生而变化无穷焉。

唯人也得其秀而最灵。形既生矣,神发知矣,生性感动而善恶分,万事出矣。圣人定之以中正仁义(自注:圣人之道,仁义中正而已矣)而主静(自注:无欲故静),立人极焉。

故圣人“与天地合其德,日月合其明,四时合其序,鬼神合其吉凶”,君子修之吉,小人悖之凶。故曰:“立天之道,曰阴与阳。立地之道,曰柔与刚。立人之道,曰仁与义。”又曰:“原始反终,故知死生之说。”大哉易也,斯其至矣!

太极就是“无”。

根据周敦颐的解释,无极生太极,太极生阴阳五行,阴阳五行生人和物,人和物的交感生出了善恶,圣人就是以仁义、中正作为立人之道。我们来这个周氏太极图。

最上面的一个圆圈代表“无极”,这个圈意思是我们的世界是一个混沌的世界,整个世界是一个整体,没有被分开,也就是老子说讲的“无”。

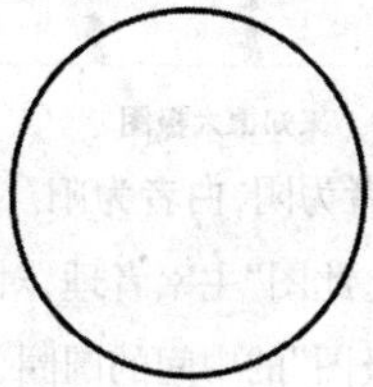

太极

第二圈是三轮黑白环互交合图。老子说“无中生有”,“无极而太极”,阴阳开始转换,阴中有阳,阳中有阴,循环往复,周而复始,正如周敦颐在《太极图说》中所述:“太极动而生阳,动极而静;静而生阴,静极复动。一动一静,互为其根。”

传统太极图

第三圈是五行变合图。由阴、阳、阴中有阳、阳中有阴、阴阳交合而生成了水、火、木、金、土五行。五行相生相克，“五行相生”也就是指水生木、木生火、火生土、土生金、金生水。“五行相克”就是指金克木、木克土、土克水、水克火、火克金。五行之气按照顺序部署，四时就有序运行，五行统一于阴阳。

第四圈是阴阳五行凝聚结合。无极的“真”，阴阳五行的“精”，两者结合就形成了男性、女性，故曰“乾道成男，坤道成女”。二气交合产生了万物，五行相当于五种本性，因而事就产生了。圣人就规定中正和仁义。

最下面的一个圆圈“万物化生”就是万事万物由阴阳而生，生生不息，没有穷尽。

2. 第二种是来氏太极图

明代来知德（1526~1604）于蜀地号瞿唐；来做氏太极图，并著有《周易集注》一书。

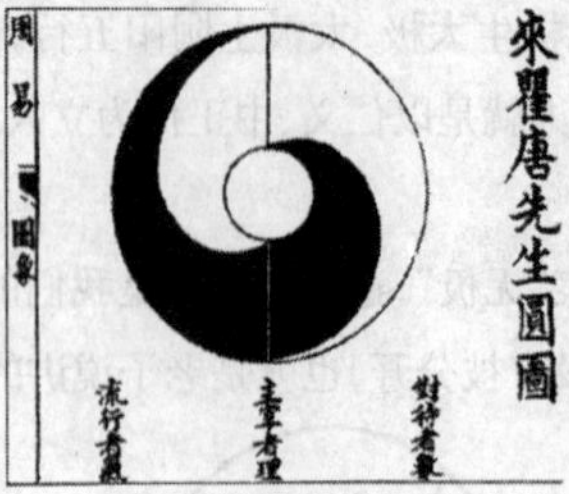

来知德太极图

这是一个黑白环互图，黑者为阴，白者为阳。来知德潜心研究了二十九年，才研制成了这个图。他自己说，此图“主宰者理，对待者数，流行者气”，涵盖了天地万物的演进之理。“来氏太极图”的中间的圆圈，据说是太极之本体，内存先天的气，对应的是银河系的核心（nucleus），用老子《道德经》来解释就是“道生一”。

3. 古太极图

明朝的赵仲全《道学正宗》绘制的《天地自然之图》。

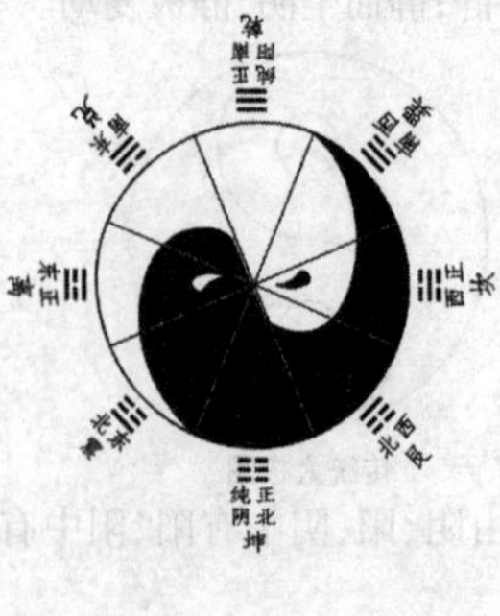

陈立夫先生在《关于太极图的一些问题》中说："大陆先后所出土之古太极图，较《周易》及《乾凿度》之成书，尚早三四千年。诸如陕西永靖所出土六千五百年前(伏羲时代)双耳彩陶壶上之双龙古太极图(藏瑞典远东博物馆)，乃使用毛笔中锋所画，竟早于孔子四千年。又出土商代及西周之多件青铜器上，亦契有雌雄双龙相互缠绕之太极图。"

此古太极图是用圆圈代表太极，曲线部分黑白为两仪，纯黑、纯白、白中黑、黑中白为四象，圆周为八分，对应有八卦。震东北，白一黑二，一奇二偶；兑东南，白二黑一，二奇一偶；乾正南，全白，三奇；巽西南，白二黑一，二奇一偶；艮西北，白一黑二，一奇二偶；坤正北，全黑，三偶；离正东，取西之白中黑点，为二奇含一偶；坎正西，取东之黑中白点，为二偶含一奇。清胡渭《易图明辨》中写道：

"即其阴阳盛衰之数，以推晦弦望之气而知其理有合符节者矣。阳气生于东北而盛于正南，震离兑乾在焉，即望前三候，阳息阴消之月象也；阴气生西南而盛于正北，巽坎艮坤在焉，即望后三候，阴息阳消之月象也。阴极于北而阳起薄之，阴避阳，故回入中宫而黑中复有一点之白，阳极于南而阴来迎之，阳避阴，故回入中宫，而白中复有一点之黑。盖望夕月东日西，坎离易位，其黑中白点，即是阳光，白中黑点，即是阴魄。"

4. 阴阳鱼太极图

阴阳鱼太极图在日常生活之中非常普遍，从孔庙大成殿梁柱，到楼观台、三茅宫和白云观；从道士的道袍到算命先生的卦摊位；从中医、气功、武术到韩国国旗图案等。

传统太极图

阴阳鱼太极图据说是从宋初陈抟那里传下来的。朱震在《汉上易传·进易说表》中说："陈抟以先天图传种放，放传穆修，穆修传李之才，之才传邵雍。"

阴阳鱼太极图从陈抟那里流传到邵雍之子邵伯温那里也得到证明，他在《易学辨惑》说："先君受易于青社李之才，字挺之。为人倜傥不群，师事汶阳穆修。挺之闻先君好学……于是先君传其学。……伯长,《国史》有传,其师即陈抟也。”

太极阴阳鱼图,阳性一面的黑色鱼眼,是阳中有阴;太极阴阳鱼图的阴性一面的白色鱼眼,是阴中有阳;太极图中的“S”,指的是阴阳之交变化。

(五)郭氏太极图

郭氏太极图就是将太极、两仪、三才、四象、五行、八卦融合为一体,将孔子《系辞》中的“易有太极,是生两仪,两仪生四象,四象生八卦”与《老子》中的“道生一,一生二,二生三,三生万物”完美交融在一起。

《系辞》中说:“易有太极,是生两仪,两仪生四象,四象生八卦。”孔子只有“一分为二”,没有“合而为一”。

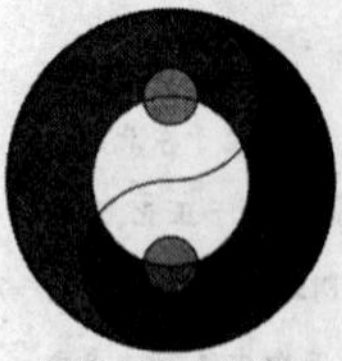

郭氏七彩太极图

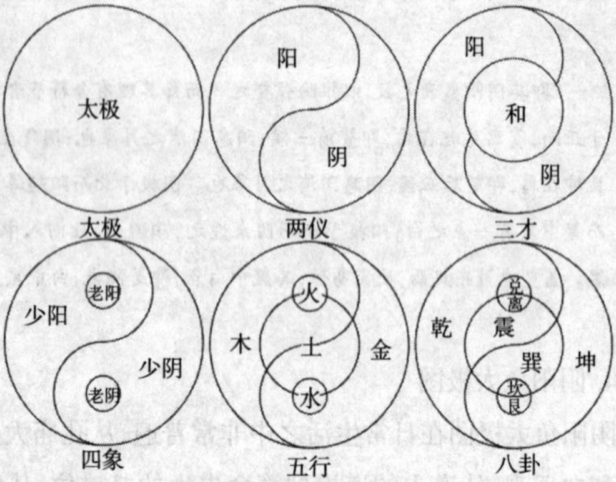

郭氏太极图是阴阳双鱼扭结在一起,阴阳双鱼有鱼背与鱼腹,中间的圆在阴鱼或阳鱼中变成了鱼腹,阴鱼、阳鱼也就是阴阳。郭氏的阴阳鱼与传统中的阴阳鱼不同。

传统中的阴阳鱼为下图:

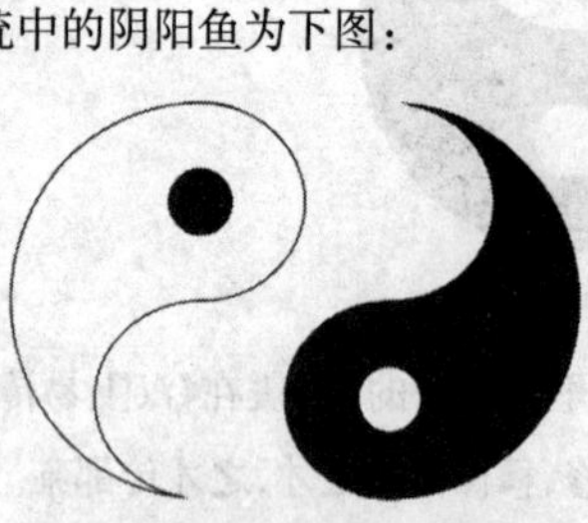

传统太极图中的阴鱼与阳鱼

郭氏的阴阳鱼如下图：

郭氏太极图中的阴鱼与阳鱼

从上图可以看到，郭氏太极图中五行与八卦是不可分割的，中间圆在阴和阳、阴中阳、阳中阴合成。这个中间圆在五行中就是"土"，它来自于金、木、水、火四象汇合，五行是在太极图中的阴阳凝聚而成。《尚书·洪范》中说："五行：一曰水，二曰火，三曰木，四曰金，五曰土。水曰润下，火曰炎上，木曰曲直，金曰从革，土爰稼穑。"

以天、地、人为基点，爻位由下向上，上阳下阴展开就是先天八卦序列：乾、兑、离、震、巽、坎、艮、坤。

见下图：

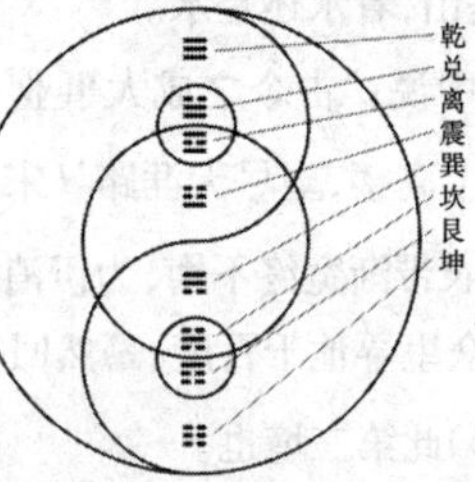

郭氏的太极图实际上就是"无极图""太极图""皇极图"三者合为一。"皇极"出自《尚书·洪范》，此书中写道："初一曰五行；次二曰敬用五事；次三曰农用八政；次四曰协用五纪；次五曰建用皇极；次六曰用三德；次七曰明用稽疑；次八曰念用庶征；次九曰向用五福，威用六极。"

《洪范》本于刚柔，化而五行，五行而有顺逆，各有其性，建皇立极，而尽天下之性命，而定天下之事业。"皇极"就是处世中庸之道，就是中国传统文化讲求的和而不同。"太极"就是我们的生命之本，儒家奉行"仁、义、礼、智、信"五常，这是中国传统文化的核心价值理念，五常来源于五行，仁属木，义属火，礼属金，智属水、信属土。因此，《周易·系辞》中说："有天道焉，有地道焉，有人道焉。兼三才而两之，故六；六者，非它也，三才之道也。"

宋代思想家张载说:"为天地立心,为生民立命,为往圣继绝学,为万世开太平。"因此,从郭氏太极图中可以得到的启示就是要"以人为本"。

从郭氏的阴阳图还可以知道,东西文化的思维模式是不同的。西方人做事的原则就是黑就是黑,白就是白,而中国不取黑白,而是取"中庸之道"。如下图:

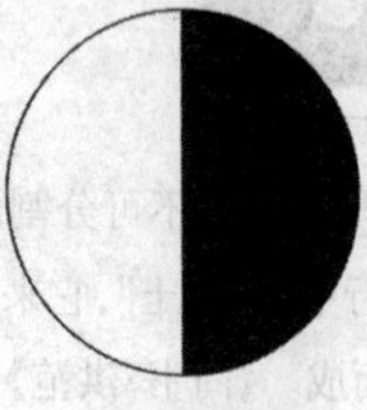

西方思维模式

东方思维模式

同时,从无极、太极到皇极,也体现了做人的三种境界,也就是宋代禅宗青原行思的三重境界。

第一重境界:看山是山,看水是水;

第二重境界:看山不是山,看水不是水;

第三重境界:看山还是山,看水还是水。

王国维在《人间词话》中说:"古今之成大事业、大学问者,必经过三种之境界。"'昨夜西风凋碧树,独上高楼,望尽天涯路'(宋代晏殊的《蝶恋花·槛菊愁烟兰泣露》)。此第一境也。'衣带渐宽终不悔,为伊消得人憔悴'(柳永的《蝶恋花·凤栖梧》)。此第二境也。'众里寻他千百度,蓦然回首,那人却在,灯火阑珊处。'(辛弃疾的《青玉案·元夕》)此第三境也。

参考文献:

[1]刘敏,柳林.合之意境——太极图"S"形的现代设计观念[J].艺术探索,2009(01):121-122.

[2]王永炎,张启明,赵宜军.太极图反映了自然界最基本的周期运动——简谐振动[J].自然杂志,2009(02):69-72.

[3]曾权清.源古通今——太极图跨越时空的艺术魅力[J].艺术与设计(理论),2009(06):65-67.

[4]田智忠.毛奇龄《太极图遗义》考辨[J].周易研究,2009(03):28-35.

[5]刘珊珊.论太极图对视觉传达设计的影响[J].海南大学学报:人文社会科学版,2009(03):352-356.

[6]王诚.周敦颐《太极图》源流考辨[J].船山学刊,2009(03):106-111.

[7]牛玖荣,胡晓芳.太极图原理在产品包装设计中的渗透[J].数位时尚:新视觉艺术,2009(03):84-85.

[8]陈霖.从八卦太极图看二十四节气养生[J].中国医药导报,2010(03):100-102.

[9]孔又专,詹石窗.陈抟创绘"先天太极图"考辨[J].前沿,2010(02):34-37.

[10]田智忠,王宏海.《太极图》与《太极图说》之关系再考察[J].周易研究,2010(02):30-36.

[11]蒋持平,严鹏.太极图的力学美[J].力学与实践,2012(06):89-90-91.

[12]郑江华,王振东.太极图与涡旋[J].力学与实践,2013(02):106-107.

[13]李仕.玻尔"并协原理"与《八卦太极图》[J].周易研究,1994(04):68-76.

[14]束景南.太易图与太极图——周敦颐太极图渊源论[J].东南文化,1994(01):1-13.

[15]陈寒鸣.周敦颐《太极图》渊源审思[J].南京师大学报:社会科学版,1995(03):55-57.

[16]罗时铭.太极太极图太极拳——中国古代体育科学发展蠡测[J].体育文史,1995(01):9-13.

[17]李学勤,邢文.太极图的来源[J].寻根,1996(03):10-12.

[18]张其成.阴阳鱼太极图源流考——兼与郭先生商榷[J].周易研究,1997(01):9-15.

[19]国光红.太极图古文字证[J].周易研究,1997(03):71-75.

[20]苏开华.太极图、河图、洛书、八卦四位一体论[J].学海,1998(02):65-72.

[21]章伟文."太极图"的文化内涵[J].中国宗教,2003(07):44-46.

[22]曹树明,田智忠.《太极图》与《太极图说》之"五行说"比较研究[J].周易研究,2003(04):13-18.

[23]高文.试析S形太极图之美学意义[J].浙江艺术职业学院学报,2005(02):75-79.

[24]国光红.太极图、《易》与伏羲图腾[J].中国文化研究,2005(03):148-152.

[25]刘和山,金涛.由太极图看中国产品设计风格之形成[J].包装工程,2005(05):155-156,162.

[26]杨作龙.关于河图及太极图的传承——答顾吉辰先生对《太极图河洛探源》质疑[J].洛阳师范学院学报,2005(06):21-24.

[27]周来祥.中华和谐美第一图——太极图的审美观照和理性思考[J].学术月刊,2003(10):80-86.

[28]郭彧.《周氏太极图》原图考[J].周易研究,2004(03):39-45.

[29]杨作龙.太极图河洛探源[J].洛阳师范学院学报,2004(06):5-9.

[30]吴春波.构建企业经营管理太极图[J].中国石化,2005(03):24-26.

[31]章伟文.浅谈道教的阴阳鱼太极图[J].中国道教,1999(05):27-31.

[32]刘文英.精神太极图——精神系统的一个新模型[J].文史哲,1999(01):12-21.

[33]张一方.太极图的宇宙演化基础和九宫八卦五行图[J].安阳大学学报,2002(03):11-13.

[34]李禹阶.周敦颐《太极图·易说》的理学本体论意义[J].重庆师院学报:哲学社会科学版,2002(04):56-59.

[35]冯前进,牛欣,刘亚明,王世民.太极图揭秘:太极图与生理系统中的定态、振荡和混沌[J].山西中医学院学报,2002(02):1-4.

[36]姜周存.论内家拳与河图洛书太极图之关系[J].山东师大学报:自然科学版,1999(01):75-78.

[37]林忠军.周敦颐《太极图》易学发微[J].孔子研究,2000(01):95-102.

[38]冯振国."知白守黑"与太极图S曲线——中国书画的美学思想探微[J].兰州大学学报,2000(04):71-74.

[39]自兴道.阴阳太极图与自然构造的对称性[J].思想战线,2000(02):94-95.

[40]陈琳."太极图"造像初探[J].装饰,2006(02):128-129.

[41]罗翊重,胥良.解析中华太极图的阴阳数字化之谜[J].云南社会科学,2006(06):38-43.

[42]杨明.传统"太极图"形式在现代标志设计中的应用[J].甘肃社会科学,2007(02):224-225.

[43]蔡钊.道教太极图与琵琶艺术"体圆和"之关联[J].西南民族大学学报(人文社科版),2008(12):261-264.

[44]朱玉周.道教阴阳太极图的演变[J].黑龙江史志,2008(05):15-16,26.

[45]章伟文.无极图太极图的道教文化内涵[J].中国宗教,2008(04):48-50.

[46]束景南.太极图——人类文化之谜的破译[J].苏州大学学报,1992(02):1-10+16.

[47]梅磊.大脑太极图——左右脑特征空间结构[J].自然杂志,1990(10):661-665+703.

[48]李申.太极图渊源辩[J].周易研究,1991(01):24-35.

[49]玄华.论"太一生水"内涵及其图式——兼论"太极图"起源[J].中州学刊,2012(02):118-123.

[50]黄义华,章伟文.陈抟与"太极图"关系述论[J].中国道教,2012(04):19-27.

[51]罗小龙,卫娟娟.打破《太极图》——戴震对程朱理学根基的批判[J].知识经济,2009(18):171-172.

[52]黄楠.太极图在玉雕造型设计中的应用[J].美术大观,2009,(12):122-123.

[53]罗永平.解读太极图[J].少林与太极:中州体育,2009(07):9-14+17.

[54]金秉峘.辩太极图源于佛教一说[J].世界宗教研究,2010(03):101-105.

[55]张鹏飞.论中华"太极图"生命范式的文化情韵[J].安康学院学报,2010(03):52-53,62.

[56]刘文英.论精神系统与精神太极图的形成[J].南开学报,1999(01):8-15.

[57]尹文汉.濂溪《太极图》与蕺山《人极图》比较略论[J].嘉应大学学报,2002(01):16-20.

[58]魏明生.鱼雕·鱼符·太极图——试论洪雅瓦屋山符咒的主要特征和实用价值[J].宗教学研究,2000(04):44-47.

[59]刘金明.太极图是怎样画出来的[J].宗教学研究,2001(03):22-26.

[60]王洪彬.脑的解剖结构与太极图关系之假说[J].时珍国医国药,2006(05):862-864.

[61]章恪.从耗散结构理论与太极图探讨月经病的治疗[J].中国中医基础医学杂志,2006(04):318.

[62]邹小燕.中西方传统舞姿的差异性——从"太极图"与"十字架"的比较谈起[J].艺术百家,2006(04):112-113,103.

[63]曾权清.有限形式与无限意象——从现代设计角度谈谈太极图[J].艺术与设计(理论),2007(10):58-60.

[64]王丰,孙浩章,王芳媛."太极图"与"十字形"符号语义及其文化内涵分析[J].美术大观,2007(10):76.

[65]马会霞,郑彩慧,齐峰,吴范武,包巨太.略论太极图是"阴阳球"在平面上的投影[J].华北煤炭医学院学报,2008(03):311-312.

[66]周伟民.太极图辨与阴阳合抱图[J].上海大学学报:社会科学版,1992(01):107-111.

[67]田合禄.论太极图是原始天文图[J].晋阳学刊,1992(05):23-28.

[68]李士澂.试析八卦太极图及其科学意义[J].自然杂志,1989(11):859-864.

[69]张立文.朱陵无极太极之辩——周敦颐《太极图》与《太极图说》的矛盾[J].中国文化,1990(01):136-139.

[70]李仕澂.论太极图的形成及其与古天文观察的关系[J].东南文化,1991(Z1):2-31.

[71]秦丽,胡淑娟,张瑞洁.从太极图视角解读中国舞蹈艺术之"圆和"美[J].唐山师范学院学报,2011(02):103-105.

[72]麻春晓.太极图在莫高窟卷草纹中的应用[J].大众文艺,2011(21):293-294.

[73]段晓鹏.太极图与中医全息论[J].中医药学报,2012(03):1-3.

[74]万施.从太极图浅谈 VI 设计中的构成关系[J].现代装饰(理论),2012(06):105,107.

[75]李以渝.太极图意蕴与现代科学的平行与启迪[J].科学技术与辩证法,1994(05):48-54.

[76]苏开华.远古太极图揭秘[J].东南文化,1995(02):30-37.

[77]任俊华.周敦颐《太极图》渊源再审思——与陈寒鸣同志商榷[J].南京师范大学学报:社会科学版,1996(02):98-99.

[78]普学旺.论太极图起源于性交合崇拜[J].寻根,1996(03):13-16.

[79]万里.太极图模型文化内涵断想[J].船山学刊,1998(02):72-77.

[80]李智敏,马丽伟.太极图的"立象尽意"及其对认识论的启示[J].陕西教育学院学报,2003(02):43-45.

[81]周天元.太极生命机理及太极图绘制标准之探源[J].安阳大学学报,2004(02):6-10.

[82]梁永林."神"字源于太极图[J].时珍国医国药,2013(01):187-188.

[83]段廷进.太极图在太极拳教学中的作用——以简化二十四式太极拳为例[J].贵州师范学院学报,2012(12):38-42.

[84]蒋持平,严鹏.太极图的力学美[J].力学与实践,2012(06):89-91.

[85]张克宾.朱熹与《太极图》及道统[J].周易研究,2012(05):19-26.

[86]阮慧.论"太极图"在中国现代设计中的影响[J].艺术与设计(理论),2012(11):40-42.

[87]蔡华立,张秋月.论太极图的东方美学语境[J].艺术百家,2012(S1):246-248.

[88]朱泽宾.武术与太极图的关系——以神形拳为例[J].山西财经大学学报:高等教育版,2010(S1):101.

[89]加藤千惠.道教神统谱与太极图[J].宗教学研究,2000(04):38-40.

[90]陈梅荪.论正态分布曲线与太极图的联系性及物理意义[J].井冈山师范学院学报,2001(05):4-5,7.

[91]邢锦秀.太极图圜道观在月经周期子宫内膜变化中的体现[J].辽宁中医杂志,2001(01):9-10.

[92]戴继诚,刘小毛."发狂打破宋儒家中太极图"——戴震对宋儒独断论的批判[J].阜阳师范学院学报:社会科学版,2002(02):69-72.

[93]迟华基,张启明.阴阳变化与太极图[J].山东中医学院学报,1992(03):14-15.

[94]赵忠文.太极图及八卦探源[J].晋阳学刊,1992(06):55-60.

[95]任俊华.周敦颐《太极图》考辨观点论析——驳"非自作论"[J].辽宁师范大学学报,1992(03):64-67.

[96]乾坤子.太极图内涵蠡测[J].四川文物,1993(03):12-16.

[97]毛明春,乔德才,刘晓俐等.太极图与太极站桩肌电图[J].山西大学学报:自然科学版,1987(04):99-102.

[98]邓球柏.论"大恒"、"太极"、"太极图"[J].湘潭大学学报:社会科学版,1988(04):115-121.

[99]尚水法.太极图与黄金分割的启示——装饰图案设计的基本原理[J].河南大学学报:哲学社会科学版,1988(05):108-109.

[100]王天.太极图标示的哲理初探[J].中国道教,1988(03):19-22.

[101]曹福崇,黄辉剑,曹清,蒋厚文等.太极图与时间医学(摘要)[J].宁夏医学杂志,1988(02):77-80.

[102]王伯敏.类万类之情——释黄宾虹论太极图及山水画法[J].学术月刊,1988(08):50-53,49.

[103]曹福崇,钱尚言,贾占清.太极图与气功原理[J].宁夏医学杂志,1989(04):244-246.

[104]段振离.太极图与中医基本理论[J].国医论坛,1990(01):11-12.

[105]李世明,董德重.太极图S线浅探[J].国医论坛,1990(02):8-11.

[106]尚乐林.思维太极图和"非逻辑"之谜[J].社会科学,1990(05):16-23.

[107]郝岳才.太极图与"6·9"哲学[J].晋阳学刊,1990(01):30-32.

[108]傅贵中.左旋《太极图》的意义及其科学价值[J].贵州民族学院学报:社会科学版,1990(03):32-35,47.

[109]辜孔进.中医的思维模式—太极图模式[J].海南大学学报:自然科学版,1990(04):66-70.

[110]罗翊重.太极图何以应是S形走向——关于易图的"音—形—意"[J].内蒙古社会科学:文史哲版,1991(01):33-38.

[111]李振玺.太极图象征内蕴探微[J].延边大学学报:哲学社会科学版,1991(01):79-84.

[112]尚乐林.思维太极图中的直觉和内反馈[J].甘肃社会科学,1991(05):13-20.

[113]张新.试探先天八卦太极图与人体生命奥秘[J].周易研究,1991(02):67-69.

[114]范培林.太极图与人的视觉器官[J].周易研究,1991,(03):55-57.

[115]冯前进,刘润兰.太极图与极限环振荡的动力学相似性[J].山西中医学院学报,2006(02):7.

[116]谌述生.辨证论治太极图,中药借此出西洋[J].亚太传统医药,2006(01):18-22.

[117]李玉国.换位思考,劳资关系的太极图[J].现代营销:学苑版,2006(07):82-83.

[118]蒙乐生."海南夫子"与"阴阳鱼太极图"[J].今日海南,2007(12):45.

[119]郑杰文.读《话说太极图》[J].周易研究,1994(03):64-65.

[120]吴闻.比较经济体制的太极图[J].读书,1994(06):31-34.

[121]任炳潭.《太极图》导论——太极气象学研究之四[J].河南气象,1994(01):39-41.

[122]史海生.环境与人互动的太极图模式[J].华东理工大学学报:文科版,1994(01):66-70.

[123]束景南.太极图:东方太极科学之光[J].寻根,1996(03):4-9.

[124]陈国兴.太极图与能量守恒和转化定律[J].雁北师院学报,1996(06):75-78.

[125]焦蔚芳.太极图与DNA[J].世界科学,1997(11):24-27.

[126]沈晓雄.细胞周期与太极图[J].北京中医药大学学报,1998(05):10-11.

[127]程捍东.太极图中的函数变化规律与气功练习时间的奥秘[J].湖北体育科技,1998(01):91-93.

[128]李乃贵.由伏羲太极图到四维宇宙观[J].晋阳学刊,1998(01):41-46.

[129]束景南.老子、太极图与玻尔[J].书城,1996(02):22-23.

[130]刘进.论以太极图为母体的现代标志设计[J].美与时代(上),2012(03):68-69.

[131]方艳.太极图的审美特征及其在现代平面设计中的应用[J].美术大观,2012(08):124.

[132]阳威.太极图在现代图形设计中的应用[J].商场现代化,2012(20):246.

[133]兰殿君.太极图琐谈[J].文史杂志,2004(03):43.

[134]太极图上的千年古镇——镇远[J].招商周刊,2005(34):61-63.

[135]许飞.融合两者成为太极图中的那条曲线[J].成才与就业,2012(20):23.

二、河图、洛书

河图与洛书是河洛文化的滥觞。《尚书》《易传》记录了这两幅图。《易·系辞上》记载:"是故天生神物,圣人则之;天地变化,圣人效之;天垂象见吉凶,圣人象之;河出《图》,洛出《书》,圣人则之。"《春秋·运斗书》中记载:"黄帝时,黄龙负图,中有玺章。”

故事说舜做了天子，到东边巡游的时候，来到了黄河岸边。这时，看到一条黄龙背负着一个匣子放到了舜的面前，这个匣子长三尺，宽八寸，厚一寸。白玉做的检，黄金做的绳，之草做的印泥封着两端，上面还盖了章，赫然写着五个大字：“天黄帝符玺”。舜打开匣子，里面竟然是一幅图，上面有“七十二地形之制，天文位度之差。”这就是河图。接着，又有神龟负书从洛水出现，这就是洛书。

先看一下河图：

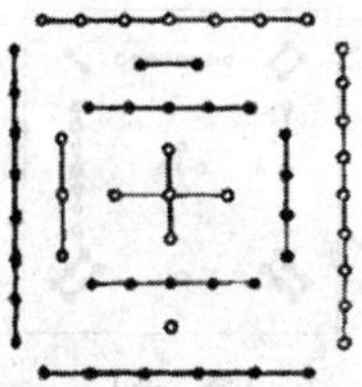

（河 图）

河图一共有10个数：1,2,3,4,5,6,7,8,9,10。“○”表示1；“●●”表示2。由黑点构成的数是偶数，由白点构成的数是奇数。1、3、5、7、9是奇数，是阳数，是天数；2、4、6、8、10是偶数是阴数，是地数。1、2、3、4、5还是生数，6、7、8、9、10是成数。这与孔子所说的很吻合。《周易·系辞传》记载：“天一地二，天三地四，天五地六，天七地八，天九地十，天数五，地数五，五位相得而各有合，天数二十有五，地数三十，凡天地之数五十有五，此所以成变化而行鬼神也。”白圈一三五七九是天数，黑点二四六八十是地数。古人认为天是圆的地是方的，天圆地方，因此，白圈是代表天，黑点是代表地。圆的是天，白圈是木、火、金、水、土五星。黑点是东、西、南、北、中五个方位。《太玄经》又记载：“一与六共宗而居乎北，二与七为朋而居乎南，三与八同道而居乎东，四与九为友而居乎西，五与五相守而居乎中。”

根据此说法，一六居北，三八居东，二七居南，四九居西，五十居中。推演河图的方法，根据《易经证释》上经第一册河图讲义中宗圣讲述：“图中之一三五七九奇数顺行，四二十八六偶数逆行，而其合也，遂成一与六，二与七，三与八，四与九，五与十，各当其位，以生成水火木金土，依次列北南东西中，以示五者之所自出，本乎数之相得有合也。”

整个河图是坐北朝南，左东右西，是向左旋转，银河系从地面看是向左旋转的，顺天生，逆天死，因而是水生木、木生火、火生土、土生金、金生水。

这就是所谓的“一六共宗，二七为朋，三八成友，四九同道，五十相守”。

北方：1 个白点在内，6 个黑点在外，玄武星象，五行是水。

东方：3 个白点在内，8 个黑点在外，青龙星象，五行是木。

南方：2 个黑点在内，7 个白点在外，朱雀星象，五行是火。

西方：4 个黑点在内，9 个白点在外，白虎星象，五行是金。

中央：5 个白点在内，10 个黑点在外，中央，五行是土。

再看一下洛书：

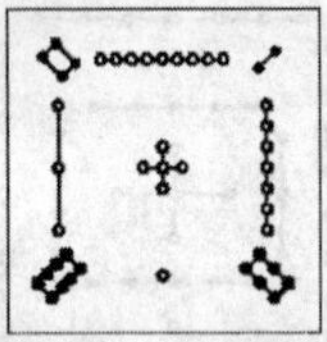

（洛　书）

洛书的数字排列是一至九布列九宫。五居于中宫。一三七九是奇数是阳数；二四六八为偶数是阴数。《黄帝九宫经》中记载：“戴九履一，左三右七，二四为肩，六八为足，五居中宫，兑御得失。”

洛书每行、每列与两对角在线之三数相加都是十五。朱熹说：“分合进退，纵横逆顺，无往而不相值焉。”

西蜀陈抟之先天太极图是河图。刘牧把陈抟龙图发展为河图、洛书两种图式，把九宫图称为河图，把五行生成的图称为洛书。

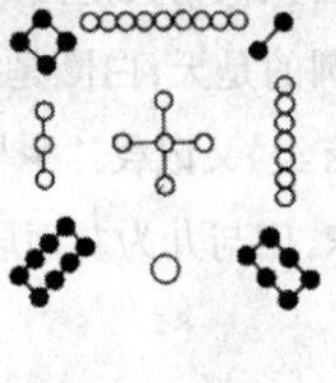

4	9	2
3	5	7
8	1	6

（洛　书）

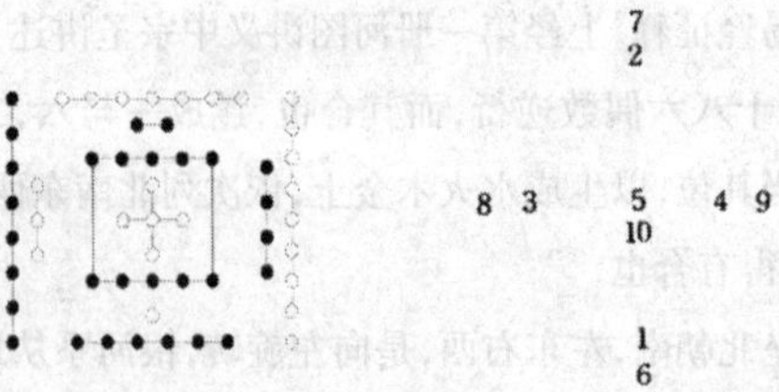

（河　图）

南宋朱熹《易学启蒙》:“河图以五生数统五成数而同处于方,盖揭其全以示人而道其常,数之体也。洛书以五奇数统四偶数而各居其所,盖主于阳以统阴而肇其变,数之用也。”也就是河图为体,洛书为用。

对河图和洛图之间的关系,清万年淳在《易拇》中说,河图“外四圈分布四方,为方形,十包五在内,仍然圆中藏方,方中藏圆,阴中有阳,阳中有阴之妙也。而十五居中,即洛书纵横皆十五之数,是又河图包裹洛书之象。河图点皆平铺,无两折,洛书亦然”。而洛书“外圆而内方,圆者黑白共四十数,圆布精其外,包裹河图之象”,“河图已具洛书之体,洛书实有运用河图之妙,因将图书奇偶方圆交互表之以图”。

《易乾凿度》曰:“易一阴一阳,合而为十五,之谓道。阳变七之九,阴变八之六,亦合于十五。则象变之数若一,阳动而进,变七之九,象其气之息也;阳动而退,变八之六,象其气之消也。故太一取其数,以行九宫,四正四维,皆合于十五。”郑玄注曰:

太一者,北辰之神名也。居其所曰太一。常行于八卦日辰之间。曰天一,或曰太一。出入所游,息于紫宫之内外。其星因以为名焉。故《星经》曰“天一”、“太一”。主气之神,行犹待也。四正四维,以八卦神所居,故亦名之曰宫。天一下行,犹天子出巡狩,省方岳之事。每卒则复。太一下行八卦之宫,每四乃还于中宫。中央者北辰之所居,故因谓之九宫。天数大分,以阳出,以阴入。阳起于子,阴起于午,是以太一下九宫,从坎宫始。坎中男,始以言无偏也。自此而从坤宫。坤。母也。又自此而从震宫。震,长男也。又自此而从巽宫。巽,长女也。所行者半矣。还息于中央之宫。既又自此而从乾宫。乾,父也。自此而从兑宫。兑,少女也。又自此从于艮宫。艮,少男也。又自此从于离宫。离,中女也。行则周矣。

汉代徐岳《术数记遗》:“九宫算,五行参数,犹如循环。”北周甄鸾注曰:“九宫者,即二四为肩,六八为足,左三右七,戴九履一,五居中央。”

据此可以得到《九宫算图》,九宫算图就是根据河图、洛书而来:

4	9	2
3	5	7
8	1	6

江永的《圣人则河图画卦图》与《圣人则洛书列卦图》如是说："以数观之，乾父坤母当九一，震长男巽长女当八二，坎中男离中女当七三，艮少男兑少女当六四。"江永所说的"圣人则河图画卦"，是说"圣人"依据《河图》布列"先天八卦"的过程。

有位学者详细指出了推演先天八卦的过程。其成果如下：

1、3、5、7、9，为阳气渐盛；4、2、10、8、6，为阴气渐盛。取1、3、7、9与4、2、8、6八数以画八卦，5、10为中数故不取。1、3、7、9为阳数，故初爻为阳。阳中有阳，9、7居阳盛之位，故二爻为阳；阳中有阴，3、1居阳衰之位，故二爻为阴。阳中有阳，9居阳盛之位故三爻为阳，7居阳衰之位故三爻为阴； 阴中有阳，3居阳盛之位故三爻为阳，1居阳衰之位故三爻为阴。4、2、8、6为阴数，故初爻为阴。阴中有阳，4、2居阴衰之位故二爻为阳；阴中有阴，8、6居阴盛之位故二爻为阴。阳中有阳，4居阴衰之位故三爻为阳，2居阴盛之位故三爻为阴；阴中有阳，8居阴衰之位故三爻为阳，6居阴盛之位故三爻为阴。依上法布列八卦，即得伏羲八卦。

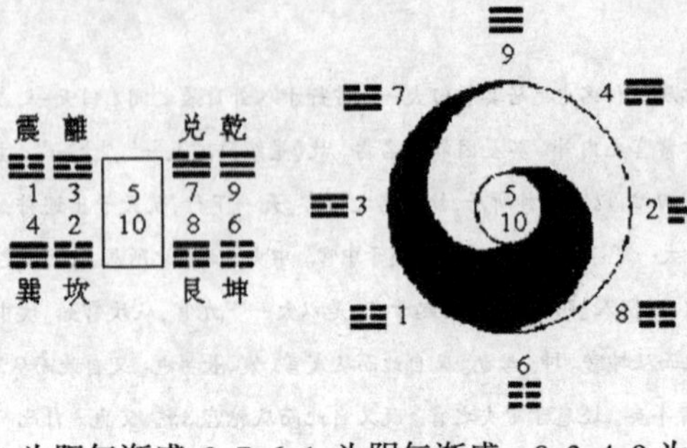

8、3、4、9，为阳气渐盛；2、7、6、1，为阴气渐盛。8、3、4、9为阳，故初爻为阳。阳中有阳，9、4居阳盛之位故二爻为阳；阳中有阴，3、8居阳衰之位故二爻为阴。阳中有阳，9居阳盛之位故三爻为阳，4居阳衰之位故三爻为阴； 阴中有阳，3居阳盛之位故三爻为阳，8居阳衰之位故三爻为阴。2、7、6、1为阴，故初爻为阴。阴中有阳，2、7居阴衰之位故二爻为阳；阴中有阴，6、1居阴盛之位故二爻为阴。阳中有阳，2居阴衰之位故三爻为阳，7居阴盛之位故三爻为阴；阴中有阳，6居阴衰之位故三爻为阳，1居阴盛之位故三爻为阴，即得伏羲八卦。

参考文献：

[1]刘明武.河图洛书揭秘——彝族文化中的河图洛书[J].中国文化研究，2009(01):20-30.

[2]魏陈斌.凌家滩玉龟符号的研究(一)——兼谈与古代河图洛书、《易经》的联系[J].巢湖学院学报,2009(04):80-86.

[3]吴从祥.汉代纬书中的河图洛书文化[J].广西大学学报:哲学社会科学版,2010(04):72-76.

[4]庹永.蔡元定对河图洛书的区分——兼论蔡氏父子的范数之学[J].周易研究,2010(06):43-48.

[5]王永宽.论河图洛书与远古物象崇拜[J].中州学刊,2006(01):144-149.

[6]杨光.河图洛书的现代解读[J].中国图书评论,2006(07):87-88.

[7]卫绍生.《河图洛书探秘》评介[J].河南科技大学学报:社会科学版,2006(05):25-26.

[8]马会霞,孙晓东.略论河图洛书之象数理与阴阳五行五脏之机[J].华北煤炭医学院学报,2006(05):630-631.

[9]刘起釪.黑白点子河图洛书[J].中国史研究,2006(04):111-115.

[10]徐锡年.从易学河图洛书探讨中医学阴阳理论方法论体系[J].上海中医药大学学报,2007(03):15-18.

[11]马鹏翔.论清初学者关于"河图洛书"问题的争论——以胡煦、胡渭为中心[J].信阳师范学院学报:哲学社会科学版,2007(03):1-4.

[12]蔡运章.河图洛书与古都洛阳[J].河南科技大学学报:社会科学版,2007(03):22-28.

[13]王威威.胡煦易学的河图洛书观[J].周易研究,2007(03):54-62.

[14]史善刚.论河图洛书与八卦起源[J].史学月刊,2007(08):79-88.

[15]王永宽.论河图洛书的哲学思维[J].河南教育学院学报:哲学社会科学版,2007(05):101-107.

[16]章伟文.河图洛书的道教文化内涵[J].中国宗教,2007(11):34-36.

[17]马保平,张瑞.河图洛书探究[J].天水师范学院学报,2007(06):38-43.

[18]葛坤英.《河图洛书》考[J].图书馆建设,1999(05):60-62.

[19]戈阿干.由纳西象形文保存的河图洛书[J].民族艺术研究,1999(04):3-22.

[20]姜周存.论内家拳与河图洛书太极图之关系[J].山东师大学报:自然科学版,1999(01):75-78.

[21]叶大树.试论河图洛书中的数阵对中医基础理论形成的作用[J].中国中医基础医学杂志,1999(06):7-8.

[22]温海明.朱熹河图洛书说的演变[J].周易研究,2000(04):52-57.

[23]郑万耕.毛奇龄对河图洛书的驳斥[J].中国哲学史,2001(04):15-21.

[24]王永强.浅论"河图洛书"与"修道"[J].中国道教,2002(03):36-37.

[25]王卡.河图洛书探源[J].世界宗教研究,1994(02):109-116,155.

[26]李立新."河图洛书"与汉字起源[J].周易研究,1995(03):43-51.

[27]王怀.河图洛书试析[J].周易研究,1995(03):52-59.

[28].金字塔与《河图》的内在统一——《河图洛书·易经与埃及金字塔——一项千古之谜的重大破译过程》长篇报道连载之三[J].科技智囊,1996(06):60-63.

[29]蔡旭.河图洛书与中医脏象[J].安徽中医学院学报,1997(01):11-12.

[30]陆振球.山西吉县岩画与河图洛书[J].上海师范大学学报:哲学社会科学版,1998(01):110-116.

[31]苏洪济.河图洛书考释[J].史学集刊,1992(04):68-72.

[32]张今.河图,洛书与八卦[J].河南师范大学学报:哲学社会科学版,1992(03):1-9.

[33]王兴业.河图洛书探微[J].周易研究,1993(03):1-16.

[34]韩永贤.对河图洛书的探究[J].内蒙古社会科学:文史哲版,1988(03):40–43.

[35]常光明.河图洛书解[J].周易研究,1989(02):52–60.

[36]王守经.河图洛书在气功中的妙用[J].周易研究,1989(01):85–88.

[37]苏洪济.揭开历史给河图洛书蒙上的神秘面纱——《对河图洛书的探究》质疑及己见[J].内蒙古社会科学:文史哲版,1990(05):25–30.

[38]吴榕生.河图洛书涵意的辨析——兼与韩永贤等同志商榷[J].海南师院学报,1991(02):3–9.

[39]冯兴志,杨涛,何新慧.河图洛书重视"中土"思想探析[J].吉林中医药,2011(01):3–5.

[40]叶春生.河图洛书的数码审视[J].文化遗产,2011(01):108–112.

[41]谭春雨.点阵式河图洛书的思想内涵及其构建逻辑探讨[J].中州学刊,2011(03):150–155.

[42]水印,木公.一脉华夏璀灿文明——河图洛书与河洛文化[J].中华手工,2005(04):54–55.

[43]陈安临.河图洛书与自然科学[J].中国民族民间医药杂志,2003(01):50–53.

[44]刘起釪.关于隶古定与河图洛书问题[J].传统文化与现代化,1997(02):38–46.

三、方位图

巽	离	坤

1. 九宫图

八个方位即:东、西、南、北、东北、西南、东南、西北。这八个方位和后天八卦相对应,如下:

坎卦代表北方,水(1),

离卦代表南方,火(9),

震卦代表东方,木(3),

兑卦代表西方,金(7),

艮卦代表东北方,土(8),

巽卦代表东南方,木(4),

乾卦代表西北方,金(6),

坤卦代表西南方,土(2)。

用下图表示,就是神奇的九宫图。如下图:

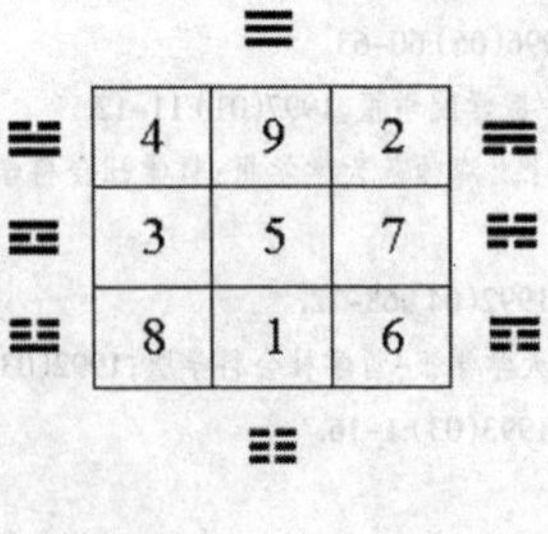

四	九	二
震	中	兑
三	五	七
艮	坎	乾
八	一	六

如果九宫图从方位来说:1是北方,2是西南方,3是东方,4是东南方,5是中央,6是西北方,7是西方,8是东北方,9是南方。如果从颜色来说:1、6、8是白色,2是黑色,3是碧色,4是绿色,5是黄色,7是赤色,9是紫色。从五行来说:1是水,2是土,3是木,4是木,5是土,6是金,7是金,8是土,9是火。从八卦来说:1是坎水,2是坤地,3是震雷,4是巽风,5是中土,6是乾天,7是兑泽,8是艮山,9是离火。从九星来说,分别代表:贪狼、巨门、禄存、武曲、廉贞、破军、文曲、左辅、右弼。9和5,9是最高、最大,代表火,是红色;5是中央,代表土,是黄色。中国古代用黄龙象征皇帝,比喻中央皇帝,因此称为"九五至尊"。

2. 先天八卦方位图

先天八卦方位图又称《伏羲八卦方位图》。《易传·说卦传》中记载:"天地定位,山泽通气,雷风相薄,水火不相射,八卦相错,数往则顺,知来则逆,是故《易》逆数也。"

邵雍在《观物外篇》解释说:"天地定位一节,明伏羲八卦也。八卦相错也明交相错,而成六十四卦也。数往则顺,若顺天而行,是左旋也,皆已生之卦也。知来则逆,若逆天而行,是右行也,皆来生之卦也,故曰知来也。夫易之数,由逆而成矣。此一节直解图意,若逆知四时之谓也。"

依据这些就可以标出方位了:乾南坤北,离东坎西,兑东南,震东北,巽西南,艮西北。

乾一、兑二、离三、震四,都是阳卦,自震四至乾一,阳气上升是顺行。巽五、坎六、艮七、坤八,都是阴卦,是为逆行,阴气上升。因而,《周易本义》卷首云:"邵子曰:乾南、坤北、离东、坎西,震东北,兑东南,巽西南,艮西北。自震至乾为顺,自巽至坤为逆。"

这个图方位,宋人认为创自伏羲,所以称为"伏羲先天八卦方位"。

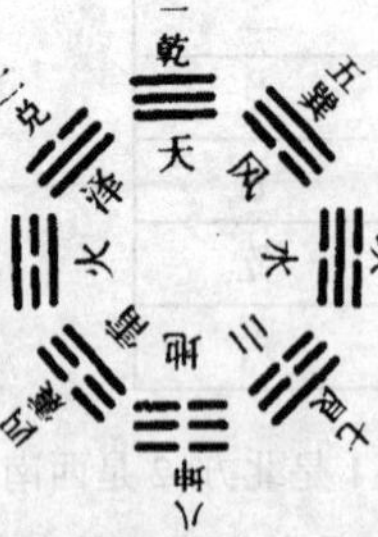

先天八卦方位图

此图是《伏羲六十四卦方位》，即方圆图的依据。

3. 后天(文王)八卦方位图

后天八卦方位图又称文王八卦方方位图。见下图。

后天八卦方位图

《周易·易传·说卦传》说："帝出乎震，齐乎巽，相见乎离，致役乎坤，说言乎兑，战乎乾，劳乎坎，成言于艮。万物出乎震，震，东方也。齐乎巽，巽，东南也；齐也者，言万物之洁齐也。离也者，明也，万物皆相见，南方之卦也；圣人南面而听天下，向明而治，盖取诸此也。坤也者，地也，万物皆致养焉，故曰致役乎坤。兑，正秋也，万物之所说也，故曰说言乎兑。战乎乾，乾，西北之卦也，言阴阳相薄也。坎者，水也，正北方之卦也，劳卦也，万物之所归也，故曰劳乎坎。艮东北之卦也，万物之所成终而所成始也，故曰成言乎艮。"

北宋邵雍在《观物外篇》中说："起震终艮一节，明文王八卦也。至哉文王之作易也，其得天地之用乎？故乾坤交而为泰，坎离交而为既济也。乾生于子，坤生于午，坎终于寅，离终于申，以应天之时也。置乾于西北，退坤于西南，长子用事，而长女代母。坎离得位，而兑艮为偶，以应地之方也。王者之法，其尽于是矣。"

后天八卦图就是根据这两段论述绘制而成的。

四、方圆图

《先天六十四卦方圆图》，也称为《伏羲六十四卦方圆图》。悟元道人著述《三易注略》若干卷，编成了《周易阐真》书，书中写道：

“羲皇八卦圆图、卦位，天地列上下之位，日月行天地之中。雷动于地下，风吹于天上，泽上仰天，山下附地，天地反覆，有阴有阳，山泽通气，有生有成，风雷相薄，有升有降，水火相射，有寒有暑，此八卦之象也。”“图圆者，圆以象天，天之为运，一气上下，周而复始，循环无端，太极之象，未生出者也。未生之道不可见，可见者，生出之卦。已生逆回，则未生者，即在其中，故卦位震一阳，在左至下；离二阳一阴在左中，兑二阳，在右近上；乾三阳，在左至上。其序则乾一、兑二、离三、震四，卦位自下而上，卦序自上而下，以示逆中有顺，顺中有逆。其乾一、兑二、离三、震四之逆来者，即巽五、坎六、艮七、坤八也。”“圆图方图，仍是八卦之气，惟方图乾西北，坤东南，以乾一、兑二、离三、震四、巽五、坎六、艮七、坤八斜行。二图似不相同，但圆以象天，方以象地，上者为阳，下者为阴。地，西北高而东南低，高即阳，低即阴也。方亦以乾一、兑二序之者，易道之逆道也。”

它是根据古人的“天圆地方”的理论设计而成的。同时它是有方位的：天南地北；离东坎西。乾为天，在圆图上找乾卦所在的位置，就是南方；坤为地，在圆图上找坤卦所在的位置，就是北方；离卦所在的位置为东方；坎卦所在的位置为西方。圆图代表宇宙运行周期，也就是一年三百六十天，主运行。方图代表东南西北四方，即九州之数，主定位。二图合一，显示时空之统一。

我们先看方图。

乾宫八卦：乾、夬、大有、大壮、小畜、需、大畜、泰。

兑宫八卦：履、兑、睽、归妹、中孚、节、损、临。

离宫八卦：同人、革、离、丰、家人、既济、贲、明夷。

震宫八卦：无妄、随、噬嗑、震、益、屯、颐、复。

巽宫八卦：姤、大过、鼎、恒、巽、井、蛊、升。

坎宫八卦：讼、困、未济、解、涣、坎、蒙、师。

艮宫八卦：遁、咸、履、小过、渐、蹇、艮、谦。

坤宫八卦：否、萃、晋、豫、观、比、剥、坤。

方图实际上是易经六十四卦，方图由下而上每一行依次称为乾宫、兑宫、离宫、震宫、巽宫、坎宫、艮宫、坤宫。这个方图应该从下向上看,方图之中最下一行为乾卦,乾卦上边的第二卦是天泽履,第三卦是天火同人,第四卦是天雷无妄,第五卦是天风女姤,第六卦是天水讼,第七卦是天山遁,第八卦是天地否。在方圆图内的方图上,西北至东南的乾坤对角线上出现了先天卦的数字乾一、兑二、离三、震四、巽五、坎六、艮七、坤八。也就是八个重卦的卦序是先天卦的次序:乾一、兑二、离三、震四、巽五、坎六、艮七、坤八。从乾卦起从右向左看依次是乾、夬、大有、大壮、小畜、需、大畜、泰等八个卦。

再看圆图。

圆图上顶端左边的第一个卦是乾卦,最下面右边第一个卦是坤卦。用方图最下面的第一横列的乾、夬、大有、大壮、小畜、需、大畜、泰等八个卦,依次序放到圆圈的顶端,左边开始,逆时针方向排列,将第二横列的履、兑、睽、归妹、中孚、节、损、临等八个卦的履卦紧接在泰卦之后,仍然逆时针排列下去,第三、第四横列的每个卦,都依照这个方法排列,最后复卦紧靠坤卦左边,从而完成了左边的半个圆圈。右边半个圆圈,从第八横列排起,将否、革、晋、豫、观、比、剥、坤等八个卦,按照从坤到否的顺讯排列,而不是方图的顺序,排成复、坤、剥、比、观、豫、晋、革、否的次序,第七横列,照第八横列的排法排下去,以谦卦接在否卦的后面,成否、谦、艮、蹇、渐、小过、旅、咸、遁顺序,第六、五横列也是如此排列,最后是第五横列的姤卦,这样就完成了整个圆图的排列。

为了便于记忆,编成《六十四卦方圆图歌诀》,内容如下:

乾夬大有及大壮,小畜需兮大畜泰。

履兑和睽与归妹,中孚节兮损和临。

同人和革离与丰,家人既济贲明夷。

无妄随兮噬嗑震,益和屯兮颐和复。

姤和大过鼎与恒,巽与井兮蛊和升。

讼与困兮未济解,涣与坎兮蒙和师。

遁和咸兮旅小过,渐和蹇兮艮和谦。

否和萃兮晋和豫,观和比兮剥和坤。

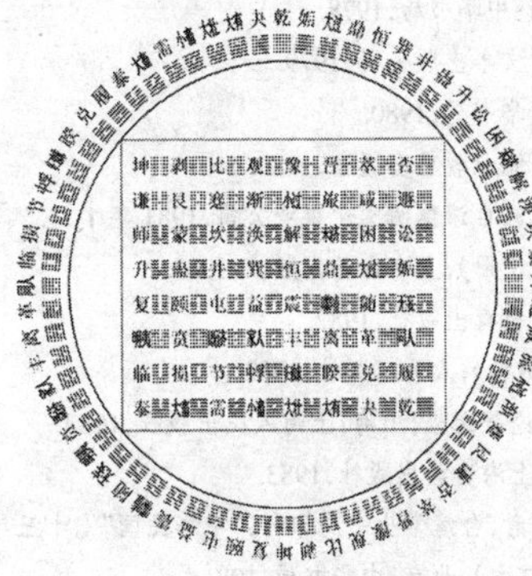

先天六十四卦方圆图

参考文献：

[1]王开正.黄帝六十四卦太极方圆图初探[J].运城学院学报,2006(06):8-10.

[2]鲁兆.万物皆为数(四十)——《后天方圆图》之150-151震卦时空数[J].股市动态分析,2007(05):20-21.

[3]鲁兆.天道自然——螺旋历法与后天八卦方圆图的综合应用[J].股市动态分析,2005(25):41-42.

[4]鲁兆.天道自然——螺旋历法与后天八卦方圆图的综合应用(2)[J].股市动态分析,2005(26):36-35.

[5]鲁兆.方圆图卦位周期与基因复制[J].股市动态分析,2005(27):44-43.

专著：

刘玉建.汉代易学通论.济南：齐鲁书社,2012.

黄寿祺,张善文.周易译注(上下).上海：上海古籍出版社,2007.

任法融.周易参同契(修订本).北京：东方出版社,2012.

[清]黄元御撰,任启松等校注《周易悬象道德悬解》,北京：中国中医药出版社,2012.

[魏]王弼撰,楼宇烈释,《周易注校释》,北京：中华书局,2012.

姚际恒《重考古今伪书考》,大东书局,1928.

欧阳修《欧阳修全集》,上海：上海世界书局,1937.

范文澜《中国通史简编》,北京：人民出版社,1953.

皮锡瑞《经学通论》,北京：中华书局,1954.

张心澂《伪书通考》,北京：中华书局,1957.

康有为《孔子改制考》,北京：中华书局,1958.

徐师大《周易阐微》,台北：台北开明书店,1963.

程旨云《国学概论》,北京：国立编译馆,1974.

胡适《中国古代哲学史》,北京：商务印书馆,1976.

叶适《习学记言序目》,北京：中华书局,1977.

李镜池《周易探源》,北京:中华书局,1978.

智明《周易禅解》,台湾新文丰出版公司,1979.

尚秉和《周易尚氏学》,中华书局,1980.

张立文《周易思想研究》,湖北教育出版社,1980.

林尹等著《易经研究论集》,台湾黎明文化事业公司,1981年1月.

顾颉刚主编《古史辨》(全7册),上海古籍出版社,1982.

宋祚胤《周易新论》,湖南教育出版社,1982.

郭沫若《郭沫若全集·历史编》,人民出版社,1982.

朱维铮编.周予同经学史论著选集,上海:上海人民出版社,1983.

崔述.崔东壁遗书,上海:上海古籍出版社,1983.

郑良树,编著学续伪书通考,台湾学生书局印行,"中华民国"七十三年。

高亨,周易古经今注(重订本),北京:中华书局,198.

熊十力,读经示要,台北:台湾明文书局,1984.

匡亚明.孔子评传,济南:济南书社,1985.

章太炎.章太炎全集:四,上海:上海人民出版社,1985.

刘大钧《周易概论》,齐鲁书社,1986.

金景芳,学易四种,吉林文史出版社,1987.

黄寿祺、张善文主编《周易研究论文集》全四辑,北京师范大学出版社,第一辑于1987年出版;第二辑于1989年出版;第三辑、第四辑于1990年出版。

顾颉刚、赵贞信《古籍考辨丛刊》(两集),第一集有中华书局1955年本;亦有社会科学文献出版社版本,1990年。

杭辛斋《学易笔谈初集》,天津古籍书店,1988.

张舜徽《汉书艺文志通释》,湖北教育出版社,1990.

吕美全、吕绍刚《周易入门》,吉林大学出版社,1991.

贾丰臻《易之哲学·易之经典》上海书店,1991.

余敦康《易学今昔》,新华出版社,1993.

董治安《先秦文献与先秦文学》,齐鲁书社,1994.

黎翔凤《周易新释》,辽宁大学出版社,1994年8.

龚自珍《龚自珍全集》,上海古籍出版社,1996.

刘梦溪主编《中国现代学术经典:廖平、蒙文通卷》,河北教育出版社,1996.

清钱大昕《潜研堂文集》,江苏古籍出版社,1997.

杨向奎《宗周社会与礼乐文明》,人民出版社,1997.

陈引驰编著《梁启超国学讲录二种》,1997.

黄沛荣《易学乾坤》,台湾大安出版社,1998.

朱彝尊《经义考》,中华书局,1998.

徐芹庭《细说周易》,中国书店,1999.

杨庆中《二十世纪中国易学史》,人民出版社,2000.

姜广辉主编《中国经学思想史》,中国社会科学出版社,2003.

廖名春《〈周易〉经传十五讲》,北京大学出版社,2004.

岑仲勉.两周文史论丛,中华书局,2004.

杨天宇.经学探研录,上海:上海古籍出版社,2004.

吕绍刚.周易阐微,上海:上海古籍出版社,2005.

朱伯崑《易学哲学史》,昆仑出版社,2005.

夏含夷《夏含夷古史异观》,上海古籍出版社,2005.

廖名春.中国学术史新证.成都:四川大学出版社,2005.

高怀民《先秦易学史》,广西师范大学出版社,2007.

苏渊雷《苏渊雷全集》(哲学卷),华东师范大学出版社,2008.

顾实《汉书·艺文志讲疏》,上海古籍出版,2009.

戴震《戴震集》,上海古籍出版社,2009.

来裕恂《易学通论》,广东人民出版社,2010.

李锐《新出简帛的学术探索》,北京师范大学出版社,2010.

张涛《易学·经学·史学》,北京师范大学出版社,2011.

王大庆整理《高亨<周易>九讲》,中华书局,2011.

王川选编,李源澄著《李源澄儒家论集》,四川大学出版社,2010.

王玉德选编,钱基博著《钱基博儒学论集》,四川大学出版社,2010.

潘雨廷《潘雨廷学术文集》,上海人民出版社,2011.

张政烺《论易丛稿》,中华书局,2012.

代表论文:

[1]周山.《周易》:人类最早的类比推理系统[J].社会科学,2009(07):126-131,191.

[2]顾明栋.《周易》明象与现代语言哲学及诠释学[J].中山大学学报:社会科学版,2009(04):1-14.

[3]张春香.论《周易》的生成性思维结构[J].哲学研究,2010(02):53-57.

[4]傅道彬.《周易》的诗体结构形式与诗性智慧[J].文学评论,2010(02):36-44.

[5]陈碧.《周易》阴阳之道的生命美学意蕴[J].理论月刊,2010(06):59-61.

[6]张再林.作为身体符号系统的《周易》[J].世界哲学,2010(04):30-41.

[7]谷继明.《周易注疏》版本流变及阮刻《周易正义》补议[J].周易研究,2010(04):39-47.

[8]馮時.《周易》乾坤卦爻辞研究[J].中国文化,2010(02):65-93.

[9]夏含夷.《周易》"元亨利贞"新解——兼论周代习贞习惯与《周易》卦爻辞的形成[J].周易研究,2010(05):3-15.

[10]廖名春.《周易》比、履、离、泰四卦爻辞零释[J].周易研究,2010(05):16-21.

[11]姜广辉.《周易》卦名探原[J].哲学研究,2010(12):50-58.

[12]黄玉顺.中西之间:轴心时代文化转型的比较——以《周易》为透视文本[J].四川大学学报:哲学社会科学版,2003(03):14-26.

[13]肖霞.论日本明治时期浪漫主义的文学评论及文艺思想——从北村透谷到高山樗牛[J].文史哲,2003(01):101-107.

[14]赵振兴.《周易》副词研究[J].语言研究,2003(02):88-95.

[15]张春香.《周易》责任伦理思想浅析[J].周易研究,2005(02):58-65.

[16]王新春.卜筮与《周易》[J].周易研究,2003(06):26-35.

[17]赵振兴,陈灿.《周易》的句法结构[J].语言研究,2004(01):53-60.

[18]廖名春.楚简《周易·大畜》卦再释[J].清华大学学报:哲学社会科学版,2004(03):33-37+45.

[19]廖名春.楚简《周易》校释记(一)[J].周易研究,2004(03):6-15.

[20]李尚信.楚竹书《周易》中的特殊符号与卦序问题[J].周易研究,2004(03):21-27.

[21]杨东.王弼易与伊川易之比较——关于《周易》的体例与原则[J].周易研究,2004(05):37-44.

[22]刘玉平.论《周易》的阴阳和谐思维[J].周易研究,2004(05):65-71.

[23]刘大钧.今、帛、竹书《周易》疑难卦爻辞及其今、古文辨析(二)[J].周易研究,2004(06):3-13.

[24]林忠军.从《周易》二重性质谈《周易》是古代管理学[J].哲学研究,2005(03):48-52.

[25]邢文."文王演《周易》"考辨[J].哲学研究,2011(03):47-56.

[26]祝克懿.元语篇与文学评论语篇的互动关系研究[J].当代修辞学,2011(03):1-10.

[27]张节末,王莹.《周易》卦爻辞非歌谣考[J].浙江大学学报:人文社会科学版,2011(04):66-76.

[28]史宁中.从八卦到六十四卦:试论《周易》的思维逻辑[J].哲学研究,2011(08):42-49,127.

[29]王新春.朱熹的《周易》观[J].哲学研究,2011(10):51-57.

[30]郑万耕.《周易》的"太和"理念及和谐社会建构[J].北京师范大学学报:社会科学版,2011(05):71-75.

[31]高国藩.敦煌唐人诗《白云歌》与《周易》考述[J].文化遗产,2011(04):90-98,158.

[32]丁四新.马王堆帛书《周易》卦爻辞校札九则[J].周易研究,2011(03):3-10.

[33]廖名春.《周易》乾坤两卦卦爻辞五考[J].周易研究,1999(01):38-49.

[34]刘大钧.《周易》古义考[J].中国社会科学,2002(05):142-150,206.

[35]郑炳硕.熊十力之《周易》新诠释与儒学复兴[J].周易研究,2002(06):62-71.

[36]王新春.《周易》时的哲学发微[J].孔子研究,2001(06):38-46,74.

[37]余敦康.朱熹《周易本义》卷首九图与《易学启蒙》解读[J].中国哲学史,2001(04):5-14.

[38]尹旦萍.《周易》的生存智慧与中国家训文化[J].孔子研究,2002(02):54-65.

[39]刘晓华.周易、老庄、墨家科技思想比较[J].自然辩证法研究,2006(01):92-96.

[40]乔以钢,陈千里.《周易》的家庭观念及其影响论略[J].南开学报,2006(02):34-39.

[41]郭立珍.《周易》"节"卦思想阐微——以《周易程氏传》为例[J].周易研究,2006(02):21-25.

[42]刁生虎.《周易》:中国传统美学思维的源头[J].周易研究,2006(03):59-67.

[43]吴述霏.《周易》阴阳论的层级结构性质[J].周易研究,2006(04):67-72.

[44]张文智.试论《周易》中的生命哲学[J].周易研究,2007(03):63-72.

[45]李零.读上博楚简《周易》[J].中国历史文物,2006(04):54-67.

[46]詹石窗,杨燕.朱熹与《周易》先天学关系考论[J].中国社会科学,2007(05):181-190+208.

[47]连劭名.论《周易》中的"德"[J].周易研究,2007(06):14-21.

[48]曾繁仁.试论《周易》"生生为易"之生态审美智慧[J].文学评论,2008(06):33-37.

[49]叶福翔.《周易》思想综合分析——兼论《周易》成书年代及作者[J].周易研究,1995(04):5-14.

[50]王树人,喻柏林.《周易》的"象思维"及其现代意义[J].周易研究,1998(01):1-8.

[51]吴利琴.论《周易》中的隐喻认知[J].学术界,2009(04):161-165.

[52]郑万耕.《汉书》与《周易》[J].史学史研究,2006(02):18-25.

[53]张玉金.谈今本《周易》的语料问题[J].中国语文,2007(04):371-377,384.

[54]赵方强.对《周易》的心理学思想研究的几点浅见[J].心理学探新,2007(03):11-14.

[55]李尚信.论今、帛本《周易》卦序的先后问题[J].哲学研究,2008(06):25-32.

[56]史少博.《周易正义》:“无本论”向“气本论”转化的桥梁[J].周易研究,2003(05):23-27.

[57]汤一介.关于建立《周易》解释学问题的探讨[J].周易研究,1999(04):2-5.

[58]邹然.论《周易》卦爻辞的文学价值[J].周易研究,1997(01):37-45.

[59]吴辛丑.《周易》“贞”字结构分析[J].华南师范大学学报(社会科学版),2003(06):66-70,151.

[60]叶岗.《周易》的君子观及其衍说[J].同济大学学报(社会科学版),2004(04):81-87.

[61]庞原.中华文化之根华夏思想之源——《周易》在中华文化中的历史定位[J].中央社会主义学院学报,2004(03):38-42.

[62]许建平.关于文学评论中如何辨析文本意义的确定性与非确定性问题——以中国古代文学作品为例[J].复旦学报(社会科学版),2005(02):94-103.

[63]杨庆中.《周易》阴阳说对21世纪人类文明走向的启示[J].河北学刊,2009(05):45-49.

[64]李洲良.易象:《周易》的诗性话语及其象征[J].河北学刊,2009(06):110-115.

[65]黄黎星.朱熹论《周易》“乾道变化”之精义[J].孔子研究,2010(01):34-43.

[66]陈代波.外圆内方,刚柔相济——试论《周易》塑造的理想人格模式[J].周易研究,2010(06):72-79.

[67]朱慧芸.《周易》古经之“孚”新解[J].周易研究,2007(04):29-33.

[68]李梅.《周易》筮法的哲学思想及其科学观[J].东疆学刊,2007(03):75-79.

[69]乔清举.论归隐思想与《周易》中归隐思想的学派归属[J].周易研究,2007(06):76-83.

[70]陈虹.试论《周易》的美学思想[J].安徽大学学报(哲学社会科学版),2008(02):39-42.

[71]彭富春.《周易》的奥义[J].哲学研究,2008(07):57-64.

[72]池田知久.周易与原始儒学[J].清华大学学报:哲学社会科学版,2002(03):73-81.

[73]欧阳康,孟筱康.试论《周易》的原初意义与现代意义[J].周易研究,2002(04):3-13.

[74]庾潍诚.论《周易》的“制器尚象”[J].周易研究,2000(02):39-43.

[75]张其成.《周易》思维方式及其偏向发展[J].周易研究,1994(01):52-58.

[76]陈良运.论《周易》的文学思维[J].周易研究,1995(01):50-64.

[77]李玮如.《周易·系辞传》“象”概念初探[J].周易研究,1998(04):37-46.

[78]施忠连,李廷祐.论《周易》的生命哲学[J].周易研究,1998(04):58-61+76.

[79]许尔忠.《周易》的管理哲学智慧[J].兰州大学学报(社会科学版),2011(01):103-108.

[80]孟庆云.《周易》与《黄帝内经》中的藏象学说[J].中国中医基础医学杂志,1995(01):12-14.

[81]史少博.《周易》“吉”“凶”论的辩证关系与现实价值[J].河北学刊,2011(02):45-47.

[82]李天道.《周易》“阴阳”观与中国美学之“生化”构成思想[J].中华文化论坛,2011(01):95-101.

[83]姚小鸥.《周易》经传与《孔子诗论》的哲学品格[J].文学评论,2003(05):47-53.

[84]廖名春.钱穆孔子与《周易》关系说考辨[J].河北学刊,2004(02):88-93.

[85]于雪棠.《周易》的占问与上古文学的问对体[J].东北师大学报,2001(02):71-78.

[86]傅道彬.《周易》爻辞诗歌的整体结构分析[J].江汉论坛,1988(10):49-54.

[87]丘亮辉.新世纪自然辩证法研究的两个方向——工程哲学和周易哲学[J].自然辩证法研究,2006(08):94-98.

[88]刘保贞.《周易》蛊卦与中国古代蛊信仰风俗[J].孔子研究,2007(04):82-89.

[89]李尚信.帛书《周易》卦序与宇宙论[J].中国哲学史,2009(01):10-19.

[90]吴怀祺.《周易》的意象思维与历史解喻[J].史学史研究,2009(03):16-25.

[91]黄正泉.论《周易》的道德谱系[J].伦理学研究,2006(06):88-95,99.

[92]余剑梅.《周易》和谐观与建设和谐社会[J].上海市经济管理干部学院学报,2008(01):34-40.

[93]李笑野.《周易》的隐逸思想探论[J].学术月刊,2003(11):67-73.

[94]陈修亮.试论惠栋《周易述》的治易特色[J].周易研究,2005(01):40-48.

[95]王树人,喻柏林.论《周易》的整体思维特征[J].中国社会科学院研究生院学报,1995(04):23-32.

[96]黄玉顺.生命结构与和合精神——周易哲学论[J].社会科学研究,1998(01):91-93.

[97]白奚,孙希国.《周易古经》与诸子之学——兼评当前的"周易热"[J].哲学研究,1998(02):37-43.

[98]赵薇,姜广辉.《周易》境遇学SWOT分析法论纲[J].周易研究,2011(02):64-71.

[99]张学智.王夫之"乾坤并建"的诠释面向——以《周易外传》为中心[J].复旦学报(社会科学版),2012(04):18-25+36.

[100]于雪棠.《周易》马龙原型与上古文学的相关意象[J].社会科学战线,2001(05):105-110.

[101]李平.论《周易》对中国古代音乐理论的影响[J].孔子研究,2002(03):76-86,64.

[102]徐才.《周易》"象"解[J].理论探讨,2010(04):33-39.

[103]邢文.《诗论》之"改"与《周易》之《革》[J].中国哲学史,2011(01):11-18.

[104]郝书翠.《周易》与管理:体与用[J].周易研究,2011(01):83-88.

[105]葛荣晋.简论《周易》的辩证法思想[J].孔子研究,2012(01):4-9.

[106]周广友.王船山的德福关系论——以《周易外传·困》为中心[J].中国哲学史,2009(01):80-86.

[107]梅珍生.《周易外传》中的政治哲学问题[J].中国哲学史,2009(03):93-99.

[108]朱汉民.玄学、理学的《周易》诠释与儒学的义理建构[J].文史哲,2010(03):114-121.

[109]沈顺福.从《周易》与柏格森的角度论生存的本质[J].周易研究,2010(04):8-14.

[110]康学伟.论《周易》的人生智慧——普遍和谐思想[J].吉林大学社会科学学报,2010(05):127-131.

[111]吕书宝.论《文心雕龙》对《周易》的文学观照[J].东北师大学报(哲学社会科学版),2010(06):143-147.

[112]王绪琴.《周易》的价值精神对现代生态伦理的建构意义[J].自然辩证法通讯,2010(06):90-96,128.

[113]史少博.《周易》研究路径述评[J].哲学动态,2006(03):54-57.

[114]潘忠伟.从《周易正义》看贵无、崇有、独化三说之融合——试论孔颖达学派与玄学的关系问题[J].哲学研究,2007(03):28-35,128.

[115]谢向荣.《周易》"有孚"新论[J].周易研究,2008(02):35-41.

[116]赵荣波.《周易正义》的宇宙观[J].文史哲,2008(04):56-63.

[117]黄黎星.《周易》对欧阳修文学观念的影响[J].周易研究,1999(03):81-86.

[118]孟华.周易阴阳符号与二进制算术符号比较[J].周易研究,2000(02):91-96.

[119]于希贤,于涌.《周易》象数与紫禁城的规划布局[J].故宫博物院院刊,2001(05):18-22.

[120]朱立元.言意之间的"不尽之尽"——略论《周易》的言意观[J].学术月刊,1994(10):65-72.

[121]李笑野,蒋凡.《周易》的婚姻家庭观念[J].复旦学报(社会科学版),1996(01):21-27.

[122]陈世陔.《周易》"象数"与现代系统学模型[J].周易研究,1997(04):2-13.

[123]张清宇.六十四卦方图和周易卦序分析[J].哲学研究,1998(07):62-68.

[124]刘金明.日新之谓盛德,生生之谓易——论《周易》“天人合一”观中“天”与“人”的结合点[J].周易研究,1998(03):59-68.

[125]黄黎星.圣哲垂范:道德智慧的启示——《周易》“君子”“大人”“圣人”析[J].东南学术,1998(05):36-41.

[126]夏志厚.《周易》与《文心雕龙》理论构架[J].文艺理论研究,1990(03):72-80.

[127]吴克峰.《周易》中的逻辑理论分析[J].中州学刊,2006(02):151-154.

[128]刘兴明.《周易》生生创新思想探微[J].周易研究,2008(06):65-70.

[129]岳山岳.“象形”“会意”思维与《周易》[J].周易研究,2008(01):63-70.

[130]黄海啸.《周易》视野下的大学人文教育[J].周易研究,2008(04):83-87.

[131]王俊龙.析其数之理,赏其序之美——今本《周易》卦序排列数学规律再探[J].周易研究,2003(03):68-75.

[132]韩德民.《周易》管理思想试探[J].中国文化研究,2004(02):142-147.

[133]孙广仁.《周易》阴阳气论对中医学藏象理论的影响[J].南京中医药大学学报(社会科学版),2004(02):16-18.

[134]舒大刚.试论宋人恢复古周易的重要意义[J].四川大学学报(哲学社会科学版),1999(02):48-53.

[135]施炎平.阴阳智慧说和《周易》系统论[J].周易研究,1996(03):48-56.

[136]赵玉强.《周易》的希望品格及其文化价值[J].周易研究,2009(04):87-91,96.

[137]凡木.《周易》西行关于《周易》的德译与英译[J].读书,1992(01):137-143.

[138]余敦康.《周易》与中国传统文化的关系[J].哲学研究,1991(09):30-36.

[139]陈碧.《周易》象数美学思想及其现代性思考[J].理论月刊,2009(05):36-38.

[140]何琳仪,程燕.沪简《周易》选释[J].江汉考古,2005(04):75-78.

[141]王风.从《朱子语类》看《周易本义》成稿过程[J].中国哲学史,2003(04):57-66.

[142]朱继平.《周易》“西山”考[J].中国历史文物,2008(05):79-87.

[143]杨端志.周易古经韵考韵读[J].山东大学学报:哲学社会科学版,1994(03):1-16.

[144]郝长江.《周易》中的自强不息精神[J].晋阳学刊,1997(06):45-47.

[145]陈恩林,郭守信.关于《周易》“大衍之数”的问题[J].中国哲学史,1998(03):42-47.

[146]凡木.《周易》西行关于《周易》的德译与英译[J].读书,1992(01):137-143.

[147]刘天华.《周易》与风水相宅[J].上海社会科学院学术季刊,1993(01):112-121.

[148]余敦康.《周易》与中国传统文化的关系[J].哲学研究,1991(09):30-36.

[149]陈碧.《周易》象数美学思想及其现代性思考[J].理论月刊,2009(05):36-38.

[150]徐恩栓.禅易圆融儒佛化———智旭《周易禅解》新论[J].宗教学研究,2010(01):61-67.

[151]何琳仪,程燕.沪简《周易》选释[J].江汉考古,2005,(04):75-78.

[152]王风.从《朱子语类》看《周易本义》成稿过程[J].中国哲学史,2003(04):57-66.

[153]程建功.《周易》与儒家“时中”观的渊源[J].甘肃社会科学,2005(01):163-165.

[154]骆凤文,黄诗玉.析论《周易》时空的太极寰演模式[J].中华文化论坛,2007(02):148-152.

[155]黎馨平.张惠言《周易虞氏消息》研究[J].周易研究,2007(04):57-66.

[156]朱继平.《周易》“西山”考[J].中国历史文物,2008,(05):79-87.

[157]杨端志.周易古经韵考韵读[J].山东大学学报(哲学社会科学版),1994(03):1-16.

[158]黄克剑.《周易》“经”、“傅”与儒、道、阴阳家学缘探要[J].中国文化,1995(02):60-80.

[159]郝长江.《周易》中的自强不息精神[J].晋阳学刊,1997(06):45-47.

[160]陈恩林,郭守信.关于《周易》“大衍之数”的问题[J].中国哲学史,1998(03):42-47.

[161]邢文.秦简《归藏》与《周易》用商[J].文物,2000(02):58-63.

[162]邵志伟.《周易》象数对中国明堂礼制建筑的影响——以唐《定明堂规制诏》为例[J].周易研究,2011(03):82-88.

[163]战佳阳,毕秀丽,陈珩.《周易》的思维模式对《黄帝内经》的影响[J].中医药学刊,2005(07):1269-1270.

[164]谭德贵.《周易》中的法律思想及其影响[J].法学论坛,2003,(04):92-96.

[165]王鹏,欧阳兵.浅论《周易》对中医学“天人相应”理论形成的影响[J].天津中医药,2003(01):41-42.

[166]曾宪通.《周易·离》卦卦辞及九四爻辞新诠[J].古籍整理研究学刊,2004(04):45-48.

[167]张其成.《周易》循环律的特征及普适意义[J].孔子研究,1996(03):15-20.

[168]易明,赵晓燕.从天坛、故宫、北京城的建筑设计看《周易》与中国古代建筑文化[J].北京联合大学学报,1998(02):3-10.

[169]丁四新.楚竹书《周易》疑难卦爻辞校札八则[J].武汉大学学报(人文科学版),2011(01):38-43.

[170]沈志权.《周易》水原型与后世文学中的水意象[J].社会科学战线,2011(04):270-272.

[171]江峰,董继祥.周易之节与21世纪中国伦理经济的和谐发展[J].江汉论坛,2006(04):84-87.

[172]林振武.周易简单性原则对中国古代哲学的影响[J].齐鲁学刊,2007(02):41-44.

[173]臧守虎.寻找揭秘《周易》的钥匙——《刘蔚华解读周易》读后[J].管子学刊,2008(02):127-128.

[174]李书有.奥运场馆建筑与周易文化之魂[J].建筑与文化,2008(08):34-41.

[175]吴怀祺.《周易》与民族历史思维[J].河北学刊,2006(06):99-107.

[176]崔波,周军玲.殷周宗教思想嬗变初探——从甲骨卜辞、《周易》谈起[J].郑州大学学报(哲学社会科学版),2007(03):14-19.

[177]徐建芳.《周易》“报应”观念与苏轼的处世哲学[J].社会科学评论,2008(01):78-85.

[178]林振武.《周易》简单性原则初探[J].齐鲁学刊,2005(04):27-31.

[179]邓球柏.《上海博物馆藏战国楚竹书(三)周易》刍议[J].哲学研究,2005(10):37-42.

[180]朱冠华.帛书与今本《周易》之乾、坤二卦四题[J].周易研究,2005(06):5-16.

[181]王贻社,李秋丽.《周易》“时”的哲学管窥[J].河南社会科学,2003(03):22-24.

[182]李咏吟.宗经与励德:《周易》对刘勰诗学的积极影响[J].东方丛刊,2010(02):203-219.

[183]李金德,王军.解读《周易》中的创造心理学思想[J].社会心理科学,2010(06):3-7+69.

[184]张岱年.《周易》经传的历史地位[J].人文杂志,1990(06):71-77.

[185]问永宁.《周易参同契注解》与韩国丹道易学[J].武汉大学学报(人文科学版),2011(01):44-50.

[186]梁方健.《周易》名义新解[J].哲学研究,2011(05):43-45.

[187]徐建芳.苏轼与《周易》阴阳观[J].文艺评论,2011(04):105-109.

[188]张再林.实用主义与《周易》的“利用安身”思想[J].哲学动态,2012(04):41-51.

[189]沈健.《易》象与《诗》象:论《周易》的类艺术表现方式[J].现代哲学,2006(02):90-94.

[190]蔡彦,揭西娜.刍议《内经》与《周易》同源性[J].中华中医药学刊,2008(02):350-351.

[191]杨鉴生.王弼《〈周易·象〉注》“时”的观念探略[J].广西社会科学,2008(08):52-56.

[192]史少博.《周易》象数思维中的矛盾现象[J].东方论坛:青岛大学学报,2003(03):10-14.

[193]苏敏,徐炳兴.朱熹与《周易参同契考异》[J].江西社会科学,2005(10):177-181.

[194]倪南.《周易》的内容、精神与智慧[J].江苏省社会主义学院学报,2004(02):46-50.

[195]刘书玉.天人合一易儒交融——论《周易》与儒家精神[J].理论界,2011(05):118-120.

[196]张艳芳.《周易·大象传》——孔子及其后学的治世理想诉求[J].孔子研究,2011(05):28-36.

[197]闫利春.胡瑗《周易口义》的天道观与性情论[J].周易研究,2011(03):61-67.

[198]李刚.论《周易参同契》的"变形而仙"说[J].周易研究,2012(02):3-10.

[199]谷继明.论李鼎祚《周易集解》的流传[J].周易研究,2012(03):41-50.

[200]周苇风.《周易·大畜》卦"利艰贞"、"曰闲舆卫"辨正[J].东方丛刊,2009(02):203-214.

[201]李颖,凌江怀,李建军.基于周易与博弈论的股价拐点预测模型[J].统计与决策,2009(19):7-9.

[202]牛占珩.《周易》与古代经济政策[J].周易研究,1999(02):68-81.

[203]张善文.刚强劲健的中国龙——周易乾卦六龙发微[J].东南学术,2000(01):7-12.

[204]朱岚.《周易》美学的生命本体论[J].华中师范大学学报:哲学社会科学版,1995(02):103-109.

[205]唐明邦.以佛解《易》 援儒证佛——读《周易禅解》[J].佛学研究,1995(00):172-177.

[206]李建国,王洪琦.《内经》与《周易》阴阳五行观之比较[J].贵阳中医学院学报,2009(05):1-3.

[207 李吉东.直觉与意象:《周易》思维略论[J].理论学刊,2006(05):95-96.

[208]沈志权.《周易》与中国文学的形成[J].江西社会科学,2006(07):97-102.

[209]周楗人.浅谈《周易》的道德思想[J].理论导刊,2007(03):109-110.

[210]李建中.两爻之间的诗性诉求——以周易、老庄、孔孟的诗性言说为中心[J].中南民族大学学报(人文社会科学版),2007(05):150-154.

[211]池昌海.《周易》的话语思想[J].浙江大学学报:人文社会科学版,2008(06):138-144.

[212]杨燕.朱熹视阈中的《周易》"本义"[J].东南学术,2008(06):76-81.

[213]周立升.《周易参同契》的月体纳甲学[J].周易研究,2000(04):35-40.

[214]崔波.《周易》的历史思想管窥[J].河南师范大学学报(哲学社会科学版),2001(02):30-34.

[215]杨庆中.忧患·变通·和谐——《周易》的人文意识与人文理想[J].高校理论战线,2002(08):45-47.

[216]谢金良.《周易》与签诗的关系初探[J].世界宗教研究,1997(04):117-126.

[217]赵辉贤,邓云鹰.《周易》与中医阴阳、五行学说[J].浙江中医学院学报,1997(01):16-17.

[218]何丽野.运动、事物的"本来面目"与《周易》卦象[J].天津社会科学,2011(04):45-50.

[219]钟志强.《周易》的夫妇伦理观念发微——以《咸卦》为中心[J].文艺评论,2011(10):157-160.

[220]何江新,周开玮,杨栋.辨"井有仁焉"——兼论《论语》与《周易》的关系[J].哲学分析,2012(03):64-77+198.

[221]王永平.殷周之际天命观的转变与《周易》哲学思想的形成[J].社会科学战线,2012(04):33-38.

[222]范立舟.《周易》与荆公新学[J].哲学研究,2005(04):40-47,128.

[223]江峰.《周易》蒙卦多重含义的哲学透析[J].周易研究,2005(03):19-23.

[224]李昌文."概念整合"与新义新词——基于《周易·易传》的新义新词生成机制分析[J].东岳论丛,2011(10):96-100.

[225]魏慧.《周易》女性伦理的阴柔内涵[J].道德与文明,2012(02):97-100.

[226]陈凯东.试论《周易》易象[J].殷都学刊,2009(01):148-151.

[227]林振武.周易世界符号化和数字化的成就和不足[J].齐鲁学刊,2009(04):31-34.

[228]朱玲,唐正华.《周易》修辞理论和修辞方法的发生学意义[J].修辞学习,2009(03):64-69.

[229 张耀天,田红霞.周易历史哲学刍议[J].理论观察,2009(06):47-49.

[230]李嘉娜.《周易》:观照解构主义[J].中国比较文学,2003(02):108-118.

[231]王永.《周易》古经义利观浅探[J].周易研究,2008(01):71-74.

[232]戴永新.论《周易》的家庭和谐观[J].齐鲁学刊,2008(05):21-24.

[233]钟燕春,章增加.《周易》对中医藏象学说的影响[J].中医药通报,2008(05):29-31.

[234]杨先艺.《周易》哲学对中国古代生态环境理论的解析[J].江汉论坛,2004(04):88-90.

[235]陈碧.《周易》重谦思想及其当代意义[J].湖南社会科学,2004(05):18-19,26.

[236]李颖.《周易》古歌与上古社会生活[J].艺术研究,2004(02):36-38.

[237]李申.从"二进制"看《周易》与现代科学的关系[J].中国图书评论,2005(04):14-15.

[238]曹剑波.《周易参同契》外丹炼制探幽[J].宗教学研究,2002(01):104-111.

[239]刘长林.《周易》生命伦理二要[J].中国哲学史,1997(04):29-38+53.

[240]陈久金.《周易·乾卦》六龙与季节的关系[J].自然科学史研究,1987(03):206-212.

[241]孙宏安.《周易》与中国古代数学[J].自然辩证法研究,1991(05):49-53.

[242]何丽野.《周易》卦象的和谐思想——基于"履"、"咸"、"泰"、"恒"四卦象及其关系的研究[J].北京行政学院学报,2012(01):113-117.

[243]赵振兴,顾丹霞.《周易》兼语句浅说[J].长江学术,2006(03):81-84.

[244]连劭名.论《周易》中的"贞"[J].殷都学刊,2007(01):39-43.

[245]王永平.《周易》释贞[J].学习与探索,2005(06):164-167.

[246] 谭德贵.《周易》政治思想及其影响——中国文化传统寻根之二 [J]. 山东社会科学,2004(03):53-57.

[247]李养正.道教义理与《周易》关系述论(下)——《道教义理学综论》之部分[J].中国道教,2005(01):11-17.

[248]陈敏伯.评《周易科学观》对元素周期表的解释[J].科学文化评论,2005(02):108-117.

[249]廖名春.《周易》乾坤两卦卦爻辞新解[J].古汉语研究,1999(02):29-33.

[250]崔波,李爱峰.试论《周易》阴阳学说对中医学的影响[J].郑州大学学报(哲学社会科学版),1999(02):57-62.

[251]刘霞,崔勿骄.《周易》与《内经》天人合一整体观[J].中国中医基础医学杂志,1999(07):10-11.

[252]彭大成.王船山《周易》哲学思想探赜[J].湖南师范大学社会科学学报,2002(01):26-33.

[253]李志春.《周易》水火既济与中医引火归原法之我见[J].河南中医药学刊,1996(01):54-57.

[254]林俊卿.《周易》美学在中国画中的游走[J].艺术.生活,2007(03):54-56.

[255]马洁.《周易·观卦》之"观"与中国古代文学创作主体论[J].理论月刊,2007(04):139-141.

[256]冯静武.试论李光地视域中的《周易参同契》[J].周易研究,2008(02):5-10.

[257]金周昌.程、朱《周易》观之分析与比较[J].江南大学学报(人文社会科学版),2004(01):42-43+60.

[258]黄黎星.周易豫卦与古代音乐思想[J].福建师范大学学报:哲学社会科学版,2004(02):70-74+84.

[259]高林广.《文心雕龙》的《周易》批评[J].内蒙古社会科学(汉文版),2004(03):80-84.

[260 韩国良.《老子注》与《周易注》——王弼哲学思想管窥[J].石河子大学学报(哲学社会科学版),2004(04):22-25.

[261]王汝发.莱布尼茨的二进制与《周易》[J].贵州文史丛刊,1999(02):28-30,43.

[262]米卫文,张敏.认知科学与文学评论:对话与整合[J].华南师范大学学报(社会科学版),2011(04):49-52.

[263]陈建锋.苏轼贬琼期间践行《周易》中正观初探[J].海南大学学报(人文社会科学版),2011(05):141-144.

[264]谢金良.易道与佛性相提并论——又论《周易禅解》的思想创新[J].宗教学研究,2012(01):109-114.

[265]张耀天,崔瑞.历史哲学观照下的周易哲学思想研究[J].南方论刊,2010(03):50-52.

[266]王小盾.《文心雕龙》和《周易》的关系[J].上海师范大学学报(哲学社会科学版),1986(01):49-57.

附录

一、易传

《周易》不仅有经，还有传，也就是包括《易经》和《易传》两部分。众所周知《周易》经文简古深奥，春秋战国时期的人学周易时阅读比较困难，于是，解释《周易》经文的文本或者论文集就形成了，该论文集一共七种十篇文章，这就是《易传》。这十篇文章，自汉代起被称为"十翼"，"翼"是"羽翼"之义，辅助的意思，也就是解释《周易》经文的。这"十翼"是：《彖传》《象传》《系辞传》《文言传》《说卦传》《序卦传》《杂卦传》，其中，《彖传》《象传》《系辞传》三篇各分上下合成。

至于《易传》的作者至今争议比较大，有人认为是孔子，有人认为是孔子之后所著。但是，可以肯定的是它绝非出自一人之手，而且十篇文章所形成的年代也各不相同，在此不再赘述。

参考文献：

[1]林忠军.《易传》符号解释视域下的儒道互补会通[J].山西大学学报：哲学社会科学版，2009(03):1-8.

[2]赵慧臣，张舒予.《易传》蕴含的技术思想对教育技术的启示[J].电化教育研究，2009(04):5-9.

[3]刘玉建.《易传》宇宙生成论的建构——《易传》天人合一哲学体系的基本理论前提[J].周易研究，2009(05):69-78.

[4]刘玉建.《易传》的宇宙本体论哲学——宋明理学本体论的滥觞[J].周易研究，2010(03):18-28.

[5]王雅."生生"、"感通"、"偕行"——《易传》的天人共生哲学[J].周易研究，2010(03):29-34.

[6]陈恩林.论《易传》对《周易》神学卜筮体系的改造[J].吉林大学社会科学学报，2010(05):120-126.

[7]张庆利.《文心雕龙》论《易传》的文学性[J].辽东学院学报：社会科学版，2010(06):101-106.

[8]薛富兴.《易传》与中国古典美学[J].思想战线，2006(01):93-101.

[9]赵荣波.《易传》中的君子观和圣人观[J].东岳论丛，2006(03):150-153.

[10]高建立.从易经、易传看先秦儒家伦理道德思想的衍生——以孔子伦理道德思想为中心[J].

江西师范大学学报,2006(02):85-89.

[11]余卫国.《易传》"立象以尽意"思想发微[J].周易研究,2006(06):45-52.

[12]林忠军.试论《易传》的人本管理思想[J].中州学刊,2007(01):181-186.

[13]丁四新.《易传》类帛书零札九则[J].周易研究,2007(02):3-11.

[14]林忠军.从帛书《易传》看孔子易学解释及其转向[J].北京大学学报:哲学社会科学版,2007(03):86-91.

[15]郑万耕.《易传》忧患意识的历史考察[J].北京师范大学学报(社会科学版),2007(03):93-98.

[16]郭美华.从"天人之际"看《易传》"三材之道"的意蕴[J].人文杂志,2007(04):20-26.

[17]林忠军.中国早期解释学:《易传》解释学的三个转向[J].学术月刊,2007(07):40-47.

[18]魏仕庆.《易传·系辞》中的圣人与君子——兼论《易传·系辞》的学派归属[J].船山学刊,2008(04):70-73.

[19]陈来.马王堆帛书《易传》的政治思想——以《缪和》《昭力》二篇之义为中心[J].北京大学学报:哲学社会科学版,2008(02):32-40.

[20]张文智.论《易传》的象数、义理合一模式与天人合一的理论架构[J].周易研究,2008(02):42-51.

[21]王博.卦爻辞的弹性——以《易传》的解释为中心[J].中国哲学史,2008(03):84-93.

[22]林忠军.论《易传》的解释学:交感与会通——兼论《易传》解释学与西方解释学之异同[J].周易研究,2008(05):49-54.

[23]郑万耕.《易传》时观溯源[J].周易研究,2008(05):55-60.

[24]冯友兰.《易传》的哲学思想[J].哲学研究,1960(Z2):61-67+73.

[25]陈鼓应.《易传·系辞》所受老子思想的影响——兼论《易传》乃道家系统之作[J].哲学研究,1989(01):34-42,52.

[26]吴根友.《易传》中的语言哲学思想探论——兼论儒、道、《易》的语言哲学思想之异同[J].周易研究,2003(01):53-60.

[27]杨庆中.论《易传》中的"道"[J].中国哲学史,2005(04):5-11.

[28]陈恩林.论《易传》的和合思想[J].吉林大学社会科学学报,2004(01):109-116.

[29]王宏海,左华.《易传》生命哲学研究[J].河北大学学报:哲学社会科学版,2004(01):104-106.

[30]杨庆中.天人之间的内在同一是如何可能的?——论《易传》天人之学的哲学视野[J].首都师范大学学报:社会科学版,2004(02):29-34.

[31]孙熙国,尉浩.论《易传》对中华民族精神的塑造[J].理论学刊,2004(05):92-96,128.

[32]韩星.《易传》圣人观及其现代意义[J].安阳大学学报,2004(03):5-11.

[33]杜贵晨.关于《易传》美学—文学思想的若干问题——兼论《易传》是我国最早作专书批评的文章—

二、彖传

《彖传》是《易传》七种中的第一种,分《上彖》和《下彖》两篇,是解释六十四卦卦辞和卦名的意义的。唐孔颖达依据汉魏的注释,把"彖"训为"断",即判定一卦的意思。并且说:"夫子所作彖辞,统论一卦之义,或说其卦之德,或说其卦之文,或说其卦之名。"

《彖传》的体例主要有：

(一)分析别卦的卦体

例如，泰，《彖》曰：泰，小往大来，吉，亨。则是天地交而万物通也，上下交而其志同也。内阳而外阴，内健而外顺，内君子而外小人，君子道长，小人道消也。《彖传》

否，《彖》曰：否之匪人，不利君子贞，大往小来。则是天地不交而万物不通也，上下不交而天下无邦也。内阴而外阳，内柔而外刚，内小人而外君子。小人道长，君子道消也。《彖传》

(二)诠释卦名卦义

诠释卦名。如需《彖》曰：需，须也。

诠释卦义。如颐《彖》曰：颐贞吉，养正则吉也。观颐，观其所养也；自求口实，观其自养也。天地养万物，圣人养贤以及万民。颐之时大矣哉！

(三)诠释别卦卦象

例如，鼎，《彖》曰：鼎，象也。以木巽火，亨饪也。圣人亨以享上帝，而大亨以养圣贤。巽而耳目聪明，柔进而上行，得中而应乎刚，是以元亨。

(四)分析爻位爻义

例如，夬，《彖》曰：夬，决也，刚决柔也。健而说，决而和。扬于王庭，柔乘五刚也。孚号有厉，其危乃光也。告自邑不利即戎，所尚乃穷也。利有攸往，刚长乃终也。其中"柔乘五刚"：阴爻上六居于五阳爻之上，阴爻居于阳爻之上为"乘"，上为阴，下为阳，为阴的柔，为阳的刚，因而，柔乘五刚。

讼，《彖》曰：讼，上刚下险，险而健，讼。讼，有孚、窒、惕、中吉，刚来而得中也。终凶，讼不可成也。利见大人，尚中正也。不利涉大川，入于渊也。其中"刚来而得中"：从上而下为"来"，也就是从反对卦(需卦)上卦的爻位来到本卦下卦的爻位。讼卦九二为阳爻，它是反对卦需卦九五爻下来的，占下卦的中位，因而，刚来而得中。

蹇，《彖》曰：蹇，难也，险在前也。见险而能止，知矣哉！蹇利西南，往得中也。不利东北，其道穷也。利见大人，往有功也。当位贞吉，以正邦也。蹇之时用大矣哉！"往得中也"：从下而上为"往"，也就是从反对卦(解卦)下卦的爻位到本卦的上卦爻位，九五爻为阳爻，从反对卦解卦的九二上升占蹇卦的上卦中位，因而，往得中。

1. 乾

《彖》曰：大哉乾元！万物资始，乃统天。云行雨施，品物流形。大明终始，六位时成，时乘六龙以御天。乾道变化，各正性命，保合大和，乃利贞。首出庶物，万国咸宁。《乾·彖传》

2. 坤

《彖》曰：至哉坤元，万物资生，乃顺承天。坤厚载物，德合无疆。含弘光大，品物咸亨。牝马地类，行地无疆，柔顺利贞。君子攸行，先迷失道，后顺得常。西南得朋，乃与类行；东北丧朋，乃终有庆。安贞之吉，应地无疆。《坤·彖传》

3. 屯

《彖》曰：屯，刚柔始交而难生，动乎险中，大亨贞。雷雨之动满盈，天造草昧，宜建侯而不宁。《彖传》

4. 蒙

《彖》曰：蒙，山下有险，险而止，蒙。蒙亨，以亨行时中也。匪我求童蒙，童蒙求我，志应也。初筮告，以刚中也。再三渎，渎则不告，渎蒙也。蒙以养正，圣功也。《彖传》

5. 需

《彖》曰：需，须也，险在前也，刚健而不陷，其义不困穷矣。需有孚，光亨贞吉，位乎天位，以正中也。利涉大川，往有功也。《彖传》

6. 讼

《彖》曰：讼，上刚下险，险而健，讼。讼，有孚、窒、惕、中吉，刚来而得中也。终凶，讼不可成也。利见大人，尚中正也。不利涉大川，入于渊也。《彖传》

7. 师

《彖》曰：师，众也；贞，正也。能以众正，可以王矣。刚中而应，行险而顺，以此毒天下，而民从之，吉又何咎矣！《彖传》

8. 比

《彖》曰：比，吉也；比，辅也。下顺从也。原筮，元永贞，无咎，以刚中也。不宁方来，上下应也。后夫凶，其道穷也。《彖传》

9. 小畜

《彖》曰：小畜，柔得位而上下应之，曰小畜。健而巽，刚中而志行，乃亨。密云不雨，尚往也。自我西郊，施未行也。《彖传》

10. 履

《彖》曰：履，柔履刚也。说而应乎乾，是以履虎尾，不咥人，亨。刚中正，履帝位而不疚，光明也。《彖传》

11. 泰

《彖》曰：泰，小往大来，吉，亨。则是天地交而万物通也，上下交而其志同也。内阳而外阴，内健而外顺，内君子而外小人，君子道长，小人道消也。《彖传》

12. 否

《彖》曰：否之匪人，不利君子贞，大往小来。则是天地不交而万物不通也，上下不交而天下无邦也。内阴而外阳，内柔而外刚，内小人而外君子。小人道长，君子道消也。《彖传》

13. 同人

《彖》曰：同人，柔得位得中，而应乎乾，曰同人。同人曰："同人于野，亨。利涉大川。"乾行也。文明以健，中正而应，君子正也。唯君子为能通天下之志。《彖传》

14. 大有

《彖》曰：大有，柔得尊位，大中而上下应之，曰大有。其德刚健而文明，应乎天而时行，是以元亨。《彖传》

15. 谦

《彖》曰：谦亨，天道下济而光明，地道卑而上行。天道亏盈而益谦，地道变盈而流谦，鬼神害盈而福谦，人道恶盈而好谦。谦尊而光，卑而不可逾，君子之终也。《彖传》

16. 豫

《彖》曰：豫，刚应而志行，顺以动，豫。豫顺以动，故天地如之，而况建侯行师乎？天地以顺动，故日月不过而四时不忒；圣人以顺动，则刑罚清而民服。豫之时义大矣哉！《彖传》

17. 随

《彖》曰：随，刚来而下柔，动而说，随。大亨贞无咎，而天下随时。随时之义大矣哉！《彖传》

18. 蛊

《彖》曰：蛊，刚上而柔下，巽而止，蛊。蛊元亨，而天下治也。利涉大川，往有事也。先甲三日，后甲三日，终则有始，天行也。《彖传》

19. 临

《彖》曰：临，刚浸而长，说而顺，刚中而应，大亨以正，天之道也。至于八月有凶，消不久也。《彖传》

20. 观

《彖》曰：大观在上，顺而巽，中正以观天下。观，盥而不荐，有孚颙若，下观而化也。观天之神道，而四时不忒；圣人以神道设教，而天下服矣！《彖传》

21. 噬嗑

《彖》曰：颐中有物，曰噬嗑。噬嗑而亨，刚柔分，动而明，雷电合而章。柔得中而上行，虽不当位，利用狱也。《彖传》

22. 贲

《彖》曰：贲，亨，柔来而文刚，故亨；分刚上而文柔，故小利有攸往，天文也；文明以止，人文也。观乎天文，以察时变；观乎人文，以化成天下。《彖传》

23. 剥

《彖》曰：剥，剥也，柔变刚也。不利有攸往，小人长也。顺而止之，观象也。君子尚消息盈虚，天行也。《彖传》

24. 复

《彖》曰：复亨，刚反，动而以顺行，是以出入无疾，朋来无咎。反复其道，七日来复，天行也。利有攸往，刚长也。复，其见天地之心乎？《彖传》

25. 无妄

《彖》曰：无妄，刚自外来，而为主於内。动而健，刚中而应，大亨以正，天之命也。其匪正有眚，不利有攸往，无妄之往，何之矣？天命不佑，行矣哉？《彖传》

26. 大畜

《彖》曰：大畜，刚健笃实辉光，日新其德，刚上而尚贤。能止健，大正也。不家食吉，养贤也。利涉大川，应乎天也。《彖传》

27. 颐

《彖》曰：颐贞吉，养正则吉也。观颐，观其所养也；自求口实，观其自养也。天地养万物，圣人养贤以及万民。颐之时大矣哉！《彖传》

28. 大过

《彖》曰：大过，大者过也。栋桡，本末弱也。刚过而中，巽而说行，利有攸往，乃亨。大过之时大矣哉！《彖传》

29. 坎

《彖》曰：习坎，重险也。水流而不盈，行险而不失其信，维心亨，乃以刚中也。行有尚，往有功也。天险不可升也，地险山川丘陵也，王公设险以守其国。险之时用大矣哉！《彖传》

30. 离

《彖》曰：离，丽也；日月丽乎天，百谷草木丽乎土，重明以丽乎正，乃化成天下。柔丽乎中正，故亨，是以畜牝牛吉也。《彖传》

31. 咸

咸，感也。柔上而刚下，二气感应以相与。止而说，男下女，是以亨利贞，取女吉也。天地感而万物化生，圣人感人心而天下和平。观其所感，而天地万物之情可见矣。

32. 恒

恒，久也。刚上而柔下，雷风相与，巽而动，刚柔皆应，恒。恒亨无咎利贞，久于其道也。天地之道，恒久而不已也。利有攸往，终则有始也。日月得天，而能久照。四时变化，而能久成。圣人久于其道，而天下化成。观其所恒，而天地万物之情可见矣。

33. 遯

遯亨，遯而亨也。刚当位而应，与时行也。小利贞，浸而长也。遯之时义大矣哉！

34. 大壮

大壮，大者壮也。刚以动，故壮。大壮利贞，大者正也。正大，而天地之情可见矣。

35. 晋

晋，进也，明出地上，顺而丽乎大明，柔进而上行，是以康侯用锡马蕃庶，昼日三接也。

36. 明夷

明入地中，明夷。内文明而外柔顺，以蒙大难，文王以之。利艰贞，晦其明也。内难而能正其志，箕子以之。

37. 家人

家人，女正位乎内，男正位乎外。男女正，天地之大义也。家人有严君焉，父母之谓也。父父、子子、兄兄、弟弟、夫夫、妇妇，而家道正。正家，而天下定矣。

38. 睽

睽,火动而上,泽动而下。二女同居,其志不同行。说而丽乎明,柔进而上行,得中而应乎刚,是以小事吉。天地睽而其事同也,男女睽而其志通也,万物睽而其事类也。睽之时用大矣哉!

39. 蹇

蹇,难也,险在前也。见险而能止,知矣哉!蹇利西南,往得中也。不利东北,其道穷也。利见大人,往有功也。当位贞吉,以正邦也。蹇之时用大矣哉!

40. 解

解,险以动,动而免乎险,解。解利西南,往得众也。其来复吉,乃得中也。有攸往夙吉,往有功也。天地解而雷雨作,雷雨作而百果草木皆甲拆。解之时大矣哉!

41. 损

损,损下益上,其道上行。损而有孚,元吉无咎,可贞,利有攸往。曷之用二簋,可用享。二簋应有时,损刚益柔有时。损益盈虚,与时偕行。

42. 益

益,损上益下,民说无疆。自上下下,其道大光。利有攸往,中正有庆。利涉大川,木道乃行。益动而巽,日进无疆。天施地生,其益无方。凡益之道,与时偕行。

43. 夬

夬,决也,刚决柔也。健而说,决而和。扬于王庭,柔乘五刚也。孚号有厉,其危乃光也。告自邑不利即戎,所尚乃穷也。利有攸往,刚长乃终也。

44. 姤

姤,遇也,柔遇刚也。勿用取女,不可与长也。天地相遇,品物咸章也。刚遇中正,天下大行也。姤之时义大矣哉!

45. 萃

萃,聚也。顺以说,刚中而应,故聚也。王假有庙,致孝享也。利见大人亨,聚以正也。用大牲吉,利有攸往,顺天命也。观其所聚,而天地万物之情可见矣。

46. 升

柔以时升,巽而顺,刚中而应,是以大亨。用见大人勿恤,有庆也。南征吉,志行也。

47. 困

困,刚揜也。险以说,困而不失其所亨,其唯君子乎!贞大人吉,以刚中也。有言不信,尚口乃穷也。

48. 井

巽乎水而上水,井。井,养而不穷也。改邑不改井,乃以刚中也。汔至亦未繘井,未有功也。羸其瓶,是以凶也。

49. 革

革,水火相息,二女同居,其志不相得,曰革。巳日乃孚,革而信之。文明以说,大亨以正。革而当,其悔乃亡。天地革,而四时成。汤武革命,顺乎天而应乎人。革之时大矣哉!

50. 鼎

鼎,象也。以木巽火,亨饪也。圣人亨以享上帝,而大亨以养圣贤。巽而耳目聪明,柔进而上行,得中而应乎刚,是以元亨。

51. 震

震亨,震来虩虩,恐致福也。笑言哑哑,后有则也。震惊百里,惊远而惧迩也。[不丧匕鬯],出可以守宗庙社稷,以为祭主也。

52. 艮

艮,止也。时止则止,时行则行,动静不失其时,其道光明。艮其止,止其所也。上下敌应,不相与也。是以不获其身,行其庭不见其人,无咎也。

53. 渐

渐,之进也,女归吉也。进得位,往有功也。进以正,可以正邦也。其位,刚得中也。止而巽,动不穷也。

54. 归妹

归妹,天地之大义也。天地不交,而万物不兴。归妹,人之终始也。说以动,所归妹也。征凶,位不当也。无攸利,柔乘刚也。

55. 丰

丰,大也。明以动,故丰。王假之,尚大也。勿忧宜日中,宜照天下也。日中则昃,月盈则食,天地盈虚,与时消息,而况于人乎,况于鬼神乎?

56. 旅

旅,小亨,柔得中乎外,而顺乎刚,止而丽乎明,是以小亨旅贞吉也。旅之时义大矣哉!

57. 巽

重巽以申命，刚巽乎中正而志行。柔皆顺乎刚，是以小亨，利有攸往，利见大人。

58. 兑

兑，说也。刚中而柔外，说以利贞，是以顺乎天，而应乎人。说以先民，民忘其劳。说以犯难，民忘其死。兑之大，民劝矣哉！

59. 涣

涣亨，刚来而不穷，柔得位乎外，而上同。王假有庙，王乃在中也。利涉大川，乘木有功也。

60. 节

节亨，刚柔分而刚得中。苦节不可贞，其道穷也。说以行险，当位以节，中正以通。天地节，而四时成。节以制度，不伤财，不害民。

61. 中孚

中孚，柔在内而刚得中，说而巽，孚乃化邦也。豚鱼吉，信及豚鱼也。利涉大川，乘木舟虚也。中孚以利贞，乃应乎天也。

62. 小过

小过，小者过而亨也。过以利贞，与时行也。柔得中，是以小事吉也。刚失位而不中，是以不可大事也。有飞鸟之象焉，飞鸟遗之音，不宜上宜下大吉，上逆而下顺也。

63. 既济

既济亨，小者亨也。利贞，刚柔正而位当也。初吉，柔得中也。终止则乱，其道穷也。

64. 未济

未济亨，柔得中也。小狐汔济，未出中也。濡其尾，无攸利，不续终也。虽不当位，刚柔应也。

参考文献：

[1]陈鼓应.《彖传》的道家思维方式[J].哲学研究，1994(03):22-30.

[2]陈鼓应.《彖传》的道家思维方式[J].中国哲学史，1994(04):38-46.

[3]廖名春.《彖传》《大象传》释卦次序考[J].周易研究，1995(03):25-33.

[4]吴建国.《彖传》政治思想简析[J].文史博览(理论)，2009，(02):35-36.

[5]秦桦林.从楚简《凡物流形》看《彖传》的成书年代[J].周易研究，2009(05):26-31.

[6]杨端志.《象传》韵考[J].周易研究,2003(01):61-68.

[7]曾凡朝,苏晓晗.试论《周易·象传》象数释《易》及义理意旨[J].山东教育学院学报,2006(03):92-95.

[8]高新民.《周易·象传》与子思[J].青海师专学报,2008(01):1-4.

[9]石声淮.说《象传》(上)[J].华中师院学报:哲学社会科学版,1981(01):93-100.

[10]石声淮.说《象传》(中)[J].华中师院学报:哲学社会科学版,1981(02):16-22.

[11]石声淮.说《象传》(下)[J].华中师院学报:哲学社会科学版,1981(03):96-101.

[12]黄石声,吴仲强.试论《小象传》之性质及与《彖传》的关系[J].兰州学刊,1991(01):28-33.

[13]辛树帜.易传的分析(初稿的一部分)(续前)三、象传[J].西北农学院学报,1958(03):83-112.

三、象传

《象传》分为《大象传》和《小象传》。《大象传》解释《周易》64卦的卦名和卦义;《小象传》解释《周易》三百八十六爻爻辞和用辞的(六十四卦,每卦六爻辞,共三百八十四爻爻辞,此外再加是用九、用六二爻,共三百八十六爻爻辞。)

《大象传》用词简洁明了,六十四条都是由两段话组成。第一句话先点出卦名,第二句讲道德启迪。如乾卦"象曰:天行健,君子以自强不息。"坤卦"象曰:地势坤,君子以厚德载物。""天行"和"地势"都是从乾坤二卦的取象上来说的,乾为天,坤为地,天刚健,地柔顺,因而,天行健,地势坤。第二句话"自强不息"和"厚德载物"都是讲卦德的。第二句都是以"君子以""先王以"和"后以"这样的形式开头的,对卦义诠释。

大象传:

01. 乾

天行,健;君子以自强不息。

02. 坤

地势,坤;君子以厚德载物。

03. 屯

云雷,屯;君子以经纶。

04. 蒙

山下出泉,蒙;君子以果行育德。

05. 需

云上于天,需;君子以饮食宴乐。

06. 讼

天与水违行,讼;君子以作事谋始。

07. 师

地中有水,师;君子以容民畜众。

08. 比

地上有水,比;先王以建万国,亲诸侯。

09. 小畜

风行天上,小畜;君子以懿文德。

10. 履

上天下泽,履;君子以辩上下,定民志。

11. 泰

天地交,泰;后以财成天地之道,辅相天地之宜,以左右民。

12. 否

天地不交,否;君子以俭德辟难,不可荣以禄。

13. 同人

天与火,同人;君子以类族辨物。

14. 大有

火在天上,大有;君子以遏恶扬善,顺天休命。

15. 谦

地中有山,谦;君子以裒多益寡,称物平施。

16. 豫

雷出地奋,豫;先王以作乐崇德,殷荐之上帝,以配祖考。

17. 随

泽中有雷,随;君子以向晦入宴息。

18. 蛊

山下有风,蛊;君子以振民育德。

19. 临

泽上有地,临;君子以教思无穷,容保民无疆。

20. 观

风行地上,观;先王以省方观民设教。

21. 噬嗑

雷电，噬嗑；先王以明罚勑法。

22. 贲

山下有火，贲；君子以明庶政，无敢折狱。

23. 剥

山附于地，剥；上以厚下安宅。

24. 复

雷在地中，复；先王以至日闭关，商旅不行，后不省方。

25. 无妄

天下雷行，物与无妄；先王以茂对时育万物。

26. 大畜

天在山中，大畜；君子以多识前贤往行，以畜其德。

27. 颐

山下有雷，颐；君子以慎言语，节饮食。

28. 大过

泽灭木，大过；君子以独立不惧，遁世无闷。

29. 坎

水洊至，习坎；君子以常德行，习教事。

30. 离

明两作，离；大人以继明照于四方。

31. 咸

山上有泽，咸；君子以虚受人。

32. 恒

雷风，恒；君子以立不易方。

33. 遯

天下有山，遯；君子以远小人，不恶而严。

34. 大壮

雷在天上，大壮；君子以非礼弗履。

35. 晋

明出地上，晋；君子以自昭明德。

36. 明夷

明入地中,明夷;君子以莅众,用晦而明。

37. 家人

风自火出,家人;君子以言有物而行有恒。

38. 睽

上火下泽,睽;君子以同而异。

39. 蹇

山上有水,蹇;君子以反身修德。

40. 解

雷雨作,解;君子以赦过宥罪。

41. 损

山下有泽,损;君子以惩忿窒欲。

42. 益

风雷,益;君子以见善则迁,有过则改。

43.夬

泽上于天,夬;君子以施禄及下,居德则忌。

44.姤

天下有风,姤;后以施命诰四方。

45. 萃

泽上于地,萃;君子以除戎器,戒不虞。

46. 升

地中生木,升;君子以顺德,积小以高大。

47. 困

泽无水,困;君子以致命遂志。

48. 井

木上有水,井;君子以劳民劝相。

49. 革

泽中有火,革;君子以治历明时。

50. 鼎

木上有火,鼎;君子以正位凝命。

51. 震

洊雷，震；君子以恐惧修省。

52. 艮

兼山，艮；君子以思不出其位。

53. 渐

山上有木，渐；君子以居贤德善俗。

54. 归妹

泽上有雷，归妹；君子以永终知敝。

55. 丰

雷电皆至，丰；君子以折狱致刑。

56. 旅

山上有火，旅；君子以明慎用刑，而不留狱。

57. 巽

随风，巽；君子以申命行事。

58. 兑

丽泽，兑；君子以朋友讲习。

59. 涣

风行水上，涣；先王以享于帝，立庙。

60. 节

泽上有水，节；君子以制数度，议德行。

61. 中孚

泽上有风，中孚；君子以议狱缓死。

62. 小过

山上有雷，小过；君子以行过乎恭，丧过乎哀，用过乎俭。

63. 既济

水在火上，既济；君子以思患而豫防之。

64. 未济

火在水上，未济；君子以慎辨物居方。

《小象传》是解释爻辞的，主要是从取义、爻位、爻德三方面来说的。初爻，称为“始”“下”“卑”“穷”。三爻、四爻，称为“疑”“反复”。上爻，称为“上”“亢”“穷”

“终”“盈”。《小象传》解释爻辞之义时有“应”“敌”“乘”“承”“志行”等,并从得中和当位等方面去解释爻义。如九二是阳卦居内卦中位,这叫作“得中”;阴爻居偶位,阳爻居奇位,这叫作“当位”。否则就是位不当。是否当位,爻辞常用辞就是“吉”“凶”“悔”“吝”“无咎”。

小象传:

1. 乾

潜龙勿用,阳在下也。见龙在田,德施普也。终日乾乾,反复道也。或跃在渊,进无咎也。飞龙在天,大人造也。亢龙有悔,盈不可久也。用九,天德不可为首也。

2. 坤

履霜坚冰,阴始凝也。驯致其道,至坚冰也。六二之动,直以方也。不习无不利,地道光也。含章可贞,以时发也。或从王事,知光大也。括囊无咎,慎不害也。黄裳元吉,文在中也。龙战于野,其道穷也。用六永贞,以大终也。

3. 屯

虽磐桓,志行正也。以贵下贱,大得民也。六二之难,乘刚也。十年乃字,反常也。即鹿无虞,以从禽也。君子舍之,往吝穷也。求而往,明也。屯其膏,施未光也。泣血涟如,何可长也。

4. 蒙

利用刑人,以正法也。子克家,刚柔接也。勿用取女,行不顺也。困蒙之吝,独远实也。童蒙之吉,顺以巽也。利用御寇,上下顺也。

5. 需

需于郊,不犯难行也。利用恒无咎,未失常也。需于沙,衍在中也。虽小有言,以终吉也。需于泥,灾在外也。自我致寇,敬慎不败也。需于血,顺以听也。酒食贞吉,以中正也。不速之客来,敬之终吉。虽不当位,未大失也。

6. 讼

不永所事,讼不可长也。虽小有言,其辩明也。不克讼,归逋窜也。自下讼上,患至掇也。食旧德,从上吉也。复即命渝,安贞不失也。讼元吉,以中正也。以讼受服,亦不足敬也。

7. 师

师出以律,失律凶也。在师中吉,承天宠也。王三锡命,怀万邦也。师或舆尸,大无功也。左次无咎,未失常也。长子帅师,以中行也。弟子舆尸,使不当也。大君有命，以正功也。小人勿用，必乱邦也。

8. 比

比之初六，有它吉也。比之自内，不自失也。比之匪人，不亦伤乎？外比于贤，以从上也。显比之吉，位正中也。舍逆取顺，失前禽也。邑人不诫，上使中也。比之无首，无所终也。

9. 小畜

复自道，其义吉也。牵复在中，亦不自失也。夫妻反目，不能正室也。有孚惕出，上合志也。有孚挛如，不独富也。既雨既处，德积载也。君子征凶，有所疑也。

10. 履

素履之往，独行愿也。幽人贞吉，中不自乱也。眇能视，不足以有明也。跛能履，不足以与行也。咥人之凶，位不当也。武人为于大君，志刚也。愬愬终吉，志行也。夬履贞厉，位正当也。元吉在上，大有庆也。

11. 泰

拔茅征吉，志在外也。包荒得尚于中行，以光大也。无往不复，天地际也。翩翩不富，皆失实也。不戒以孚，中心愿也。以祉元吉，中以行愿也。城复于隍，其命乱也。

12. 否

拔茅贞吉，志在君也。大人否亨，不乱群也。包羞，位不当也。有命无咎，志行也。大人之吉，位正当也。否终则倾，何可长也。

13. 同人

出门同人，又谁咎也。同人于宗，吝道也。伏戎于莽，敌刚也。三岁不兴，安行也。乘其墉，义弗克也。其吉，则困而反则也。同人之先，以中直也。大师相遇，言相克也。同人于郊，志未得也。

14. 大有

大有初九，无交害也。大车以载，积中不败也。公用亨于天子，小人害也。匪其彭无咎，明辨晢也。厥孚交如，信以发志也。威如之吉，易而无备也。大有上吉，自天祐也。

15. 谦

谦谦君子，卑以自牧也。鸣谦贞吉，中心得也。劳谦君子，万民服也。无不利撝谦，不违则也。利用侵伐，征不服也。鸣谦，志未得也。可用行师，征邑国也。

16. 豫

初六鸣豫，志穷凶也。不终日贞吉，以中正也。盱豫有悔，位不当也。由豫大有得，志大行也。六五贞疾，乘刚也。恒不死，中未亡也。冥豫在上，何可长也？

17. 随

官有渝，从正吉也。出门交有功，不失也。系小子，弗兼与也。系丈夫，志舍下也。随有获，其义凶也。有孚在道，明功也。孚于嘉吉，位正中也。拘系之，上穷也。

18. 蛊

干父之蛊，意承考也。干母之蛊，得中道也。干父之蛊，终无咎也。裕父之蛊，往未得也。干父用誉，承以德也。不事王侯，志可则也。

19. 临

咸临贞吉，志行正也。咸临吉无不利，未顺命也。甘临，位不当也。既忧之，咎不长也。至临无咎，位当也。大君之宜，行中之谓也。敦临之吉，志在内也。

20. 观

初六童观，小人道也。窥观女贞，亦可丑也。观我生进退，未失道也。观国之光，尚宾也。观我生，观民也。观其生，志未平也。

21. 噬嗑

屦校灭趾，不行也。噬肤灭鼻，乘刚也。遇毒，位不当也。利艰贞吉，未光也。贞厉无咎，得当也。何校灭耳，聪不明也。

22. 贲

舍车而徒，义弗乘也。贲其须，与上兴也。永贞之吉，终莫之陵也。六四，当位疑也。匪寇婚媾，终无尤也。六五之吉，有喜也。白贲无咎，上得志也。

23. 剥

剥床以足，以灭下也。剥床以辨，未有与也。剥之无咎，失上下也。剥床以肤，切近灾也。以宫人宠，终无尤也。君子得舆，民所载也。小人剥庐，终不可用也。

24. 复

不远之复，以修身也。休复之吉，以下仁也。频复之厉，义无咎也。中行独复，以从道也。敦复无悔，中以自考也。迷复之凶，反君道也。

25. 无妄

无妄之往，得志也。不耕获，未富也。行人得牛，邑人灾也。可贞无咎，固有之也。无妄之药,不可试也。无妄之行,穷之灾也。

26. 大畜

有厉利巳,不犯灾也。舆说輹,中无尤也。利有攸往,上合志也。六四元吉,有喜也。六五之吉,有庆也。何天之衢,道大行也。

27. 颐

观我朵颐,亦不足贵也。六二征凶,行失类也。十年勿用,道大悖也。颠颐之吉,上施光也。居贞之吉,顺以从上也。由颐厉吉,大有庆也。

28. 大过

藉用白茅,柔在下也。老夫女妻,过以相与也。栋桡之凶,不可以有辅也。栋隆之吉,不桡乎下也。枯杨生华,何可久也。无妇士夫,亦可丑也。过涉之凶,不可咎也。

29. 坎

习坎入坎,失道凶也。求小得,未出中也。来之坎坎,终无功也。樽酒簋贰,刚柔际也。坎不盈,中未大也。上六失道,凶三岁也。

30. 离

履错之敬,以辟咎也。黄离元吉,得中道也。日昃之离,何可久也?突如其来如,无所容也。六五之吉,离王公也。王用出征,以正邦也。

31. 咸

咸其拇,志在外也。虽凶居吉,顺不害也。咸其股,亦不处也。志在随人,所执下也。贞吉悔亡,未感害也。憧憧往来,未光大也。咸其脢,志末也。咸其辅颊舌,滕口说也。

32. 恒

浚恒之凶,始求深也。九二悔亡,能久中也。不恒其德,无所容也。久非其位,安得禽也。妇人贞吉,从一而终也。夫子制义,从妇凶也。振恒在上,大无功也。

33. 遯

遯尾之厉,不往何灾也?执用黄牛,固志也。系遯之厉,有疾惫也。畜臣妾吉,不可大事也。君子好遯,小人否也。嘉遯贞吉,以正志也。肥遯无不利,无所疑也。

34. 大壮

壮于趾,其孚穷也。九二贞吉,以中也。小人用壮,君子罔也。藩决不羸,尚往也。丧羊于易,位不当也。不能退不能遂,不详也。艰则吉,咎不长也。

35. 晋

晋如摧如，独行正也。裕无咎，未受命也。受兹介福，以中正也。众允之志，上行也。鼫鼠贞厉，位不当也。失得勿恤，往有庆也。维用伐邑，道未光也。

36. 明夷

君子于行，义不食也。六二之吉，顺以则也。南狩之志，乃大得也。入于左腹，获心意也。箕子之贞，明不可息也。初登于天，照四国也。后入于地，失则也。

37. 家人

闲有家，志未变也。六二之吉，顺以巽也。家人嗃嗃，未失也。妇子嘻嘻，失家节也。富家大吉，顺在位也。王假有家，交相爱也。威如之吉，反身之谓也。

38. 睽

见恶人，以辟咎也。遇主于巷，未失道也。见舆曳，位不当也。无初有终，遇刚也。交孚无咎，志行也。厥宗噬肤，往有庆也。遇雨之吉，群疑亡也。

39. 蹇

往蹇来誉，宜待也。王臣蹇蹇，终无尤也。往蹇来反，内喜之也。往蹇来连，当位实也。大蹇朋来，以中节也。往蹇来硕，志在内也。利见大人，以从贵也。

40. 解

刚柔之际，义无咎也。九二贞吉，得中道也。负且乘，亦可丑也。自我致戎，又谁咎也？解而拇，未当位也。君子有解，小人退也。公用射隼，以解悖也。

41. 损

已事遄往，尚合志也。九二利贞，中以为志也。一人行，三则疑也。损其疾，亦可喜也。六五元吉，自上祐也。弗损益之，大得志也。

42. 益

元吉无咎，下不厚事也。或益之，自外来也。益用凶事，固有之也。告公从，以益志也。有孚惠心，勿问之矣。惠我德，大得志也。莫益之，偏辞也。或击之，自外来也。

43. 夬

不胜而往，咎也。有戎勿恤，得中道也。君子夬夬，终无咎也。其行次且，位不当也。闻言不信，聪不明也。中行无咎，中未光也。无号之凶，终不可长也。

44. 姤

系于金柅，柔道牵也。包有鱼，义不及宾也。其行次且，行未牵也。无鱼之凶，远民也。九五含章，中正也。有陨自天，志不舍命也。姤其角，上穷吝也。

45. 萃

乃乱乃萃，其志乱也。引吉无咎，中未变也。往无咎，上巽也。大吉无咎，位不当也。萃有位，志未光也。赍咨涕洟，未安上也。

46. 升

允升大吉，上合志也。九二之孚，有喜也。升虚邑，无所疑也。王用亨于岐山，顺事也。贞吉升阶，大得志也。冥升在上，消不富也。

47. 困

入于幽谷，幽不明也。困于酒食，中有庆也。据于蒺藜，乘刚也。入于其宫不见其妻，不祥也。来徐徐，志在下也。虽不当位，有与也。劓刖，志未得也。乃徐有说，以中直也。利用祭祀，受福也。困于葛藟，未当也。动悔有悔，吉行也。

48. 井

井泥不食，下也。旧井无禽，时舍也。井谷射鲋，无与也。井渫不食，行恻也。求王明，受福也。井甃无咎，修井也。寒泉之食，中正也。元吉在上，大成也。

49. 革

巩用黄牛，不可以有为也。巳日革之，行有嘉也。革言三就，又何之矣。改命之吉，信志也。大人虎变，其文炳也。君子豹变，其文蔚也。小人革面，顺以从君也。

50. 鼎

鼎颠趾，未悖也。利出否，以从贵也。鼎有实，慎所之也。我仇有疾，终无尤也。鼎耳革，失其义也。覆公饣束，信如何也。鼎黄耳，中以为实也。玉铉在上，刚柔节也。

51. 震

震来虩虩，恐致福也。笑言哑哑，后有则也。震来厉，乘刚也。震苏苏，位不当也。震遂泥，未光也。震往来厉，危行也。其事在中，大无丧也。震索索，中未得也。虽凶无咎，畏邻戒也。

52. 艮

艮其趾，未失正也。不拯其随，未退听也。艮其限，危熏心也。艮其身，止诸躬也。艮其辅，以中正也。敦艮之吉，以厚终也。

53. 渐

小子之厉，义无咎也。饮食衎衎，不素饱也。夫征不复，离群丑也。妇孕不育，失其道也。利用御寇，顺相保也。或得其桷，顺以巽也。终莫之胜吉，得所愿也。其羽可用为仪吉，不可乱也。

54. 归妹

归妹以娣，以恒也。跛能履吉，相承也。利幽人之贞，未变常也。归妹以须，未当也。愆期之志，有待而行也。帝乙归妹，不如其娣之袂良也。其位在中，以贵行也。上六无实，承虚筐也。

55. 丰

虽旬无咎，过旬灾也。有孚发若，信以发志也。丰其沛，不可大事也。折其右肱，终不可用也。丰其蔀，位不当也。日中见斗，幽不明也。遇其夷主，吉行也。六五之吉，有庆也。丰其屋，天际翔也。窥其户阒其无人，自藏也。

56. 旅

旅琐琐，志穷灾也。得童仆贞，终无尤也。旅焚其次，亦以伤矣。以旅与下，其义丧也。旅于处，未得位也。得其资斧，心未快也。终以誉命，上逮也。以旅在上，其义焚也。丧牛于易，终莫之闻也。

57. 巽

进退，志疑也。利武人之贞，志治也。纷若之吉，得中也。频巽之吝，志穷也。田获三品，有功也。九五之吉，位正中也。巽在床下，上穷也。丧其资斧，正乎凶也。

58. 兑

和兑之吉，行未疑也。孚兑之吉，信志也。来兑之凶，位不当也。九四之喜，有庆也。孚于剥，位正当也。上六引兑，未光也。

59. 涣

初六之吉，顺也。涣奔其机，得愿也。涣其躬，志在外也。涣其群元吉，光大也。王居无咎，正位也。涣其血，远害也。

60. 节

不出户庭，知通塞也。不出门庭凶，失时极也。不节之嗟，又谁咎也？安节之亨，承上道也。甘节之吉，居位中也。苦节贞凶，其道穷也。

61. 中孚

初九虞吉，志未变也。其子和之，中心愿也。或鼓或罢，位不当也。马匹亡，绝类上也。有孚挛如，位正当也。翰音登于天，何可长也？

62. 小过

飞鸟以凶，不可如何也。不及其君，臣不可过也。从或戕之，凶如何也？弗过遇之，位不当也。往厉必戒，终不可长也。密云不雨，已上也。弗遇过之，已亢也。

63. 既济

曳其轮，义无咎也。七日得，以中道也。三年克之，惫也。终日戒，有所疑也。东邻杀牛，不如西邻之时也。实受其福，吉大来也。濡其首厉，何可久也？

64. 未济

濡其尾，亦不知极也。九二贞吉，中以行正也。未济征凶，位不当也。贞吉悔亡，志行也。君子之光，其晖吉也。饮酒濡首，亦不知节也。

参考文献：

[1]何奕恺.《清代学者象传》传文史料考及其文献价值[J].古籍整理研究学刊，2010(02):40–45.
[2]高新民.《周易·象传》与曾子[J].青海师专学报(教育科学)，2004(06):18–22.
[3]连劭名.西周金文与《周易·象传》[J].周易研究，1994(02):10–14.
[4]刘保贞.《象传》性质新探[J].周易研究，1996(02):26–33.
[5]林旭.抽象显其质具象传其神[J].中国陶瓷，2008(05):56–57，8.
[6]宋大仁.清代江苏名医徐灵胎先生象传(附年表)[J].江苏中医，1958(01):27–28.
[7]黄石声，吴仲强.试论《小象传》之性质及与《象传》的关系[J].兰州学刊，1991(01):28–33.
[8]宋大仁.金代针灸名家马丹阳象传[J].辽宁中医杂志，1960(04):34–35.

四、文言

《文言传》又称为《文言》，即"文饰乾、坤两卦之言"，专对乾、坤两卦做解释。孔颖达《周易正义》引庄氏说："文谓文饰，以乾坤德大，故特文饰以为文言。"因为乾坤二卦是易经的门户，在易经六十四卦中意义重大，地位特殊，是解经的关键。解释乾卦的称《乾文言》，解释坤卦的称《坤文言》。

《文言》对爻辞的解释有一问一答式、引用论证式、下定义式等等。在爻位方面，上爻为上位，二五为中位。同时第五爻为天位，第二爻为地位，第三爻为人位。"不在天"，也就是不居五爻，"不在田"，就是不居二爻，"不在人"，就是不在三爻。当然还有当位、重刚(阳爻与阳爻重)等说法。

文言传：

"元"者，善之长也；"亨"者，嘉之会也；"利"者，义之和也；"贞"者，事之干也。君子体仁足以长人，嘉会足以合礼，利物足以和义，贞固足以干事。君子行此四德者，故曰："乾、元、亨、利、贞。"

初九曰："潜龙勿用。"何谓也？子曰："龙德而隐者也，不易乎世，不成乎名，遯世无闷，不见是而无闷，乐则行之，忧则违之，确乎其不可拔，潜龙也。"九二曰："见龙在田，利见大人。"何谓也？子曰："龙德而正中者也。庸言之信，庸行之谨，闲邪存其诚，善世而不伐，德博而化，《易》曰'见龙在田，利见大人'。君德也。"九三曰："君子终日乾乾，夕惕若厉，无咎。"何谓也？子曰："君子进德修业。忠信所以进德也。修辞立其诚，所以居业也。知至至之，可与几也。知终终之，可与存义也。是故居上位而不骄，在下位而不忧，故乾乾因其时而惕，虽危无咎矣。"九四曰："或跃在渊，无咎。"何谓也？子曰："上下无常，非为邪也。进退无恒，非离群也。君子进德修业，欲及时也，故无咎。"九五曰："飞龙在天，利见大人。"何谓也？子曰："同声相应，同气相求。水流湿，火就燥。云从龙，风从虎。圣人作而万物覩。本乎天者亲上，本乎地者亲下。则各从其类也。"上九曰："亢龙有悔。"何谓也？子曰："贵而无位，高而无民，贤人在下位而无辅，是以动而有悔也。"

"潜龙勿用"，下也；"见龙在田"，时舍也；"终日乾乾"，行事也；"或跃中渊"，自试也；"飞龙在天"，上治也；"亢龙有悔"，穷之灾也；乾元"用九"，天下治也。

"潜龙勿用"，阳气潜藏；"见龙在田"，天下文明；"终日乾乾"，与时偕行；"或跃在渊"，乾道乃革；"飞龙在天"，乃位乎天德；"亢龙有悔"，与时偕极；乾元"用九"，乃见天则。

乾"元"者，始而亨者也；"利贞"者，性情也。乾始能以美利利天下，不言所利，大矣哉，大哉乾乎，刚健中正，纯粹精也。六爻发挥，旁通情也，时乘六龙，以御天也。云行雨施，天下平也。

君子以成德为行，日可见之行也。"潜"之为言也，隐而未见，行而未成，是以君子弗用也。君子学以聚之，问以辩之，宽以居之，仁以行之。《易》曰："见龙在田，利见大人。"君德也。九三重刚而不中，上不在天，下不在田，故乾乾因其时而惕，虽危"无咎"矣。九四重刚而不中，上不在天，下不在田，中不在人，故"或"之，或之者，疑之也。故"无咎"。夫"大人"者，与天地合其德，与日月合其明，与四时合其序，与鬼神合其吉凶。先天而天弗违，后天而奉天时，天且弗违，而况于人乎！况于鬼神乎！"亢"之为言也，知进而不知退，知存而不知亡，知得而不知丧，其唯圣人乎！知进退存亡而不失其正者，其唯圣人乎！

坤至柔而动也刚，至静而德方，后得主而有常，含万物而化光。坤道其顺乎，承天而时行。积善之家必有余庆,积不善之家必有余殃。臣弑其君,子弑其父,非一朝一夕之故,其所由来者渐矣。由辩之不早辩也。《易》曰:"履霜,坚冰至。"盖言顺也。"直"其正也,"方"其义也。君子敬以直内,义以方外,敬义立而德不孤。"直方大,不习无不利。"则不疑其所行也。阴虽有美,"含"之以从王事,弗敢成也。地道也,妻道也,臣道也。地道"无成"而代"有终"也。天地变化,草木蕃,天地闭,贤人隐。《易》曰:"括囊,无咎无誉。"盖言谨也。君子"黄"中通理,正位居体,美在其中,而畅于四支,发于事业,美之至也!阴疑于阳必战,为其嫌于无阳也。故称"龙"焉犹未离其类也,故称"血"焉。夫"玄黄"者,天地之杂也,天玄而地黄。

参考文献:

[1]邓立光.从帛书《易传》考察"文言"的实义[J].周易研究,2002(04):40-44.

[2]程建功.《易·文言》的伦理价值及其现实意义[J].河西学院学报,2010(06):38-41,53.

[3]杨太辛.《荀子》与《易·文言》之比较[J].孔子研究,1994(01):32-38.

[4]杨太辛.《荀子》与《易·文言》之比较[J].中国哲学史,1994(06):70-76.

《文言》说:元,是众善的首领。亨,是众美的集合。利,是义理的统一。贞,是事业的主干主。君子履行仁义就足够可以号令大众,众美的结合就足够可以符合礼义,利人利物就足够可以和同义理,坚持正道就足够可以成就事业。君子身体力行这四种美德,所以说:"《乾》卦具有这四种品德:元、亨、利、贞。"

初九爻辞说:"潜藏的龙,无法施展。"这是什么意思?孔子说:"龙是比喻有才德而隐居的君子。操行坚定不为世风所转移,不求虚名,隐居避世而没有苦闷,言行不为世人所赏识而没有烦恼。乐意的事就施行它,忧患的事就避开它,坚定而不可动摇,这是潜龙的品德。"九二爻辞说:"龙出现在大地上,有利于会见贵族王公。"这是什么意思?孔子说:"龙是比喻有德行而秉性中正的君子。日常言论讲究诚信,日常行为讲究谨慎,防止邪恶的侵蚀,保持忠诚的秉性,引导世人向善而不夸耀,德行博大而能感化人民。《易经》上说:'龙出现在大地上,有利于会见贵族王公。'就是说民间出现了有才德的君子。"九三爻辞说:"君子始终是白天勤奋努力,夜晚戒惧反省,虽然处境艰难,终究没有灾难。"这是什么意思?孔子说:"君子致力于培育品德,增进学业。以忠信来培养品德,以修饰言辞来建立诚信,这是操持自己事业的立足点。知道事业可以发展就发展它,从而努力去捕捉一瞬即逝的事机;知道事业应该终止就终止它,从而保持行为的道义。

所以处于尊贵的地位而不骄傲,处于卑微的地位而不忧愁。所以君子勤奋努力,随时提高警惕,虽然处境危险也没有灾害。”九四爻辞说:“也许跳进深潭,没有灾难。”这是什么意思?孔子说:“有时处在上位,有时处在下位,本来就是变动无常的,不是什么行为邪恶的缘故。有时奋进,有时退隐,本来就是应时变化的,不是什么喜爱离群索居的缘故。君子致力于培养品德增进学业,随时准备着抓住时机全力以赴,所以没有灾难。”九五爻辞说:“龙飞腾在天,有利于会见贵族王公。”这是什么意思?孔子说:“声息相同就互相应和,气味相投就互相求助。水向低湿的地方流动,火向干燥的地方漫延。云萦绕着龙,风追随着虎。圣人兴起,万物景仰。根基在天上的附丽于天空,根基在地上的依附着大地,万物都归属于各自的类别当中。”上九爻辞说:“升腾到极限的龙,将有灾祸之困。”这是什么意思?孔子说:“身份显贵而没有根基,地位崇高而没有人民,有才德的压抑在下层,不能获得他们的辅助,因此有所行动必招祸殃。”

“潜伏的龙,无法施展”,是说有才德的君子压抑于底层。“龙出现在大地上”,是说君子暂时隐伏等待时机。“终日里勤奋努力”,是讲君子刻苦修身自强不息。“也许跳进深潭”,是讲君子投身社会自我考验。“龙腾飞在天”,是讲君子获得地位治国治民。“升腾到极限的龙将有灾殃”,是讲事业极盛必由盛转衰。“天的美德”“纯阳全盛”,是讲天下政治安定。

“潜伏的龙,无法施展”,初九阳爻居下位,象征万物蛰伏,阳气潜藏。“龙出现在大地上”,阳爻上升一位,象征万物发生,大地锦绣,风光明媚。“终日里勤奋努力”,阳爻再进一位,象征万物蓬勃,与时俱进。“也许跳进深潭”,阳爻又升上一位,象征阳气更盛,天道发生变化。“龙飞腾在天空”,阳爻上升到崇高的地位,象征时值金秋,天的功德已圆满完成。“升腾到极限的龙将有灾殃”,阳爻上升到极限,象征阳气极盛,将由盛转衰。“天的美德”“纯阳全盛”,阳爻依位次而上升,阳气依时节面旺盛,六爻全阳,将尽变为阴爻,从而体现了天道运行的原则。

《乾》卦的卦辞:元、亨,是讲天具有生成之功,和谐之美。利、贞,是讲天具有恩惠之情,永恒之性。乾为天,只有天才能把美满的利益施予天下,而且从不提起它的恩德,伟大呀!伟大的上天!真正是刚强、劲健、适中、均衡,达到了纯粹精妙的境地。六个阳爻发挥舒展,广通天道、地道、人道。阳气的结晶——太阳,驾驶着六条飞龙在空中飞行,分布着云彩,降洒着雨露,普天之下同享和平。

君子以养成自身的品德作为行为的目的,每天应该落实在行动上。“潜”的意义在于，隐伏而不显露，当自身修养尚未达到成熟的程度，所以君子不能有所作为。君子通过学习来积累知识，通过诘疑来辨明是非，以远大作为内心的目标，以仁义作为履行的责任。《易经》说："飞龙出现在大地上，有利于会见贵族王公。"这就是说出现了有才德的君子。九三爻辞的含义是指，九三阳爻处在重叠的阳爻之上，没有处在上、下卦的中位，既没有占据天位，也没有占据地位，还须勤奋努力，随时提高警惕，不过处境虽然险恶，还没有灾难。九四阳爻处在重叠的阳爻之上，没有处在上、下卦的中位，既没有占据天位，又没有占据地位，也没有占据人位，所以有"也许"的说法。"也许"这个词就是表示迟疑。但没有灾难。九五爻辞所讲的"大人"，他的德行与天地相配合，生成万物，他的光明与日月相配合，普照一切；他的政令与四季相配合，井然有序；他的赏罚与鬼神相配合，吉凶一致。他的行动先天而发，但上天不会背弃他，他的行动后天而发，那是依奉天时行事。上天尚且不背弃他，更何况人呢？更何况鬼神呢？"亢奋"这个词意思是，自以为自己的事业只会发展不会衰败，只会存在不会消亡，只会胜利不会失败。也许只有圣人才能了解进退存亡的相互联系，恰当地把握它们互相转化的关系，做到这一点，恐怕只有圣人吧！

《文言》说：地道极为柔顺，但它的运动却是刚健的，它极为娴静但品德是方正的，地道后于天道而行动，但运动具有规律性。它包容万物，其生化作用是广大的。地道多么柔顺啊！顺承天道而依准四时运行。积累善行的人家，必有不尽的吉祥；积累恶行的人家，必有不尽的灾殃。臣子弑杀他的国君，儿子弑杀他的父亲，并不是一朝一夕形成的，所以出现这种局面是逐步发展的结果。《易经》说："践踏着薄霜，坚厚的冰层快要冻结成了。"大概就是一种循序渐进的现象。直是存心的正直，方是行为的道义。君子通过恭敬谨慎来矫正思想上的偏差，用道义的原则来规范行为上的悖乱。恭敬、道义的精神树立起来了，他的品德就会产生广泛的影响。君子"正直、方正、广博，这些品德不为人们所了解，也没有什么不利的"，因为人们不会怀疑他的行为。阴比喻臣下，虽有美德，但宜深藏含隐，从而服务于君王，不敢自居有功。这是地道的原则，也是妻道的原则，同样是臣道的原则。地道不能单独地完成生育万物的功业，但是在时序的交替中，它始终一贯地发挥作用。天地交通变化，草木就茂盛，天地阻隔不通，贤人就隐退。《易经》说："扎紧了口袋，如缄口不言。没有指责也没有赞誉。"大概意在谨慎吧。君子内心美好，通达事理，整肃职守，恪守礼节，美德积聚在内心里，贯彻在行动上，扩大在事业中，这是最为美好的。阴与阳势均力敌，必然发生争斗。因为阴极盛而与阳均等，所以把阴阳一并称作龙。其实阴并未脱离其属类，所以又称为血，血即阴类。所谓玄黄——天玄地黄——是天地交相混合的色彩。

五、系辞

《系辞》，是总论《易经》卦爻辞之大义的，是解释《易经》之用。《系辞》对卦爻辞的意义及卦象爻位做解释，所用的方法是取义、取象、爻位这么几种。该文本论述了揲蓍求卦和卦画形成的过程。并认为《周易》是讲了察言、观变、制器、卜占四种圣人之道，是道德训诫之书，提高自身的道德水准，从而化凶为吉。

朱熹《周易本义》将每篇分为十二章。

系辞上传：

第一章

天尊地卑，乾坤定矣。卑高以陈，贵贱位矣。动静有常，刚柔断矣。方以类聚，物以群分，吉凶生矣。在天成象，在地成形，变化见矣。是故，刚柔相摩，八卦相荡。鼓之以雷霆，润之以风雨，日月运行，一寒一暑，乾道成男，坤道成女。乾知大始，坤作成物。乾以易知，坤以简能。易则易知，两则易从。易知则有亲，易从则有功。有亲则可久，有功则可大。可久则贤人之德，可大则肾人之业。易简而天下之理得矣。天下之理得，而成位乎其中矣。

天尊贵在上，地卑微在下，《易经》中乾为天为高为阳，坤为地为低为阴的象征就定了。天地间万事万物莫不由卑下以至高大，杂然并陈，《易经》中六爻贵贱的位置，亦依序而排定了。天地间万事万物动极必静，静极必动，动静有一定的常态，《易经》中阳刚阴柔，阳极生阴，阴极生阳的道理也就由是断定，断然可知了。天下人各以其道而以类相聚，物各以其群而以类相分，同于君子同于善的事物则吉，同于小人同于恶的事类，则凶就产生了。在天成就日月星辰昼夜晦冥的现象，在地成就山川河岳动植高下诸般的形态，而人世间万事万物错综复杂的变化，由是可以明显的看到了。所以宇宙间，阴阳二性不停地切摩变化，八卦所代表的八种天地间的八个基本物象，不停地相与鼓动变化，由是产生了宇宙万有。比如说，以雷霆之气，鼓动万物的生机，以风雨疏散润泽万物的气机，日月的运行就构成了人间的昼夜寒暑，乾为天为父为阳，是构成男性的象征，坤为地为母为阴，是构成女性的象征。乾为天，代表时间，故知天地之大始；坤为地代表空间，故能作成万物。乾为天昭然运行于上而昼夜攸分，是容易让人了解的，坤为地浑然化为万物,是以简易为其功能的。容易则易于知解,简易则容易遵从。容易使人了解则有人亲附,容易遵从,则行之有功。有人亲附则可以长久,有能成功则可以创造伟大的事业。可以长久的,是贤人的德泽;可以成为伟大的,是贤人的事业。《易经》的道理即是如此简易,而能包含天下的道理,能了知天下的道理,则能与天地同参,而成就不朽的名位了。

第二章

圣人设卦观象系辞焉,而明吉凶。刚柔相推而生变化。是故,吉凶者,失得之象也。悔吝者,忧虞之象也。变化者,进退之象也。刚柔者,昼夜之象也。六爻之动,三极之道也。是故,君子所居而安者,《易》之序也;所乐而玩者,爻之辞也。是故,君子居则观其象,而玩其辞;动则观其变,而玩其占。是以自天佑之,吉无不利。

圣人观察宇宙间万事万物的现象而设置六十四卦,三百八十四爻以规范之,复于六十四卦三百八十四爻下各系以吉凶悔吝及有关卦爻象之文辞,而使人明白吉凶的趋向,《易经》中阳刚阴柔相与切摩推荡,而产生变化。所以《易经》中有"吉凶",是成功或失败的现象。"悔吝",是表示有忧虑顾虑的现象。"变化",是前进或后退的现象。"刚柔",即是昼夜,夜尽昼来,昼尽夜来的现象。六爻的动态,就是天地人才的道理。所以君子平居之时,能心安理得,这是因为能法象《易经》的文辞呀。所以君子平居之时就观察易象而探索玩味它的文辞;一有行动,则观察《易经》的变化,而玩味占筮的吉凶。所以能如大有卦上九爻辞所说:"从上天祐助之,完全的吉而没有不利的。"

第三章

彖者,言乎象者也。爻者,言乎变者也。吉凶者,言乎其失得也。悔吝者,言乎其小疵也。无咎者,善补过也。是故列贵贱者存乎位,齐小大者存乎卦,辨吉凶者存乎辞,忧悔吝者存乎介,震无咎者存乎悔。是故卦有大小,辞有险易。辞也者,各指其所之。

"彖辞"是解释全卦的道理现象的。"爻辞"是说明每一爻的变化的。"吉凶"是说明其成功或失败的。"悔吝"是说明其小有弊病与过错的。"无咎"是要人善于补救其过失的意思。所以分出六爻贵贱的,就在于它所居的位置而定。齐一各卦所包含事理的大小,则在于各卦的卦象而知。辨别吉凶的,就在各卦各爻的文辞而知,忧虑于悔吝之来临者,则在于吉凶祸福义利善恶几微之间,谨慎小心。能从"无咎"之中变动而吉者,则在于能悔改。所以卦有小有大,小象征其阴,大象征其阳,卦爻之辞也有极危险的,如劓(yì)刖(yuè)征凶,也有极平易的,如利见大人,利涉大川。各卦爻之辞,皆各指各卦各爻之意旨趋向。

第四章

易与天地准,是故能弥纶天地之道。仰以观于天文,俯以察于地理。是故知幽明之故,原始反终。故知死生之说,精气为物,游魂为变。是故知鬼神之情状,与天地相似,故不违;知周乎万物而道济天下,故不过;旁行而不流,乐天知命,故不忧;安土敦乎仁,故能爱。范围天地之化而不过,曲成万物而不遗,通乎昼夜而知。故神无方而易无体。

易理准则于天地,所以能包括统贯天地间一切的道理。上则观察天上日月星辰的文采,下则观察大地山河动植的理则,所以知道昼夜光明幽晦的道理。追原万事万物的始终,故知死生终始循环的道理。精神气质合则构成万物,灵魂是生命的泉源,它是随着生老病死而变化的,由是我们可以探知鬼神的情态。《易》与天地之道相似,故不违背。能周知万物的情态,而其道义足以匡济天下,故能致用而不超过。能遍行天下而未有流弊,通易道者能乐行天道之所当然,知天命之造化,故无忧。安于所处之境,而敦行仁道,故能泛爱天下。能范围包括天地一切的变化,而不会有过失;能微曲成全万物,而不会有遗漏;能通明于昼夜、阴阳的道理,而尽知其道。所以神的奥妙难测,是无方所可推求的;易理的周知宇宙,也不可以一曲之体讨论的。

第五章

一阴一阳之谓道,继之者善也,成之者性也。仁者见之谓之仁,知者见之谓之知。百姓日用而不知,故君子之道鲜矣。显诸仁,藏诸用,鼓万物而不与圣人同忧,盛德大业至矣哉。富有之谓大业,日新之谓盛德,生生之谓易,成象之谓干,效法之谓坤,极数知来之谓占,通变之谓事,阴阳不测之谓神。

一阴一阳的相反相生,运转不息,为宇宙万事万物盛衰存亡的根本,这就是道。继续阴阳之道而产生宇宙万事万物的就是善,成就万事万物的是天命之性,亦即道德之义。有仁德的人见此性此道,即认为是仁,聪明的人体察此性此道,就认为是智。百姓日常受用,遵循此道此性而各遂其生,而不知晓,所以君子之道能含盖万有,为万物之根,而知之者却很少呀!君子之道(即易道)显现之仁道,是可以见之于实行的。蕴藏之以致用,是可以舍之则藏的。能鼓动万物的生机,而不与得天子之位的圣人同其忧思,可以树立盛明的德行,伟大的事业是多么的完美呀！学问德行乃至天下万事万物的具足富有，就是伟大的事业了，日新又新，就具足了盛明的德行了。生生不息，变化前进不已，就是"易"，成就现象就是"乾"，效法而行就是"坤"，极尽数术的推演，知道将来的变化就是"占"，通达变化之道，就是"事"，能运用阴阳之道，至神奇奥妙，变化莫测的，就是"神"。

第六章

夫易广矣大矣。以言乎远则不御，以言乎迩则静而正，以言乎天地之间则备矣。夫干，其静也专，其动也直，是以大生焉。夫坤，其静也翕，其动也辟，是以广生焉。广大配天地，变通配四时，阴阳之义配日月，易简之善配至德。

易道真是广大呀，以论说其远，则无所止息；说到其近处，则很文静而又端端正正地放置在我们面前；以谈论于天地之间，就具足了一切万事万物的道理了。乾六画皆阳，纯阳刚健，当它静而不变之时，则专一而无他；当它动而变化之时，则直遂而不挠，所以广大的宇宙持此产生。坤卦六画都是阴，柔顺敦厚，当它静而不变之时，则收敛深藏；当它动而变化的时候，则广开展布，所以广大的万物皆由是产生。易理的广大，配合天地；变化通达，配合四时；阴阳之理，配合日月，易简的至善，配最高的德性。

第七章

子曰：「易其至矣乎！」夫易，圣人所以崇德而广业也。知崇礼卑。崇，效天；卑，法地。天地设位而易行乎其中矣！成性存存，道义之门。

孔子说：《易经》的道理，是最伟大的呀，《易经》正是圣人用以崇高道德、广大事业的呀。知慧要求到崇高而后止，礼节则自谦卑入手，崇高效法天道，谦卑效法地道。天地既设位，《易经》之道也就行于天地之间了。成就此崇高广大的善性，当不停地蕴存之，存养之，这就是道义所由产生的门户了。

第八章

圣人有以见天下之赜，而拟诸其形容，象其物宜，是故谓之象。圣人有以见天下之动，而观其会通，以行其典礼；系辞焉，以断其吉凶，是故谓之爻。言天下之至赜而不可恶也，言天下之至动而不可乱也。拟之而后言，议之而后动，拟议以成其变化。「鸣鹤在阴，其子和之。我有好爵，吾与尔靡之。」子曰：「君子居其室，出其言善，则千里之外应之，况其迩者乎？居其室，出其言不善，则千里之外违之，况其迩者乎？言出乎身，加乎民；行发乎迩，见乎远。言行，君子之枢机。枢机之发，荣辱之主也。」言行，君子之所以动乎天地也。可不慎乎？「同人，先号咷而后笑。」子曰:「君子之道,或出或处,或默或语。二人同心,其利断金。同心之言,其臭如兰。」「初六,其用白茅。无咎。」子曰:「苟错诸地而可矣。藉之用茅,何咎之有?慎之至也。」夫茅之为物薄而用可重也。慎斯术也以往,其无所失矣。「劳谦君子,有终。吉。」子曰:「劳而不伐,有功而不德,厚之至也。语以其功下人者。德言盛,礼言恭。谦也者,致恭以存其位者也。」「亢龙有悔。」子曰:「贵而无位,高而无民,贤人在下位而无辅,是以动而有悔也。」「不出户庭,无咎。」子曰:「乱之所生也,则言语以为阶。君不密则失臣,臣不密则失身,机事不密则害成。是以君子慎密而不出也。」子曰:「作易者,其知盗乎!」易曰:「负且乘,致寇至。」负也者,小人之事也;乘也者,君子之器也。小人而乘君子之器,盗思夺之矣;上慢下暴,盗思伐之矣。慢藏诲盗,冶容诲淫。易曰:「负且乘,致寇至。」盗之招也。

圣人见天下万事万物的繁杂,因而拟测万事万物的形态,而归纳为八个基本卦,以象征万事万物所适宜的物象,所以叫做"象"。圣人见天下一切动作营为的千变万化,而观察其可以会而通之之道,制成六十四卦三百八十四爻,以显现一切动作营为的常体,复合系之以辞,而断定它的吉凶,因此就成为"爻"。有了八卦所代表万事万物的象征,故天下最繁杂的万事万物,也不致嫌其厌恶了。有了三百八十四爻以拟像天下一切的动作营为,故天下最动荡不安的事情,观察易爻,也不致繁乱了。八卦之象,三百八十四爻之辞既是从拟议而得,吾人于人世间处事应物亦当拟测揆度之后,才可发为言论,议论探讨周详后,方可有所动作,言行能如此拟测揆度、议论探讨,斯能成就变化如神的事业。中孚九二的爻辞说:"鹤鸣于阴暗之处,其子即能和声响应,我有好的爵位,我将与你共同治理。"孔子申论之云:"君子住在家里,发出善美的言论,则千里之外的人也会闻风响应兴起,何况是接近他的人呢?如发出不善的言论,则千里之外的人也会违背他,而不以为是,何况是接近他的人呢?言语是从本身发出,而能影响于百姓,行为是从近处着手,而显现于远处。言行是君子的关键要枢,关键的发起,是光荣或受辱的主宰。言行正是君子感动天地之由,可以不谨慎吗?""同人九五,在居尊得位,在天下和同之先,本有艰难,故号咷大哭,以至诚感人,终至天下和同,故后快乐而笑。"孔子申论之,言:"君子之道,或出而服务天下,或隐处而独善其身,或沉默,或言语,如二人同心,其锋利足断坚硬的金属。同心的意思,是说二人精诚团结,心意齐同,其气味的相投。犹如兰蕙的芳薰。""大过初六谓:藉用白茅承垫祭祀品,这是无咎的。"孔子申论之言:"祭祀品如放置于地上即可以了，而又承垫之以白茅，又何有灾咎呢？是谨慎到极点了呀。茅草之为物本来很纤薄不贵重的呀，而可用于承垫祭祀品，则其用处很重大的了。人如能以此谨慎之道以行，必能无所错失了。”谦卦九三说：“劳苦功高而又谦虚的君子，最终是吉利的。”孔子说：“有功劳而不夸耀，有功绩而不自以为德，是敦厚到极点了。是说以其功劳犹谦下于人呀。德是称其有盛明的德行，礼是说其恭敬，谦虚就是表现恭敬以保存他的职位的了。”本卦的爻位到了上九，以六爻的爻位而言，已位至极点，再无更高的位置可占，孤高在上，犹如一条乘云升高的龙，它升到了最亢、最干净的地方，四顾茫然，既无再上进的位置，又不能下降，所以它反而有了忧郁悔闷了。节卦初九谓：“不出门庭，是没有灾咎的。”孔子说：“扰乱的生起，是言语以为阶梯，国君不保密，则失去臣自。臣自不保密，则失去身命，机密的事情不保密，则造成灾害。所以君子是谨慎守密而不泄漏机密呀。”孔子说：“作《易经》的人，大概知道盗之所起吧？《易经》解卦六三说：‘背负着东西，又且乘在车上，势必招致盗寇的来临呀。’负着东西，本是小人之事，乘的车子，本是君子治国平天下乘坐的器具，今小人而窃乘君子的器具，必无能匡济，大盗必思强夺它了。君上傲慢，臣下暴敛，大盗必思侵犯其国了。漫藏财富，就教诲盗寇的偷盗，女人妖冶其容貌，必招坏人之淫辱。《易经》说：‘负且乘，致寇至。’原是说自己招致寇盗之意呀。”

第九章

天一，地二，天三，地四，天五，地六，天七，地八，天九，地十。天数五，地数五，五位相得而各有合。天数二十有五，地数三十。凡天地之数五十有五，此所以成变化而行鬼神也。大衍之数五十，其用四十有九，分而为二以象两，挂一以象三，揲之以四以象四时，归奇于扐以象闰；五岁再闰，故再扐而后褂。干之策，二百一十有六；坤之策，百四十有四，凡三百有六十，当其之日。二篇之策，万有一千五百二十，当万物之数也。是故四营而成易，十有八变而成卦，八卦而小成，引而伸之，触类而长之，天下之能事毕矣。显道神德行，是故可与酬酢，可与佑神矣。子曰：「知变化之道者，知神之所为乎。」

大演天地之数以卜筮，是用五十根蓍草，（无则用竹代之，一加至十减五行为五十。）其用唯四十九根而已。（留一不用，放会袋中以象太极。）任意分为二堆以象两仪，从右手堆中取一根挂于左手小指无名指间以象三才，以四根四根分之，以象四时的运行，先以右手取左手的蓍草，以四根四根数之，将其余数或一或二或三或四，挂于无名指与中指间，以象农历的三年一闰，再以左手取右手堆的蓍草用四四分之，将其余数或一或二或三或四，挂于中指与食指间，以象农历的五年两闰。如是将挂于左手的蓍草取出，非五即九，即成一变，是谓再扐而后挂。天即阳，地即阴，阳数奇，即一三五七九，阴数为偶，即二四六八十。阴阳之数各有五个，五个奇数五个偶数各相参合，阳数共有廿五，阴数共有三十。阴阳之数合之共有五十有五，如是阴阳十位之数，推而大之。可至百京兆亿，推而小之，可至丝毫厘撮，这就是易道所以成就变化，而推算的神妙莫测如鬼神了。乾为阳，策即推算蓍草的根数，阳数九，以四时乘之为卅六，再以六爻乘之为二百一十六。坤为阴，阴数六，以四时乘之为廿四，再以六爻乘之为一百四十四。二策相加凡三百六十，相当于一年的日数。《易经》上下二篇六十四卦，共有三百八十四爻，阴阳各一百九十二，以阳数卅六，阴数廿四，各乘以一百九十二而加之，总计得一万一千五百二十，相当于万物的数字。所以"揲之以四"去营求，而构成《易》筮数的变化，三变而成一爻，卦有六爻，十八变即筮成一卦，圣人作《易》画八卦以括万事万物之象，仅为小成而已。引而伸之，顺其类而推求之，增长之，即构成六十卦，三百八十四爻，方作成一部《易经》，天下的能事皆尽在此《易经》之中了。故《易经》可使道术显明于天下，使德行神妙莫测，所以可以应酬于人间之世，而如获得神明的祐助了。孔子说：:"了解《易经》的变化道理的人，岂不就能知道神的所作所为了吗！"

第十章

易有圣人之道四焉：以言者尚其辞，以动者尚其变，以制器者尚其象，以卜筮者尚其占。是以君子将有为也，将有行也，问焉而以言，其受命也如向，无有远近幽深，遂知来物，非天下之至精，其孰能与于此？参伍以变，错综其数，通其变，遂成天下之文；极其数，遂定天下之象；非天下之至变，其孰与于此？易，无思也，无为也，寂然不动，感而遂通天下之故，非天下之至神，其孰能与于此？夫易，圣人之所以极深而研机也。唯深也，故能通天下之志；唯机也，故能成天下之务；唯神也，故不疾而速，不行而至。子曰：「易有圣人之道四焉」者，此之谓也！

《易经》有圣人之道四，即辞变象占。以《易经》来谈论的人则崇尚《易》辞，以动作营为的人则崇尚《易》之变化，以制造器具的人则崇尚《易》象，以筮卦的人则崇尚《易》占。所以君子将有作为，将行动的时候，探问于《易》以筮卦，而《易》即以其六十四爻当中的吉辞应答，即筮得吉凶之辞，则受易道之指引，如响之应声。无论远近幽深，吾人藉《易》之占筮，终于知解将来事物的变化，非天下最精深者，谁能如此呢？三才五行或阴阳之数参合五位的变化，错综其数字的推演，通达它的变化，终于成就阴阳之数的神妙，而《易》中阴阳卦爻的文辞也由此可以推知了。极尽数字的变化，遂能肇定天下的物象，非天下最神奇变化的，谁能如此呢？《易经》本身是没有思虑的，是没有作为的，是很安祥寂静不动的，人若能感发兴起而运用之，终能通达天下一切的事故，如非天下最神奇美妙的，谁能如此呢?。《易经》是圣人极尽幽深，研究神机莫测的一门大学问，正唯它的幽深，故能通达天下人的心志，正唯它的神机莫测，故能成就天下的一切事务，正唯它的神妙，所以似不见其急速，而自然快速，似不见其行，而能到达。孔子说："《易》有圣人之道四焉"者，就是指此而言的。

第十一章

子曰：「夫易，何为者也？」夫易，开物成务，冒天下之道，如斯而已者也。是故圣人以通天下之志，以定天下之业，以断天下之疑。是故蓍之德圆而神，卦之德方以知，六爻之义易以贡。圣人以此洗心，退藏于密，吉凶与民同患。神以知来，知以藏往，其孰能与于此哉？古之聪明睿知、神武而不杀者夫！是以明于天之道而察于民之故，是兴神物以前民用。圣人以此斋戒，以神明其德夫！是故阖户谓之坤，辟户谓之干，阖一辟谓之变，往来不穷谓之通。见乃谓之象，形乃谓之器，制而用之谓之法，利用出入、民咸用之谓之神。是故易有太极，是生两仪，两仪生四象，四象生八卦，八卦生吉凶，吉凶生大业。是故法象莫大乎天地，变通莫大乎四时，悬象着明莫大乎日月，崇高莫大乎富贵。备物致用、立成器以为天下利，莫大乎圣人。探赜索隐、钩深致远，以定天下之吉凶、成天下之亹亹者，莫大乎蓍龟。是故天生神物，圣人则之；天地变化，圣人效之；天垂象见吉凶，圣人象之；河出图，洛出书，圣人则之。易有四象，所以示也；系辞焉，所以告也；定之以吉凶，所以断也。

孔子说："易经是作什么的呀？《易经》即是开创万物成就事务，包括天下一切道理，如此而已的一门学问呀。所以圣人以《易》通达天下一切人的心志，以《易》肇定天下的事业，并以之决断天下一切的嫌疑。"所以蓍草占筮用四十九根，其德性是圆通而神妙，六十四卦的德性是方正而有睿智，每卦皆有六爻，其意是很简易而贡献在我们面前的。圣人以此洗涤修炼之心（或解先知天下之心），退藏于深秘之处，吉凶与百姓同其忧患。《易经》之神妙足以知道将来变化之理，其智慧足以储藏既往的知识经验。谁能参赞于此呢？唯有古之聪明深智，神武而不嗜杀人者能如此而已。所以明白天的道理，而复能观察百姓的事故，是以天地兴起蓍草的神妙之物，以为民前用，使趋吉避凶于未做事之前。圣人以此斋戒其心，以神明他德业的幽深吧！《易》之阴阳变通象器法神八者之理，随处可见，比如以门户比喻，关起门户来则疏畅而光明。此即谓之“乾”；一关一开，相续不穷，就叫做“变”；一开一关使人们可以自由自在的出入往来，未有穷尽，就叫做“通”；显现于外面，有物象可观，就叫做“象”；表现于器用，有尺度的大小，合于规矩方圆的形状，就叫做“器”；制定屋宇之时，即用门户以出入，有法度可寻，就叫做“法”；利用它来出出入入，往来不穷，百姓常常利用它而不知，就叫做“神”。所以《易经》之原始有太极，太极即阴阳未生浑茫广大之气，太极变而产生天地，是谓两仪；两仪变而产生金木水火，是谓四象；四象变而生生天地水火风雷山泽，是谓乾坤坎离巽震艮兑八卦；由此八卦相重而产生六十四卦三百八十四爻，以含盖宇宙万象，而系之以辞用断吉凶，因此有了《易经》；遵循《易经》之道即能趋吉避凶，而造成伟大的事业。所以可以使人取法的现象，没有比天地更大的了；穷则变，变则通的，没有比四时更大的了。悬挂物象，显著光明，照耀天下的，没有比日月更大的了；崇高的事业，没有比富而且贵更大的了；具备器物，以适人类的适用，设立完成许多器具以利益天下的，没有比圣人更伟大的了；探求繁杂的物象，索求幽隐的事理，钩求深远的道术，使人获致远大的前途，以决定天下的吉凶，成就天下勤勉的事业的，没有比卜筮所用的“蓍草”和“龟甲”更伟大的了。所以天生蓍草和龟的神物，圣人就取用它以作卜筮为人所取法。天地的变化，圣人就效法它。天垂示物象，现出吉凶的征兆，圣人就取法它。黄河有龙马负图，洛水有神龟负书的祥瑞征兆，圣人于是效法它，运用它。《易》有以上“神物、变化。天象、河图洛书”的四象，所以启示智慧的泉源而作成《易经》六十四卦三百八十四爻。又系之以文辞，所以告诉我们智慧的哲理。复定之以吉凶的征兆，所以断定人事的吉凶祸福，而教人趋吉避凶，赴善就福，而远离灾殃呀。

第十二章

易曰：「自天佑之，吉无不利。」子曰：「佑者助也。天之所助者顺也，人之所助者信也；履行思乎顺，又以尚贤也。是以自天佑之，吉无不利也。」子曰：「书不尽言，言不尽意。」然则圣人之意，其不可见乎？子曰：「圣人立象以尽意，设卦以尽情僞，系辞焉以尽其言，变而通之以尽利，鼓之舞之以尽神。」乾坤其易之蕴耶？

乾坤成列而易立乎其中矣！乾坤毁则无以见易。易不可见，则乾坤或几乎息矣！是故形而上者谓之道，形而下者谓之器，化而裁之谓之变，推而行之谓之通，举而措之天下之民谓之事业。是故夫象，圣人有以见天下之赜、而拟诸其形容，象其物宜，是故谓之象。圣人有以见天下之动，而观其会通，以行其典礼。系辞焉，以断其吉凶，是故谓之爻。极天下之赜者存乎卦，鼓天下之动者存乎辞，化而裁之存乎变，推而行之存乎通，神而明之存乎其人。默而成之，不言而信，存乎德行。

《易经》大有上九爻辞言："从上天获得祐助，完全吉而无不利。"孔子说："祐是扶助的意思，上天所扶助的是能顺大道的规范的人。人们所扶助的是笃守诚信的人，履守诚信，而思处处合顺于大道的规范，又能崇尚贤能的人，所以犹如从上天祐助他，如是完全吉利而没有不吉利的了。"孔子说："书是不能完全表达作者是要讲的话的，言语是不能表达我们的心意的，那么圣人的心意，难道就不能被了解了吗？"孔子说："圣人树立象数的规范，以竭尽未能完全表达的心意，使人因象以悟其心意，设置六十四卦以竭尽宇宙万事万物的情态，复系之以文辞，以尽其所未能表达的言语，又变而通之，以尽其利，鼓励之，激扬之，以尽神奇奥妙的能事。"乾坤也就是天地，它是《易经》的精蕴呀，乾坤既成列于上下，《易经》的道理也就肇定于其中了。如果乾坤毁灭的话，则没有办法见到《易经》的道理了，《易经》的道理不可被知解的话，则天地乾坤之道也几乎要息灭了。所以在形器之上，无形体度量，抽象不可形而为万物，所共由者，就叫做"道"；在形体之下，有形体可寻，是具体之物，就叫做"器"；将形上之道、形下之器，变化而裁制之以致用，就叫做"变"；推而发挥之，扩充之以实行于天下，谓之"通"；举而设施安置于天下的百姓，就叫做"事业"。所以《易经》所谓象，乃因圣人见天下万事万物的繁杂，而拟测其形态的种类，象征其物象的适宜，因此谓之"象"。圣人见天下一切动作营为的众多，而观察它可以会而通之之道，以制定其经常的规范，订成三百八十四种动态的指规，又系以文辞，以断定它的吉凶，所以谓之"爻"。极尽天下繁杂的物象的，在于"六十四卦"；鼓动天下的动作营为的，在乎"爻辞"；变化而裁制之，在乎"变"；发挥而推行之，在于"通"；明其神奇奥妙之道，在乎其人的运用；默默的而成就其事业，不形之以言，而天下皆能相信，则在于德行的深厚。

系辞下传:

第一章

八卦成列,象在其中矣。因而重之,爻在其中矣。刚柔相推,变在其中矣。系辞焉而命之,动在其中矣。吉凶悔吝者,生乎动者也。刚柔者,立本者也。变通者,趣时者也。吉凶者,贞胜者也。天地之道,贞观者也。日月之道,贞明者也。天地之动,贞夫一者也。夫干,确然示人易矣。夫坤,魁隤然示人简矣。爻也者,效此者也。象也者,像此者也。爻象动乎内,吉凶见乎外,功业见乎变,圣人之情见乎辞。天地之大德曰生,圣人之大宝曰位,何以守位曰仁,何以聚人曰财,理财正辞禁民为非曰义。

八卦之中,乾坤相对,震与巽相对,离与坎相对,兑与艮相对,八卦对待成列,举凡天地间两两相重,成为六位的卦,以应事实的需要,因而八八六十四卦、三百六十四爻,都在其中了。阴阳两爻,递相推移,宇宙间的千变万化,都在其中了。各卦各爻,圣人都系以文辞,分别指出吉凶的征兆,于是人间所有的动作营为,和趋吉避凶的道理,都在其中了。人事之间,所以有吉凶悔吝的产生,是由于动作营为的结果。阴阳两爻,是设立卦象以推演宇宙间万事万物的根本。推移变通,正是所以趋向于真理或时机的变化的。时机虽有吉有凶,但我们处在吉利或凶险时,必须安常守正,才可稳操胜算,立于不败之地。人事如此,宇宙自然亦复如此,皆以“守正”为前题,所以天地的道理,以正而观照万物。日月的道理,以正而光明,普照万物,都公正无私,使万物各遂其生,各得其所。天下一切的动作营为,都是归于端正专一,精诚无欲,才能有成就。乾道造化自然,很刚健的昭示众人,是非常的平易而容易知道呀。坤道是顺应乾道而开务成物,很柔顺地昭示众人的道理,是非常简易的呀。圣人制作卦爻,便是效法乾坤简易的理则而作的。卦象的设立,亦是仿乾坤简易的形迹而设立的。卦爻卦象先有变化于内,遂依象释理,吉凶之真象就表现于外了。进而裁制机宜,导致功业的成就,就表现于聪智的变化。圣人崇德广业、仁民爱物的言行,在卦辞爻辞中记载得很清楚。天地之大德,在于使万物生生不息,圣人之大宝,在于有崇高地位。如何守着职位呢?那就要靠仁爱的道德了。如何招致人群呢?那就要有财物。调理财务,端正言行,禁止老百姓为非作歹,就是道义所应做的。

第二章

古者包羲氏之王天下也,仰则观象于天,俯则观法于地,观鸟兽之文与地之宜。近取诸身。远取诸物，于是使作八卦，以通神明之德，以类万物之情。作结绳而为罔罟，以佃以渔，盖取诸离。包羲氏没，神农氏作，斲木为耜，揉木为耒，耒耨之利以教天下，盖取诸益。日中为市，致天下之民，聚天下之货，交易而退，各得其所，盖取诸噬嗑。神农氏没，黄帝尧舜氏作，通其变使民不倦，神而化之使民宜之。易穷则变，变则通，通则久。是以自天佑之，吉无不利。黄帝尧舜垂衣裳而天下治，盖取诸乾坤。刳木为舟，剡木为楫，舟楫之利以济不通，致远以利天下，盖取诸涣。服牛乘马，引重致远以利天下，盖取诸随。重门击柝以待暴客，盖取诸豫。断木为杵，掘地为臼，臼杵之利万民以济，盖取诸小过。弦木为弧，剡木为矢，弧矢之利以威天下，盖取诸睽。上古穴居而野处，后世圣人易之以宫室，上栋下宇以待风雨，盖取诸大壮。古之葬者，厚衣之以薪，葬之中野，不封不树，丧期无数；后世圣人易之以棺椁，盖取诸大过。上古结绳而治，后世圣人易之以书契，百官以治，万民以察，盖取诸夬。

古时包犠氏的治理天下，上则观察天上日月星辰的现象，下则观察大地高下卑显种种的法则，又观察鸟兽羽毛的文采，和山川水土的地利，近的就取象于人的一身，远的就取象于宇宙万物，于是创作出八卦，以融会贯通神明的德性，参赞天地的化育，以比类万物的情状。编绳结网，做为捕捉鱼、鸟的工具，以猎兽捕鱼，是取象于离卦的。离中虚，像孔眼，又离为目，有网罟的象征。包犠氏死后（数百年），神农氏兴起，砍削树木做成犁头，曲转木材为犁柄，以便耕种和除草，创作许多耕作器具，教导人民，使天下增加粮食，是取象于益卦。规定中午为买卖时间，招致天下的人们，聚集天下的货物，互相交换所需要的货物，满足各人的需要，其取象于噬嗑卦的。神农氏死后（数百年），黄帝、尧、舜氏兴起，由于社会的演进，日趋繁荣，旧日的典章文物制度，已不敷使用，所以黄帝、尧、舜诸古圣人先王，为了使人民过安定生活，因此，随着时代而不断改变，通达其变化，使百姓生活不致于死板，而产生厌倦的心思。易学的道理是穷极则变化，变化则通达，能通达，则能恒久。能循此变通的原则，何事不成？所以有如天助一般，当然吉无不利了。黄帝、尧、舜氏设立文物制度，百官分职，各尽其力，终致天下太平，以至于垂拱而治，无为而成。是取象于乾坤两卦的现象。将木材凿成舟船，削锐木头做为船楫，使两岸的人，能互相来来往往，且可航行至更远的地方，便利天下人，是取象于涣卦的。征服了牛，乘着马，用牛来拖载重物，用马来奔驰远地，以沟通有无，便利世人，是取象于随卦。设置重门，击柝巡夜，以防御盗贼的侵人,是取象于随卦的现象。发明杵臼,以利民食,是取象于小过卦。将柔韧的小木条做成绳索弓,把木材削成箭,用弓箭的利益,来威服天下,是取象于睽卦。上古时候,冬天则藏身洞穴,夏天则在野外居住,后世圣人,为了防止洪水猛兽的侵袭,遂教民建筑宫室,上有栋梁,下有檐宇,以防御风雨,是取象于大壮卦。古时候的丧葬,用木材厚厚地堆在尸体上面,埋在荒野中,不设立坟墓,也不植树,居丧没有一定的期限。后世圣人,制定丧礼,换用棺椁以殡葬,是取象于大过卦。上古无文字,结绳以记事,以后不敷使用了,圣人便发明文书契据,百官也利于治理,万民也赖于此书契,而有所稽察,不致于误事,是取象于央卦。

第三章

是故易者象也;象也者,像也。彖者,财也。爻也者,效天下之动者也。是故吉凶生而悔吝着也。

所以《易经》的内容,就是描述万事万物的形象。《易经》的卦象,就是用以拟效宇宙间万事万物的形象的。彖此是解释全卦的意义和结构,所以说,彖辞是代表一个卦的才德。每卦六个爻位的演变,都是仿效天下万事万物错综复杂的动态而产生的。具备了象彖爻,描述万事万物,因此事物的变动得失,吉凶就发生了,而细小疵病的悔恨,忧虑困扰的灾吝,就由是而显现出来了。

第四章

阳卦多阴,阴卦多阳。其故何也?阳卦奇,阴卦耦。其德行何也?阳一君而二民,君子之道也;阴二君而一民,小人之道也。

本来阳卦适宜阳爻居多,阴卦适宜多阴爻,为何现在反而相反,阳卦多阴,阴卦多阳呢?就以奇偶来说,阳卦以奇为主,例如震坎艮三卦为阳卦,都是一阳二阴,所以说,阴爻多于阳爻。阴卦以偶数为主,如巽离兑三卦为阴卦,都是二阳一阴,所以说,阳爻多于阴爻。震、坎、艮虽多阴爻,一奇为主,即为阳卦。巽、离、兑虽多阳爻,一耦为主,即为阴卦。阴阳两卦,它们的德性,有什么不同呢?就国家而论,一国不能有二君,这是天经地义的道理。阳卦象征着众多的臣民,拥护一位人君,团结一致,这是正人君子的大道。反之,阴卦象征着君多民少,这就要互相倾轧,以致天下大乱了,这是小人之道。

第五章

易曰:「憧憧往来,朋从尔思。」子曰:「天下何思何虑?」天下同归而殊涂,一致而百虑。天下何思何虑?日往则月来,月往则日来,日月相推而明生焉。寒往则暑来，暑往则寒来，寒暑相推而岁成焉。往者屈也，来者信也，屈信相感而利生焉。尺蠖之屈，以求信也。龙蛇之蛰，以存身也。精义入神，以致用也。利用安身，以崇德也。过此以往，未之或知也。穷神知化，德之圣也。易曰：「困于石，据于蒺藜。入于其宫，不见其妻。凶。」子曰：「非所困而困焉，名必辱。非所据而据焉，身必危。既辱且危，死期将至。妻其可得见耶？」易曰：「公用射隼于高墉之上，获之无不利。」子曰：「隼者，禽也。弓矢者，器也。射之者，人也。君子藏器于身，待时而动，何不利之有？动而不括，是以出而有获，语成器而动者也。」子曰：「小人不耻不仁，不畏不义，不见利不劝，不威不惩。小惩而大诫，此小人之福也。」易曰：「屦校灭趾，无咎。」此之谓也。善不积不足以成名，恶不积不足以灭身。小人以小善为无益而弗为也，以小恶为无伤而弗去也；故恶积而不可掩，罪大而不可解。易曰：「何校灭耳，凶。」子曰：「危者，安其位者也。亡者，保其存者也。乱者，有其治者也。是故君子安而不忘亡，治而不忘乱，是以身安而国家可保也。」易曰：「其亡其亡，系于苞桑。」子曰：「德薄而位尊，知小而谋大，力小而任重，鲜不及矣。」易曰：「鼎折足，覆公餗，其形渥。凶。」言不胜其用也。子曰：「知几，其神乎！」君子上交不谄，下交不渎，其知几乎！几者，动之微，吉凶之先见者也。君子见几而作，不俟终日。易曰：「介于石，不终日。贞吉。」介如石焉，宁用终日，断可识矣。君子知微知彰，知柔知刚，万夫之望。子曰：「颜氏之子，其殆庶几乎！有不善未尝不知，知之未尝复行也。」易曰：「不远复，无祇悔。元吉。」天地絪缊，万物化醇；男女构精，万物化生。易曰：「三人行，则损一人；一人行，则得其友。」言致一也。子曰：「君子安其身而后动，易其心而后语，定其交而后求。君子修此三者故全也。危以动，则民不与也。惧以语，则民不应也。无交而求，则民不与也。莫之与，则伤之者至矣。」易曰：「莫益之，或击之，立心勿恒。凶。」

咸卦九四爻辞说："思虑不能专一，因而有往来不定，憧憧万端，存有各种思虑，他的朋党也相率地、互相地遵从他的思想。"孔子说："天下的事物，有何足以困扰忧虑的呢？天下同归于一个目标，所走的途径有不同。同归于一个好的理想，有百种不同的思虑。"宇宙自然的运行，循环不息，日月往来交替，因而有光明的出现。寒暑往来的交替，遂有春夏秋冬四时递相推移的岁序。已往的事情，已经屈缩，将来的事情，即将伸展，屈缩伸张，互相交感而用，而利益的产生，也就在其中了。屈行虫把身子屈缩起来，正是养精蓄锐，等待时机的来临，以求伸展行进的准备。龙蛇之类，严冬酷寒的时候在土洞里冬眠，以保全它们的躯体。

专精地研究精粹微妙的义理，到达神而化之的境界，则从心所欲，而不逾矩，也就可以学以致用了。利用易学所显示的道理，而安洽其身，则可以随遇而安，怡然自得，心广体胖，以崇高吾人的德业。如超过以上易理所显示的事情，则虽圣人，也不会知道的。至于专研宇宙无穷的奥妙，了解万事万物变化的原理，而默然和而化之，这是圣人道德功夫的极崇高了。困卦六三爻辞说："前进则受困于坚硬的巨石，后退则又依据于多刺的蒺藜上面，异常痛苦。如此的进退失据，没有归宿，即使返家，也见不到自己的妻子，是多么不利。"孔子说："不是自己所应经历的困境，却为了欲望而受困，必遭致声名俱裂的恶果。不是自己所应后退的据点，却后退以安身，必遭致身家危殆的恶果。名辱身危，已步入死亡之境地，妻子那里能见到呢？"《易经》解卦上六的爻辞说："王公出猎，登在高墙上瞄射鹰隼，一箭命中，象征着无往不利。"孔子说："隼是鹰鸟，弓矢是打猎的利器，能执弓而射中禽兽的是人。君子蕴藏着弘大的才器在身上，等待时机的来临，而有所动，还有什么不利的呢？君子不鸣则已，一鸣惊人，同理，有所行动时，决无闭结与障碍，精准无比，出外必有收获。这就是平常已经蕴蓄结成了弘大的才器，然后再有所行动，是以出而有获，无事不成。"孔子说："世上令人感到可耻可畏的是不仁不义，但小人却不以不仁为耻，不怕背信弃义，甘心去做伤天害理的事情，纯粹以利为义，无利益可得，就不知道勤勉向上，不用刑罚来恫吓，就不知道害怕。能在犯小过之初，受了惩罚而知道处事要谨慎，就不至于酿成滔天大祸，实在是小人的幸运了。《易经》噬嗑卦初九爻辞上说：'最初犯有轻微刑法的人，被加上脚镣的刑具，将他的脚趾纳入刑具里，把足趾都灭没了，虽受刑，但过失尚小，能从此改过自新，也就无咎了。'善行不积累，就不足以成名于天下，罪恶不累积，也不足以自灭其身，小人做事，完全以利害关系为出发点，以为做出小小善事，不会得到什么好处，便索性不去做了，以为做些小的差错，无伤大体，便不改过，因此日积月累，罪恶便盈满天下，以致无法掩盖和不可解救的地步。《易经》噬嗑卦上九爻辞上说：'罪恶深重，刑具已负荷在头部，两耳都灭没了，这是凶害达到了极点。'"孔子说："凡是获得危险的人，都是因为他先前安逸于他的职位上。灭亡的家国，是因为先前自以为国家可以长存的了。扰乱的国家，是因为先前自以为已经治好，而忽略荒殆，因此国家扰乱以致灭亡。所以君子必须居安思危，在安定的时候，不要忘记危险，幸存亡国的苦痛，治理的时候不忘祸乱的惨烈，以如此的谨慎之心，本身安定，国家可以常保。《易经》否卦九五爻辞上说:‘它将危亡吧,将危亡吧? 天下国家的治安,就好像维系在丛生的苞桑一样,是要常常戒慎警惕的呀。’”孔子说:“德性浅薄而身居尊位,才知狭小而图谋大事,力量很小,却担当天下的重任,很少有不及于灾祸的。《易经》鼎卦九四爻辞上说:‘鼎足折断,倾覆了公爵的美食,象征着倾覆家园,身遭刑辱,四非常凶害的。’这是说才力不足以胜任的危险啊!”孔子说:“能预先晓得几微的事理,则将达到神妙的境界了吧?可说是神妙的人物了吧?君子对上决不谄媚阿谀,对下绝不傲慢,坚定立场,不致于受到危害的牵连,可说是位知道神机妙算的人了吧?几是事情微妙的动机,能先见到吉利的征兆的人吧,君子能见机未然,所以能够把握时机的来临而兴起,而有所行动,不必等待以后。《易经》豫卦六二爻辞上说:‘被坚硬的石头所阻隔,不必等到整天才离开,要想到当下脱离此境,这时贞固而吉利的。’像被硬石所阻隔,应当机立断而离开,何待终日?君子晓得事理的微妙,也知道事理的彰显,知道柔弱的以面,也晓得刚强的一面,能通达而应变自如,就是万众所景仰的人物了。”孔子赞赏他的学生颜回说:“颜家的这位子弟,要算位知几通达的君子了吧! 有了过失,没有自己不知道的,一经反省发觉以后,立即改正,从此不再犯了。《易经》复挂初九爻辞上说:‘迷途了,走到未远的地方,即时回头猛省,便不至于有太大的悔吝,经此警觉,则有大吉。’天地二气缠绵交密,互相会和,使万物感应,精纯完固。万物之中,雌雄男女,形体交接,阴阳相感,遂得以生生不息。《易经》损卦六三上说:‘三人同行,各有主张,行动难以统一,势必减损一人的成见,一人独行,反而容易得到志同道合的友伴,同心协力,共患难,共甘苦。’是说理无二致力,天下的事理都归于一致的呀。”孔子说:“君子必先安定其身,然后才可以有所作为,心平气和,然后说话,先以诚信待人,建立信誉,然后才可以对人有所要求,君子有了此三项基本修养,与人必能和睦相处,无所偏失。冒险的举动,人们不会拥护你的。用言语去威惧人民,人民不会去响应的。诚信和恩惠尚未施于人民,竟要对人民有所征发和要求,则人民不会理会赞助的。若无人赞助理会,则随时有人会伤害你的。所以《易经》益卦上九爻辞上说:‘没有得人助益,有时也会遭人攻击,立心不坚定恒久的人,有凶。’”

第六章

子曰:「乾坤,其易之门耶!」干,阳物也;坤,阴物也。阴阳合德而刚柔有体,以体天地之撰,以通神明之德。其称名也,杂而不越。于稽其类,其衰世之意邪!夫易,彰往而察来而微显阐幽,开而当名辨物,正言断辞,则备矣。其称名也小,其取类也大。其旨远，其辞文。其言曲而中，其事肆而隐。因贰以济民行，以明失得之报。

“易理的变化，是从乾坤两卦开始，像人们启示门而出，乾坤相对，该是易理所从而出的两扇门吧？乾为阳，坤为阴，阴阳的德性，相与配合，阳刚阴柔，刚柔有一定的体制，以体察天地间一切的撰作营为，以通达造化神明自然的德性。《易经》的称述万事万物的名义，虽繁杂，但不超越事理。我们考察它创作的事类，大概是衰乱的时代所创的意象吧。《易经》是彰明以往的事迹，以体察未来事态的演变，而使细微的理则显著，以阐发宇宙的奥秘。我们一打开《易经》来看，就可以看到每个卦爻有适当的名称，明辨天下事物的形态，不至于混淆不清，如乾马、坤牛，正确地指陈吉凶变化的道理，推断文辞是吉，则明确地指出是吉象，反之，凶，则指出凶象，毫无偏差，可说所完备无缺的了。《易经》文辞中所指物名，多似细小，但探取其中的旨意，却很广大，它的旨意非常深远，它的文辞又非常文雅，它的言辞委屈婉转，旁推侧引，无不中理，它所叙述的事物，却所非常地直截了当，放肆而毫无隐藏，但它的道理却又深藏于其中，就因天地间相反相生，或行善而吉，或作恶而凶的道理，使以教导并济助人民的行事，以明辨善恶虽非吉凶得失的报应。”

第七章

易之兴也，其于中古乎？作易者，其有忧患乎？是故履，德之基也；谦，德之柄也；复，德之本也；恒，德之固也；损，德之修也；益，德之裕也；困，德之辨也；井，德之地也；巽，德之制也。履和而至，谦尊而光，复小而辨于物，恒杂而不厌，损先难而后易，益长裕而不设，困穷而通，井居其所而迁，巽称而隐。履以和行，谦以制澧，复以自知，恒以一德，损以远害，益以兴利，困以寡怨，井以辨义，巽以行权。

《易经》的兴起，大概所在中古时代吧？《易经》的作者，大概有忧患、艰难吧。所以履卦所教人行礼，它所建立德业之初基，为其根本。谦卦教人卑己尊人，虚心忍受，所道德的把柄。复卦教人除去物欲，教人从善，是德性的根本。恒卦是教人始终如一，恒久不已，它是道德稳固之所由。损挂是教人惩忿窒欲的道理，为修德的工夫。益卦教人迁善改过，使德性日益宽大。困卦教人穷困不乱，守着正道，是道德的分辨。并卦教人德泽似井，取之不尽，用之不竭，以达到道德的地步。巽卦是教人因势利导，是道德的制宜。履与礼相通，能和顺人情，处世和睦，是吾人立身行事所因应到的准则。谦虚待人，则益得他人敬仰，德业自然更加尊贵而光明。复卦微小的一阳位于群阴暗昧之下,但不为五阴所掩没,能于迷途未远旋即回复,而辨别万事万物的是非善恶,事物与环境过于复杂,必使人引起厌倦,惟有恒心,才能克服一切,不为外物的复杂而厌倦,方有成功之日。损卦惩忿窒欲和克己复礼的功夫是修身的起步,是很艰难的,所以说"先难"。以后日久习惯成自然,便容易了。益卦进德修业,长久的增裕自身的德行而无须设防,故弄玄虚,以蒙骗他人。在困境中,虽困穷然足以磨练身心,"困于心,衡于虑,然后作",故能通。井虽是固定,但泉涌流通不息,日月迁徙而弥长新。巽顺人理,因势利导,隐而不露。履卦是教人以礼的实践为基础,而和顺地去行事。谦卦是教人以礼自制,使性行巽顺。复卦是教人反求诸己,回复自然本性。恒卦是教人始终不二,坚定德行。损卦是教人摒除私欲,以修德远害。益卦是教人损上益下,增兴福利。困卦是教人艰苦奋斗到底,不怨天,不尤人而少忿怒。井卦是教人辨识义理的来源。巽卦是教人顺合时宜,能行使权便,当即立断。

第八章

易之为书也不可远,为道也屡迁,变动不居,周流六虚,上下无常,刚柔相易,不可为典要,唯变所适。其出入以度,外内使知惧。又明于忧患与故,无有师保,如临父母。初率其辞而揆其方,既有典常,苟非其人,道不虚行。

《易经》这部书,是一部经世致用的学问,人生不可须臾疏远的,《易经》是以阴阳运行,互相推移变化的,故其道常常变迁,变动不拘于一爻一卦,如乾卦初九是潜龙,九二是见龙。还有阴阳六爻,外三爻为上,内三爻为下,更互变动,周流于六个爻位之间,从上位降至下位,由下位升向上位,上下没有经常不变的爻位,阳刚阴柔,互相变易,在另一卦爻时,解释又不同,不可固执于一种典常,唯有观其变化的所往,才能周明其道。《易经》至理,启示我们出入进退,内外往来都要合于法度,或在外以安边定国,匡齐天下,或在内以正心诚意修身养性,皆使我们知道戒惧谨慎,以免除灾祸。同时,明瞭忧患的原因,虽无师保在旁,却似父母在自己面前,不致有过越颠损。最初遵循辞义以揆度爻象和道理所在,就有经常的法则,可让我们恪遵不二了。易学是一门经世致用的学问,不是毫无根据的空谈,若非笃信易道的人,则道也不能凭虚而行的。

第九章

易之为书也,原始要终以为质也。六爻相杂,唯其时物也。其初难知,其上易知,本末也。初辞拟之,卒成之终。若夫杂物撰德,辨是与非,则非其中爻不备。

噫！亦要存亡吉凶，则居可知也。知者观其彖辞，则思过半矣。二与四，同功而异位；其善不同：二多誉，四多惧，近也。柔之为道不利远者，其要无咎，其用柔中也。三与五，同功而异位；三多凶，五多功，贵贱之等也。其柔危，其刚胜邪？

《易经》这部书，是追原万事万物的始终，以成其根本的一本书，有六十四卦三百八十四爻，以包括万事万物的要素。一卦分为六爻，虽六爻刚柔相杂不一，但只要观察爻位，处在适当的时位，和象征的事物，便可以决定吉凶了。初爻是很难了解它的涵义的，因初爻为根本，卦的形体，尚未形成。而上爻为卦末，全卦形体已经具备了，涵义自然毕露，容易领会了。圣人在拟测而系初爻的文辞时较为困难。等到初爻的文辞已定，则顺此立二三四五及上爻的文辞，顺爻位的次序，由下而上，全卦六爻的文辞就逐渐形成，到了上爻，不过是卦义的终结而已。至于阴阳杂陈，撰述阴阳的德性，辨别是非，不是初爻和上爻二者所能概括的，必须加上二、三、四、五中爻，互相审度观察，它的涵义才能完备而无遗。啊！探存亡吉凶的大要，只要从六爻中推求，虽平居在家，也可得知道了。聪明贤达的人看看彖辞，则卦义多半可知了。六爻中的第二爻与第四爻，同属于阴柔的性质，二与四互成一卦，可知道存亡吉凶的道理，它们的功用相同的，而位置不同，因此他们时位的善恶也有不同。二居下卦中远应九五之尊，不为君王所疑，做事易奏效，故得到赞赏较多。四居上卦之下，接近五的君位，虽旦夕侍在君侧，但言行必须谨慎，动辄得咎，惶恐不安，故常处在危机之中。柔顺的人，自立不易，需亲附于他人，所以不利于远者，只要能够求没有咎害便可以了。用柔之道，要使柔顺居中，不失中庸之道，方能有利。像六二以阴居阴位，处内卦之中，多能获得吉利。六爻中的第三爻与第五爻，同属阳刚的部位，三与五互成一卦，它们的功用是相同的，而位置是不同的。三居下卦之极，在臣下之位，故多凶害。五居上卦之中，位君上之位，象征高明中正，众星拱照，故多功。这是爻位等次有尊卑贵贱之差异的关系。岂是属于柔爻的，必定是危殆吗？属于阳刚的，一定优胜吗？这要看各爻的尊卑贵贱及时位呀。并不一定阳刚就吉，阴柔就凶的。

第十章

易之为书也，广大悉备，有天道焉，有人道焉，有地道焉。兼三才而两之，故六。六者非它也，三才之道也。道有变动，故曰爻。爻有等，故曰物。物相杂，故曰文。文不当，故吉凶生焉。

《易经》这部书，凡天道、人道、地道，无所不包，可谓广大完备。易学以三划，象征天、人、地的三个位置，易理是相生相对，天有昼夜，地有水陆，人有男女，所以卦爻两两成列，合两个三爻的卦而为一个六爻的卦，兼两爻为一位，五为阳，上为阴，阴阳成象，故五与上为天位，三与四为人位，初与二为地位，为刚柔为形体。六爻而成一卦，皆是相当于三才之道而已。《易经》之道，变动不居，而周流于六位之间的奇耦两画，称之为爻。爻有刚柔大小远近贵贱的等次，好像物类的不齐，所以称乾为阳，称坤为阴物。阴阳两物交相错杂，似青黄两色的相兼，所以称为文。各卦各爻，阴阳参杂，时有当与不当，于是吉凶之象，就产生了。

第十一章

易之兴也，其当殷之末世，周之盛德邪？当文王与纣之事邪？是故其辞危。危者使平，易者使倾，其道甚大，百物不废，惧以终始，其要无咎，此之谓易之道也。

易学的兴盛，大概在商代的末期，周文王德业方盛的时期吧？当文王和周纣王时代的事情吧？所以他所系的文辞皆含有警戒畏惧之意，常常居安思危，戒慎恐惧，必能化险为夷，操心危虑患深地使他平安。反之，得意忘形，骄傲自恃，虽安定局势，必遭致倾覆。因之安逸懈怠的，就使他倾覆，易学道理是如此广大，所有事物都不能违背此原则，时时戒惧，始终不懈，其主旨在无咎，这就是易学的道理。

第十二章

夫乾，天下之至健也，德行恒易以知险。夫坤，天下之至顺也，德行恒简以知阻。能说诸心，能研诸侯之虑，定天下之吉凶，成天下之亹亹者。是故变化云为，吉事有祥。象事知器，占往知来。天地设位，圣人成能，人谋鬼谋，百姓与能。八卦以象告，爻彖以情言，刚柔杂居而吉凶可见矣。变动以利言，吉凶以情迁，是故爱恶相攻而吉凶生，远近相取而悔吝生，情伪相感而利害生。凡易之情，近而不相得，则凶或害之，悔且吝。将叛者其辞惭，中心疑者其辞枝；吉人之辞寡，躁人之辞多，诬善之人其辞游，失其守者其辞屈。

乾象是天下最刚健的，表现为刚健之处，是在于恒久而平易，且无私意，故可以明照出天下危险的事情。坤象最为柔顺，其表现柔顺之处，在于恒久而简静，故可以明察天下烦壅阻隔的原因。易学的道理，能使身心和悦，能专精地研制所有的思虑，能断定天下吉凶悔吝的事理，能成就天下勤勉不息的事业。所以无论天地阴阳变化，人类言行举止，吉利的事情，必有吉祥的征兆，观察万事万物的现象，就知道各种事类的器宇或材具，尚未显现的事机，也可以占卜而知吉凶。天尊于上,地卑于下,天地间万事万物,皆有它一定的法则和位置,圣人仿效之。演成《易经》的理象,使万物各遂其生,各得其所,以成就参赞造化的功能。圣人在做事之前,先谋于贤士,同时又卜筮于鬼神,以谋求吉凶的道理,能如是,虽众人也必能参与这幽明的能事了。八卦是以爻象告诉于人的,爻辞和彖辞,是阴阳变化的道理,和事物消长的情态而言的。刚柔两爻,互相错杂周流于六位之间,他的时位也因而有当与不当,因此吉凶之征兆,便可以见到了。穷则变,变则通,通则久。刚柔两爻的变动,是为使事物趋于有利的;吉凶的推迁,是随着情理而定的;处世合情合理,则得吉,反之,违背人情常理,则陷入凶害。所以贪爱和憎恶两种不同的情感,互相交攻,必有得失,于是有吉凶的产生。爻位之间,有远有近,互相感应,不得其道,而任意远近相取的话,就会有悔恨困吝的事情,跟着产生了。事有真假虚伪,若以实情相感应,则利益源源而来,若以虚伪相感应,则祸害应运而生,今以实情和虚伪相感应,格格不入,利害的冲突便产生了。易理的情况,是使两相接近事物,能互相交感,以生利,若近而不相交感,不相协调,必有乖违的灾害而产生凶险的事情,甚至有自外来的伤害,而蒙受了后悔和困吝。将要阴谋叛变的人,说话时神色定有惭愧的颜色;心中有疑惑的人,因心神不定,故说话毫无系统,多有分枝不清楚,像树枝一样的杂乱;有修养的吉利的人,言辞真善而正直,故很少说话;浮躁的人,较为轻浮,故喜欢多说话;陷害善良的人,心中不安,故言不由衷,他的说辞便浮游不定;亏待职守的人,他的言辞多屈折而不伸。

参考文献:

[1]小易.中华经典研读之《易经·系辞》四十亢龍有悔子曰貴而無位高而無民聖人在下位而無輔是以動而有悔也[J].科技智囊,2009(04):73.

[2]小易.中华经典研读之《易经·系辞》四十八幹之荣二百一十有六坤之荣百四十有四凡三百有六十当期之日[J].科技智囊,2009(12):71.

[3]小易.中华经典研读之《易经·系辞》五十三子曰:知变化之道者,其知神之所为乎[J].科技智囊,2010(05):81.

[4]小易.中华经典研读之《易经·系辞》五十六无有远近幽深遂知来物非天下之至精其孰能与于此[J].科技智囊,2010(08):69.

[5]小易.中华经典研读之《易经·系辞》五十七参伍以变错综其数通其变遂成天地之文极其数遂定天下之象非天下之至变其孰能与於此[J].科技智囊,2010(09):73.

[6]小易.中华经典研读之《易经·系辞》五十五是以君子将有为也将有行也问焉而以言其受命也如响[J].科技智囊,2010(07):73.

[7]杨鉴生.王弼注《易》若干佚文考论——兼论王弼注《系辞》问题[J].中华文化论坛,2010(04):62-66.

[8]刘大钧.今本、帛本、汉唐本《系辞》异同考——并论帛本《系辞》胜于今本《系辞》[J].孔子研究,2003(05):111-116.

[9]黄黎星.系辞之情心筮之妙——赵汝楳之易理、占筮观及其思想文化意义[J].周易研究,2005(06):64-70.

[10]黄卓娅.试析欧阳修"《系辞》等非圣人之作"说及其经学[J].渤海大学学报(哲学社会科学版),2004(05):20-23.

[11]黄卓娅.试析欧阳修"《系辞》等非圣人之作"说[J].唐山师范学院学报,2005(01):4-8.

[12]高峰.中国上古的官学特征——围绕《易·系辞上传》"形而上"章所作的解析[J].湖南科技学院学报,2005(03):155-167.

[13]许瑶丽.试论《周易·系辞传》中的阐释策略[J].西南民族大学学报(人文社科版),2006(07):166-170.

[14]陶磊.《系辞传》"易有太极"章要旨释论[J].周易研究,2006,(05):43-46.

[15]曾春海.《系辞传》与《黄老帛书》天道与治道之对照[J].周易研究,2006(06):74-81.

[16]刘永成.《周易·系辞传》中的道德思想与处世智慧[J].求实,2006(S3):126-127.

[17]徐圣心.阴阳神化与继善成性——宋明儒对《系辞·上传》第五章第一节的阐释[J].周易研究,2007(04):75-83+96.

[18]苏祝文.观物取象与托物言志——论《易经》观象系辞与《诗经》比兴之异同[J].中国石油大学胜利学院学报,2007(03):25-27.

[19]魏仕庆.《易传·系辞》中的圣人与君子——兼论《易传·系辞》的学派归属[J].船山学刊,2008(04):70-73.

[20]温海明.心通物论:《系辞上》的形上意蕴[J].现代哲学,2008(03):121-126.

[21]潘朝阳.从《易系辞传》论儒家在台湾的空间实践[J].北京联合大学学报(人文社会科学版),2008(03):74-83+128.

[22]陈鼓应.论《系辞传》是稷下道家之作——五论《易传》非儒家典籍[J].周易研究,1992(02):3-9.

[23]黄沛荣.马王堆帛书《系辞传》校读[J].周易研究,1992(04):1-9.

[24]陈鼓应.马王堆出土帛书《系辞》为现存最早的道家传本[J].哲学研究,1993(02):42-49.

[25]廖名春.论帛书《系辞》的学派性质[J].哲学研究,1993(07):58-65.

[26]陈鼓应.也谈帛书《系辞》的学派性质[J].哲学研究,1993(09):58-60.

[27]赵俪生.儒道两家间存在争议的几种古籍之剖析——《管子》四篇、《中庸》(包括《大学》、《表记》)、《道德经》、《易系辞传》四种对读记[J].齐鲁学刊,1993(03):24-28+49.

[28]李学勤.帛书《系辞》上篇析论[J].江汉考古,1993(01):80-83.

[29]周桂钿.道家新成员考辨——兼论《易·系辞》不是道家著作[J].周易研究,1993(01):1-5+26.

[30]陈鼓应.帛书《系辞》和帛书《黄帝四经》[J].周易研究,1993(04):1-8.

[31]韩仲民.帛书《系辞》浅说——兼论易传的编纂[J].孔子研究,1988(04):23-29.

[32]陈鼓应.《易传·系辞》所受老子思想的影响——兼论《易传》乃道家系统之作[J].哲学研究,1989(01):34-42+52.

[33]李学勤.帛书《系辞》略论[J].齐鲁学刊,1989(04):17-20.

[34]韩仲民.帛书《系辞》浅说——兼论《易传》的编纂[J].周易研究,1990(01):15-21.

[35]陈鼓应.《易传·系辞》所受庄子思想之影响[J].哲学研究,1991(04):51-58.

[36]鲍刚毅.试析《周易大传·系辞》中合理性思想及现代意义[J].社会科学研究,2002(06):53-57.

[37]连劭名.再论马王堆帛书《系辞》中的"马"[J].周易研究,2002(03):35-37.

[38]金春峰.帛书《系辞》反映的时代与文化[J].周易研究,2000(03):1-10.

[39]林忠军.立言广大 措意精微——读金景芳教授《〈周易·系辞〉新编详解》[J].周易研究,2000(03):92-96.

[40]刘信芳.释《五行》与《系辞》之型[J].周易研究,2000(04):21-26.

[41]任俊华.《系辞》的儒家思想新论[J].孔子研究,2001(02):72-82.

[42]连劭名.马王堆帛书《系辞》研究[J].周易研究,2001(04):9-20.

[43]赵友林.《周易·系辞传》中所见"时"之思想[J].聊城师范学院学报(哲学社会科学版),2001(05):64-66.

[44]王葆玹.《系辞》帛书本与通行本的关系及其学派问题——兼答廖名春先生[J].哲学研究,1994(04):47-54+62.

[45]廖名春."大衍之数"章与帛书《系辞》[J].中国文化,1994(01):37-41.

[46]李尚信.《系辞》中一段文字的解读与后天八卦图正解[J].江汉论坛,1998(02):28-30.

[47]李玮如.《周易·系辞传》"象"概念初探[J].周易研究,1998(04):37-46.

[48]李玉凯.《易经·系辞传》解析[J].山西社会主义学院学报,2011(03):63-67.

[49]赵秀福.《周易·系辞》"文"释[J].周易研究,2012(02):42-48.

[50]小易.中华经典研读之《易经·系辞》八十七[J].科技智囊,2013(03):77.

[51]小易.中华经典研读之《易轻·系辞》二十[J].科技智囊,2007(08):67.

[52]小易.中华经典研读之《易经·系辞》二十二[J].科技智囊,2007(10):73.

[53]小易.中华经典研读之《易经·系辞》二十三[J].科技智囊,2007(11):81.

[54]小易.中华经典研读之《易经·系辞》二十四[J].科技智囊,2007(12):69.

[55]小易.中华经典研读之《易经·系辞》三十六初六藉用白茅无咎子曰苟错诸地而可矣藉之用茅何咎之有慎之至也[J].科技智囊,2008(12):67.

[56]小易.中华经典研读之《易经·系辞》三十二[J].科技智囊,2008(08):73.

[57]小易.中华经典研读之《易经·系辞》三十三[J].科技智囊,2008(09):87.

[58]小易.中华经典研读之《易经·系辞》三十四[J].科技智囊,2008(10):81.

[59]战化军.《周易·系辞》与《管子》[J].管子学刊,1996(04):35-39.

[60]翟江月.关于《系辞》的思想及其对文学的影响[J].周易研究,1997(03):68-70.

[61]吕绍纲.金景芳《〈周易·系辞传〉新编详解》序[J].史学集刊,1998(04):7-9.

[62]陈利,张喜荣.试析《易传·系辞》对道家自然观的继承[J].丹东师专学报,1998(03):5-7.

[63]小易.中华经典研读之《易经·系辞》六十五圣人以此洗心退藏于密吉凶与民同患[J].科技智囊,2011,(05):73.

[64]小易.中华经典研读之《易经·系辞》六十六[J].科技智囊,2011(06):67.

[65]小易.中华经典研读之《易经·系辞》六十八是故阖户谓之坤辟户谓之乾一阖一辟谓之变往来不穷谓之通[J].科技智囊,2011(08):63.

[66]小易.中华经典研读之《易经·系辞》六十九[J].科技智囊,2011(09):65.

[67]小易.中华经典研读之《易经·系辞》七十[J].科技智囊,2011(10):75.

[68]小易.中华经典研读之《易经·系辞》七十二[J].科技智囊,2011(12):65.

[69]小易.中华经典研读之《易经·系辞》七十三[J].科技智囊,2012(01):81.

[70]小易.中华经典研读之《易经·系辞》七十四[J].科技智囊,2012(02):55.

[71]小易.中华经典研读之《易经·系辞》七十五[J].科技智囊,2012(03):77.

[72]小易.中华经典研读之《易经·系辞》七十六[J].科技智囊,2012(04):63.

[73]小易.中华经典研读之《易经·系辞》七十七易曰自天祐之吉无不利[J].科技智囊,2012(05):67.

[74]小易.中华经典研读之《易经·系辞》七十八[J].科技智囊,2012(06):69.

[75]小易.中华经典研读之《易经·系辞》七十九[J].科技智囊,2012(07):79.

[76]刘跃兵.从《系辞上》看《易传》的美学意蕴[J].大众文艺,2012(12):157

[77]小易.中华经典研读之《易经·系辞》八十[J].科技智囊,2012(08):71.

[78]小易.中华经典研读之《易经·系辞》八十一[J].科技智囊,2012(09):71.

[79]王光义.论《系辞》的唯物主义精神[J].陕西社会主义学院学报,2012(03):28-30.

[80]佐藤贡悦.浅探《易传》的"道"范畴——读《易传·系辞传》札记[J].中山大学学报(哲学社会科学版),1986(04):58-62.

[81]刘时觉.医易一理孕明含粹——读《周易·系辞传》谈《内经》的理论思维[J].国医论坛,1986(04):9-11.

[82]张晓松.试论《周易·系辞》对社会历史的认识[J].上饶师专学报(哲学社会科学版),1988(Z1):32-34.

[83]李廉.《周易》系辞的"范式"与问题[J].周易研究,1991(02):43-48.

[84]张实龙.《系辞》的"易"与"《易》"[J].浙江万里学院学报,2003(01):5-8.

[85]小易.中华经典研读之《易经·系辞》八十二[J].科技智囊,2012(10):69.

[86]小易.中华经典研读之《易经·系辞》八十三[J].科技智囊,2012(11):63.

[87]小易.中华经典研读之《易经·系辞》八十四[J].科技智囊,2012(12):79.

[88]李方松,程琳,李小玉.浅论《易·系辞传》的文艺思想[J].湖北大学成人教育学院学报,2001(06):11-12.

六、说卦传

《说卦传》又称《说卦》,是以八卦取象之法解释六十四卦,并对八经卦的取象、关系、卦位等论述占筮的体例的。《说卦传》分两部分,第一部分对经文的论说,第二部分是说明八卦所象征的事物及其特性。

从取象上说,《说卦传》不仅从象上论述了八卦的象征的基本义,即乾代表天,坤代表地,坎代表水,离代表火,震代表雷,艮代表山,巽代表风,兑代表沼泽。还论述了引申义,如"乾为天,为圜,为君,为父,为玉,为金,为寒,为冰,为大赤,为良马,为老马,为瘠马,为驳马,为木果。坤为地,为母,为布,为釜,为吝啬,为均,为子母牛,为大舆,为文,为众,为柄,其于地也为黑。震为雷,为龙,为玄黄,为,为大涂,为长子,为决躁,为苍筤竹,为萑,其于马也为善鸣,为馵足,为作足,为的颡,其于稼也为反生,其究为健,为蕃鲜。巽为木,为风,为长女,为绳直,为工,为白,为长,为高,为进退,为不果,为臭,其于人也为寡发,为广颡,为多白眼,为近利市三倍,其究为躁卦。坎为水,为沟渎,为隐伏,为矫輮,为弓轮,其于人也为加忧,为心病,为耳痛,为血卦,为赤,其于马也为美脊,为亟心,为下首,为薄蹄,为曳,其于舆也为多眚,为通,为月,为盗,其于木也为坚多心。离为火,为日,为电,为中女,为甲胄,为戈兵,其于人也为大腹。为乾卦,为鳖,为蟹,为蠃,为蚌,为龟,其于木也,为科上槁,艮为山,为径路,为小石,为门阙,为果蓏,为阍寺,为指,为狗,为鼠,为黔喙之属,其于木也,为坚多节,兑,为泽,为少女,为巫,为口舌,为毁折,为附决,其于地也,为刚卤,为妾,为羊”等等。

从取义上论述了八卦的八种基本性质:“乾,健也。坤,顺也。震,动。巽,入也。坎,陷也。离,丽也。艮,止也。兑,说也。”

同时对爻象和爻位提出天、地、人三才之说:“昔者圣人之作易也,将以顺性命之理。是以立天之道曰阴与阳,立地之道曰柔与与刚,立人之道曰仁与义。”上爻、五爻为天位,三爻、四爻为人,二爻、初爻位地位。天道为阴阳二气,地道为刚柔二性,人道为仁义二德。

说卦传:

第一章

昔者圣人之作易也,幽赞于神明而生蓍,参天两地而倚数,观变于阴阳而立卦,发挥于刚柔而生爻,和顺于道德而理于义,穷理尽性以至于命。

往昔圣人创制周易的时候,深感于自然的神奇现象而创造出用蓍草占筮的方法,揣摩出了天奇地偶的数理,考察阴阳的变化而确立了卦象,通过对刚柔现象的理解和发挥而创制出了爻画,把人的道德和自然规律统一起来,使二者处于和顺的关系之中,并以此穷究事理,深究物性最终达到通晓终极命运的境界。

第二章

昔者圣人之作易也,将以顺性命之理。是以立天之道曰阴与阳,立地之道曰柔与与刚,立人之道曰仁与义。

往昔圣人创制《周易》的时候就是要顺合宇宙万物的规律。因此确立了天道阴和阳,地道柔和刚,人道仁和义。把天、地、人、三才各自的两个方面兼包起来所以《周易》以六画组成一组再区别爻的阴阳,交替在柔位刚位上,所以《周易》

经文是以六个爻位组成的文理。

第三章

天地定位,山泽通气,雷风相薄,水火不相射,八卦相错。数往者顺,知来者逆。是故易逆数也。

天与地确定了上下的位置,山与泽气息相通,雷与风相互接触,水与火互不相容,八卦相互交错。要知道以往的事情就将卦序顺数下去,要知道未来的事情就逆推上来,因为《周易》通常是预料未来,所以是逆推而数。

第四章

雷以动之,风以散之,雨以润之,日以晅之,艮以止之,兑以说之,干以君之,坤以藏之。

天与地确定了上下的位置,山与泽气息相通,雷与风相互接触,水与火互不相容,八卦相互交错。要知道以往的事情就将卦序顺数下去,要知道未来的事情就逆推上来,因为《周易》通常是预料未来,所以是逆推而数。

第五章

帝出乎震,齐乎巽,相见乎离,致役乎坤,说言乎兑,战乎干,劳乎坎,成言乎艮。万物出乎震;震,东方也。齐乎巽;巽,东南也。齐也者,言万物之洁齐也。离也者,明也,万物皆相见,南方之卦也;圣人南面而听天,向明而治,盖取诸此也。坤也者,地也,万物皆致养焉,故曰:「致役乎坤。」兑,正秋也,万物之所说也,故曰:「说言乎兑。」战乎干;干,西北之卦也,言阴阳相薄也。坎者,水也,正北方之卦也,劳卦也,万物之所归也,故曰:「劳乎坎。」艮,东北之卦也,万物之所成终而所成始也,故曰:「成言乎艮。」

天空从东方开始出现,同时还有东南方,在太阳光下可以交互看清楚,达到驱使发展的功效,在愉悦之中快乐谈论,在创造中争取,在低凹不平的地方费力伤神,在使停住定的时候可以谈论。万物从东方开始出现,这东方是太阳生起的地域,同时还有东南方,这东南方是东方和南方之间的地域,这同时,是对万物同时清明来说的。这太阳光,是使能够看清楚,万物都能够交互看到,这南方地区的形体,是圣人向着南这个方位之后察视普天之下,朝着睿智的方向整理,将这里的各个事物全部选择。这在发展着的是大地,万物都能够达到被抚育着,因此说达到驱使发展的功效。这愉悦恰好在收获的季节,也是万物快乐的时候,因此说在愉悦之中快乐的谈论。在创造中争取,创造是在太阳西沉北风呼啸时做出的形体,在这时谈论没有显露的和显露的交互冷淡。这流水代表所有地方的水,这是北方地域的形体,奔波的形体,这是万物去往的结局,因此说在低凹不平的地方费力伤神。使静止是太阳东升和北风呼啸时的形体,这是万物定形的时候,在最后将定形起初的,因此说在使停住的时候可以谈论。

第六章

神也者,妙万物而为言者也。动万物者莫疾乎雷,挠万物者莫疾乎风,燥万物者莫乎火,说万物者莫说乎泽,润万物者莫润乎水,终万物始万物者莫盛乎艮。故水火相逮,雷风不相悖,山泽通气,然后能变化,既成万物也。

这神,是因为奇巧的万物才这么说的。能够使万物起变化的,没有比雷更迅速的了,能够挥洒万物的,没有比风更迅速的了,能够使万物没有水分的,也许是高温烘烤吧,能够使万物快乐的,也许是聚集着的水的快乐吧,能够滋养万物的,也许是水的滋养吧,结束万物起始万物的,没有比静止更深厚的了。因此水和火能够交互擒拿,雷和风不会交互冲突,山和流水有类似的气体蒸腾,这样之后可以更改转变,万物便完成了定形。

第七章

乾,健也。坤,顺也。震,动。巽,入也。坎,陷也。离,丽也。艮,止也。兑,说也。

第八章

乾为马。坤为牛。震为龙。巽为鸡。坎为豕。离为雉。艮为狗。兑为羊。

第九章

乾为首。坤为腹。震为足。巽为股。坎为耳。离为目。艮为手。兑为口。

第十章

乾,天也,故称乎父。坤,地也,故称乎母。震一索而得男,故谓之长男。巽一索而得女,故谓之长女。坎再索而得男,故谓之中男。离再索而得女,故谓之中女。艮三索而得男,故谓之少男。兑三索而得女,故谓之少女。

第十一章

乾为天,为圜,为君,为父,为玉,为金,为寒,为冰,为大赤,为良马,为老马,为瘠马,为驳马,为木果。坤为地,为母,为布,为釜,为吝啬,为均,为子母牛,为大舆,为文,为众,为柄,其于地也为黑。震为雷,为龙,为玄黄,为,为大涂,为长子,为决躁,为苍筤竹,为苇,其于马也为善鸣,为馵足,为作足,为的颡,其于稼也为反生，其究为健，为蕃鲜。巽为木，为风，为长女，为绳直，为工，为白，为长，为高，为进退，为不果，为臭，其于人也为寡发，为广颡，为多白眼，为近利市三倍，其究为躁卦。坎为水，为沟渎，为隐伏，为矫鞣，为弓轮，其于人也为加忧，为心病，为耳痛，为血卦，为赤，其于马也为美脊，为亟心，为下首，为薄蹄，为曳，其于舆也为多眚，为通，为月，为盗，其于木也为坚多心。离为火，为日，为电，为中女，为甲胄，为戈兵，其于人也为大腹。为乾卦，为鳖，为蟹，为蠃，为蚌，为龟，其于木也，为科上槁，艮为山，为径路，为小石，为门阙，为果蓏，为阍寺，为指，为狗，为鼠，为黔喙之属，其于木也，为坚多节，兑，为泽，为少女，为巫，为口舌，为毁折，为附决，其于地也，为刚卤，为妾，为羊。

参考文献：

[1]廖名春.《周易·说卦传》错简说新考[J].周易研究，1997(02):34-42.

[2]梁韦弦.论传本《说卦传》部分章节之间的联系[J].周易研究，2011(06):59-63.

[3]梁韦弦.《说卦传》与汉易卦气图[J].中国哲学史，2012(02):38-43+31.

[4]季蒙.《周易·说卦传》中的类问题[J].周易研究，2004(03):58-61.

[5]鞠曦.《易经》理论体系与《说卦传》——"中和贯通"和"说卦和中"[J].安阳大学学报，2004(02):1-5.

[6]鞠曦.《易》经理论体系与《说卦传》——"易有大恒"和"易道恒中"[J].殷都学刊，2004(03):36-42.

[7]黄沛荣.《周易·说卦传》中的"理""性""命"[J].周易研究，1990(02):1-6.

[8]刘延刚.《周易·说卦传》成书年代新探[J].四川师范学院学报(哲学社会科学版)，1990(04):137-142.

[9]刘林鹰."中天八卦"五种位图之评议——《周易·说卦传》何以逆谈中天八卦序[J].剑南文学(经典教苑)，2013(01):152-153.

七、序卦传

序卦又称《序卦传》，是分析《易经》六十四卦排列的次序的，并且揭示卦与卦之间的相承的意义的。

上下经卦名次序歌：

乾坤屯蒙需讼师 比小畜兮履泰否

同人大有谦豫随 蛊临观兮噬嗑贲

剥复无妄大畜颐 大过坎离三十备

咸恒遯兮及大壮 晋与明夷家人睽

蹇解损益夬姤萃 升困井革鼎震继
艮渐归妹丰旅巽 兑涣节兮中孚至
小过既济兼未济 是为下经三十四

序卦传上：

有天地，然后万物生焉。盈天地之间者唯万物，故受之以《屯》。《屯》者，盈也；物之始生也。物生必蒙，故受之以《蒙》。《蒙》者，蒙也；物之稚也。物稚不可不养也，故受之以《需》。《需》者，饮食之道也。饮食必有讼，故受之以《讼》。讼必有众起，故受之以《师》。《师》者，众也。众必有所比，故受之以《比》。《比》者，比也。比必有所畜，故受之以《小畜》。物畜然后有礼，故受之以《履》。履而泰然后安，故受之以《泰》。《泰》者，通也。物不可以终通，故受之以《否》。物不可以终否，故受之以《同人》。与人同者物必归焉，故受之以《大有》。有大者不可以盈，故受之以《谦》。有大而能谦必豫，故受之以《豫》。豫必有随，故受之以《随》。以喜随人者必有事，故受之以《蛊》。《蛊》者，事也。有事而后可大，故受之以《临》。《临》者，大也。物大然后可观，故受之以《观》。可观而后有所合，故受之以《噬嗑》。嗑者，合也。物不可苟合而已，故受之以《贲》。《贲》者，饰也。致饰然后亨则尽矣，故受之以《剥》。《剥》者，剥也。物不可以终尽，剥，穷上反下，故受之以《复》。复则不妄矣，故受之以《无妄》。有无妄然后可畜，故受之以《大畜》。物畜然后可养，故受之以《颐》。《颐》者，养也。不养则不可动，故受之以《大过》。物不可以终过，故受之以《坎》。《坎》者，陷也。陷必有所丽，故受之以《离》。《离》者，丽也。

序卦传下：

有天地，然后有万物；有万物，然后有男女；有男女，然后有夫妇；有夫妇，然后有父子；有父子，然后有君臣；有君臣，然后有上下；有上下，然后礼义有所错。夫妇之道，不可以不久也，故受之以《恒》。《恒》者，久也。物不可以久居其所，故受之以《遁》。《遁》者，退也。物不可以终遁，故受之以《大壮》。物不可以终壮，故受之以《晋》。《晋》者，进也。晋必有所伤，故受之以《明夷》。夷者，伤也。伤于外者必反其家，故受之以《家人》。家道穷必乖，故受之以《睽》。《睽》者，乖也。乖必有难，故受之以《蹇》。《蹇》者，难也。物不可以终难，故受之以《解》。《解》者，缓也。缓必有所失，故受之以《损》。损而不已必益，故受之以《益》。益而不已必决，故受之以《夬》。《夬》者，决也。决必有所遇，故受之以《姤》。《姤》者，遇也。物相遇而后聚，故受之以《萃》。《萃》者，聚也。聚而上者谓之升，故受之以《升》。升而不已必困，故受之以《困》。困乎上者必反下，故受之以《井》。井道不可不革，故受之以《革》。革物者莫若鼎，故受之以《鼎》。主器者莫若长子，故受之以《震》。《震》者，动也。物不可以终动，止之，故受之以《艮》。《艮》者，止也。物不可以终止，故受之以《渐》。《渐》者，进也。进必有所归，故受之以《归妹》。得其所归者必大，故受之以《丰》。《丰》者，大也。穷大者必失其所居，故受之以《旅》。旅而无所容，故受之以《巽》。《巽》者，入也。入而后说之，故受之以《兑》。《兑》者，说也。说而后散之，故受之以《涣》。《涣》者，离也。物不可以终离，故受之以《节》。节而信之，故受之以《中孚》。有信者必行之，故受之以《小过》。有过物者必济，故受之以《既济》。物不可穷也，故受之以《未济》终焉。

乾为天，坤为地，有天地，然后万物才产生，盈满天地之间的，唯有万物，所以乾坤卦后，接着为屯卦.屯的意思是盈满的意思，是万物始生之意，万物刚生下来，必定都是蒙昧的，故屯卦后，接着是蒙卦.蒙的意思，就是蒙昧，亦即是万物在稚小的时候，不可以不养育，所以接着是需卦.需的意思，就是需要饮食的道理，解决饮食的问题，必定有争讼，故接着是讼卦.争讼，必定要纠集众力，引动众力的兴起，所以接着是师卦。

师是众多的意思，众多必定有所比较，所以接着是比卦.比卦，就是比较的意思，比较以后必定使得人们有存畜，所以接着是小畜卦.物质畜积以后，要有条理，以存备之，故需要礼以调理之，所以接着是履卦.履即礼的意思，行礼则安泰，所以接着是泰卦.泰是通泰的意思，万物皆不可能长久的通泰，所以接着是否卦.万物不能终久的否塞不通，所以接着是同人卦.与人相同的，万物必归服他，所以接着是大有卦.有很伟大的事业和成就的人，不可以盈满自负，必须谦虚，所以接着是谦卦.有伟大的成就，而又能谦虚的人，必定能够豫乐，所以接着是豫卦.安逸豫乐的人，必定会委随不振，所以接着是随卦.以喜悦追随人的人，必定会有事，所以接着是蛊卦.蛊的意思是事情多的意思。

有事然后可以创造大业，所以接着是临卦.临是大的意思，大了以后，才可以有观光的价值，所以接着是观卦.可以观看以后，然后有所取合，所以接着是噬嗑卦.嗑是合的意思，万物都不可以苟且求合，所以接着是贲卦.贲就是修饰的意思，修饰到极点以后，就亨通，而到了尽头，所以接着是剥卦.剥，就是剥落的意思，万物不可以终久的剥落，剥落至极上，则必定返下而生，所以接着是复卦.

回复了以后就不会虚妄了,所以接着是无妄卦。

有了没有虚妄的精神,然后可以存畜很多,所以接着是大畜卦.万物既已畜积以后,然后可以养,所以接着是颐卦.颐是养的意思,不养就容易导致行动力不够,所以接着是大过卦.但是不可能永远处于超过地状态,所以接着是坎卦,坎是陷的意思,任何缺陷都有其美丽地地方,所以接着是离卦.离是美丽地意思。

有了天地以后,然后就有万物的产生;有了万物,就有雌雄男女的分辨,而人类也就产生了;有男女,然后有夫妇,所以在《易经》有咸卦;有夫妇然后有父子;有父子以后,人类愈多,而遂有君臣的名分;有君臣以后,就有上下尊卑的职份;有上下尊卑的职份后,礼义就可以措置实行于其间.夫妇的道理,不可以不长久,所以咸卦后,接着是恒卦.恒就是长久的意思,万物都不能长久的居于其外而不变化,所以接着是遁卦.遁是退的意思,万物不可以终久的退藏,所以接着是大壮卦.物不可以长久的壮大,所以接着是晋卦.晋是前进的意思,前进必定有所伤,所以接着是明夷卦.夷就是伤的意思,受伤于外面的人,必定返回到他家里,所以接着是家人卦.家道困穷的话,必定会乖违,所以接着是睽卦。

睽就是乖违的意思,乖违必定有灾难,故接着是蹇卦.蹇就是灾难的意思,万物不可以终久的灾难,所以接着是解卦.解,就是缓慢的意思,缓慢必定有所失败,所以接着是损卦.损失而不停止,至不能损失时,必定会增益,所以接着是益卦.增益而不停止,必定有决去的一天,所以接着是夬卦.夬是决去的意思,决去必定有所遭遇,所以接着是姤卦.姤是遭遇的意思,万物相遇了以后,就聚合起来,所以接着是萃卦.萃就是聚合的意思,聚集而上的,叫升,所以接着是升卦.上升而不停止,必有困苦的一天,所以接着是困卦.受困于上的人,必定会返回下面来,所以接着是井卦。

井道不可以不革去污垢,所以接着是革卦.革除物质的,没有再比鼎更好的了,所以接着是鼎卦.主持鼎器的人,没有比长子更恰当的了,所以接着是震卦.震是动的意思,万物不可以长久的动,须要让它止息,所以接着是艮卦.艮是停止的意思,物不可以终久的停止,故接着是渐卦.渐是渐渐前进之意,前进必定有所归,所以接着是归妹卦.得到它的归宿的,必定强大,所以接着是丰卦。

丰是盛大的意思,穷极盛大的人,必定失去它的住所,所以接着是旅卦.旅行于外,而没有收容的地方,所以接着是巽卦.巽是进入的意思,进入了以后,就会慢慢喜悦,所以接着是兑卦.兑是喜悦的意思,喜悦而后会散去,所以接着是涣卦.涣是离散的意思,物不可以终久的离散,所以接着是节卦.节俭约制了以后,就能使人相信,所以接着是中孚卦.孚是信的意思,有信用的人,必定能实行它,所以接着是小过卦.有超过事物的人,必定能成事,所以接着是既济卦.万物是不可能穷尽的,所以接着是未济卦,而《易经》六十四卦终止.象征着人类的文明,是永远在进步,永远未完成的。

参考文献:

[1]刘蕙孙.《周易·序卦传》爻象变化规律之试释[J].周易研究,1994(01):1-8,51.

[2]杨倩描.王安石《易象论解》与《序卦传》[J].周易研究,2003(04):19-25.

[3]邓明静.从目录的角度看《周易·序卦传》[J].剑南文学(经典教苑),2011(10):245-246.

[4]鲁哲.从《序卦传》、《大象传》看《易传》的学派属性[J].科教文汇(下旬刊),2009(09):241.

七、杂卦传

杂卦传又称为《杂卦》,是韵文,用了十九个韵,音律和谐,有节奏感。它论述的是各卦之间的错综关系。晋韩康伯注:"杂卦者杂揉众卦,错综其义,或以同相类,或以异相明也。"也就是把六十四卦分为三十二对,两两一组,也就是"二二相耦",如乾坤,一正一反,也就是"非复即变""相综相错",如大过卦和姤卦,渐卦和颐卦,既济卦与归妹卦,未济卦与夬卦等,用一两个字解释其卦义及相互关系,也就是"以异相明",通过对立关系从而揭示自身意义,如刚柔、乐忧、与求等。

乾刚坤柔,比乐师忧,临观之义,或与或求,屯见而不失其居,蒙杂而着,震,起也,艮,止也,损,益,盛衰之始也,大畜,时也,无妄,灾也,萃聚,而升不来也,谦轻,而豫怠也,噬嗑,食也,贲,无色也,兑见,而巽伏也,随,无故也,蛊则饬也,剥,烂也,复,反也,晋,昼也,明夷,诛也,井通,而困相遇也,咸,速也,恒,久也,涣,离也,节,止也,解,缓也,蹇,难也,睽,外也,家人,内也,否泰,反其类也,大壮则止,遯则退也,大有,众也,同人,亲也,革,去故也,鼎,取新也,小过,过也,中孚,信也,丰,多故也,亲寡,旅也,离上,而坎下也,小畜,寡也,履,不处也,需,不进也,讼,不亲也,大过颠也,姤,遇也,柔遇刚也,渐,女归待男行也,颐,养正也,既济,定也,归妹,女之终也,未济,男之穷也,夬,决也,刚决柔也,君子道长,小人道忧也。

乾卦是刚健的;坤卦是柔顺的。比卦与人相比,是快乐的,师卦出师动众,是可忧的。临卦观卦的意义,是或给予,或追求。屯卦虽是初现艰难,但不会失去它的居处；蒙卦有关教育，故繁杂而显著。震卦是震动而起的意思，艮卦是停止的意思。损卦益卦，是盛衰的开始。大畜卦是时时存畜，无妄卦是有无妄之灾。萃卦是聚中，而升卦是下不来的意思。谦卦轻己尊人，豫卦由乐而懈怠。噬嗑是食的意思，贲卦是无色的意思。兑卦喜悦可以看见，巽卦进入而下伏。随卦是无故追随，蛊卦是侵饰之意。剥卦是剥烂的意思，复卦是返回的意思。晋卦日出地上是白天的意思，明夷，明伤是诛杀的意思。井卦是畅达的意思，困卦是遭遇艰难的意思。

咸卦是迅速的意思，恒卦是持久的意思。涣卦是离散的意思，节卦是停止奢侈，而俭约的意思，解卦是灾难慢慢解除之意，蹇卦是灾难的意思。睽卦是乖违于外之意，家人卦是团聚于内之意。否卦否隔，泰卦通泰，其类相反。大壮由于壮盛而停止，(一解：壮，伤也，因伤而止。)遁卦则是退步的意思。大有，所有众多，同人，人相亲近。革卦，革除故旧之事物，鼎卦，不停的取新。小过是有所超过，中孚是诚信相感。丰卦，丰盛至极，故多事故，亲朋寡少，是旅卦，客旅在外之故。离卦，火性炎上，坎卦，水往下流。小畜是畜积少，履卦是不处非礼。需卦是需待而不前进，讼卦是争讼而不亲近。大过是大有超过，故至于颠倒，姤卦是遭遇之意，柔遇刚之意。渐卦，女归吉，女子谓嫁曰归，是女子归嫁，而需待男行之意；颐卦是养之以正的意思。既济卦是既已成功而安定的意思，归妹卦是说明女子的归宿。未济卦是事未做成，为男人困穷的时候，夬卦是决去的意思，就是说阳刚决去除灭阴柔的意思，象征着君子之道的增长，小人之道的忧困消灭。

参考文献：

[1]李尚信.《杂卦传》真的存在错简吗[J].周易研究，2009(05):43–47.
[2]石声淮.说《杂卦传》[J].黄石师范学院学报：哲学社会科学版，1981(02):79–88.